守望与思索

人文清华讲坛实录 Ⅴ

张小琴 江舒远 主编

清华大学出版社
北京

内容简介

"人文清华"讲坛是清华大学于 2016 年初开启的大型活动,遍邀当代人文大家,阐述经典学说、独立思考和重大发现,致力于构建一个人文思想持续发声的公共空间,推动人文日新、社会进步。

本书汇集 2020—2021 年"人文清华"讲坛演讲稿六篇,包括建筑史学家郭黛姮教授、经济学家江小涓教授、经济学家许宪春教授、环境工程专家贺克斌教授、雕塑家曾成钢教授、建筑学家张利教授六位清华学者,并附清华大学新闻与传播学院教授、知名主持人张小琴女士对以上人士的长篇专访。公共演讲呈现各位学者长期研究积累的人文成就和思想成果,深度访谈全面反映学者的成长经历和学术经历,使读者不仅知其学术之所然,亦知其所以然。他们作为亲历者的口述,同时呈现了特定时期中国社会、人与文化发展的鲜活历史。

版权所有,侵权必究。举报:010-62782989,beiqinquan@tup.tsinghua.edu.cn。

图书在版编目(CIP)数据

守望与思索. V,人文清华讲坛实录 / 张小琴,江舒远主编. — 北京:清华大学出版社,2022.10
 ISBN 978-7-302-61938-3

Ⅰ.①守… Ⅱ.①张… ②江… Ⅲ.①社会科学—文集 ②文化—名人—访问记—中国—现代 Ⅳ.①C53 ②K825.41

中国版本图书馆CIP数据核字(2022)第180923号

责任编辑:梁 斐
封面设计:傅瑞学
责任校对:王淑云
责任印制:宋 林

出版发行:清华大学出版社
网　　址:http://www.tup.com.cn, http://www.wqbook.com
地　　址:北京清华大学学研大厦A座　　邮　编:100084
社 总 机:010-83470000　　邮　购:010-62786544
投稿与读者服务:010-62776969,c-service@tup.tsinghua.edu.cn
质量反馈:010-62772015,zhiliang@tup.tsinghua.edu.cn
印 装 者:小森印刷(北京)有限公司
经　　销:全国新华书店
开　　本:165mm×235mm　　印　张:31　　字　数:421千字
版　　次:2022年10月第1版　　印　次:2022年10月第1次印刷
定　　价:128.00元

产品编号:089340-01

百年清华，人文日新（代序）

欢迎大家光临清华大学"人文清华"讲坛。今天是2016年1月10日，我希望多年以后，我们能回忆起今天这个晚上，在清华大学新清华学堂，我们一起见证清华大学"人文清华"讲坛的启动。

2016年清华大学将迎来105岁生日，在2011年清华大学举行百周年庆典时，所有清华人回望过去100年，我们曾经发出这样的感叹：百年清华，百年辉煌。今天，清华大学已经进入第二个百年。站在这里展望未来，作为校长我想说的话是：百年清华，人文日新。

在时间的长河里，百年不算长。第一个百年和第二个百年之间，我相信一定会有延续，我也相信第二个百年和第一个百年相比，一定也会有变化。清华的第二个百年会变成什么样？这需要我们共同去努力，共同去见证。但是今晚我想说，清华的第二个百年，一定会更创新、更国际、更人文！

清华不缺人文传统。清华历史上有梁启超、王国维、陈寅恪、赵元任四大国学导师，有闻一多、朱自清等文学大师。实际上，清华大学的"清"和"华"两个字本身就有非常丰富的人文含义。唐朝著名的政治家、文学家、诗人张九龄在一首诗里曾经这样写道："清华两辉映，闲步亦窥临。"他讲的"清华"两字，"清"是纯洁、安详的意思，"华"是茂盛、希望的意思。1906年，王国维先生在《人月圆·梅》中写道："一声鹤唳，殷勤唤起，大地清华。"我想清华人一直希望有一个"清华两辉映"的校园气氛和文化，同时所有清华人胸中都怀有一种"大地清华"的理想。

今天我们正式启动"人文清华"讲坛，我们也期盼通过这个讲坛能够呈现过去二十年、三十年清华大学在人文学科方面取得的人文成就和思想成就，我们希望清华的学者在这个讲坛上讲人文的故事、人文的思想，并让这种思想穿透校园、影响社会！

（本文节选自时任清华大学校长邱勇院士2016年1月10日在"人文清华"讲坛的开坛致辞《百年清华，人文日新》）

目 录

邱　勇	百年清华，人文日新（代序）	I
郭黛姮	重返圆明园	1
	郭黛姮专访：痴迷建筑史60载，破解古建科学谜题	33
江小涓	数字经济：解构与链接	75
	江小涓专访：经济学研究如何配置资源，使全社会福利最大化	103
许宪春	翻开国家账本	147
	许宪春专访：推动中国GDP核算变革的"国家会计"	174
贺克斌	碳中和，未来之变	223
	贺克斌专访：做地球医生，让蓝天久长	246
曾成钢	雕塑人生	299
	曾成钢专访：在雕塑界打好"中场"	329
张　利	建筑：来自我们，为了我们	387
	张利专访：用建筑抵达他人	420
张小琴	编后记	485

重返圆明园

郭黛姮

演讲实录根据 2020 年 10 月 20 日郭黛姮先生在"人文清华"讲坛的演讲《重返圆明园》整理而成，经本人审订。

专访内容根据 2020 年 6 月 30 日在清华大学建筑学院、2020 年 9 月 30 日在圆明园对郭黛姮教授的访谈整理而成，经本人审订。

郭黛姮

1960年毕业于清华大学，师从梁思成教授，从事中国古代建筑史科研与教学工作。曾任清华大学建筑历史教研组主任、博士生导师。

现为清华大学教授、国家一级注册建筑师、国家文物保护工程责任设计师。

著有学术专著《中国古代建筑史·第三卷：宋、辽、金、西夏建筑》《圆明园的记忆遗产：样式房图档》《远逝的辉煌：圆明园建筑园林研究与保护》《乾隆御品圆明园》《一代宗师梁思成》《雷峰新塔：彰显文化遗产魅力的里程碑》《华堂溢采》《南宋建筑史》《东来第一山——保国寺》以及 *China's Lost Imperial Garden: The World's Most Exquisite Garden Rediscovered* 等十多部。

此外，还曾设计并主持完成文化遗产保护工程多项，例如，杭州六和塔保护修缮工程，杭州雷峰新塔重建与古塔遗址保护设计工程，北京恭王府保护修缮工程，洛阳明堂、天堂、应天门等设计工程。近年来致力于探索文化遗产数字化展示项目，如数字圆明园等。

曾荣获国家自然科学一等奖、国家教委科技进步一等奖、建设部建筑创作大奖、建筑设计银奖等。

各位同学,各位老师:

大家晚上好!

今天是什么日子? 160年前的今天,圆明园正在大火中被焚烧。我们不能忘记外国侵略者这种野蛮的行为,今天要重新看看他们烧掉的到底是一个什么样的园林,介绍一下我们研究圆明园的一些感想。

今天存在的圆明园包含了三个园子,分别是:圆明园、长春园、绮春园。

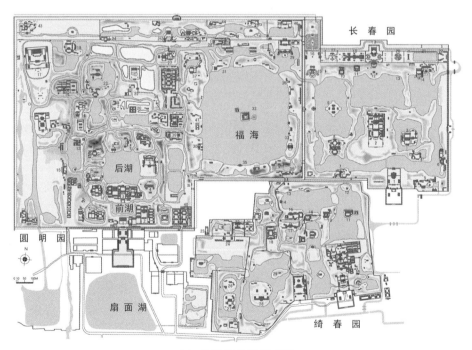

1860年被毁前的圆明园

重返圆明园　/　郭黛姮

谐奇趣琉璃装饰之谜

　　大家比较熟悉的圆明园景点可能是西洋楼景区。西洋楼景区位于长春园北部。清朝乾隆十二年（1747年）时，乾隆皇帝想建设一组带有喷泉的外国园林景观，下旨意大利传教士郎世宁（Giuseppe Castiglione）[①]和法国传教士蒋友仁（P. Benoist Michel）[②]做设计。第一个设计是位于西洋楼景区最西端的谐奇趣，建成于乾隆十六年（1751年）。现在还能看到谐奇趣许多遗存的石构件，

谐奇趣遗址

---

① 郎世宁（Giuseppe Castiglione，1688—1766）：原名朱塞佩·伽斯底里奥内，圣名若瑟，天主教耶稣会修士、画家，意大利米兰人。清康熙五十四年（1715年）来中国传教，随即入皇宫任宫廷画师，历经康熙、雍正、乾隆三朝，在中国从事绘画50多年，并参加了圆明园西洋楼的设计工作，为清代宫廷十大画家之一。
② 蒋友仁（P. Benoist Michel，1715—1774）：字德翊，原名伯努瓦·米歇尔，法国传教士，通晓天文、地理、数学。于乾隆九年（1744年）抵澳门，经钦天监监正戴进贤推荐奉召进京。入京后，埋头学习满、汉语言文化，以及孔孟经典、哲学、历史等中国传统文化。1747年朝廷才委令他办事。他不仅精于建筑设计，而且又熟谙铸造技术。他还曾译过《书经》《孟子》，其了解汉文之深，与译笔之忠实，远出以前各译本之上。1774年10月23日卒于中国北京。

谐奇趣铜版画

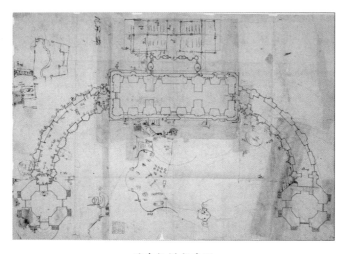

谐奇趣样式房图

前面有个小湖。谐奇趣原来到底是什么样子？我们找到了它的铜版画。从铜版画大体能看出来它的中部是三层楼，左右有廊子环抱，前面有两个二层亭子。后来我们在故宫博物院找到了样式房所绘的平面草图，图上记载了一些建筑的尺寸。从这张图我们基本上知道它大体的平面轮廓。但是它的立面到底是什么样？只好去寻求其他资料，这样就找到了德国摄影师恩斯特·奥尔末（Ernst Ohlmer）在1873年拍的老照片。

重返圆明园　/　郭黛姮

谐奇趣老照片

　　老照片比铜版画要准确，从建筑学人的眼中可以看出建筑各个部分的比例关系，能够知道当年大概的样子。在寻找老照片的过程中，我们发现了摄影师留在他日记里的一段话，他说："**这里的装潢……五彩缤纷，如彩虹般绚烂……映入你眼中的是装饰物丰富而动人的色彩，浸润在北京湛蓝色的天空里。随着观者移动的脚步和太阳的光影不停变幻，建筑物白色大理石的映衬让它们格外醒目，倒映在前方的湖面上，如同幻影……观者不禁怀疑自己来到了'一千零一夜'的世界里。**"怎么会有这样的感受，像"一千零一夜"所描述的世界？那是很奇幻的一种印象。在遗址现场我们已经找了它现存的石构件，但是找不到其他线索，于是就与圆明园管理处的领导商量，进库房看看。在库房里我们发现有一些琉璃瓦，过去也有先辈的研究说这几个房子屋顶都是用琉璃瓦，而且琉璃瓦的颜色有蓝的、黄的。我们就比较了一下外国巴洛克时期的一些房子，它们的色彩基本用在屋顶上，比如柏林夏洛腾堡宫和维也纳美泉宫，二者屋顶颜色不同，但是墙基本是同一色。可是这两座宫殿给大家的印象绝对不是五颜六色。那为什么摄影师说谐奇趣"五彩缤纷，如彩虹般绚烂"呢？后来在圆明园库房里找到了一些琉璃构件残片，带有中式花纹或西洋花纹，感觉可能与西洋楼有关。我们当场清洗干净、拍照，以便拿回来对照。结果发现老照片上有些花纹跟这些残片对上了，有的与女儿墙的栏杆样子完全吻合，有的是腰线的线角，还有墙上镶嵌的花纹装饰、琉璃残片都可以对号入座贴到老照

柏林夏洛腾堡宫

谐奇趣中的琉璃装饰

片上，我们异常惊喜。这些老照片所反映的色彩，给了我们一个启示，它不是一个纯粹的一般的西洋建筑，而是用很多彩色琉璃来装饰的。当时**郎世宁这些传教士虽然按一般的巴洛克式建筑风格做了设计，但是也在琢磨如何让中国人接受巴洛克风格的建筑，于是就想到把有特点的中国元素加进去**。像这种例子我在其他地方也看到过，比如有的在教堂装饰里设计了带有中国的牡丹花、垂莲柱之类的图案，但是我没想到谐奇趣贴了这么多琉璃，贴上琉璃之后，建筑立面就会显得更加绚丽。

可是我们又遇到了一个问题，大家对照琉璃实物研究老照片时，发现黄琉璃贴在最黑的地方了，贴蓝琉璃的地方在照片上有的反而浅一些，贴绿琉璃的地方在照片上有的颜色是灰的，为什么会这样？后来就去请教搞摄影的专家，据说当时的摄影师使用的胶片跟现在我们用的胶片不一样，涂的膜不一样，洗印时显影液也不一样，所以会出现这个问题，这就让我们对复原出谐奇趣有了更大底气。

谐奇趣数字复原图

海晏堂蓄水楼之谜

西洋楼景区另一座规模较大的是海晏堂。大家最熟悉的十二生肖喷泉就在这里。十二生肖几个铜兽首近年在拍卖会上被大肆炒作，开展价格大战，最近的事是马首回归，许多人由此知道圆明园有海晏堂。十二兽首的喷泉是一组水力钟，但是这组建筑到底怎么构成的？海晏堂的喷泉从哪儿给水？从现场的建筑遗存可以看到有好几个部分，海晏堂本身坐西朝东，堂前为生肖池，堂后有蓄水楼。我们首先按照老照片和铜版画、残存石构件、琉璃的装饰等复原了这座建筑的样子，但是做完以后还想知道它到底怎么供水的。过去传言说，由

海晏堂构成模型

海晏堂东立面复原图

太监挑水,是真的吗?蓄水楼现在看起来是一个大土台,当时的水放在哪儿?实际上在土台顶有一个很大的水池,从其他地方把水供应到水池里,然后再从这个地方流到十二生肖每个兽首口,在子、丑、寅、卯等不同的时间,按照子鼠、丑牛、寅虎、卯兔……分别从兽首口中喷出来,到了中午,十二个兽首会同时喷水。

现在看起来蓄水楼遗存土台的样子有些奇怪,上面大下面小,而且四面不光滑,一层一层的。原来古代的人想把房子盖高时,就是用土来垫成一个高台,垫土的高台下面如果没有维护,结构会垮掉,要在土台四面砌上砖墙进行加固,因下面受力最大,所以砖墙底下最厚,然后向上慢慢缩小,一层一层的纹路是砖墙缩小的痕迹,越往高处墙就越薄。高台建好后,顶上面建水池和水

海晏堂生肖池复原

海晏堂蓄水楼遗址

海晏堂蓄水楼遗址老照片

车房。在样式房图上，我们看到写着东水车房、西水车房，那么水车房的水又是怎么通到水池的？这就使我们回想起来，当时复原谐奇趣时看到一张图，这张平面图画了水车房所在位置,用红色的线标注了给水管,从水车房通过水管把水引出来,供给喷泉所在的水池。后来在一次开国际会议时,我们请搞探地雷达的人探查了一下,发现**西洋楼谐奇趣、海晏堂等建筑周边的地下确实有水管,在前两年发掘出一部分,原来是铜水管,历经近300年,仍然保存完好**。

除了研究管道外,还需要知道水车房的动力装置如何运作。意大利罗马马克斯普朗克艺术史研究院的 Hermann Schlimme 教授参加了那次国际会议,他回国后在他们研究院的资料室中找到蒋友仁的一封信,蒋友仁在信中谈到他在中国设计圆明园喷泉时参考了一本名为《建筑水力》(*Architecture Hydraulique*)①的书,Hermann Schlimme 教授找到了这本书,书上有张水力机械图。他对照了西洋楼铜版画,发现画上的水车房有一扇打开的窗子,露出了一个水力机械的顶部,样子跟他找到的水力机械图上的给水装置"中心轴"的样子很像,他非常高兴。但他又有一个疑问,这本书当时在中国有没有?原来北京西什库教堂有个图书馆,新中国成立后那些传教士回国了,这个教堂的书就存放到了国家图书馆。他从网上查到中国国家图书馆的书目里有这本书,便决定马上飞到中国来查看。当他借阅了原书查看时,发现这本书的机械图上还有用铅笔画的一些对机械进行注解的小草图,他觉得过去来华传教士里真正跟这个有关系的,无非就是蒋友仁,看到铅笔草图后,确定就是蒋友仁使用过的机械。蒋友仁原来通

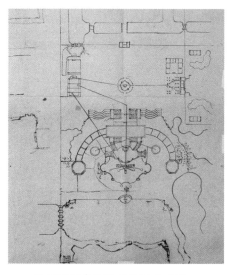

故宫藏谐奇趣蓄水楼样式房图

---

① 该书作者为法国工程师贝尔纳·福雷斯特·德·贝利多尔(Bernard Forest de Bélidor, 1698—1761)。

晓数学，乾隆让他搞蓄水楼设计，发挥了他的专业特长，如果把水压上去，需要利用势能计算出蓄水楼的高度和水车房的位置。我们根据这张机械图做了水车房动力装置的复原模型；**它是由水平放置的齿轮，在毛驴的牵引下带动竖向的齿轮，利用传动装置，使另外三个凸齿轮不间断转动，带动提水斗，将水注入蓄水楼的水池。**

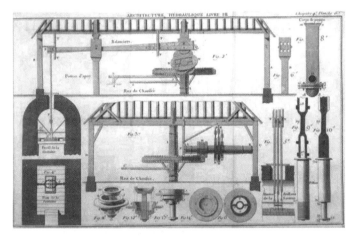

《建筑水力》中的水力机械图

谐奇趣蓄水楼铜版画窗子中露出的水力机械顶部

水车房喷泉机械复原图

圆明园是帝王治国理政之地

现在西洋楼景区留下了十组建筑的残迹，一般人以为看了它就等于看了圆明园，有些旅游者从南门进来，走到西洋楼，以为就逛完圆明园了，绝大部分的景点没有看到。**其实西洋楼景区在圆明园所占的比例很小，估计只有全园总建筑面积的 2%。圆明园真正的核心部分，恰恰是许多游客忽略的部分。**

要了解圆明园的核心部分，要从圆明园的造园说起。

圆明园建于康熙四十六年（1707 年），本来是四皇子胤禛（后来的雍正皇帝）的赐园，建在康熙皇帝所住的畅春园北侧。胤禛做皇子时很低调，并没有大张旗鼓地造园，圆明园初期造得很简单，许多都是很自然的景观，他曾经写过《园景十二咏》，都是什么葡萄院、竹子院、鱼池、菜圃，建筑也不太多。1723 年胤禛登基改元雍正，他登基以后请风水师看了一下风水，风水师说这块地很好，西北高，象征昆仑山，东南低，象征东海，这块地跟中国的版图很像。他听风水师这么讲，很高兴，决定要在原来园子的基础上扩建成皇家园林。雍正帝在紫禁城守孝三年期间，发出谕旨："始命所司酌量修葺，亭台丘壑悉仍旧观。惟建设轩墀，分列朝署，俾侍值诸臣有视事之所。构殿于园之南，御以听政……园之中或辟田庐，或营蔬圃……"在核心区做九个小岛围成的九州，象征中国古代所谓的天下有九州的说法。九州之中最大的岛名九洲清晏。同时他还希望将来的统治能够天下太平，所以造了万字型的房子，名万方安和。这时圆明园有了较大的发展，首先添建了园南的朝政建筑，以便在园中理政。宫门、大殿一个一个相继造起来，大体形成了前朝后寝的格局，大宫门、正大光明殿是前朝部门，勤政亲贤是他日常理政的场所，九洲清晏是他的寝宫区，也是圆明园的核心区。

雍正帝守孝之后从紫禁城移居圆明园，一开始，没有人给他上奏折，于是就发了一道谕旨："谕吏部兵部，朕在圆明园与在宫中无异，凡应办之事俱照常办理，若因朕在圆明园尔等将应奏之事少有迟误，断乎不可。"雍正帝在

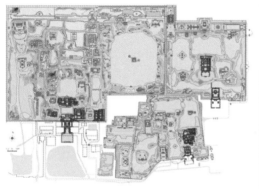

圆明三园中的朝寝建筑位置

正大光明殿复原图

圆明园大宫门复原图

勤政殿室内复原图

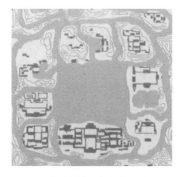

圆明园九洲区平面

九洲清晏复原图

位期间,圆明园不断扩建,到了雍正末年圆明园已经建造了 38 个景区。

1736 年乾隆帝即位,他认为圆明园"**实天宝地灵之区,帝王豫游之地,无以踰此。后世子孙必不舍此而重费民力以创建苑囿**"。但此后乾隆在圆明园东侧建了长春园,收回周边亲王赐园后,又出现了绮春园,到了乾隆朝中叶,还并入了熙春园(在今清华大学内)、春熙院(在长春园北侧偏东,今五环路位置),形成圆明五园。嘉庆、道光二帝先后又将熙春园、春熙院赐给亲王、公主,最后形成现在的圆明三园。

雍正和乾隆二帝奠定了圆明园的基础,嘉庆对绮春园的整合起了重要作

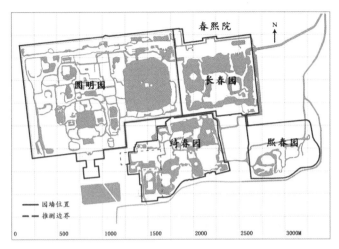

圆明五园示意图

用，道光、咸丰在圆明园进行了少量的不同程度的改建、添建。圆明园的景区随着皇帝的审美需求不断变化，再加上失火一类的灾异，在圆明园这座遗址公园内，现存有不同年代的遗址。

清朝的雍乾嘉道咸五朝皇帝都一直把圆明园当作治国理政的场所之一，因此在清朝的政治历史上，圆明园的地位不亚于紫禁城。

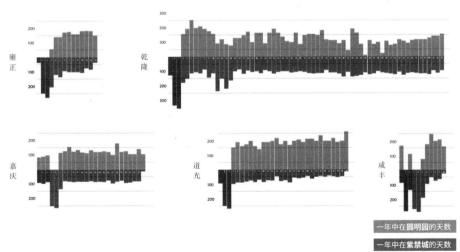

清代五位帝王驻园天数比较

当年的博士生贾珺（现为清华大学建筑学院教授）读书时，每天到故宫查《起居注》，发现清代五位皇帝住在圆明园的时间都比在紫禁城长，乾隆大概平均每年有 150 天左右，住得最多的是道光，几乎每年有近 300 天都住在圆明园，最后在圆明园去世了。

乾隆时期圆明园达到鼎盛

乾隆时期圆明园营建最为繁忙，经过他的经营，圆明园的建设基本定型。

乾隆在紫禁城里守孝三年以后回到圆明园，对圆明园有过少量的添建，让他一生念念不忘的是，与皇祖康熙在牡丹台看牡丹时，他的聪明才智，得到皇祖的称赞，并把他带回宫中养育。他一生中不断回忆起这件事。乾隆五年（1740 年）就在圆明园添建了皇家家庙性质的鸿慈永祜，以示纪念。此外乾隆帝还在圆明园中添建了几处新的景区，乾隆三年（1738 年），皇帝下令宫廷画家沈源、孙祜把圆明园中的所有景物画出来，乾隆九年（1744 年）完成《圆明园四十景》图。这套图对人们认识乾隆九年之前的圆明园各景区的面貌，是

镂月开云，康雍乾三帝共聚之处

鸿慈永祜，乾隆为纪念皇祖康熙而建

极其重要的史料。《圆明园四十景》图的原本是绢本的，现存法国巴黎图书馆，英法联军火烧圆明园时抢走的。20 世纪 80 年代时任外交部副部长韩念龙到法国访问，提出来这四十景图能不能给我们做一个彩色的复制品，法国给我们复制了。可是那时出版的书颜色、清晰度等方面不是很好，四十景图原图上能看到雕梁画栋的雕刻，这套出版物看不清楚。最近上海远东出版社和巴黎图书馆合作重新出版了高清版《圆明园四十景》图。

乾隆帝给自己定的目标是像祖父康熙帝一样，执政 60 年，归政以后不再住圆明园，到哪里去呢？于是乾隆十年（1745 年）开始在圆明园旁边建了一个长春园，作为自己归政娱老之所。现在大家最熟悉的西洋楼景区就在长春园的最北部。除此之外，其他建筑群组还有十几处景区，均为木构，1860 年全部被焚毁。

到了嘉庆年间一方面整合绮春园，但又将春熙院赐给公主。道光年间，熙春园又被赐给了其他亲王，现在我们看到清华工字厅再往西走到荒岛有个分界线，这条路以东分给了惇亲王，仍称为熙春园，以西分给了瑞亲王称为近春园，近春园后来由于主人去世房子被拆了，熙春园留存下来了，其中的工字厅可以追溯到嘉庆年间，是嘉庆帝所建的省耕别墅，后来全园虽然有所修改、添建，但是整体还是保留了熙春园当年的轮廓。

圆明园里，哪种景观最多？大家可能想不到，我们统计后发现**最多的竟然是与农业相关的景区，其次是书院、书楼、书屋，第三是宗教建筑。**

农业景观如杏花春馆、田字房、北远山村等，在雍正时期就有，乾隆年间又在杏花春馆添建了春雨轩等，春雨轩添建以后雨水特别好，乾隆帝为它作了许多诗，说春雨轩是吉祥物，自从建了它以后年年风调雨顺。

另外乾隆帝比较重视文化，所以圆明园里有许多书院、书楼、书屋。比较有名的如汇芳书院、碧桐书院、四宜书屋等。汇芳书院，顾名思义，就是把有才华的人汇集在一起帮助皇帝理政，乾隆曾为它赋诗："书院新开号汇芳，

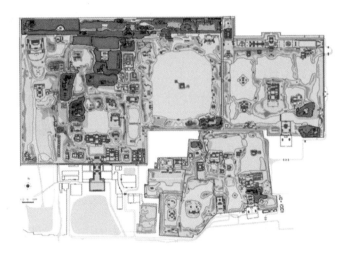

圆明园中的农业景观位置图

杏花春馆早期的菜圃复原图

处于田垄中的田字房复原图

重返圆明园 / 郭黛姮

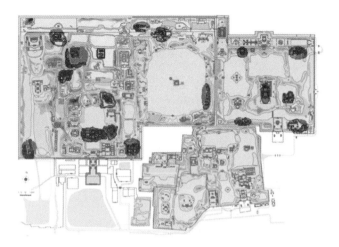

圆明园中的书院书楼位置图

汇芳书院复原图

不因叶错与华裳。菁莪棫朴育贤意，佐我休明被万方。"文源阁是圆明园内的藏书楼，庋藏《四库全书》，乾隆三十九年（1774年）兴建。该书因卷帙浩繁，不曾付梓刊行，只手抄了七部，分别建阁贮之，这七座藏书楼被称为"四库七阁"。"北四阁"为北京故宫的文渊阁、圆明园的文源阁、承德避暑山庄的文津阁和沈阳故宫的文溯阁；"南三阁"是扬州大观堂的文汇阁、镇江金山寺的文宗阁和杭州圣因寺的文澜阁。在全国盖这七座藏书楼，具有倡导文化兴盛之意。

文源阁复原图

这个书楼仿的是宁波的天一阁,很特别,是六开间的房子,这在中国古建筑里很少见。为什么做成六开间呢?因为《易经》上有句话"天一生水,地六成之",藏书楼怕火,所以觉得建成六开间可以有一个保护书楼的吉祥寓意。文源阁的设计,也体现了圆明园的建筑不拘一格,结合自己的需要就做成六开间了。圆明园还有许多书屋,皇帝不仅仅是在正式的书院、书楼中读书,在他的寝宫里、园林景点中、小的佛寺中也都有书屋,皇子读书的地方更不能少,全园有20多处,随时可以看书,并告诫皇子"愿为君子儒,不做逍遥游"。乾隆说自己生平喜读书,处处有书屋,"来如读画领神韵,坐则翻书晤古人"。可以从古人的经验里学习治国的经验,所以**圆明园的书屋特别多,这也是过去的一些皇家园林中很少见的**。

宗教建筑比例也不低。圆明园的宗教建筑并不是大家印象中通常看到的佛寺、宫观,它们的设计很有特色。慈云普护这组宗教建筑就是一处小园林,里面供了各种神像、佛像,不拘一格。西洋楼地区的方外观,是乾隆给香妃建造的做礼拜的地方,香妃是维吾尔族,信奉伊斯兰教。圆明园里也有喇嘛教的佛寺,乾隆曾说"兴黄教以安蒙古",黄教就是喇嘛教。另外,圆明园里还有关帝庙、刘猛将军庙、广育宫,等等。乾隆帝曾说"何分西土东天,倩它装点名园",意思是什么样的神都请来装点这座园林,可以看出当时皇帝觉得自己

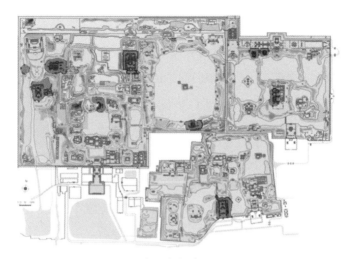

圆明园中的宗教建筑位置图

慈云普护复原图

方外观复原图

没有办法解决的问题，只好祈求诸位神佛的保佑了。

圆明园里还有一些代表仙境的特殊景区。古代传说东海有三神山，神仙在那儿制作长生不老药，历代皇帝们都非常向往，成为历代皇家园林中不可或缺的景观。雍正帝首先在福海中建了蓬岛瑶台，由三个小岛组成，仿海上三神山。乾隆帝又新建了另一处景观更为壮丽的方壶胜境，方壶胜境建成以后，他说"却笑秦皇求海上，仙壶原即在人间"。他笑秦始皇派徐福到东海找仙境，其实东海哪里有仙境，他在他的园子里就可以盖出来，这就是他想象中的仙境。长春园的海岳开襟景区也是表示仙境的景观。按照乾隆帝的要求，古代的匠师建造出这样的琼楼玉宇，体现出中国人超凡的想象力。

蓬岛瑶台复原图

方壶胜境复原图

海岳开襟复原图

乾隆帝曾六下江南，他把江南的美好景物予以仿建，如长春园中仿南京瞻园建成的如园、仿扬州曲园建成的鉴园、仿苏州狮子林建成的圆明园狮子林等，江南风光出现在北京的皇家园林中，晚清文人王闿运写的《圆明园宫词》中用"谁道江南风景佳，移天缩地在君怀"来形容乾隆帝之所为。

鉴园复原图

万园之园成为欧洲浪漫主义文化源头之一

圆明园的景物通过法国传教士王致诚（Jean-Denis Attiret）[1]等人给朋友的信被传到了欧洲。1743年11月1日王致诚写给巴黎友人达索（M.d'Assaut）的信中说："这是一座真正的人间天堂。园中的建筑造型，其美无与伦比……建筑与山石、花木之间的巧妙结合……景色之多不能一目看尽……一切都趣味高雅……可以长时间地游赏。"他不仅一一记录了园中所见景物，还生动描绘了皇帝在圆明园的生活，例如春节在圆明园中逛买卖街的情景。传教士们描述圆明园的信件在1747年汇编成《耶稣会士书信集》，1749年在法国出版，轰动了欧洲。1752年《中国第一园林特写》英译本出版。王致诚等人的书影响较大，导致欧洲上层的许多达官贵人对圆明园非常青睐，要求当时的建筑师给他们设计类似圆明园的房子，模仿中国园林，所以以圆明园为代表的中国园林在乾隆年间开始走向世界。

当时的英国皇室建筑师钱伯斯（William Chambers）[2]也非常推崇中国园林艺术。钱伯斯曾经在东印度公司的轮船上工作过好几年，到过中国三次，1757年他在《中国园林的布局艺术》中说："中国人的花园布局是杰出的，他们在那上面表现出来的趣味，是英国长期追求而没有达到的。"又在《东方造

---

[1] 王致诚（Jean Denis Attiret，1702—1768）：天主教耶稣会传教士，法国人，自幼学画于里昂，后留学罗马，工油画人物肖像。清乾隆三年（1738年）来中国，献《三王来朝耶稣图》，乾隆时受召供奉内廷。初绘西画，然不为清帝所欣赏，后学中国绘画技法，参酌中西画法，别立中西折中之新体，曲尽帝意，乃得重视。与郎世宁、艾启蒙、安德义合称四洋画家，形成新体画风。

[2] 威廉·钱伯斯（William Chambers，1723—1796）：英国乔治时期最负盛名的建筑师，当时帕拉第奥式建筑的先导者之一。主要作品为伦敦的萨默塞特住宅、爱丁堡的达丁斯顿住宅和萨里郡邱园内的建筑（内有中国式塔）等。所著《民用建筑概述》（1759）是一本颇具影响的教科书。

园艺术泛论》一书中写道:"**没有任何国家在园林结构物的壮丽和数量上曾经与中国相当**……王致诚神父告诉我们圆明园——本身就是一座城市——(其中有)四百座楼阁;全部建筑如此不同。"他把自己看到的中国园林画成图印在这本书里。

在英法等欧洲国家争相仿造中国园林的过程中,有的似是而非,有的模仿得较接近,比如法国 LIIe-Adam,Cassan 公园的八角亭。因为中国皇家园林里有那么多农业景观,所以在欧洲园林中也出现了农舍类景观。仿造最好的还是钱伯斯在英国伦敦郊外建的邱园塔。明朝时曾有来华传教士把南京大报恩寺塔绘成图画带回欧洲,因此许多人说邱园塔是模仿大报恩寺塔,大报恩寺塔带有江浙一带建筑的显著特点,屋顶都是翘角的,而邱园塔屋顶并无翘角。我想,钱伯斯既然到过广州,于是我就查找当地的传统古塔,发现他仿的是广州六榕寺的花塔,观察六榕寺花塔的老照片,可以发现它和邱园塔造型非常相似。这说明,仿建做得最像的还是建筑师,而不是靠传教士书信所描述的建筑样式。

当时欧洲贵族将通过丝绸之路传过去的中国瓷器或者丝绸上出现的建筑物都作为中国园林的代表,请建筑师照着在自己的园子里仿造,那些图案上的东西并不是真正的圆明园。

法国 LIIe-Adam,Cassan 公园八角亭

英国伦敦近郊邱园塔

南京大报恩寺塔绘画

广州六榕寺花塔老照片

广州六榕寺花塔现状

不过也有一个传教士曾经把《圆明园四十景》图带回了欧洲，但是他带的不是绢本画，而是一个木刻版。1774—1789 年，法国的勒胡士（Le Rouge）出版了《新潮园林详解》，这套建筑师用书差不多有十卷，第四卷中的 15、16

册以圆明园为题介绍中国园林，将《圆明园四十景》图完全收录，但不是原画，是以沈源、孙祜所绘木刻版为蓝本，用铜版画的办法重新摹写了一遍，并在每个景点里加了天鹅和帆船。

我发现中国建筑对欧洲的影响并不仅仅局限于建筑，**美国观念史学家洛夫乔伊（Arthur Oncken Lovejoy）认为：中国园林是欧洲浪漫主义的源头之一**，"审美标准的变化主要发生在十八世纪……（出现了）对中国园林的欣赏以及在稍低程度上对中国建筑和其他艺术成就的欣赏。"① "钱伯斯预见到了浪漫主义的另一种变体，这种变体后来在十九世纪的文学和音乐中大放异彩。"②

古建筑让人重新思考"想象力"的价值

读了洛夫乔伊的书以后，我对圆明园又有了一个新认识，觉得圆明园里反映了很独特的东西，有许多是超乎现实，特别有想象力的。譬如带有自鸣钟钟楼的小佛寺慈云普护、比喻为仙境的方壶胜境，这样的景观，是在想象力的推动下出现的。所以**法国大文豪雨果（Victor Hugo）说："在世界的某个角落有一个世界奇迹，这个奇迹叫圆明园……一个几乎是超人的民族的想象力所能产生的成就尽在于此。"**

中国古人确实是特别有想象力，冲破物质基础的束缚不断发展。建筑史上就有许多超乎人类想象的东西。

例如，古人修桥很有意思。泉州的洛阳桥是一座跨海峡的桥，那个地方

---

① ［美］阿瑟·O.洛夫乔伊：《观念史论文集》，吴相，译，北京：商务印书馆，2018年，第119-120页。
② 《观念史论文集》，第120页。

特别难修，因为地下都是沙，桥基立不住，北宋著名书法家蔡襄任泉州太守时，当时有人提出，牡蛎粘在海船上很结实，是不是可以把牡蛎种在石头上？于是，石头边儿上种了牡蛎不断生长，整个地基打了一大条，都是很结实的石头，石头上砌一层一层的桥墩。这就是著名的"蛎房固基法"。古代没有起重机、吊车，桥墩砌完以后，怎么把桥梁架上去？最后他们想了一个办法，把石头开采后放到木排上，木排放到河边，顺着水漂下来，漂到桥墩这里等涨潮以后，水超过桥墩时，就把船（木排）划过去，把梁放到桥墩的位置之上，水退潮时船离开，这样的"浮运架桥法"出现了，很有想象力。又如河北的赵州桥，桥很长，搭在河床上时，伸出很长，伸展的两端就开了小窗，在发洪水时，水流从中间的洞可以走，从两旁的小窗也可以走，一下子就分散了水流对桥的压力，使桥更为结实耐用。像这种敞肩券的拱桥中国人早在隋代就想出来了，而且比世界其他地方早600年，在建筑技术史上很出色。

在建筑与环境的关系方面，也很巧妙，譬如天坛，南边是圜丘，如果仔细观察它会发现一个特点，当人们来到这个祭天场所时，它让人感觉自己似乎比什么都高，可以跟天直接对话。原来这个坛在建造时，将周围的构筑物有意压低，圜丘坛的围墙比它低许多，这样使得人站在圜丘坛上觉得自己确实离天近了。北边的祈年殿也是周围的东西都比它矮。通往祈年殿的路是高出地面平直向前延伸的，路旁的地面是南高北低的大斜坡，皇帝走在这条路上去祈年殿时，有一种心情，我要祈拜五谷丰登，跟天神对话，越走越接近天神。祈年殿附近的树种植在斜坡上，让人觉得越来越接近树梢，这也是很有想象力的创造。

中国建筑史研究起来，许多地方让我们重新思考，我们想到的不仅仅是某个建筑物什么形状、里面有什么东西，而且能想到更多背后的东西。因此和园林中一个个具体的实体建筑相比，圆明园的文化价值更值得重视，这些使我们对一处处古代建筑的文化价值有许多新的认识。

我曾经跟随梁思成先生研究《营造法式》①,发现《营造法式》的作者李诫本身就是非常超前的人,他把工料定额的管理手册变成技术做法制度的书,用来指导设计和施工。一般的古人编书先看看古代文献有什么东西,然后把文献拿来集成一下就算了,可是《营造法式》的作者找全国各地的工匠给他讲他们掌握的技术,结果这技术一总结就写了3000多条,而考究其他经史群书后只挑出来300多条。像他这种编法式的创作,在当时也是一种超前的做法,跟他以前的官员很不一样,他非常具有想象力。而且这本书的特点是"有定法而无定式",告诉你方法,但是你不是遵循我给你的"式"就算了,你要在这个"式"的条件下自己发挥想象力,再发展。《营造法式》的彩画制度中有这样一段话:"……取其轮奂鲜丽,如组绣华锦之纹尔。至于穷要妙夺生意,则谓之'画'。其用色之制,随其所写,或浅或深,或轻或重,千变万化,任其自然。"这里讲画彩画的目标是画出来最好像锦缎上的花纹那么漂亮,但又说要根据具体情况发挥,或深或浅,或轻或重,任其自然,要放开,不要受法式的局限,可以自由地画。

中国建筑史里的东西,能给我们今天的营养很多。中国古人的想象力非常丰富,已经取得了了不起的领先世界的成就。了解古人的想象力,为现代建设提供借鉴,正是中国建筑史研究的意义所在。

今天**同学们都很年轻,前途都无量,现在不管学什么专业,首先要具有想象力**,然后沿着这样的方向,沿着一个想象的目标去发展、去前进,就会大有所为。

我今天要讲的就到这里,谢谢大家!

---

① 《营造法式》:北宋元符三年(1100年)将作监少监李诫编成《营造法式》,这是中国第一部详细论述建筑工程技术及规范的官方著作,于崇宁二年(1103年)正式颁行。此书集宋朝建筑设计与施工经验之大成,并对后世产生了深远影响。对于中国古代建筑史研究,对于了解唐宋建筑的发展,以及考察宋朝及前后的建筑形制、装饰、装修工程技术、施工组织管理等,此书皆具有不可替代的作用。

郭黛姮专访：痴迷建筑史 60 载，破解古建科学谜题

忆梁思成先生与佛光寺

1. 定要和日本人比高低

张小琴：郭老师，2020 年是中国营造学社成立 90 周年，五台山佛光寺东大殿属于唐代建筑，是梁思成先生和林徽因先生等营造学社成员的重要发现，在中国建筑史上有重要意义。当时日本的建筑史家说中国大地上已经没有唐构了，要看唐代的建筑要到日本去。但他们为什么一直抱着"国内殿宇必有唐构"的信念？

郭黛姮：梁先生进入中国营造学社的第一篇论文研究的是蓟县独乐寺。从一开始，他就有心要和日本人比个高低。日本人拍了蓟县独乐寺照片后问中国营造学社能不能帮忙测绘，营造学社创办人朱启钤[①]老先生告诉了梁先生，梁先生表示既然做测绘就要好好研究，1932 年把测绘的结果写成一篇学术文章《蓟县独乐寺观音阁山门考》抢在日本人之前发表了。尽管日本人也写过中国建筑史，但从学术上来看，有的不是很深入。梁先生在美国宾夕法尼亚大学接受过系统的建筑学教育，对建筑有一种认识的高度，所以对中国建筑研究的科学性就更强。他研究独乐寺山门和观音阁时，不仅考察历史，描述整体外貌，而且对具体技术方面，如一组组斗栱的组合状况，进行详细剖析，并计算主要结构构件大梁的断面所能承受的弯矩和剪力，还与清代建筑同类构件进行比

[①] 朱启钤（1872—1964）：字桂辛，晚年号蠖公，人称桂老。他的一生经历了清朝末年、北洋政府、民国、日伪、新中国五个历史时期，曾任北洋政府的内务总长。中国营造学社创始人。

较。梁先生讨论了辽代建筑与《营造法式》用"材"度量制度的吻合程度，从而说明"**辽宋已符**①，**其为唐代所遗旧制必可无疑**"。这正说明梁先生从他考察的第一个实例开始，就已经奠定了寻找唐代遗构的决心。

我看了日本关野贞②等人写的书，他们搞建筑史的人并不搞这个，而是很注重细部的变化，比如这个地方有三个曲折，那个地方带一个转角，特别细，比如佛光寺有若干个构件，他们的书几乎每个构件都要列出来，但是几乎不深究内部的比例。**梁先生开创了以科学方法研究中国古代建筑的先河。**

张小琴：从蓟县独乐寺开始，他就期待找到一个唐代建筑？

郭黛姮：蓟县独乐寺之后，他又去调查宝坻广济寺，林徽因先生在给胡适的信中介绍梁先生的宝坻之行时说："我们单等他的测绘详图和报告印出来时吓日本鬼子一下痛快：省得他们目中无人以为中国好欺侮。"那时候他们的心态就是这样的，一定要和日本人比个高低。全国那么大，到哪儿找唐构并不是很清楚，简直是在一片混沌当中。

张小琴：1930 年营造学社成立，1931 年梁先生和林先生加入，1937 年他们才找到佛光寺，确认佛光寺东大殿建于唐代，这对他们来说是非常惊喜的事。这个过程是怎么样的？

郭黛姮：当时梁先生从敦煌唐代壁画上看到五台山有佛光寺，不知道这个佛光寺会不会是唐代的东西，抱着一种不是很确定的心态就去了。

张小琴：这么重要的建筑为什么会在山西五台山豆村这样一个偏僻的地方呢？他们最后是怎么找到的？

郭黛姮：五台山是佛教圣地，历史也比较早，可以上溯到汉朝，南北朝时

---

① 独乐寺现存的山门和观音阁为辽代建筑，建于公元 984 年，宋《营造法式》成书于 1103 年，两者相差 119 年。
② 关野贞（1868—1935）：日本建筑史家。1910 年始，屡次进行朝鲜半岛和中国的古建筑调查。1920—1928 年，和常盘大定（1870—1945，日本古建筑学家）以重要佛教寺院为目标，在中国做了五次长期调查，注意到了古建筑自身的发展。

期已经有很多佛寺了。那时候豆村的交通很不方便，他们认为交通方便的地方古建筑多被改造过，偏僻的地方反而有可能保留远古遗物。到了五台以后他们找了当地认识的人，一位赵先生提供了线索，根据线索，他们骑着骡子到了豆村。

当时一看到佛光寺东大殿的样子，斗栱雄大出檐深远，就很惊喜，他们之前测绘了很多辽代的建筑，辽承唐风，辽代和唐代建筑风格接近，所以一到那儿就知道那是个古老的建筑。

不过不能仅从形象上判断，还要找史料印证，后来在东大殿的四椽栿底面上看见了墨迹"功德主故右军中尉王，佛殿主上都送供女弟子宁公遇"几个

佛光寺东大殿

佛光寺东大殿斗栱

字。"宁公遇"这个名字在大殿门口的经幢上也出现过,经幢上写唐大中十一年建造,这个构件对应了那上面的建造年代,唐大中十一年是公元 857 年。梁先生当时判断,这个姓王的人大概叫王守澄,是个大太监。但是可惜的是,据考证,王守澄在这个大殿建立的 30 年前就死了,离大殿建立的时间有点远。后来的学者判断可能是王元宥,这也是一个著名的大太监,也是右军中尉。杜牧还写过一个布告《王元宥除右神策军护军中尉制》。

张小琴:我看莫宗江先生的回忆,说他们发现这个地方之后开心得不得了,还在大殿前面野餐,庆祝他们的发现。

佛光寺东大殿四椽栿题记

佛光寺东大殿门口经幢上的字迹

郭黛姮:对。这也是营造学社那个阶段最大的收获,他们一直有一个信念,一定要找到唐代建筑,终于找到了,所以特别高兴。梁先生编建筑史觉得不能没有唐代建筑,但唐代建筑不能光有敦煌壁画,有这么一个实物,建筑史才完整。梁先生整个科研路线强调理论要结合实际,他说:"**读跋千篇,不如得原画一瞥,义固至显。秉斯旨以研究建筑,始庶几得其门径。**"只是听人说或只是看建筑资料并不够,一定要看到原物。

张小琴:佛光寺东大殿的发现对于中国学术界来说意义是什么呢?

郭黛姮:每一个建筑都承载着这个社会的文化、技术、科学等各方面的信息，不是单纯的技术，编建筑史实际上反映出当时那个社会所有的方面，对此梁先生和林先生特别明确。所以，佛光寺东大殿对于我们后来人来说是研究建筑史的标杆，对于了解唐代社会与文化也都非常有价值。

2. 中国古代建筑第一瑰宝

张小琴：梁先生说佛光寺东大殿是中国古代建筑的第一瑰宝，这句话应该怎么理解？

郭黛姮：到现在也应该算第一瑰宝，它是唐代高等级官式建筑的代表，已经接近1200年了，是我们古建筑里最宝贵的。也有时代和它差不多的，像山西五台县的南禅寺、山西平顺天台庵，但是规模都很小，而且不能代表当时的高等级官式建筑。

张小琴：您第一次见到佛光寺，是什么时候？

郭黛姮：那是1982年。"文化大革命"以后，我们慢慢就有教学任务了，后来1979—1980年开始讲建筑史，那个时候才开始去看这些东西。

考察佛光寺是我多年梦寐以求的心愿。原来看到的是纸上的东西、拍的照片，或者梁先生写的文章，知道**佛光寺有四绝：唐代木结构（使用抬梁式的木构殿堂）、唐代的平闇木装修、唐代绘画（彩画和壁画）、唐人题记。**此外，**大殿内布满了唐代彩塑。**彩塑和墨迹，都是唐代留下来的珍品，塑像的精美程度也令人震惊。所以我抱着一种去看个究竟的心态，仔细观察这一切。

佛光寺东大殿是中国木构建筑成熟时期的一个作品。如果在今天，让一个很熟练的工匠来做这个东西，他用现代的机械、现代的工艺，做出来可能没有问题，但一千多年前，怎么把这个房子盖起来？而且它前边的空地只有十多米的空间，后面紧邻山体，大殿这些柱子怎么立起来？它的室内有佛像，怎么装的？在天花板上面还有梁架、斗栱，这几千个构件怎么搭成一个房子？装配方法水平很高。它的装配是把一个一个木构件拼接在一起，拼接时，最关键的是斗栱，斗栱大家乍一看很多，但实际上它只有五种栱、四种斗，已经把这四种斗、五种栱变成标准化的东西了。标准化里面最核心的是榫卯拼接，古人找到了一个最简单的度量单位，相当于现代装配式建筑中的模数①。把一栋建筑中最小而且使用最多的构件"栱""枋"切开来，它的横剖面的长方形，变成了一个双向的模数，这个模数作为处在不同位置的各种建筑构件的尺度依据，包括做斗栱、梁和柱子，都要采取这个模数来计算。一根梁很大，但是也要告诉人，这根梁所采用的断面相当于模数的几倍，也要计算

佛光寺东大殿内木结构

断面的高宽是多少才合格。这么一个长方形的模数包含了力学的概念，即强度问题；还包含了构造的概念，即怎么确定榫卯尺寸，使之互相卯接在一起。对于建筑群中大小不一的建筑，尺度怎么掌握，一组建筑群里面有的是大殿，有的是配殿，有的是大门，不一样大，要变的话就变这个最基本的斗栱，用不同等第的模数。这个模数在宋朝《营造法式》中叫"材"，它的特点是任何构件所用的材都可以有大小之分，营造法式将其分成八个等级，但"材"的高宽②比一定是3：2。从佛光寺东大殿来看，"材"在唐朝时已经形成，到晚唐已相当成熟了。

张小琴： 宋朝《营造法式》所写的那些方法，在唐代的建筑里已经充分体现了？

---

① 模数，是选定的构件标准尺度计量单位。被应用于建筑设计、建筑施工、建筑材料与制品、建筑设备等项目，使构配件安全吻合，并有互换性。
② 《营造法式》中"材"的"高"指的是构件断面长方形的长边尺寸，"宽"即短边尺寸。

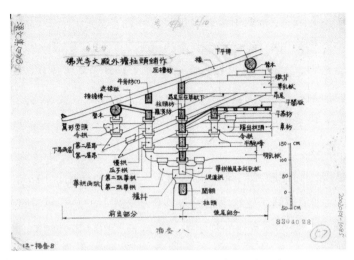

佛光寺东大殿外檐柱头铺作（梁思成绘）

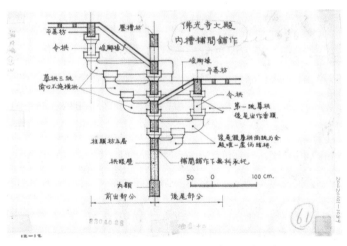

佛光寺东大殿内槽补间铺作（梁思成绘）

郭黛姮：是的。佛光寺是晚唐的，比佛光寺更早的一些建筑，从间接史料，譬如敦煌壁画里可以看到，在中唐、盛唐时已经有斗栱，画得很详细，但是在更早时不是那么太详细。可能在中唐以后建筑技术逐渐成熟。

《营造法式》中的"用材制度"到底有什么意义？以大梁的断面大小为例

来说明，美籍俄罗斯学者铁木辛柯编写的《材料力学史》一书记载了比《营造法式》成书年代晚三四百年的达·芬奇的论断：

　　达·芬奇所提出的、在当时被认为具有普遍意义的原理是："任何被支承而能自由弯曲的物件，如果截面和材料都均匀，则距支点最远处，其弯曲也最大。"① 他通过实验得出的结论是："两端支承的梁的强度与其长度成反比，而与其宽度成正比。"②

　　也就是说，同样断面的梁，长度越长，强度就会越小。同样长度的梁，宽度越大，则强度越高。把这个结论与《营造法式》的总结相对照，可以看出《营造法式》关于梁的长宽比的规定中，梁越长，用材等第越高，已包含了长度与强度成反比关系的这层意思，而达·芬奇对于梁的强度与宽度关系所下的结论，远不如《营造法式》对于梁的高宽比的规定更接近于问题的实质。《营造法式》规定梁的高宽比是3∶2，说明当时已认识到梁的高度尺寸之大小比梁的宽度尺寸之大小在受力中更为重要，而达·芬奇并未认识到这一点。

　　到了17世纪，伽利略才在这点上突破了达·芬奇的结论。伽利略在《两种新科学》一书中提出："任一条木尺或粗杆，如果它的宽度较厚度为大，则依宽边竖立时，其抵抗断裂的能力要比平放时为大，其比例恰为厚度与宽度之比。"③ 在这里，伽利略已证实了影响杆件受力的关键是断面厚度，杆件立放时承载能力好，说明强度与断面厚度有密切关系。竖立与平放时的强度之比恰为厚度与宽度之比的结论，说明杆件的宽度变化对强度影响不大，但未给出杆件断面高宽比的最恰当的比例。因此，在这个问题上，伽利略的结论还未达到《营造法式》将梁断面的高宽比确切地定为3∶2的结论之深度。

---

① ［美］S.P.铁木辛柯：《材料力学史》，常震槭，译，上海：上海科学技术出版社，1961年，第5页。
② 《材料力学史》，第5页。
③ 《材料力学史》，第12页。

继此之后，17世纪下半叶至18世纪初的一位数学、物理学家帕仑特（Parent，1666—1716）在讨论梁的弯曲的一篇报告中，谈到如何从一根圆木中截取最大强度的矩形梁时，总结出了一种科学的方法，即要求矩形梁的两边 AB 与 AD 的乘积必须为最大值，这时矩形梁的对角线 DB 即为圆木直径，它恰巧被从 A 和 C 所作的垂直线分为三等分。① 根据这个结论，可以求出矩形梁长短边的比例关系，当短边为 2 时，长边为 2.8。这与《营造法式》中所规定的梁断面高宽比 3∶2 较为接近了。18世纪末至19世纪初，英国科学家汤姆士·杨（Thomas Young，1773—1829）也证实了帕仑特的结论，并进而发现从一已知圆柱体中取一根矩形梁时，"刚性最大的梁是其截面高度与其宽度成 $\sqrt{3}$∶1 的比例；而强度最大的梁乃是高度与宽度两者成 $\sqrt{2}$∶1 的比例；但最富有弹性的梁乃是其高度与宽度相等的梁"②。拿这个结论与《营造法式》关于梁断面高宽比的结论相对照，可以看出 $\sqrt{3}$∶1 即 3.46∶2，$\sqrt{2}$∶1 即 2.8∶2。《营造法式》规定梁断面高宽比为 3∶2，可以看成取了两者的中间值，既考虑到刚度，又考虑到强度。

佛光寺东大殿的比例，从梁先生画的图上，我量了一下，基本上是 1.41~1.42∶1，接近 $\sqrt{2}$∶1。

铁木辛柯的《材料力学史》没把中国人写进去，其实中国人比那几个例子都超前了。佛光寺用的"材"反映了当时的工匠已经认识到建筑的科学原理，但是没有写出来。后来到了《营造法式》，才把它板上钉钉地写了，特别明确地有一个具体的数字，是 1.5∶1 的比例，强度和刚性都有了，"材"在高度上分 15"分"，而 10"分"规定为材的厚度（即宽度）。斗栱的两层栱之间的高度定为 6"分"，也称为"栔"，一栋建筑中大木作的一切构件大小均以其在建筑群中所设定为某等"材"的"材""栔""分"来确定。

---

① 《材料力学史》，第38页。
② 《材料力学史》，第81页。

佛光寺东大殿的木结构在力学上、在技术上达到了很高的水平。我们来到佛光寺便能看到东大殿屋檐底下一大组一大组的斗栱并不是孤立的存在，而是连成整体，这一组组的斗栱从技术上形成了一个更完善的东西，这就是铺作层的概念。把一层一层木头铺在一起叫铺作。铺作里面有斗和栱，斗和栱不是孤立的，柱头上有，开间中间也有，连成一个整体，总体上起着加固的作用，变成我们现代建筑概念里的圈梁了。匠师在制作结构构架的过程中，既考虑技术问题，也考虑艺术问题，显示了对建筑艺术的一种很高的追求。佛光寺东大殿外檐铺作有七层，一般斗栱从四铺作起，最高到八铺作，而八铺作斗栱在现存建筑的外檐铺作里没有，东大殿属于非常高的建筑等级。

我又琢磨那些匠人用什么工具，怎么把这些斗栱准确地拼在一起？我们在编《中国建筑技术史》时，找了半天，在《清明上河图》里看到一个人拿刨子在那儿刨，说明宋朝是有刨子的。但是唐朝没刨子吗？唐朝的斗栱有很复杂的栱头，构件榫卯和外形都在变化，有的成小的弧形，没有刨子怎么做出来？我们现在对古人的认知还很不够，我觉得当时他们可能也有某种工具能够解决这些问题。另外，下料用什么工具？他用一个木板做出这个东西来，是用线锯还是什么工具，把它慢慢雕凿出来？这个工具绝对不简单。所以，**解剖一个佛光寺东大殿可以让我们重新认识当时社会的水平，远比我们现在一般人想象得要更复杂，水平可能更高**。用我们今天的办法吊装东大殿这些梁架也很复杂，当时的工匠动了那么多脑筋来做这个事，可以说他们当时的技术条件，我们今天都会感到望尘莫及。

3. 唐宋时期是中国建筑发展的高峰

张小琴：梁先生认为唐代建筑是中国建筑的高峰，您也是这样认为吗？

郭黛姮：确实，**唐代已经开始了这个高峰，但是这个高峰绵延到宋朝**。宋朝在技术和艺术方面的成就超常，陈寅恪先生说"华夏民族之文化，历数千载之演进，造极于赵宋之世"，费正清先生说"宋朝是伟大的创造时代"①，还有一些人，包括像李约瑟，都对宋朝特别推崇。所以，《营造法式》在宋朝编出来不是偶然的，它把整个中国建筑在当时一些最核心的东西，记录下来，总结出木、石、砖、瓦、彩画，乃至烧窑等各个建筑技术领域的制度，有的难以表述之处则"绘成图样，以明制度"，能够让人感觉到已经有一定的理论基础了。

张小琴：在梁先生的学术研究中，佛光寺东大殿的发现，对他来说是不是一个特别重要的事件？

郭黛姮：这个对他研究《营造法式》非常重要。找到这个以后，发现它简直有太多东西和《营造法式》有关系了，但毕竟它还是9世纪的建筑，《营造法式》是1103年颁行，之间还是差了两百多年，这之间从佛光寺到《营造法式》，中国建筑还在发展，到《营造法式》总结时发展得就更完善了。《营造法式》的编者李诫，从很小的官，慢慢做到相当于建设部副部长，他当时找了全国各地的匠师去解说经验，最后编成《营造法式》。在给皇帝的报告里说，他"考阅旧章、稽参众志"②，有3272条总结的经验来自工匠相传、经久行用之法，其中有283条是来自古代文献。梁先生穷尽毕生之力研究《营造法式》，对中国古代建筑所作出的贡献是无与伦比的。

张小琴：日本保存至今的古建筑，有些比佛光寺东大殿还要早，是我们在保护方面不如日本做得好吗？

郭黛姮：日本确实有个别建筑比我们的要早，像奈良的药师寺东塔建于

---

① 哈佛大学终身教授、著名汉学家费正清（1907—1991）先生如此评价宋朝："宋朝是伟大的创造时代，使中国人在工技发明、物质生产、政治哲学、政府、士人文化等方面领先全世界……与欧洲相比，11世纪的中国是先驱，在多数文明层面上远远超前。"
② [宋]李诫：《营造法式》"建新修营造法式序"，北京：商务印书馆，1954年，第15页。

680 年，但是像它的法隆寺①、唐招提寺②等一些古建筑，都有过重修重建，不一定都是原物。日本人觉得重修重建不一定是不好的，只要按原样修就成，例如神社类建筑，几十年就重建一次。

张小琴： 佛光寺东大殿还基本是原样原物吗？

郭黛姮： 佛光寺东大殿最重要的价值就在于它是唐代原貌，这是最最过硬的一点。有人说看中国唐朝建筑就上日本去看，过去，我感觉日本的那些建筑有不少是后来按原样重建的，甚至是近代重建的，认为它的价值打了折扣。但是，最近我看到了日本学者的观点，感到不能轻易抹杀古人的仿建之功。日本著名建筑史学者太田博太郎指出："日本历史上曾经数次受到先进国家文化的影响，建筑当然也不例外。影响深远的文化浪潮分别为：飞鸟、奈良时代接受了中国六朝、隋、唐的影响；镰仓时代接受了宋、元文化的影响……这些建筑传到日本后，根据目前遗留下来的实例来看，不仅少有变化，甚至几乎到了一成不变的程度。这一方面可以说明日本在吸取外来文化时是有选择的，另一方面也说明，日本把经选择后引进的事物奉为典范，极其热心、忠诚地进行了'坚守'。"③ 日本的仿唐建筑并不会影响真实唐构的耀眼光辉。

4. 战乱中写就考察报告

张小琴： 梁先生和林先生发现佛光寺东大殿建于唐代的那天，据考证是在 1937 年 7 月 5 号，离"七七事变"只剩两天的时间？

郭黛姮： 对。他们从佛光寺出来，准备告诉大家这个发现的喜讯，到处去

---

① 法隆寺位于日本奈良市，公元 607 年由圣德太子创建，是日本现存最古老的寺院，也是世界上现存最古老的木构建筑。
② 唐招提寺位于日本奈良市，由中国唐朝和尚鉴真主持，于公元 759 年开始建造，公元 770 年建成。
③ [日]太田博太郎：《日本建筑史序说》，路秉杰、包慕萍，译，上海：同济大学出版社，2016 年，第 19、24 页。

找打电报的地方，才知道发生了"七七事变"。他们马上就担心这么好的一个国宝会不会被日本人践踏，心里觉得很沉重。为了保护测绘稿，他们兵分两路，一部分人从南线回京，一部分人走北线回京。那个紧张的心情，我们今天在和平时期难以体会。他们回来以后，还是想再整理整理，后来一看形势不对，当时梁先生就和社长朱启钤老先生商量，说他们能活动的人都走了，朱老因为年龄大了，他说他也没办法，他就留着，把这些东西找一个地方存起来。后来经朱老介绍，梁先生把东西存到天津一家英国银行的地库。结果梁先生他们回到家以后，日本人就邀请他参加什么东亚共荣圈的活动，梁先生一看那时的时局，说不得了，日本人已经注意到他们了，就赶快举家离开北平。

一路颠簸，非常辛苦。他们本来想到南京或者武汉，结果都落空了，后来继续跟着人流往南走，有两次都是死里逃生。一次在长沙遇到飞机往下扔炸弹，梁先生抓起女儿，林先生抓起儿子，赶快往外跑，一跑，炸弹就落下来了，再一跑，又一个炸弹，住的房子都炸毁了，他们的东西都在炸完的垃圾堆里，一点点刨，刨出来临时用。还有一次，林先生生病了，她本来就有肺结核，当时发烧了，在湖南晃县，找不到住的旅店，正在徘徊当中，听到了小提琴的声音，就顺着声音去找，找到了一个空军培训学校学员的驻地，和培训的学员说了林先生生病的情况，学员赶快腾了一间房子让他们住进去。当时临时在路上认识了一个医生，说林先生得了急性肺炎，就给她介绍吃点什么药，最后去买了药，让她退烧，这样救了一条命。

之后到了昆明，在昆明短暂停留了一阵。他们感到要继续搞学术研究，还需要挂靠一个什么单位，于是就挂靠了中央研究院历史语言研究所。因为梁先生的弟弟梁思永在史语所，和他们联系比较多。后来史语所决定去四川李庄，他们就跟着逃到了李庄。那里虽然没有飞机的空袭，但是他们的生活非常困苦，贫病交加。但梁先生说营造学社还要继续干事，他去找教育部要了一些经费，有的社会人士也资助他们少许。林先生的身体也越来越糟糕，一边躺在病床上还一边查文献，梁先生编的《中国建筑史》，很多文献都是那时候查出来的。梁先生的脊椎受过伤，当时也发作了，疼痛难忍，为了绘制《营造法式》的图纸，他不得不在图板上用一个小花瓶支撑着下巴绘图。这么恶劣的条件下，还在坚持科学研究，这种坚韧不拔的精神永远是我们学习的楷模。

张小琴：佛光寺的考察报告实际上是在李庄写的吗？

郭黛姮：是。原来存在天津银行的测绘稿、底片和图片因为发大水被水泡了，朱老先生找人把那些底片、图片晒干，把资料重新誊抄了，给他们寄去。梁先生说写这个报告时，距离发现佛光寺已经是七年以后了。在四川，他们还考察了不少周围的古建筑。他们在那里继续出《中国营造学社汇刊》，没有条件铅印，就自己抄在蜡纸上，用石印印出来。

张小琴：在那么艰苦的条件下把这个报告写出来了。我看到梁先生写当时做这个报告时，心里很忧虑，不知道佛光寺是不是已经被日本人毁掉了。

郭黛姮：他的心情可想而知，所以当时他们觉得关于这些国宝的报告要赶快抓紧时间弄出来。

张小琴：《中国建筑史》也是在这个阶段写的。

郭黛姮：梁先生不仅写《中国建筑史》，而且想着要把中国的东西介绍到国际上去，让外国人知道。他把河北赵州桥的考察报告，用英文写了以后寄出去发表在美国的一个杂志上，那个杂志社还寄了稿费给他，缓解了一下他们当时的困难。当时他在美国的杂志上发表了好几篇文章。

跟随梁思成先生研究《营造法式》

1.《营造法式》注释一波三折

张小琴：郭老师，您毕业留校后曾被选为梁思成先生的助手，跟随他一起做《营造法式》的研究，在这个过程当中有没有印象特别深刻的事情？

郭黛姮：我刚刚留校时，开始跟着莫宗江先生搞园林的研究，那时候梁先生很忙，社会职务兼职太多，为建设新中国整天开会，原有的研究工作只好暂时搁置。到了 1962 年陈毅副总理在广州全国干部会上做报告，提出恢复老专家和科研，《营造法式》的注释这个科研项目又继续做了，梁先生就把这个科研捡起来了。我也转到《营造法式》科研课题组。

张小琴：他带着你们注释《营造法式》时，其实他自己对《营造法式》的理解基本上已经是比较透了吗？

郭黛姮：可以说对于"壕寨制度""石作制度""大木作制度"的技术原则已经有了深入的理解，但还打算进一步推敲对李诫原著深层含义的理解，并进行其他工种的研究。

张小琴：和梁先生一起工作时有没有压力呢？

郭黛姮：开始时不是说有没有压力，而是大家不知道怎么搞，原来也没有接触过《营造法式》，我们是白纸一张，怎么办呢？梁先生说，先读书吧。当时我们每人都买了一套《营造法式》，遇到问题就打上问号，琢磨该怎么解释。梁先生把他们过去通过考察解决的问题一一介绍给我们，也讨论一些不太明白、需要进一步分析的问题，就这样慢慢有了进展，每个人去完成所承担的那部分工作。后来梁先生在《营造法式》注释的序言里写了一段话，他说："校领导给我配备了得力的助手，他们是楼庆西、徐伯安、郭黛姮三位青年教师。作为一个科研集体，我们工作进展得十分顺利，真正收到了各尽所能、教学相长的效益，解决了一些过去未能解决的问题。更令人高兴的是，他们还独立地解决了一些几十年来始终未能解决的问题。"

到了 1964 年，外面形势比较紧张，社会上怎么看这项研究古代文化的项目，要不要继续搞这个科研？感到颇有山雨欲来风满楼的味道，到了 1965 年初，报纸上开始批判文化部，称之为帝王将相部，这个时候，学校党委就派人来查我们的科研，问我们有没有宣传"封资修"，挺有压力。我们也很不理解，我们是研究历史上的一部书，怎么就和宣传"封资修"沾上边了。

张小琴：后来中断了吗？

郭黛姮： 中断了，后来就不敢继续搞了。1965年上半年我正好休产假，休完产假之后去"四清"了。当时我们科研组除了梁先生以外仅有徐伯安老师了。

张小琴： 后来这个工作什么时候完成的？

郭黛姮： 1966年春天，梁先生外边的活动没多少了，他就在家里写注释，注释做到1966年6月，"文化大革命"开始了，清华大学里面都乱了，乱了以后就不干了，一直到梁先生1972年去世都搁置着。1978年，中国建筑工业出版社决定把梁先生已经注释的部分先出版，出版社又和我们一起商量，看哪些东西需要补充，就做了补充，首先出版了大木作这部分的注释。

2. 先生之风，高山仰止

张小琴： 梁先生对您的影响是什么？

郭黛姮： 梁先生对年轻人特别爱护，而且特别鼓励。我们这些人原来都学的是现代建筑，古建筑基本是空白，我开始在教研组工作以后，做梁先生的助教，梁先生说他需要什么，让我去准备。他要在课堂上补充些古建实例，我就去准备，当时我经常跑去城里的幻灯片厂去做幻灯片，在讲课之前交给他。在这个过程中，他也和我聊天，除了说有关教学的事，有时候也聊聊生活。有一次我去了他家，他翻开他们家相册给我看，一页页，看到哪儿，介绍到哪儿。看到林先生，介绍说，这个是林先生（20世纪）30年代的照片，当时她写了一首诗，《你是人间的四月天》，说着就背起这首诗来，他说你知道这个为什么而写吗？因为梁从诫出生以后，她特别高兴，就写了这首诗，所以这首诗是写给梁从诫的。他那时候一个人，还没有再婚，还是挺想念林先生的，把她的诗背得挺熟。

对于我们年轻人，他觉得要循循善诱，带领我们了解古建筑。梁先生作为人民代表，经常有考察北京的人民公社之类的活动，路上看见什么古建筑，

梁思成（前排中间）与郭黛姮（前排左一）在赵州桥合影

就讲什么。有一次走到路上，他让司机停下车来，带我们看一座塔，说这塔和辽代的塔很像，但不是辽代的，是更晚时期的，很耐心地讲了两者的差别。还有一次看到北京西郊路边农田里的石佛残迹，也讲了他对年代的判断。

张小琴：随时随地讲？

郭黛姮：对。梁先生去河北赵州桥验收修复工程那次，他讲的令我记忆尤深，特别有意思。他说这个雕刻特别好，整个栏杆每个地方都那么饱满，那些龙在栏板上穿来穿去，异常生动，你们可以拿手去摸，不是直的，不是平的，是弧线或整个是弧面，我们一摸果然如此。

对古代匠师的技艺，先生了解的是那么深、透，使我这个刚入门的新学生，深感需要仔细观察，才能认识古代遗物的特点。后来我去搞北京饭店的设计，要做一个室内装修的隔断，那个隔断上面纵横木框很多。现代建筑里，那些木框画成一个平的，就很简单，一画就出来了，可是因为梁先生讲了弧面才能显得饱满，所以我借鉴了，我画的都是弧面的，装修起来就比较好看。

另外，梁先生对建筑的解释很生动，他讲的建筑史，大家听着很有意思。

比如看一个院子要怎么看？他说这个院落要有层次感，就好像舞台上的纱幕，我们看舞台演出时，有时候幕后的人不出来，先在纱幕里演，之后再出来演，让人有一个认识过程。你看我们清华的工字厅，一进工字厅，两边有两条廊子，那个廊子相当于纱幕，把后边的院子隔起来，后边的活动你隐隐约约看到，但不是彻底袒露出来，**这种含蓄的美，是我们中国建筑独有的。**

  课堂上，他还讲到什么叫典雅，什么叫庄重。有一次，他说前两天他看了常香玉的豫剧，常香玉穿了一件墨绿色的旗袍，上面戴着一个白色别针，他觉得这样的装扮看上去比较典雅，建筑也一样，做一个建筑不能大红大绿往上弄，还得讲究艺术氛围。他聊这些，使学生们慢慢受到审美的熏陶。

  张小琴：用很多形象化的语言去描述它的内里？

  郭黛姮：对。我们这些人，在那个时代不敢说对古建筑有兴趣，因为那是"封资修"。考大学到清华读建筑系，就是为了给大家盖房子，帮助老百姓解决生活问题。那时都不愿意搞文科和历史，好像离得远远的就是最好的。

  张小琴：梁先生对历史的描述和他对历史的喜爱对您有很多感染是吗？

  郭黛姮：我和他去赵州桥之前，先听他给留学生上课，他说我们中国的赵州桥是非常了不起的隋代建筑，老百姓还给编了一个民歌叫《小放牛》："赵州桥鲁班爷修，玉石栏杆圣人留，张果老骑驴桥上走，柴王爷推车一道沟。"他就在课堂上唱了这几句，那是差不多60年前的事了，他在课上讲的这一段我到现在都记得很清楚。所以那时候去赵州桥，我就想柴王爷车子轧的一道沟还在吗？但是没找到，因为他们后来换了石板。那时候修古建筑还不是修旧如旧的思想，但梁先生一直提倡文物修复要修旧如旧。他提出了很多文物保护思想，实际上和《威尼斯宪章》[①]很像，他说一草一木都是文化载体。包括林先生也在《平郊建筑杂录》里说"**无论哪一个巍峨的古城楼，或一角倾颓的殿基的灵**

[①]《威尼斯宪章》：又称《国际古迹保护与修复宪章》，是第二届历史古迹建筑师及技师国际会议于1964年5月25—31日在意大利威尼斯通过的国际宪章。

魂里，无形中都在诉说，乃至于歌唱，时间漫不可信的变迁"，诗情画意地说出对文化遗产的态度，真是了不起。我们当时上学看到倒塌的城楼什么的并不感兴趣，那时候还没有这个认知的高度。所以先生传播的这些东西，我们至今都觉得很了不起。

张小琴：后来在建筑史学上，您基本上沿着这个路走下去？

郭黛姮：对，我基本还是沿着梁先生这条路在做科研，所以我的科研都是结合实际的。包括我们现在做数字圆明园，也是源于他思想的影响。原来查圆明园史料的人也不是只有我们，但是仅靠文献不能够让大家深刻了解文物的价值到底在哪儿，觉得一定要把形象的东西和历史文献、考古发掘结合起来，所以我们就做了数字圆明园。

潜心二十载，让圆明园在虚拟世界重生

张小琴：郭老师您最初到圆明园，是什么感受？

郭黛姮：我上学时来这儿画画，那时候虽然知道是圆明园，但根本不知道这是什么样的建筑，反正美术老师选择好了对象，是一个石头房子，就对着画吧。当时杂草丛生，看不见其他石头构件，就看见堆着土，不知道里头是什么样的。

张小琴：所以您当时来圆明园和我们一样，也就是看看这些乱七八糟的地方，那圆明园是怎么在您脑海当中逐渐变成一个特别清晰的样子的？

郭黛姮：20世纪90年代初，我曾经在珠海设计过一个圆明新园，当时开始比较深入地关注圆明园景区具体的东西。

张小琴：数字圆明园您花了多少时间？

郭黛姮：数字圆明园从科研算起有20年了，1990年开始做。对于我们学校科研来讲我已经结题了，但是对于圆明园研究来讲我没有结题，还有很多要研究的。

1. 详查历史档案

张小琴： 这20年来过多少趟？

郭黛姮： 至少有上百次吧。

张小琴： 您看了多少文献？

郭黛姮： 我现在数不出来了。我们到各个图书馆去找、去看，去看各种展览，了解历史画卷流传的过程什么的，陆陆续续找到各种资料。

各种档案中，奏销档很关键。奏销档是很真实的档案，比如当时做了一块匾，档案上就说皇帝什么时候把匾文写好了，交给谁做，拿到哪里去挂，匾到底是贴金的还是没贴金的，带着什么花边，记录都很具体。

像西洋楼的老照片也有来历。最早拍西洋楼的奥尔末，他的照片怎么后来又回到了中国？原来是前几年有一个中国人买了他拍的照片，把他的笔记本找出来，才知道他在记录里写"这里（谐奇趣）的装潢……五彩缤纷，如彩虹般绚烂"，促使我们去研究谐奇趣的琉璃装饰原来是什么颜色。

张小琴： 为了研究皇帝到底在圆明园待多长时间，您当年的博士生贾珺（现为清华大学建筑学院教授）天天去故宫查资料，花这么大的功夫要搞清楚这个问题，有这个必要吗？

郭黛姮： 很有必要。尽管雍正皇帝有一个谕旨说"朕在圆明园与在宫中无异"，但是没有其他证据说明圆明园和紫禁城一样重要，要知道这个园子到底是一个休闲的附属品还是一个主要的政治中心，就需要翻阅史料。查了资料才发现，原来从雍正开始，好几位清朝皇帝常年住在这里，圆明园就是他们治国理政的地方。

张小琴： 是一天一天查出来的，是吗？

郭黛姮： 查《起居注》，把几个皇帝的都找出来，一天一天记录下来，最后统计出来。《起居注》比较详细，连皇帝穿戴什么都有记录。像乾隆二十一年的《穿戴档》，就把乾隆在圆明园里穿什么衣服，到哪儿脱了衣服换衣服，到哪儿坐船了，到哪儿坐轿子了，到哪儿拜佛磕头，磕完头又回到寝宫休息，休息了多少时间以后又去吃饭了，都记下来了，挺全的。统计后发现雍正、乾隆、嘉庆、道光、咸丰这五位皇帝住圆明园的时间都比住紫禁城要长，乾隆大概平均每年有 150 天左右，住得最多的是道光，几乎每年有近 300 天都住在圆明园，最后还在圆明园去世了。

张小琴：看完这东西之后，皇帝的形象就变得活灵活现了。

郭黛姮：对。我们通过查历史档案一点点梳理。现在基本上各景区的原样，脑海里一下子就可以呈现，但是不能说所有的景点都比较明确，因为有的景点始终没有找到像样的样式图或像样的照片，所以还是存在疑问。

2. 寻访圆明园核心区：九洲区

张小琴：九洲区这地方才是圆明园的核心区域，是吧？

郭黛姮：对。圆明园的核心区就是九洲区，这九洲区也是雍正做皇子时，他的私人花园的核心。他做皇子时把园林做得非常朴素，那时这区并没有分出九岛，也没有种植更多东西。他做了皇帝以后，又找风水师来看风水，风水师说这块地很好，西北高，象征昆仑山，东南低，象征东海，跟中国的版图很像，他很高兴，就扩建成皇家园林，这个地方就变成了一个主要区域。这里有两个湖，前湖的前边是他执政的正大光明殿，后湖周围环绕着九个岛，象征九洲天下。最主要的大岛叫九洲清晏，是皇帝的寝宫区，九洲清晏西侧是皇帝住的地方，东侧是皇后和妃嫔住的地方。九洲清晏从雍正、乾隆一直到嘉庆，基本上没有太大变化。到了道光以后，变化比较大，皇后住的地方从东侧搬到西侧来了，道光也把乾隆、雍正时期的寝宫拆了，重盖了一个比较大的寝宫，叫慎德堂。在慎德堂后期的图纸上，可以看到它里面既有卧室，又有二层的仙楼，旁边还有书房、佛堂，还设了客厅和演戏的地方，像是现代建筑里的多功能建筑。但是道光改建以后，中轴线发生过火灾，寝宫区这边把原来乾隆时期的一些树木,还有房屋都给弄掉了,不得不做一些假山,以便与周围长着高大林木的环境相融合。所以这个大岛上,西侧前面有些假山,现在还可以看到。失火后,出于消防的考虑,九洲清晏中轴线和皇帝的寝宫之间改成墙了,不再相连。到了咸丰时,他觉得这个墙堵得慌,又改成廊子,他说要看后湖的景观,朝后湖的这一边又敞开来。九洲清晏岛本身有很多故事,有很多变化。

张小琴：你们是把每个朝代的样子都复原了吗？

郭黛姮：九洲清晏景区复原了几个不同时期的景观,乾隆时期和道光时期各复原了一个整体的,咸丰时期复原了一下局部,雍正在位13年,前3年住在紫禁城,之后在这里住了10年,住了10年那房子还不至于坏得厉害,所以雍正时期和乾隆时期大概差不多。

张小琴：从哪位皇帝开始,圆明园开始变成一个相对比较重要的政治中心？

郭黛姮：从雍正开始的。

张小琴：我们现在看到的这些遗址,基本上是九个岛。

郭黛姮：最大的岛是九洲清晏,这个是雍正取的名,其他的地方,原来叫鱼池、菜圃什么的,太俗了,雍正当了皇帝以后,把菜圃改叫杏花春馆。到乾隆时期其他几个岛也都改名了,鱼池改叫坦坦荡荡,竹子院改叫天然图画,牡丹台改叫镂月开云,等等。乾隆认为最重要的景区是牡丹台,因为他小时候康熙皇帝在这里会见了他。

张小琴：就是三代皇帝一起赏牡丹的地方？

郭黛姮：雍正还是皇子时请父皇康熙来赏牡丹,把儿子弘历也带来,弘历给祖父背诗,显得特别聪明,康熙特别喜欢他,于是带回宫中养育,就把他带到身边了。乾隆（弘历）说他受到了皇祖的恩典,自己当了皇帝以后,首先要感谢祖父,所以在圆明园的西边修了一组家庙性质的建筑纪念康熙,叫鸿慈永祜,其中的大殿名为安佑宫。

张小琴： 您一开始做建筑的研究，是从研究设计开始的，后来越做好像离建筑越远，到了文化层面，这是怎么考虑的？

郭黛姮： 我们现在要设计园林，甲方是谁，他有什么要求，都得要弄明白。古代的皇家园林也有一个甲方是谁的问题，设计师不能随心所欲。所以研究古代园林，要找到当时园林主人的要求，明朝有一位造园家计成写过《园冶》①这本书，他说"造园三分匠人七分主人"，这个七分主人我觉得在皇家园林里尤其重要。所以我研究圆明园，先去读那些主人的著作，搞明白原来他是怎么想的。如果不读这些主人的著作，我只能说在造园手法上它是什么样，因为我看过写圆明园的文章，不少就是从造园手法入手，说这边是以水为主，那边是以山为主，等等，但是我觉得没有说到它的实质，**实质问题还是要反映园林主人的审美理想到底是什么。**

张小琴： 他的一些思想凝聚在实物里。

郭黛姮： 对。我找到皇帝的思想以后，反过来再看圆明园，发现确实有很多地方是皇帝思想的反映，比如九洲清晏反映的是雍正治国的理想，寓意九洲大地河清海晏，江山永固；他还希望将来的统治能够天下太平，万方安和，所以造了万字形的房子。我写了一本书《乾隆御品圆明园》，具体介绍了这些。

3. 数字复原度最高景区——方壶胜境

张小琴： 在整个圆明园景区数字复原的地方中，您觉得哪个地方是复原准确度最高的？

郭黛姮： 那还是木结构建筑复原度最高，因为有档案可查。像方壶胜境我们觉得已经基本上达到它原来的程度。因为方壶胜境有样式房遗存图样，并注

---

① 《园冶》：中国第一本园林艺术理论专著。明末造园家计成在江苏所著，全书共3卷，附图235幅。全书论述了宅园、别墅营建的原理和具体作法，反映了中国古代造园的成就，总结了造园经验，是一部研究古代园林的重要著作。

有尺寸，有文献记载彩画形制，有当时画的《圆明园四十景》图，可看到各个建筑准确的造型和比例。

张小琴：您曾经说过方壶胜境是一个很浪漫的地方，怎么理解这个浪漫？

郭黛姮：中国园林是从模仿自然开始设计的，有一个从写实到写意的过程。从汉朝起，皇帝就开始在园林里模仿海上仙境，做海上三神山，所以一池三山成为中国皇家园林文化里的一个传统主题。圆明园开始建造时，雍正做了蓬岛瑶台，也是模仿海上三山的意思。但乾隆觉得还不够意思，因为过去别的人也做过，他想做一个仙境，能够超越过去的东西。他没有选在福海，而是选在福海后边藏了一下，可能有点犹抱琵琶半遮面的意思。从福海西北一个小山口进来以后，豁然开朗的一片池水中，修建一组气魄特别宏伟的建筑群，它用的手法确实以前没有过，建了三排楼阁，每一排楼阁都有好几组建筑，最后还有两个亭子伸到水池中，每一排楼阁一个比一个华丽，都用琉璃瓦。琉璃瓦还不是一般的单色，每一个建筑的屋顶都有三种颜色，分别是黄琉璃绿卷边、蓝琉璃黄卷边、绿琉璃黄卷边，到了第二排这些颜色的分布彼此之间又换位，五

方壶胜境复原图

光十色华丽非凡，真有琼楼玉宇的感觉。

张小琴：我们现在看到的两个废墟，就是原来伸出来的两个亭子的所在地，是吗？

郭黛姮：是那两个亭子的所在地，后边有一段廊子，廊子连着后边就是三排楼阁，中间高两边低，把中国建筑做到了一个极致华丽的程度。

它和故宫不一样，故宫很严肃，一个一个大殿，一个一个院子，没有大家围着廊子看这样的景物。圆明园不同，有亭子、有廊子，屋顶又是五光十色，每一排也都不一样，每个房子都有围廊可以出来看风景，所以很特别。

张小琴：它有什么实际的功用呢？

郭黛姮：在这里可以举办各种活动，但是乾隆关注的不是具体活动，当时他写了一首诗说"却笑秦皇求海上，仙壶原即在人间"，觉得秦始皇太可笑了，还跑到海上去找仙境，我这园子里就有仙境。这组建筑可以彰显皇权的威力，体现的是一种想象力，想建一个什么东西就可以实现，这是非常超现实的浪漫情怀。

张小琴：这地方的复原基本上都是有出处的？

郭黛姮：对。最难得的是彩画都有详细档案。像其他建筑，档案里只是笼统地介绍，比如只说是苏式彩画，但没有更具体的记载。

张小琴：方壶胜境算是您个人特别喜欢的一个地方吗？

郭黛姮：我对圆明园有不同的喜欢。比如九洲区，它有很多建筑特别自由活泼，我也觉得很好。方壶胜境这区我觉得比较特别，在中国园林里，头一次出现这么复杂的建筑群组合，圆明园以后也没有人再做这样大规模的东西了。

张小琴：所以它是空前绝后的。

郭黛姮：可以这么说。

4. 中国园林从写实到写意

张小琴：您刚才说中国园林从写实到写意有一个过程。

郭黛姮：从写实到写意的转折点可能是在南宋以后。汉朝写实的比较多，唐朝园林基本上没有留下实物，比如大家都知道王维的辋川别业，但那基本上还属于在自然风光之下来做设计，偏写实。到了宋朝，写意的东西稍微多了一些。尤其南宋在西湖边上盖了很多私家园林，每一家都好像有点儿特点。到了明清以后，写意发展到极致，比如明朝的拙政园。

张小琴：苏州的沧浪亭算写意的吗？

郭黛姮：沧浪亭是因为主人在官场受到了不公正待遇，所以他找一个地方盖一个小园林，他说"沧浪之水清兮，可以濯吾缨；沧浪之水浊兮，可以濯我足"[①]，用这沧浪之水洗涤不公正的待遇，但是建筑上没有太多夸张，也就是做点廊子，堆点山，修个亭子，但是那种归隐山林的意境很不错。拙政园是明正德初年（16世纪初），御史王献臣因官场失意而还乡，以大弘寺址拓建为园，他说"筑室种树……灌园鬻蔬……此亦拙者之为政也"[②]，种萝卜种菜，远离官场也算是一种政治了。在清朝的私家园林里这种意思也表现得很多，比较普遍。

皇家园林，清朝是一个高峰，明朝的皇家园林不是太多。园林写意的设计，对皇家园林也有影响。

5. 西洋楼大水法和远瀛观

张小琴：我们现在在西洋楼景区看到的残存的建筑是后来发掘出来的吗？

---

① 沧浪亭：北宋庆历四年（1044年）集贤院校理苏舜钦在汴京遭贬谪，翌年流寓吴中，见孙氏弃地约六十寻，以四万钱买入。在北碕筑亭，命名"沧浪亭"。苏舜钦常驾舟游玩，自号沧浪翁，作《沧浪亭记》。常与欧阳修、梅圣俞等作诗唱酬往还。从此沧浪之名传开。"沧浪之水清兮，可以濯吾缨；沧浪之水浊兮，可以濯我足"出自屈原《渔父》。《渔父》是屈原政治上受迫害，在被流放后，处在困厄之境下创作出来的作品。

② 出自晋代潘岳《闲居赋》："筑室种树，逍遥自得。池沼足以渔钓，春税足以代耕。灌园鬻蔬，供朝夕之膳；牧羊酤酪，俟伏腊之费。孝乎惟孝，友于兄弟，此亦拙者之为政也。"

郭黛姮：是的，发掘之前，这区大水法的一些东西如大水法石屏风（形似拱门）、远瀛观的雕花柱子和旁边的拱门能看见，但是其他的都被埋着，杂草丛生。对面皇帝观水法这个地方的东西在1860年圆明园被毁后流失出去了，是后来文物回归，才找回来的。

这组建筑按年代分了两个阶段，第一阶段是前边这个大水法和观水法，大水法由石屏风和水池组成，水池里边有十二条奔跑的铜狗，追逐一只鹿，铜狗逐鹿源自一个希腊神话故事。大水法喷水时，皇帝坐在对面的观水法观看，观水法由五扇屏风和低矮的石台组成，皇帝宝座被放在石台上。观水法的背景很有意思，屏风上的雕刻都是西洋式的枪炮之类的东西。乾隆当初坐在这儿欣赏喷泉时，只是以此来炫耀大清盛世，绝不会想到正是这些比中国进步的武器，最后将他的王朝打垮。我们尚不知郎世宁为什么要这样设计。

后来过了十几年，觉得大水法和别的景区比起来好像有点儿太单薄，于是在乾隆四十六年（1781年）加了后边的远瀛观。远瀛观的规模比较大，平面成倒置的凹字形，里边除了中央大厅之外，周围还有一些小的房间。

大水法与远瀛观这两个建筑的风格稍微有些差别，大水法是早期的巴洛克风格，远瀛观是后期的巴洛克风格，装饰比较多，柱子上都雕了花。整个西洋楼景区是巴洛克风格的产物，巴洛克风格很主要的一个特点就是都用大台阶环抱过来，这个构思来自意大利著名设计师贝尔尼尼。贝尔尼尼的代表作是意大利圣彼得大教堂，他在圣彼得大教堂前边做了环廊，规模很大，很有气派。其他的东西，例如很漂亮的贝壳装饰取自海洋文化，因为欧洲那些国家邻海，所以在意大利等国的建筑上，可以看到到处用贝壳做装饰，这个是它们一种典型的装饰题材。像中国古典建筑里从来没有以贝壳作为装饰主题。远瀛观盖好以后，从观水法这儿看喷泉的场面未免显得局限，若从观水法两侧楼梯上去，可达小山上边的一组建筑，名泽兰堂，从泽兰堂北窗观看窗外景观，能看到西洋楼景区的全景。泽兰堂是中国式的建筑，完全是为了看西洋楼的景观而修建的，特别是接待外国使臣时，邀请他们在这里观看。乾隆帝曾在此接待过葡萄牙、英国、荷兰等国的使臣，并写下诗作："书堂号泽兰，朴斵谢青丹。芸帙堪永日，藤窗避薄寒。芜情报韶意，水法列奇观。洋使贺正至，远瀛合俾看。"[①]

6. 西洋楼线法山和线法墙

乾隆十二年（1747年）时，决定盖西洋楼景区。谐奇趣是最早盖的，后来逐渐从西往东盖，西洋楼景区变成一个长条形的构图方式，和中国传统很不一样，和西洋也很不一样，显得比较呆板。决定盖远瀛观以后，就出来一个南北向的轴线，这样这边就有了分量。在东边那儿堆叠着线法山，这座山也把这个景区的分量给提升了，线法山上面有个亭子，从那亭子往东边看，有一条河叫方河，方河再往东边有一批线法墙。线法墙画了很多西洋的场景，和我们舞台布景一样，站在线法山上远看这一片片墙，墙是错落分布的，看着就像西洋的大街，仿佛一个城市里的景观，用这样的处理作为西洋楼景区的收尾。

张小琴： 它的目的是要营造一个大的环境吗？

郭黛姮： 对。东边有街，有比较类似城市的景观。大水法这边是一栋一栋分散布置着，西边就是海晏堂，海晏堂再往西就是方外观，然后再过去是养雀笼、谐奇趣，这样一个一个走过去，使人感受到一个较为多样的西洋园林建筑景区。

7. 海晏堂：西洋喷泉艺术与中国传统文化的融合

张小琴： 郭老师，海晏堂在西洋楼景区的地位是什么样的？它的功能是什么？

郭黛姮： 海晏堂是一个重点体现喷泉艺术的景区，当时在国外用很多希腊

---

① 《清高宗御制诗》五集，卷九十四，题泽兰堂。

神话里的雕像来做喷泉。可是在中国到底怎么做，就给郎世宁出了一个难题，他想来想去决定把中国的十二生肖作为一个喷泉主题。十二生肖雕塑实际上又有一个报时的功能，变成一个水力钟，把报时和喷泉结合起来了，按照十二个时辰不断喷水，每个时辰每个动物喷一次，到午时，十二个动物全都喷，水就集中到水池中间那个大水盆里了。大水盆也有独立的喷泉，大台阶两侧有一系列的小水盆，每个小水盆里头也有一个小喷泉，也在喷，喷出的水叠落式地流下来。小水盆的外侧是一条道路，可以走到海晏堂上面去，道路的两侧有栏杆，栏杆内侧有叠落的浅浅的水槽，不停地流水。所以实际上它是一个喷泉的集大成，把能够做出来的欧洲喷泉的精华都在这里加以体现。

张小琴： 兽首是放在下面是吗？

郭黛姮： 兽首的完整造型是十二个动物各蹲在水池两侧的立柱上，每个立柱上各贴着一块有雕刻的花石板，一边六个立柱连成一体。

张小琴： 后面是一间宫殿是吗？

郭黛姮： 后边是宫殿，大厅里边有大大小小的房间，两端的房间还有阳台，人可以走出来。

张小琴： 是观景用的，还是居住用的？

郭黛姮： 实际上是在海晏堂前边观景，或者在两侧观景，并不是在室内观

海晏堂复原图

景。那房子就是集会、招待客人之处。

张小琴：像这个区域您刚才描绘的景象，是根据哪些史料还原出来的？

郭黛姮：课题组做景观复原的人，到现场查找分布在各处的遗存石块，找出 2108 块，一一对号入座。用无人机航拍了整个景区，考察欧洲同类建筑，最后根据遗址现状和它的铜版画进行复原。

张小琴：这是哪一个皇帝修的？

郭黛姮：西洋楼都是乾隆修的。因为外国来的使节中有一个人送给他一本书，里面有外国的喷泉、园林。他觉得外国的东西不错，可以盖一个。他取的名字很有意思，比如方外观、远瀛观，能看出来他对外国的东西也还有一定的兴趣。他自认为他是天下最了不起的大国天子，天下之大无奇不有，所以他这皇家园林里什么都可以有，因此就出现了西洋建筑。我觉得康乾盛世并不是太闭关自守，当时那些使节来访中国，他就带人到西洋楼来看。19 世纪初，那些洋人发展了航海术，到处进行掠夺，乾隆以后的皇帝缺乏观察世界发展状况的眼界，闭关自守，不思进取，最后连自己的宫殿都没能保住，导致圆明园葬身火海。

8. 数字复原，再现各时期历史信息

张小琴：您花了 20 年的时间来做圆明园的数字复原，为什么要花这么多的时间在这个项目上？

郭黛姮：开始时只是想把圆明园搞清楚，它的来龙去脉到底是怎么回事。在研究的过程中，社会上出现要复原圆明园的舆论，甚至有代表在人大会上提出来要复原，还有好多人签名支持。我感觉老百姓很希望知道这个园子是什么样的，这就迫使我们去做数字圆明园。开始也不知道能不能做，就请做三维模型的老师指导学生先试试，看能不能把中国古建筑做成三维的，为此我先在教学中把清代官式建筑的则例输入电脑，根据我们的研究成果，把圆明园的部分

建筑先数字化复原。做到了一定程度以后，正好有一个契机，我们设计院设立了一个数字城市研究所，当时设计院的院长建议我们合作，所以最后就合作搞了第一拨的数字圆明园。但是因为我们是科研，没有把所有的都做全，因为有的没有档案，有的根本连遗址什么样都不知道。所以根据掌握档案的程度，有的做得比较真实，有的按照科研要求，没那么真实，所以到现在还没有完成全部景区的复原。

张小琴：要呈现圆明园，其实有很多办法，比如有的地方是修复，有的地方是择址另建，为什么你们那么明确要做数字复原？

郭黛姮：这也是根据国家文保的需求。文化遗产是历史信息的载体，一个文化遗产被毁以后，被毁本身也是一种历史信息，不能随便抹掉，也要重视这个东西，更何况圆明园在历史上是有变化的，不同的皇帝根据自己的审美需求做过改建，早期遗址被叠压或被破坏，如果复原，首先需要明确是哪个时期的，那样无法反映圆明园发展变化的历史，用别的办法都无法把它被毁的历史信息表现得更充分，用数字化是一个比较好的办法。除了圆明园，将来我们还要再做三山五园[①]，还要再做很多类似的事。

张小琴：数字复原有什么要遵循的重要原则吗？

郭黛姮：要追求真实性，尽量完整。

张小琴：我看有的复原动画里，连墙上的字画都放进去了，那个有根据吗？

郭黛姮：我们复原时，除了复原建筑结构，也考虑复原它的室外环境，另外内檐（室内）装修也是建筑的重要部分，所以也会根据档案记载进行复原，尽可能还原原来的样子，反正和建筑有关的就去做。那些字画仅仅根据文献记载做了相应的表现，是为了让大家看到室内墙上有过这张题字或绘画，譬如某

---

① 三山五园，是对北京西北郊、以清代皇家园林为代表的历史文化遗产的统称。三山是指万寿山、香山、玉泉山，五园是指颐和园、静宜园、静明园、畅春园和圆明园。

殿内记载了墙上西壁是豳风图,东壁是皇帝题写的《周书·无逸》篇。

张小琴：您做圆明园的数字复原,还设计了钢结构的雷锋新塔,采用的都是比较前沿的现代方法,您已经 84 岁了,但完全是在用一种很现代的方法对古建筑做一些事情。

郭黛姮：雷锋新塔从技术角度来说,是为了保护古塔遗址,需要大的无柱空间,必须采用现代结构来解决。在大空间的上部有仿古塔形的建筑物,并装了电梯、楼梯,不可能再用仿古的结构。从文化角度来说,雷锋新塔不同于古塔的功能,它是一种景观建筑,在西湖边上再现西湖十景之一,是为了满足人们的情感价值所需,留住乡愁。

我觉得与时俱进吧,清华校训"自强不息",我还是本着这一条清华校训,能往前推进就往前推进。现在有很多数字技术我并不懂,但是我想追求的效果,还是希望能够实现。

现在我们希望做三山五园的数字化。除了圆明园以外,那几个园子都被列入北京市总体规划作为重点文化遗产保护对象,但是一般人还是不太熟悉。像香山,原来有二十八景,但是现在大家知道的就是去香山看红叶。颐和园是世界文化遗产,但是网上调查发现对颐和园有一定了解的人只有 8%。颐和园也是博大精深,尤其是乾隆时期的清漪园①,现在有些景点还荒着,大家都不知道。当时的造园手法多种多样,圆明园是平地造园,颐和园有些地方是在山上造园,因山就势地做,可能那些用数字化呈现也很有必要。像这些我都觉得任重道远,还应该继续做下去。

张小琴：圆明园的数字复原,让大家能够看到当年的景色,对于普通老百姓来说,这有什么好处呢?

郭黛姮：我觉得他们起码可以通过这个了解中国文化,知道我们的文化在历史上曾经有什么光辉。

---

① 颐和园前身为清漪园。

9. 实物复建：如意桥和碧澜桥

张小琴：郭老师，圆明园里的几个景点你们也参与了实物复建，比如九洲区的如意桥就是你们复建的，这个工作是怎么开展的？

郭黛姮：圆明园九洲区的格局是前朝后寝，前朝就是治国理政的正大光明殿。从前朝走到后寝，要过桥。如意桥原来是一个木板桥，后来变成了石桥，两边有石墩子，可以过船，不像木板桥那么低还得掀开板才能过船。

张小琴：我们在乾隆九年（1744年）完成的绢本《圆明园四十景》图里边，看到的如意桥是很朴素的木桥，那个是早期的样子？

郭黛姮：对。

张小琴：那你们复建时，是复原它后来的样子？

郭黛姮：2003年考古发掘出石头来，我们很意外，原来是木板桥怎么变成石头的？回去就查资料，一查查到木刻版的《圆明园四十景图咏》上画有如意纹的桥墩子。后来我们又看了"样式雷"后期的图，在平面上也画了一个如意纹，图上写着"如意桥"。可见从木刻版所反映的状况一直到2003年发掘之前，这都是如意纹的桥。原来乾隆九年的《圆明园四十景》图里木板桥还没有名字。后来变成石桥以后，中间铺木板，我们看到桥板上一个板上画一个圆环，表示可以拉起来的意思，但是不一定所有的船经过时都要翻起木板，估计过大船时要翻起来。当时皇帝在圆明园出行基本上愿意坐船，可能皇帝的船比较大，经过时都要翻起来。

原来如意桥的复建工程包给了一个施工公司，他们用砖砌了两个桥墩，让人看见的是遗址，旁边搭一个木头的临时桥让人走，后来甲方发现这样做不太好，就请我们来做，我们找到了它的档案，档案记载这个桥上是木板，还特别讲到栏杆是弧形的，有多少片，每一片多长，很详细，我们就按照这个档案来复建。

张小琴：你们复建时，是怎么把它拼起来的？

郭黛姮： 原来的石头是浅灰色的，新加的石头是深灰色的，找北京房山区的采石厂采青石，现在北京只有那一个地方有青石，我们要到那儿去找，找到了以后把它给用上了。

张小琴： 为什么不用一样的颜色呢？

郭黛姮： 没有一样的颜色。北京的这些皇家园林，原来用的都是房山的石材，时间长了颜色就变浅了，原来开始时也是深色的。

张小琴： 是不是也需要把新修的和原来的区分开？

郭黛姮： 我们在这背后刻了一个石头的年代，新修的是2003年，这些都采用现在国际通用的办法，写一个修复年代的记号。我们现在有档案，有图纸，从档案的储藏来讲，比过去要先进多了，石头上我们再刻个年代就可以了。

张小琴： 这么一座小桥修起来也是一个特别复杂的劳动，是吧？

郭黛姮： 当时复建这个时，我们力求多用一些原来的东西，请了地质大学的人专门做原来那些石头的受力实验，在现场压了一下，看这石头会不会裂，结果压完了以后没有裂纹，说明这个石头还比较好，就用上去。所以像台阶什么的，有一部分不是方方正正的，那是老台阶。

我们还研究了湖水当时的水面标高，让专门研究园林的一个博士生去找资料，研究水面标高，梁架完了以后，看看过大船到底还需不需要翻起来。因为要给现代人用，我们在两个桥墩之间，加了钢梁。为了保护桥板的木结构，栏板的地方也加了玻璃护栏。这都是文物保护应该注意的问题。

张小琴： 除了如意桥，你们还复建了碧澜桥？

郭黛姮： 碧澜桥是杏花春馆和坦坦荡荡之间相连的桥，过了这座桥就可以看到杏花春馆了。碧澜桥栏板上有乾隆题字，写着"碧澜桥"三个字，有明确的年号。这座桥塌了以后石料因为埋在土里，所以保存得相当不错，要不然就有可能早被军阀或什么人拉走修花园去了。它最主要的特点是桥洞是一个双心圆，桥拱不是一个半圆形，是一个尖拱的双心圆，中国的桥好多都是尖拱桥，这样比圆的受力更好。碧澜桥所有的栏板都是曲线轮廓，几乎没有一个平的。

我们用扫描仪扫描了栏板，发现每一块的弧线都不一样，做得非常复杂。修复时，我们把激光扫描画成图，请施工队放足尺大样，再把栏板一个一个放上去，按照国际保护文物的方法，每一块能够用原来的还用原来的，缺哪里补哪里，这样来修补缺失部分。所有的柱子，柱头雕刻的都是云鹤花纹，而且没有受到风化，还相当新，能够看到当时雕工的技巧，乾隆年间要求很严，所以雕得非常好。我拍了照片到故宫去比对云鹤纹，发现故宫室外的云鹤纹都已经风化看不清楚了。碧澜桥这些东西我觉得能保留到今天很难得，一定要好好给它保护起来，让子孙后代能看到。

张小琴： 这个桥上面白的石头是原来的，下面的这些青石是新的吗？

郭黛姮： 那种有花纹的、有点发黄的白石头是原来的，后来配了一些现在能买到的最好的石头。

从古建筑里汲取创新的营养

1. 如何解读古建的文化内涵

张小琴： 梁先生经常说建筑和民族文化互为因果，他在《中国建筑史》中提到"**中国建筑之个性乃即我民族之性格，即我艺术及思想特殊之一部**"，我们究竟怎么去认识中国古代建筑？

郭黛姮： 每个建筑里面都能够看到古代人的思想和文化，每一个建筑都有它的灵魂，这个灵魂我觉得很重要。比如太原晋祠，是一个祭神的地方，希望人去祭祀时，要有一种虔诚的心，所以不能让人轻易走进大殿去，这样就要在大殿前边设计一座桥，过桥的过程中看到下边的水池，这水池可能会引起人很多联想，对于人的心灵净化可以起一个重要作用。再比如很多佛寺前面有一段路，当人走进佛寺时，有一个前导空间，让人先想想今天是做什么来了。崇拜某一种文化，就要有一颗虔诚的心。王安石写过一首诗描绘浙江的天童寺，他说"二十里松行欲尽,青山捧出梵王宫"。这个前导空间不仅仅天童寺有,灵隐寺原来也有,唐朝一个僧人就种了二十里的松林,故民间有"二十里松林灵隐寺"之说。这种文化特点放到今天也不过时,建筑设计要把环境处理好。建筑设计是为使用人服务的,如果到一个很庄严的地方,比如到皇宫,就不需要这样的二十里松林,设计者让人走很多道门进来,进来以后,台阶很高,人就产生很崇高很伟大的感觉。我们从古建筑里可以吸取很多抽象的思想文化,用在我们现代建筑上。

我不觉得今天那些人盖奇形怪状的楼是一种发展方向,我不希望中国人再去花更多的钱去做怪房子。中国还是应该抓住自己的根,从自己的传统文化中深化我们对建筑的了解和认识。

2. 如何保护好古代建筑

张小琴:梁先生在写《为什么研究中国建筑》时,曾经提到:"一个东方老国的城市,在建筑上,如果完全失掉自己的艺术特性,在文化表现及观瞻方面都是大可痛心的。因这事实明显地代表着我们文化衰落,至于消灭的现象。"他当时提出这个观点是在20世纪40年代,那我们今天是什么情况?

郭黛姮:那是1944年写的,发表在《中国营造学社汇刊》上,因为他估计抗战胜利以后会有一个建筑的发展建设高潮,他觉得建筑的发展方向还是要和中国传统建筑文化相适应。

张小琴:当时他忧虑的是我们的建筑会失掉自己的传统?

郭黛姮:对。

张小琴:梁先生在这篇文章中讲到,要像从大火中抢救宝器名画一样紧急做古建筑的保护。

郭黛姮:他当时讲抗战胜利以后要好好保护这些古建筑,因为已经有很多被破坏了,如果仅存的这些再不保护,一下子就都没了。他实际上有很先进的保护思想，因为他认识到这些古建筑不仅仅是具体的物，而且代表它那个时代的各种政治经济文化。在这种思想指导下，他说凡是古的东西都要先琢磨琢磨它有什么价值，而且要整旧如旧。他觉得北京古城特别完整，是古代各方面很完善的城市思想的体现，呼吁要保护，但结果后来还是有不少建筑给拆了。今天我们回过头来想，他当时想保护古建筑和古城，实际上是想保护中国文化。

张小琴：梁先生在写这篇文章时，就感觉如果我们东方老国在建筑艺术上慢慢丢掉自己的特色，是大可痛心的，现在您认为这个状况是否依然存在，或者是否更加严重了？

郭黛姮：已经拆了的没有办法了，现在是应保尽保。最近提出来，北京要把原来大街小巷里面能保下来的古建筑都保护起来。北京新的总体规划①提出三条文化带，提出保护原来的古都，在整个文保界影响还是很大的，大家觉得这个新总规真是不错。

张小琴：梁先生思想的另一方面，应该也是希望我们新的建筑能够保有中国文化的特点？

郭黛姮：他希望一些新建筑能够吸取中国文化的特点，做出中国特色。这个他有实践，他设计了北京大学女生宿舍、王府井的仁立地毯公司等，都是用了中国符号，也试探了一些手法。

现在只能说大家在这方面努力探索，并不是说一下子就能够在目前做出很多很理想的作品，不一定。希望一个外国人来到中国，起码能认出来这是中国建筑，而不是其他地方的东西。这种继承，不见得是把原来那个样子原封不动地继承下来，而是把文化的特点继承下来，比如我刚才举的例子，建筑里的前导空间，这都属于现代建筑设计中大家可以借鉴的。不一定就做一个和原来

---

① 《北京城市总体规划（2016年—2035年）》其中提到要"推进大运河文化带、长城文化带、西山永定河文化带的保护利用"。新规划对首都功能和古都保护方面的新提法得到广泛的关注，梁思成先生当年关于北京古城保护的构想被频频提起。

一样的具体的东西,我觉得仿古建筑要分析在什么状况之下做仿古,如果没有那种环境背景,做出的仿古建筑就没有什么价值,如果有环境背景还可以,有的比如就缺了一块,那补一补,也无可厚非。但是**大量的仿古建筑,我觉得还是不做为好**。

张小琴:梁先生当年说,"已有科学技术的建筑师增加了本国的学识及趣味,他们的创造力量自然会在不自觉中雄厚起来",他很希望已经掌握了现代技术的建筑师,能够了解本国的文化,了解之后,能够有复兴,这个您认为我们的建筑师可以做到吗?

郭黛姮:我觉得**深入研究中国传统文化,会激发很多人创新的欲望**,如果不研究就很难创新。最近我们在河南开封做了北宋顺天门遗址博物馆,顺天门是宋朝的一个城门,在地下 7 米挖出了这个城门,但是上面还挖出来后期各朝代的东西,一直到清朝的。

张小琴:那也挺有意思的,一层一层的历史。

郭黛姮:当地找到我们,想把宋朝城门复建起来,可是它的周围都是高层建筑,在那儿搞一个小小的宋朝城门,那不就变成了一个小模型吗?特别不好看。我建议做一个现代的,我想到了宋徽宗的《瑞鹤图》,他在云朵当中画了一个屋顶,上面有一群鹤,他这张画画的就是开封的房子。受那张画的启发,设计人员就把博物馆设计成宋朝大屋顶的变体,用现代灰的钢板做的,底下是各个时代的遗址,通过数字化,大家可以在展厅里看到城门本身从宋朝到清朝的变化。这个方案得到批准,正在实施。

张小琴:所以继承古代的文化也可以用不同的方式,让它体现出那个神韵来。如何面对传统,这是中国建筑的特有问题,还是世界性的现代性问题?

郭黛姮:全世界各国都面临传统文化的遗失,但是自从有了《威尼斯宪章》等文保章程以后,各国都有所好转。

我刚才举的例子无非是想说明,继承传统不限于形式,我们可以了解古人的技术特点，了解古人很聪明的做法，比如斗栱，有很多榫卯，它可以吸收地震能量，抗震能力特别好。现在高层建筑要盖一座300米以上的，最高的一层会晃，因为平常有风，所以建筑不能做得很死，现在做了一个阻尼装置，可移动，但动了以后不影响房子的安全，这种就等于把中国斗栱的特点给发挥出来了。再譬如应县木塔，房子就搁在地面上，这个对抗震特别有用，七次大地震，它都没有倒。这种结构的房子，地震时地动了，房子甚至可以脱开地面滑过去，不影响建筑的构架，还能完整保留。像日本，多地震，他们曾研究了一些方法，和中国古代简直如出一辙，比如他们盖大楼，也要打基础，打下去以后，要在房子的基础和地之间做一个弹簧垫或滚珠轴承，让它可以在底下滑动，或者可以让它上下颠颠。上次神户大地震发现他们大楼的抗震处理就采用的这种方法，最后大楼都没倒，老的矮的房子反而倒了。

张小琴： 一般我们认为如果基础比较深会坚固，其实并不是那么回事？

郭黛姮： 是。从中国建筑说明建筑和基础之间，和大地之间要有一个缓冲，不能盲目深挖地基。中国建筑比较巧妙的成就，要研究以后才会发现，所以要想传承中国建筑的血脉，就要好好研究，研究透了才行。

张小琴： 研究它蕴含的智慧，不是只得到它的形。

郭黛姮： 通过研究知道古人的智慧。中国的哲学思想很先进，有很多哲学家说中国是一个早熟的国家，那些超前的哲学思想实际上也影响了古代建筑，中国古人看事情不是一成不变的，是把矛盾综合起来解决，这种东西需要大家经过研究以后，才能够把它继承下来。

张小琴： 按这样的说法，现在的建筑教育是不是有需要改进的地方？

郭黛姮： 是。可是现在推动起来也不容易。具体的不应该仅仅表现在课堂上，可能还需要有其他各种各样的途径来普及。

张小琴： 您觉得中国建筑未来的发展方向，应该是什么样的？

郭黛姮： 只要不失掉中国传统文化的根就可以，但是这个事具体化不好说。总的来讲，我觉得现在大家越来越重视这些，相信以后会有所突破。

张小琴：世界上古建筑保护做得比较好的国家有哪些？

郭黛姮：当然还是欧洲那些国家，比较早就研究保护理论了，像意大利等欧洲国家算是走在前面的。

研究建筑史的乐趣：破解古建科学谜题

1. 秉"师"旨研究建筑，可告慰师长

张小琴：从朱启钤先生建立营造学社，到梁先生他们做中国建筑的研究，到你们这一代，然后您自己又带了很多学生，可以说传统的传承在学术上一直有延续。您从毕业留校到现在有60年了，您觉得这60年当中足以告慰师长的是什么？

郭黛姮：我只能说我没有忘记梁先生给我们提出来的科研方法，他说："读跋千篇，不如得原画一瞥，义固至显。秉斯旨以研究建筑，始庶几得其门径。"我基本上是按照梁先生这种思想来做科研的。除了圆明园以外，我研究其他古代建筑，也是要寻找第一手资料，要看到它们来龙去脉到底是怎么回事。这方面，我觉得我还是可以告慰梁先生。但是他的思想很了不起，他眼光非常远，我达不到。

张小琴：做建筑史学研究这么多年，您觉得其中的乐趣是什么？

郭黛姮：乐趣挺多的，每找到一个新的东西就特别高兴。古代人难道就没有科学观点吗？我想探究古代建筑到底有没有科学价值。比如为了研究佛光寺东大殿木结构的力学原理，我想过各种各样的办法，和土木系实验室商量，能不能帮木结构搞点实验，后来没做成，又从文献上看其他国家有没有人做过实验，最后查到铁木辛柯编的史料，我特别高兴，终于可以证明中国人当时的成果是有科学价值的。中国建筑的很多价值不是光说它年纪老，体量大就完了，

它本身有很多内在的科学价值，一定要发掘出来，我做这个就觉得比较高兴。

比如应县木塔经过七次大地震安然无恙，而它周围的房子全部倾覆了，为什么这样？我就要找答案。看到它的暗层和斜撑，就觉得古人实际上已经把这个古代建筑作为一个筒体结构来做了，而且他们想要这个构架不晃动，所以加斜撑。日本学者福岛正人曾说，加斜撑是日本现代建筑中耐震构造的开始。譬如香港汇丰银行大楼很高，外立面就打了"X"斜撑，这样才能稳固。我看到这些就联想到我们古代匠师的贡献，就觉得特别兴奋。

所以**我是力求用科学史的视角来研究建筑史，不是用文人那一套来研究建筑史**。

2. 学习传统文化，利于年轻人创新

张小琴：现在的年轻人感觉对古建筑很陌生，对这部分人，您有什么建议？

郭黛姮：现在的学生要引导得好，还是有兴趣的。目前大家对人文方面的东西还是稍微重视一些，比我们上学那时候有进步。我觉得社会舆论还是比较关键，如果社会舆论都宣传这个，那他自然就受到耳濡目染了。比如有时候看到江南民居，一看雕了那么多东西，大家用现代建筑观点看，觉得它烦琐、没意思，但好多雕刻其实有文化寓意，如鼓励小孩读书、提倡勤俭，等等。可以通过建筑解读文化，多宣传，让一般的人也不会有被拒之门外的感觉。

张小琴：那对于目前正在做建筑的人，或者未来有可能成为建筑师的年轻人，您有什么建议？

郭黛姮：过去有些人做建筑简单地贴一个符号，这个现在已经不行了，太肤浅。希望年轻的建筑师能够深入研究中国古建筑的特点，特别是建筑所反映的传统文化的特点，在这个基础上再来创新。**中国的建筑师要追求怎么把中国文化体现出来**。

数字经济：解构与链接

江小涓

演讲实录根据2020年11月20日江小涓教授在"人文清华"讲坛的演讲《数字经济：解构与链接》整理而成，经本人审订。

专访内容根据2020年11月4日对江小涓教授的访谈整理而成，经本人审订。

江小涓

江小涓,现任全国人大常务委员会委员、全国人大社会建设委员会副主任委员,中国行政管理学会会长,中国社会科学院大学教授、博士生导师。曾任国务院研究室副主任、国务院副秘书长。

中国共产党第十八届中央委员会候补委员,全国政协第十届委员会委员。

1972—1973 年,在西安市卫生学校护理专业学习,毕业后在西安市中心医院任护士。1978—1984 年,在陕西财经学院上学,研究生毕业、获硕士学位,留校任教两年。1986—1989 年在中国社会科学院攻读博士生,获经济学博士学位,其间 1987 年 9 月到 1989 年 3 月,在新西兰惠灵顿维多利亚大学做访问学者。1989 年起在中国社会科学院工作,历任副研究员、研究员等职,1998 年起担任中国社会科学院研究生院教授、博士生导师。担任过中国社会科学院工业经济研究所研究室主任、经济学科片学科秘书、财贸经济研究所所长、党委书记等职。2004—2011 年调任国务院研究室副主任,2011—2018 年任国务院副秘书长。

主要研究领域为数字经济、服务经济、宏观经济、产业结构、国际经济和公共政策等。近些年主要从事数字经济、数字时代的公共治理、数字全球化、前沿科技伦理等方面的研究教学工作。自 1986 年以来,发表过多篇学术论文,出版十多部学术专著。在《经济研究》《中国社会科学》和《管理世界》三大核心期刊上发表的论文超过 20 篇,在《人民日报》《求是》等重要报刊上发表的文章超过 20 篇。多篇学术论文和研究成果多次获奖,包括四次获"孙冶方经济科学奖",两次获"中国社会科学院优秀科研成果奖"等。

在担任国务院研究室副主任期间，主要从事《政府工作报告》和国务院若干重要文件起草工作，并分管社会、信息等领域的调查研究工作。担任国务院副秘书长期间，主要联系教育、科技、文化、体育、妇女儿童、民族宗教、人文国际交流等方面的工作。

老师们、同学们：

大家晚上好！

今天我跟大家分享的题目是《数字经济：解构与链接》，这是一个很热门的话题。中国经济增速过去 10 年持续下降，数字经济能不能为中国经济增加一些积极因素，使我们的经济能够更长时期稳定、健康地发展？

中国经济增速减缓

中国经济过去 40 年平均增长速度是 9.7%，很高，但是从 2008 年以后持续 10 年增速减缓。从国际发展经验看，我们现阶段有一些很难改变的因素，会使经济增速减缓。传统服务业是相对低效率的产业，我们传统服务业比重上升后会使经济增长速度下降。我们的劳动力成本在上升，前 30 年我们靠劳动密集型产品大量出口带动经济增长的竞争力已经开始减弱。还有人口结构变化，以前我们劳动力占人口总数的比重很高，现在开始下降，人口抚养比在上升。这些因素使中国经济增速发生了变化。

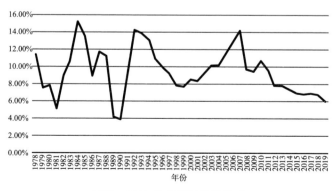

1978—2019 年中国经济增长率

从国际经验看，也是非常规律性的变化。"二战"以后，有很多表现不错的经济体在高速增长20年、30年之后速度都会回落。我们40年的高速度已经创造了增长的奇迹，所以这种下行如果从一般先行国家的经验看，应该还会再下一个台阶之后才相对稳定下来。但幸运的是，我们是在数字时代进入这样的发展阶段，数字技术会给经济带来很多增长机会，所以我们希望看一看借助数字经济的力量能不能突破先行者的规律，让我们的经济再在中高速的平台上健康稳定地发展，再往前走一段。

中国数字经济将全面发力

一般把数字经济分成数字产业化和产业数字化两部分。

数字产业化就是数字技术带来的产品和服务，没有数字技术就没有这些产品，例如电子信息制造业、信息通信业、软件服务业、互联网业等，都是有了数字技术之后才有了这些产业。

产业数字化指的是产业原本就存在，但是利用数字技术后，带来了产出的增长和效率的提升，如果没有数字技术，就没有这些。

这两部分中产业数字化占大部分，大概占数字经济的4/5或者3/4，所以大家有时候会看到很不一样的数据。有朋友问我美国数字经济占经济总量的比例只有百分之十几，中国怎么达到百分之三十多，那是因为使用不同的统计方法，例如美国统计的主要是数字产业化的部分。

过去10年，中国数字经济发展很快，数字经济产值从9.5万亿涨到了35.8万亿，占GDP的比重从20.3%上升到了36.2%，增长速度远远高于同期GDP，所以它的比重才会上升。**中国已经进入世界十大数字经济指数最高的国家的行列，名列第九**，排在我们前后的都是发达国家。这个位置比我们人均GDP、社会发展指数、创新的全球排序等都要更高一些，所以中国是数字经济相对发展比较快的经济体。

我国数字经济增加值　　　我国数字经济增加值占GDP比重

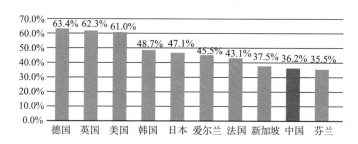

2018—2019年数字经济指数最高的国家

数据来源：中国信息通信研究院

但现在有一种疑问，即中国数字经济还有多大的潜力？从2018年下半年开始，**很多业界的人提出一个口号：中国数字经济要进入下半场，要从数字消费转向数字生产。**这个问题的背后是对中国数字消费下一步的潜力信心不足。它既有现实情况的支撑，也有一些数据的支持。

从现实来看，一些大的数字平台供应商感觉到再继续扩大消费者的数量、提高消费者网络购物的比例、数字社交的时间等，非常困难。2018年年底中国移动互联网月活跃用户数超过了11亿，但2019年整整一年的时间，活跃用户数几乎没有增长，都是保持在11.38亿~11.39亿这样的位置上。在2020年疫情期间，往上跳了一下，但是6月份疫情缓解之后，活跃用户数又下行了一点，我们就14亿人，除了很小的和很老的之外，可以想象移动互联网用户数在中国达到顶点了。我们人均使用移动互联网的时长也有停滞的趋势，2018

年年底人均日上网时长已经接近6小时，2018年年底到2019年年初这个数字几乎没有变化，2019年4月达到了6小时，人均每日上网6小时基本上到达"天花板"了，达到这个数基本就在全球前三位了。**互联网的人数乘以平均上网时长，就是国民线上总时间，所有网上消费都要在这个时间段里进行，在我们做经济研究的人看来，这相当于互联网消费市场规模的边界，当这个市场规模已经给定的时候，就是存量的竞争了**。因为不太可能靠一个非常有吸引力的APP让消费者有更多时间上网，这个时候要看你的APP就得把别人的APP减掉，**存量的竞争非常激烈**，非常不容易，所以才出现互联网上半场数字消费见顶的说法。

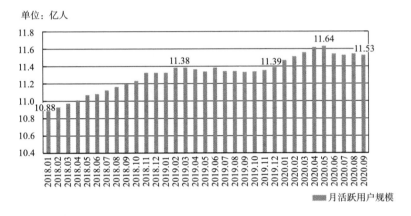

移动互联网人数增长停滞

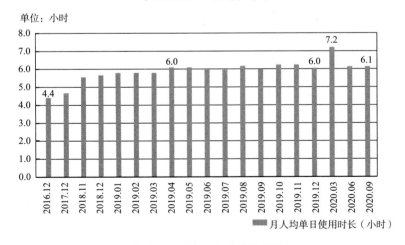

移动互联网人均上网时长停滞

这个说法是不是正确呢？我本人并不完全同意。凭借新通信技术的发展、我们巨大的人口数量、庞大的制造业基础、那么多有活力的企业，**我相信下一步中国数字经济包括数字消费在内会全面发力，会展示更好的增长空间。**

数字化消费：创造重量级新消费

分别看一看数字化消费、数字化生产、数字化网链和数字全球化四个部分将发生什么变化。

国民上网总时长已经给定，我们的消费增长空间在哪里？在 5G 技术、人工智能技术的支撑下，**消费互联网正在发生一个质的变化，从以前连接信息**，我们知道在哪买什么东西、有什么价格，**变成了新的链接，可以链接行为、活动**，这种链接需要的通信能力是此前很难满足的。

举几个最常见的例子，例如互联网教育。到目前为止，所谓的慕课就是远端上课，和现场教学还是不能比，理想的教学需要多点互动，任何一个同学可以和老师有互动，同学之间可以有互动，可以有一些分组讨论。但是在以前的通信技术之下，现场教学可以做的在互联网空间做不了。有了 5G 技术之后，这些问题都可以解决，除了传送数字、文字信息之外，还可以实现音乐、体育的教学。以前在网上上体育课非常麻烦，现在我们可以通过职业教育的实训操作设备，在互联网上进行几乎完全具备现场感觉的教学，和以前慕课的远程上课完全不一样。

现在互联网医疗基本是远程会诊，低级别医院的医生把疑难患者检查的情况，如 X 光片、化验结果等通过互联网展示给水平高的医生，医生根据患者的情况给出诊断和治疗建议。真正有了 5G 技术，有了新的智能化设备之后，才可以开始真正的远端医疗。高水平的医生可以在远端给患者做检查，因为医术是手艺活，他的经验和专业化程度非常高，他可以非常真实地给远端的患者做检查。有些手术很罕见，需要经验的积累，未来有经验的医生可以在任何地方通过物联网、网联设备、智能化的设备在远端为患者做手术。可以想象手术这种远端操作对通信技术的要求多高，例如不小心碰破了血管，远端医生要立刻作出止血的动作，设备必须没有任何延滞地完成这个动作，否则后果不堪设想。只有在非常完备、没有时延的高质量的通信技术的保证下，这种带动作的远程精细操作才能完成。

智能体育是我本人最想推荐的一种新的互联网数字化消费形态。在疫情中间受影响最大的行业之一就是健身房，它是人活动量很大的高密度高风险场所，所以疫情开始之后，首先关掉的一批和最晚放开的一批都是健身房。但是年轻人需要健身，有特定的锻炼要求，很多学生也需要上体育课，此时，智能体育的作用开始显现。也有很简单的方式，每个学生买一条带有传送、记录动作信息的跳绳，只要99元，老师说四点上体育课，今天是跳绳，所有同学可以在自家的客厅、院子里跳绳，运动方式就上传到老师的手机上。如果感到很无趣，老师可以组织活动，可以开展小组比赛、班级比赛、校级比赛，同学自己跳绳的同时也可以看到其他同学怎么跳，这是智能平台运作的体育方式。还有智能骑行，买一台智能骑行设备，里面有很多骑行场景是事先设定的，骑行时戴着头盔、眼镜，例如上下坡等骑行感受，和真实路段完全一致。如果一个人骑没有意思，可以和大家一起骑，但并不需要大家聚在一起，可以在各自家里连到智能平台上，然后选一条赛道比赛，骑行不好，转弯技术不好，就会摔出赛道，退出比赛，所以非常真实。这些年来很多年轻人，喜欢玩游戏打电竞，数字时代生产、生活都在线上，让年轻人离开线上娱乐方式也不可能完全做到，新的游戏方式结合了数字、电子的乐趣，把真实的体感和体育运动连在一起，达到非常好的效果。例如体感机器人格斗是新款智能体育设备，可以通过场景视觉引导身体核心肌群运动，让人在家玩游戏时就能锻炼肌肉，把电子游戏的乐趣和身体运动完美结合到了一起。未来会有很多这样电竞的形态出现。

新的技术和产品的发展还会提供更多的消费形态。自动驾驶汽车，是网联汽车，在世界很多城市，包括北京已经有限地上线试运营了。这些汽车在有的人看来是汽车革命、出行革命，而我们做数字经济的人看上去，完全是提供了一种新的消费场景。现在一部手机随着我们到处移动都能给我们带来那么多消费的机遇，当一台无人驾驶车随着我们移动时，它能够提供的学习、工作、社交、健身、娱乐等场景其实是我们现在很难想象的。所以新的产品会带来更多的新的消费场景和机遇。

我相信未来十年期间，在新技术指引下，新的百亿级、千亿级数字消费的机会完全可以实现。

数字化生产：数字经济的新蓝海

数字化生产现在还是一片蓝海。现在讲产业互联网数字化的全景生产，我们的案例只有几百个，真正对制造过程、生产过程产生重要影响的案例还是非常有限。**数字化生产可以实现生产过程智能互联，实现和消费链、供应链智能互联，而且可以把消费者和服务者的平台智能互联，还可以实现社会资源智能匹配。**

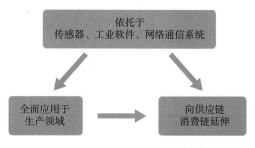

数字生产是数字经济新蓝海

我们讲一下案例。以前互联网连的是信息，现在物联网连的是物体，它的动态、旋转、热量、速度，依托于传感器工业软件和网络通信设备，全面应用于生产领域，而且会向整个产业链延伸。例如汽车智能生产线使用的六轴自动化手臂，每一条轴都有多台物联网相连，可以测它非常多的动态信息，它在运转中的状态就可以被感知。以前的自动化生产设备只有当产品出问题或者设备不能运转之后，才知道生产线出了问题。而在智能生产过程中，通过非常多的网联设备可以实时感知它的运行状态，而且有可能做到在线修复和远端停机、开机。多台机械化设备，通过物联网连接以后协同作业，我们研究制造业的学者觉得那个场面非常美丽，**把它叫作"数字制造之美"**。在汽车智能生产线上，没有人，物物之间，设备与设备之间，每个工具之间，是多点互联，相互识别，极大地提高了生产组织的效率。

但是不要以为只有高端的制造和数字制造相关，**现在有了产业互联网平台，有了生产者服务平台，一些非常一般的机械加工过程也可以变成一个数字制造过程**。简单的制造过程仍然可以被解构，仍然可以被数字化链接。

几年前，我去看一个国内最有名的生产互联网的展览，有很多非常高端的很成规模的全要素链接的平台。有一家企业并没有上展台，但是结束的时候他们说"还有各种各样的产业互联网平台存在"。作为研究产业组织的学者，我立刻对这个企业发生了浓厚的兴趣，因为它是全新的生产组织方式，而不只是把原来的生产组织方式连接起来。这家企业在宁波，是一家云工厂，自己没有制造能力。中国有很多产业集群非常密集的城市，宁波就是其中之一，这是中国制造业的特点，在不大的区域里有十几万家的中小企业。学过企业管理的人可能知道，所有的企业生产不是一个均匀节奏，不是一个活儿接着一个活儿，一单和一单中间会有间歇，再好的企业在一个时点上一般来讲也会有1/3或者1/4的设备不开动。一个企业这样，一万家企业也是这样，可以想象在同一个时点上闲置的设备是很大的数量。这家企业就想能不能把这些闲置的设备利用起来，就组织了一个工厂接单平台，当它接到一个需要生产的产品时，网上有几十万台设备,它自己有工程师,把接到的设备拆解成不同的生产制造过程,然后在网上寻求此时闲置的设备,让对方生产这个产品。它不养企业,因为养了企业,人和设备都有闲置时照样要付费,它就是用闲置的设备和多余劳动力组织云工厂的生产,生产完之后如果没有新的订单就解散,不承担其他任何成本,它用这样的方式组织生产。这个老板非常睿智,做得很好。它其中的一个产品是烧水壶的壶身上圈,这个产品原来是在七八家工厂生产,每个工厂生产出来的产品有差别,质量高低不一,它接下来之后由它的工程师把这个产品分解为17道工序,在15个工厂生产。每个工厂都是用闲置设备生产,因为设备在闲置,所以成本很低,每个操作工人和每个设备专心做这一件产品的某个部分,带来了专业化的好处,就做得非常精、非常专业。它把不同的生产过程组织起来,看起来是特别普通的机械加工过程,但是现在已经变成云生产线,**接单分解、生产组织过程都是在网络上推进,这是非常新的生产组织方式,不以企业为中心组织生产,而以产品为中心组织生产。**

除了生产之外,产业互联网生产智能过程会链接到用户端和消费端,最典型的一类产品就是工程机械。中国的工程机械销往全世界80多个国家,工程机械是连续作业的设备,维修和维护非常费成本,以前出了问题我们再去人,然后备件用上,然后更换,成本很高。现在把它智能地连在企业的产业互联网上之后,可以远程监控这个设备的运转情况是不是健康,备件的修复和维护变得非常及时,而且可以智能化地派单。**这使生产过程的效率一直延伸到供应链和客户端,大大提高了整个生产过程的效率。**

生产中间有个非常重要的部分,就是要融资。现在**融资过程也出现新的智能化过程。**我们有三大互联网银行,互联网银行和传统银行不一样,没有柜台,过去你借贷的时候,传统的银行需要审你以前的信贷记录、有没有抵押资产、生产计划是不是可行等,要审很多东西,互联网银行主要是风险控制的过程,会在网上搜索你的记录,有没有延迟还信用卡的过程、有没有其他的不良信用记录等。**它完全是不同的资源配置方式,通过人工智能的方式配置资源,**

算法决定谁能获得贷款，什么样的条件可以获得什么样的贷款，这也是非常重要的变化。

数字化网链：提高产业链效率和安全性

数字化网链，这个题目只有在现在这个时候才特别引人关注。在疫情期间，非常多的产业链断掉了。产业链非常专业，很多企业做一个零部件做了十年甚至一百年，它的整机厂就是它的客户，供应链非常稳定、专业，可以同步迭代。维持产业链需要成本，当主机变化时产业链所有部分都要跟着同步迭代，所以维持一个产业链很昂贵。很多企业产业链多年都很稳定，但是一旦碰到疫情或自然灾害，很有可能出现断链的情况。断链以后怎么链接？以前肯定要线下搜索合适的厂家，然后让它改进生产工艺匹配上。现在有了产业互联网之后，所有这个行业中的客户、生产厂家、零部件供应商、原材料供应商、研发等相关方面都会在网上。如果是一个大的产业互联网平台，有可能给它网上存在的这些企业画像，明确这些企业可以做什么，当单链被断链时，互联网接链很快，智能化接链可以推送出很多最有可能和你形成新的供求关系的企业。海尔卡奥斯平台在国内很多产业互联网的评比中都是第一位，几乎囊括了家电行业和相关的所有生态链、产业链上的企业，一旦有需求时应变和组织能力很强。疫情期间它专门做了"工业企业疫情防控复工达产服务平台"，专门替客户和供应商断掉的企业接链，帮助2000多家企业把产业链接了起来。另外在特殊时期需要的一些商品，还可以快速组织平台上的生产能力，快速做出产品。2020年年初疫情期间，武汉某医院在2月5日提出需要一个智慧医疗隔离舱，但是这个东西在国内原来产量很小，因为需求量很小，这个需求被送到了海尔卡奥斯平台上，平台就利用上面多家设计研发制造企业，48小时就把设计方案拿了出来，2月21日第一台隔离舱送到了武汉的抗疫前线。如果没有这样的互联网存在,没有多个企业在上面多点交互、相互匹配,这种生产能力的快速形成是非常难以想象的。所以**互联网的网链非常重要,它使单链变成网链**,互联网的初心就是"网",有了网链,任何一点的断裂都不能使全网停下来。

数字全球化:全球资源配置大调整

数字全球化也是大家很关心的问题。这几年所谓"逆全球化""全球化退缩"这样的观点大家都知道。20世纪80年代以来,全球化经历了30年的快速发展,最近10年确实有一定程度的停滞,而且有些方面是在退缩。衡量全球化程度有两个最重要的指标,第一个指标是国际贸易占全球GDP的比重,这一比重经过前30年的快速上升,在过去10年开始下降,表明贸易重要性在下降。第二个指标是中间品占全球贸易的比重,它涉及全球产业链的概念,前30年,大概从1985年开始持续上升,最近10年这条增长线略有下降之后又有一点回升,但回升后基本和10年前持平,总体没有继续往上走。通过这两个指标大致确定全球化有所停滞和回落应该是一个事实。

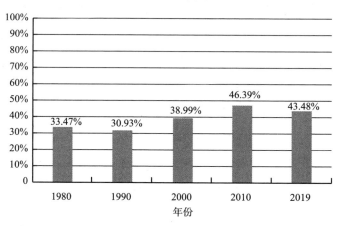

全球贸易占全球GDP比重下降

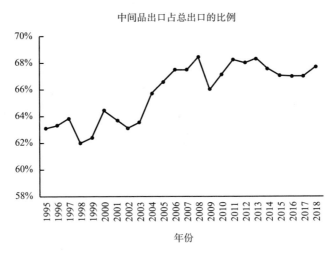

中间品占全球贸易比重下降

全球化推动力减弱有若干正常和非正常因素，有正常的经济原因，也有国际政治问题、个别国家行为的问题，我就技术相关因素和大家分享一下为什么全球化会退缩。从"二战"以后全球化的进展看，初级产品的出口国多是石油输出国，这些国家的经济体就建立在大量出口石油、进口其他产品的基础上。而制造业产品出口国大量出口制造业产品，购进高端的设备和必要的原材料，大体上分布在南美还有以中国为中心的东亚部分，中国是一个制造业出口国。分布在北美和西欧的主要是高端设备和技术的出口国。这是全球完整的经济图谱，每个国家在其中都有自己的贸易地位。"二战"以后，这个分工其实一直在加强，但是在过去 10 年有所减缓退缩。

新技术的出现带来全球化的巨大变化，例如新能源汽车。新能源汽车烧电不烧油，或者用氢等新能源，全球石油贸易的一半是用来开车的，**如果新能源汽车在汽车中间占有很重要的比重，一定会导致全球石油的需求量下降，那么依靠石油贸易立身的经济体就会受到非常重大的打击。**当然现在新能源汽车占的比重还不大。

3D 打印也带来国际贸易的变化。有相当一部分国际贸易和规模经济有关，在一个大的经济体中间，生产规模很大，单体成本会下降。那些形不成大规模生产能力的小经济体就可以从其他国家进口更便宜的产品。但是 3D 打印和规模经济无关，它是分布式的生产过程，打印一台和打印十台、一百台的单品成本几乎一样。这样那些小规模的经济体，不再需要从那些大规模经济体进口廉价工业产品，它可以在本地小批量生产。现在 3D 打印没有太放量，只是个别产品可以看出这个趋势，例如助听器，这是非常高精度的制造业产品，原来就在少数国家生产向各个国家出口，现在 3D 打印在助听器制造业非常普及。再小的经济体、再小的医院都可以在医院放一台 3D 打印机生产助听器，而且这个时候的打印可以很有个性，能针对每个病人的耳郭、耳道的情况专门设计和打印。现在 3D 打印已经使全球助听器贸易减少了 15%。**在更多的产业里面，不久的将来就可以看到这种分布式，和规模经济无关的生产会消解掉大规模生产带来的贸易能力。**

　　机器人替代劳动力也是一大影响因素。像中国和其他制造业出口大国，一定是劳动力相对便宜和素质很好的经济体，当然我们已经过了靠特别低的劳动力在全球安身立命的阶段了，但是我们仍然还有制造业和劳动力的优势，所以机器人的大量使用已经对我们产生了影响，不过它对后起的想重复中国发展道路的经济体会带来更大的影响，使它们走这条路的难度大大增加。**机器人的使用会转变原来发达国家劳动力成本高的劣势**，同一台机器人在中国、美国、日本是同样的生产效率和同样的价格，所以才会出现现在一些制造业向发达国家转移的现象，原来发达国家转移出去的一些制造业也在回流。2018 年我到美国看了一家中国设立在那里的企业，它是专门做汽车零部件的，以前就是在中国生产然后向北美出口，过去七八年时间它开始大量在美国投资，在美国很多州已经建了企业。我去了以后请美国的老总帮忙算了一个账，他说由于当地自动化设备程度很高，劳动力成本占整个成本的比例大概只有 5%，而且这已经不是一线工人的成本，是一些研发人员和更高端的白领的成本。中美之间白领的收入差距不大，大概就是 1/4 这么一点点差距，考虑到效率的提高、远距离运输成本,加上两国贸易争端带来的不确定性,从经济成本来讲,没有必要在中国生产运到美国,完全可以在北美建厂。所以"让企业回到美国去",不是特朗普讲的,奥巴马已经讲了十多年了,但是以前在美国制造没有成本竞争力,所以回不去。**当生产成本开始变化的时候,产业地点的调整就开始了。**

在传统国际贸易削减的同时,数字全球化却在非常快速地发展,复杂产品、服务和研发的全球分工都在快速发展。20世纪80年代的全球化是输出型的全球化,一台车原来以北美为生产基地,看到其他国家生产很便宜,就一点一点地向外转移,以前的全球产业链是这样形成的。但现在的全球化很多时候是原生性的:复杂技术产品一出生就是全球化的,设计这个产品的时候要想到所有国家,能够最高端地制造某个部件的,我就用它的,所以一开始就是全球化的产品。像波音787这种高精尖产品的出生就是全球化的。飞机这个产品有很多是客户订货,除了最基本面之外,每个客户对飞机的需求不一样,客舱怎么设计,座位怎么宽敞,音响系统怎么布置,个性化程度非常高。这就需要很好的通信技术,把分布在世界各地的制造厂家连接起来,可以同步回应诉求、发现问题、迭代技术,没有很好的网络空间、通信技术支持的分工,这种复杂

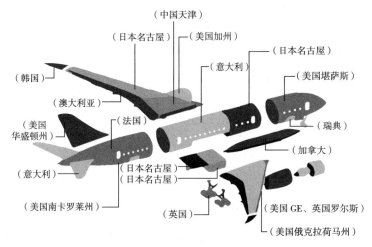

复杂技术产品全球共制,数字化平台同步迭代(波音787全球供应链)

产品的全球分工体系效率会有很大问题,会无法运转。所以传统产品全球分工下降的同时,其实复杂产品已经不是在简单分工了,一开始就是以全球集成的产品出现。

对服务业来讲,变化的意义其实更大。服务业在经济学上来讲是不可贸易产品,传统经济时代,服务的消费和提供同时同地,老师上课我讲完你们听完,服务的提供和消费就结束了。听一台音乐会,音乐会结束,服务的供给和消费就结束了。不能储存,也不能远距离运输,这是传统服务业的特点。有了卫星电视、互联网之后,服务可以远距离提供,维也纳的音乐会可以在中国听,但是服务业以前从来没有达到过制造业全球分工的状况。**现在有了5G技术,有了很好的通信技术之后,才真正开始全球分工型的服务提供**。5G出来以后,有人组织了一场特别的音乐会,六位音乐家在世界六个国家同步使用不同乐器,分部分演奏巴赫的音乐,同步合成,共同提供一台音乐会。听音乐是对时间延迟零容忍的消费行为,时间有一点点错位,这台音乐会就不能听。在5G技术支持下,这台音乐会在任何地点听到都需要传输两万公里的距离,从不同地方汇集到听众的耳麦里,没有任何延迟,没有任何违和感。

全球研发的分工也发生了重大变化。20世纪80年代以来,研发的全球分工变得非常活跃,一项最终可以使用的技术是多个国家多个研发团队共同做的,在20世纪后20年,全球研发网络主要在三个国家或地区,美国、日本和欧洲。21世纪开始,另有两个经济体加入了,一个是韩国,一个是中国。**21世纪以来中国在全球创新网络中的地位显著提升,贡献了全球创新网络专利的15%**。此外,北京、上海都已经进入了全球技术研发前十城市的行列。科学发现的全球网络,也就是全球的科学家共同来做一个科学研究工作,它以科学出版物作为指标,**在前30个国际生物技术集群中,北京、南京、杭州、武汉、上海纷纷上榜**。北京已经遥遥领先于其他所有城市,在全球科学论文发表中,北京非常多,其次是东京。不过在技术研发的全球网络中,上海的密度比北京大，北京人喜欢写论文，上海人喜欢研发技术造产品，是很不一样的科研特点。

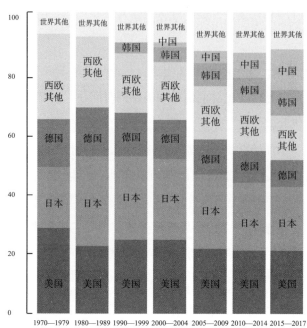

专利的国家分布及变化情况

中国数字企业方阵也非常厉害，已经是全球数字企业的第一方阵。世界经济论坛和波士顿咨询，评出工业4.0时代的灯塔工厂，灯塔工厂的意思是有引领、导向的作用，评了五批，一共评出54家灯塔工厂。中国在其中占了16家，占了30%，美国、日本、德国这些工业制造强国都是10%以下的比重，我们已经站在了第一方阵中。我们16家企业中本土企业8家，外资企业8家，有很多外资在中国的企业比其本土的企业水平还要高，特别不容易的是，我们有一个本土企业的两个工厂被评为灯塔工厂，那就是海尔，这在世界范围内都是唯一的。**我们相信在这些中国企业里今后会真正出现数字制造时代的头部企业，成为全球制造的引领者。**

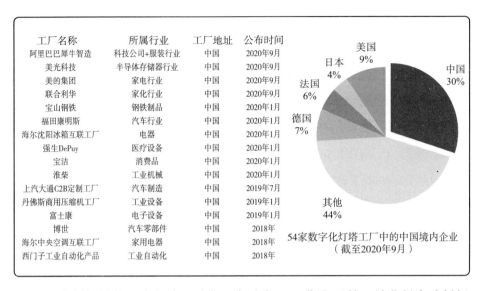

54家数字化灯塔工厂中的中国境内企业
（截至2020年9月）

全球创新链的机会很多，我们要努力加入，作出贡献，并获得全球创新分工利益。同时我们现在的确看到，用断链来打击我们头部企业研发能力的事，也时常发生，当你和别人在同一水平竞争时这种情况会比较时常出现，所以我们要自主创新，当断链打击发生的时候，自己能转起来，无论水平是不是更低一点。同时我们的研发和对方要能互惠，我要你的、你要我的，谁也离不开谁，这是最稳定的状态。如果对抗不可避免，我们有一手好牌才有回旋余地。有对等的能力才能够形成稳定互动的关系。如果实在不行，我们还要有备胎。**我们既要进入全球产业链，利用全球数字技术的资源，又要有自主创新、自我运转的能力，两个不能偏废，都要做好。**

生产组织方式将发生重大变革

从学理上讲，**数字经济在解构原来的经济形态，然后通过算法、互联网重新链接起来，这是经济秩序的重组过程。**经济学有个非常有名的科斯定理，

20世纪60年代学者科斯[①]问:"为什么要有企业?"设备可以买到、员工可以雇到,知道原材料有什么,为什么要先设立一个企业,然后由它来拉订单组织生产?为什么不能在生产需要发生的时候来组织生产过程?为什么要用企业这种形态?企业作为组织有组织成本,其中两项成本必不可少:第一,信息传递可能失真,即一线看到的东西传递到决策层和研发层信息可能会失真;第二,激励会减弱,可能作出最大贡献的人需要和庞大的组织分享他创新带来的收益。科斯自己回答了这个问题:因为市场化地组织生产过程交易成本太高,要选设备,要去搜索、匹配,还要信任它能做好这件事情,有很多的成本,交易成本太高,两害相衡取其轻,还是用企业组织这种形态来组织生产吧。

科斯已经去世了,但我们现在的时代,有大数据、互联网,所有交易成本在这个层面大大下降,搜索、匹配、信任成本都已经不是大问题。经济是有规律的,这个时候科斯定理就开始发挥作用了,就可以解构组织了,**可以解构企业、乐队、医院、银行、宏观数据等很多东西**。生意帮这个平台干什么?就是解构企业,不以企业为主组织生产,用数字平台链接到设备层面和工具层面来组织生产,把以企业为中心的生产转到了以产品为中心的生产。5G技术把乐队解构了,不需要常备一个乐队,需要组织一场演出时,根据这场演出的需求,在全世界选择最合适的乐手组织一场音乐会,提供音乐的服务。也可以解构医院,原来医院需要很多人,可以想象未来会有医疗中心,里面有很多非常棒的连接设备,每个患者有需求时可以从世界各地选择最适合这个设备的医生、技术员,可能一个医生远程操控给他打麻醉,另一个医生远程操控开刀,

---

[①] 罗纳德·哈里·科斯(Ronald H. Coase,1910—2013):新制度经济学的鼻祖,美国芝加哥大学教授,芝加哥经济学派代表人物之一,法律经济学的创始人之一,曾提出"科斯定理",1991年诺贝尔经济学奖获得者。其对经济学的贡献主要体现在《企业的性质》和《社会成本问题》之中:《企业的性质》以交易成本概念解释企业规模;《社会成本问题》主张完善产权界定可解决外部性问题,该文的发表标志着现代法与经济学的诞生。

另外的医生远程监控他身体的状况，用数字平台链接到单个医生提供服务，就解构掉医院。当然这都是比较遥远的事，但是在技术层面上、组织层面上已经不是问题。还可以解构银行，现在很多银行用那么漂亮的大楼，那么高的成本，未来不需要了，通过算法，平台链接资金的提供者和需求方来配置资源。前面讲的互联网银行就是在做这些事情。

宏观数据、政府以前的宏观调控行为也可以被解构，现在想了解一个经济情况，我们需要一个政府体系，统计数据层层填报表告诉政府经济怎么样，这个数据过程有时滞后，有时失真。这次疫情期间怎么看经济情况？其实两个指标都是通过数据平台做到的，一个是复工复产的指标，我们是靠移动平台的数据掌握有多少人从家乡回到生产所在地的。第二个是投资指标。我们现在需要投资，可以用挖掘机指数来观测投资进行得怎么样，我们大概80%以上的工程机械是连在三家移动工程机械网上的，可以看到哪一台在开，每天开多长时间，这个时候开工的情况我们心里就有数了。通过这个，我们知道2020年6月份和2019年6月份相比工程机械开工数少30%，说明6月份时投资还没有恢复，到8月份，挖掘机指数恢复到和2019年一样，说明投资恢复了。除了这些，数据还可以解构到非常细微的点上，例如每个工程分不同阶段进行，有挖土的、盖楼的、内装修的，虽然挖掘机指数上去了，但是搅拌机指数没上去，搅拌机是盖楼必须的。通过这个比较，我们知道虽然基本建设在恢复、投资在恢复，但是基本建设还在挖土的阶段，楼还没有盖。再比如对大中小挖掘机的数据比较后发现，截至2020年6月，大型机械基本没有恢复，6月份和2019年同期相比是负数，但是小型挖掘机和2019年同期相比在增长。大挖掘机一般是修铁路、高速公路，中型挖掘机可以修城市大型项目，小型挖掘机主要从事中小规模的市政建设和农村新农居的建设，这样就知道投资恢复时，大家主要在做市政工程的建设、农村新农居的建设。有了这样的智能平台之后，我们可以解构掉原来宏观汇总的数据，把它解构到微粒的层面、结构的层面、项目的层面。总的来讲，数字经济不仅仅解构经济层面，还在解构社会许许多多的内容，数字技术是把社会解构掉后再重新链接起来。

前进中明确底线寻求平衡点

数字技术带给我们那么多便利，我们的眼、手、能力都在延伸，整个数字经济带来的增长机会很多，所以我们一定要前进。但是也会带来一些问题，数字技术会挑战现有的秩序，会危害人类多年遵循的共同价值观，带来很大的不确定性。2017 年，伯克利大学的教授、资深 AI 研究者斯图尔特·拉塞尔（Stuart Russell）在联合国大会上演示了微型武器如何精准攻击人，一台小型无人机携带微型炸药利用面部识别技术，找谁是谁，无处可躲。那时候的小型无人机有 1/4 手掌大，现在已经小如苍蝇，据说很快就要小如蚊子，它想精准打击人的时候可以全世界搜索，进行精准打击，所以这个视频传播后激起公众对面部识别、人工智能、无人机技术极大的担忧。但是这个技术能不能使用呢？确实还有很大争议。使用同样的技术也可以为人类谋福利，在一些比较发达的智慧城市，靠这个技术搜索走失的儿童和失忆老人变得非常有效，可以在海量人群中非常精准地把特定的面孔识别出来。在这些地方走失的儿童和老人 40 分钟内 98% 都会被找到，通过它已经找到了很多走失儿童，因此支持使用这个技术的人认为，它带来的福利是现实的，同时它带来的危害是可以控制的。但是问题是谁来决定这个技术可以使用在哪里？谁说了算？它带来很多新的挑战。

数字技术带给我们太多的福利，也带来许多新挑战，我们要做很多改进，政府要改进，企业也要改进。但是总体来讲，**我们要适应这个时代，适应数字时代的治理理念，要明确底线：第一要以人为本；第二不能损害人类共同的价**

值观；**第三要使被数字技术时代甩出去的人跟上来**。一个社会走得越快、旋转越快的时候就会有越大部分被甩出去，我们有很多技术弱势群体，我们一定要让被甩出去的人跟上来，能分享这个时代技术带来的红利。现在大概有七八条所谓人工智能和数字时代的底线，大家要有共识，但是即使有了底线还是有很多问题要解决，有很多平衡点要处理。到底是多抓一点数据发展数字产业，还是更多保护个人数据不要让它被使用？我们在获益人群和受损人群之间、产业发展与个人信息之间、创新与稳定之间、国内与国际之间、线上与线下之间有很多问题要平衡，但应该是**在前进中去平衡**。大部分的挑战目前并没有答案，我们还有很长的路要往前走。

最后一句话，**数字经济不是未来，数字经济已来，我们要接纳和拥抱，要共同应对数字时代可能面临的挑战**。

谢谢大家！

问答：

1. 数字平台是否垄断，需要全新计算

学生： 江老师您好，数字经济飞速发展，一方面提供给我们很多便利，但是另一方面也带来很多威胁。对于我们做学术来说，如何能提前预测一些问题，让它朝着更加有利的方向发展，减少有害的可能性？

江小涓： 现在有些问题已经显现，大家都在讨论，但是因为数字经济非常新，讨论它的问题完全靠传统理论是不够的。比如大平台的市场控制力问题。我们原来对"大"是用是否垄断来看的，光"大"还不能算，垄断是双标准的：第一，危害消费者，仗着是独家，索取高价，消费者没有其他选择；第二，太大会带影响产业的生态，使产业的竞争发生问题。但是现在的大平台，在消费一端完全变了，不是说大了问你要高价，正是因为大，所以免费提供服务，和原来损害消费者的表现不一样，因为它需要流量，需要知道消费者的数据，数据变成生产要素。所以这时候衡量一个大平台是不是侵害消费者需要新的标准。什么是平台真正垄断的问题，需要全新计算，这是全球的挑战，国外数字经济发展很快的国家也都在探讨这个问题。

2. 数字经济最大的变化是数据变成了生产要素

学生： 江老师，数字经济不同于之前的农业经济和工业经济，它最鲜明的区别有哪些方面？

江小涓： 数字经济最大的变化是数据变成了生产要素，这在以前所有经济形态中是不存在的。然后极大的平台变为产业生态的提供方，而且会替政府做一些产业中规则的治理，这也是它非常大的变化。特别重要的是，它使生产的组织方从企业、机构、组织变成了平台对个体、小企业，这个会使生产效率带来极大的提升。现在消费者跟平台的关系和以前相比，粘性度在下降，就是消

费者跟随一个平台或跟随一个 App 走的成本在下降。非常简单，我不需要学太多东西，我换一个平台使用就可以了。所以平台和消费者、大企业之间的关系也在做很大的调整。总之，它是增加了新的生产要素的组织方式，使整体生产效率极大改进，数字经济是完全可以和农业经济、工业经济、信息经济并列的全新的经济形态。

3. 平台提供服务出现问题，谁来承担责任？

网友：江老师，您提到数字经济对医疗传统消费方式的解构，如果一个手术是在多地由不同医生在线指导机器人完成的，一旦出现医疗事故之后应当怎样追究责任？

江小涓：这个问题其实现在已经存在了。当互联网提供各种服务时，一旦出现了纠纷，怎么解决？现在平台可以自己声明怎么样处理消费者和平台上企业的纠纷，很多平台为了吸引消费者提出平台先行赔付，不用跟厂家打交道，然后平台去和厂家打交道，但是并不是所有的平台都作出这样的承诺，所以作和不作，不同平台消费者支付的价格有很大差别，消费者流量也有很大差别。

平台上原来出现过一个案例，一个网约车平台，司机把一个乘客致死，这个中间平台到底应该负什么样的责任，这是一个公众特别广泛讨论的问题。之前的想法，司机进入平台时平台要看所有的证件，包括核查他本人以前的记录，平台做完这些尽职审查之后如果司机再出问题平台不负主要责任，但要负补充责任。但是那个案例出来时，正好全国人大在审《电子商务法》，公众舆情非常激烈，说顾客进一个商场，一个柜台的营业员把这个顾客杀了，商场安保没有起到责任要受到追究，用这个进行比较，所以有的专家或者有的消费者就提出，平台应该负同等责任。平台觉得实体店可以安保，网上连了一千万辆车，怎么可能对每辆车的运行状况做线下监测，很难做到。这个问题最后是模糊处理掉的，《电子商务法》说平台应该负相应的责任，但相应的责任是什么责任并不明确。所以互联网中间有很多的挑战和不确定性，还需要我们进一步探讨。

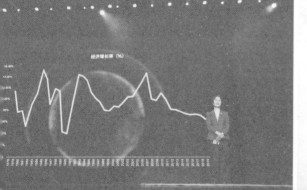

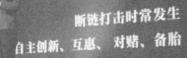

江小涓专访：经济学研究如何配置资源，使全社会福利最大化

农村生活的影响

张小琴： 江老师，您小时候曾在农村生活过一段时间，是吗？

江小涓： "文革"期间，我的父母下放了，所有孩子一起跟着到农村去了。

张小琴： 那段时间对您有什么影响吗？

江小涓： 对集体经济状况下的农村有了很直观、深刻的了解，这个对我后来的学术研究非常有帮助。那时虽然很小，但印象很深刻，非常明显地看到农民在集体的地里干活，边说笑边做，比较散漫，回到家里以后则是尽十分的力量做事，我们很小时从农村地里一经过，一看就知道这究竟是自留地还是农村集体的大田。那会儿在农村我就问过，为什么不让一家一家去种地呢，肯定产量更高，大家干活的积极性更好。

张小琴： 这件事情在什么时候开始发酵到能起作用的程度？

江小涓： 跟着父母回到城里，工作以后，开始能够买到一些所谓学术含量比较高的书时，这个疑问就出来了，因为1972年、1973年买到的还是很传统的书，谈搞集体经济有什么好处，但我脑子里的那个画面根本贴不进去。上大学以后，1978年时，教科书上还是在讲按照苏联集体经济那一套有什么好处，我还是不能接受，因为那个现场感进不去那个学术体系。

就在我们上学时，刚刚开始搞农村承包责任制，争论很大，但是按照发展生产力这样一个要求来讲，我们就很赞同，觉得如果家家搞承包，一定会让农村的产量增加很多。

张小琴： 从您的学术生涯刚刚起步，独立思考的愿望就很强烈。

江小涓： 对。这个可能是我的一个特点，**如果生活体验和教育不符合的话，**

我可能会持一个不能一揽子接受的态度。

张小琴：一般人碰到这种情况，一个权威的结论和自己的生活经验不相符时，有时是怀疑自己，有时是怀疑权威结论，但是您好像没有怀疑自己的经历。

江小涓：有些权威结论描述的是一种客观情况，但是如果我们的客观情况不是一个点，而是一个面上和它不一样时，确实是要怀疑这个理论本身。但是有时那个理论讲的是一种很个性化的，比如个人对一种事情的感受，这时候你要问问是不是和大家不一样，你自己的感受不一定能够代表更多主流的感受。这是两种情况。如果理论和客观看到的场景不一样，我一定会再想一下。

投稿《经济研究》，确立走研究道路

张小琴：您对经济学的感觉是什么时候产生的？

江小涓：是从留学开始的，到新西兰以后，才知道原来学到的东西只是太多研究流派或者理论体系中的一个，角度越多，越觉得它是非常丰富的工具箱，处理各种问题都可以找到合适的工具，那时候觉得理论还是挺有意思的。

张小琴：留学时您接触经济学已经有好几年了？

江小涓：对。出国时我已经研究生毕业留校工作两年了，我们国内当时的经济学教学和研究还是很贫乏的。

张小琴：您留校任教时，在《经济研究》上发表了第一篇比较重要的论文。

江小涓：留学之前，我第一篇论文发到了《经济研究》上，现在回想起来也挺胆大的，那是国内经济学的顶刊了，上大学时，我对这本刊物充满敬意，上面全是国内的大家的文章，但是我对内容其实不是很满意，觉得还是在用传统的语言讲一个似乎和中国没什么关系的演绎推理性的分析。

比如，中国要搞商品经济还是计划经济？当时商品经济刚刚开始讨论，计划经济优越性的主流声音还是非常强劲，有不少文章会说很多计划经济的优越性，但是我们在现实中看到，这套体系效率非常低，不能激发大家的创造性，不能激发竞争，所以我对这本刊物的内容总体上确实不满意。后来我在开会时碰到了《经济研究》一位非常资深的编辑，和她说了这个感受，她说那你们年轻学者应该敢于写一些新东西，你要有了好稿子就投给我们。她可能也就是一句客套的话，但是我听进去了，想写一篇论文说说研究方法的问题，一次就投中了，那时候也没有特别复杂的审稿机制，也没有做太多的修改，做了一点删减就发表了。

张小琴： 主要观点是什么呢？

江小涓： 主要观点是**中国经济学的研究现在不应该用演绎推理的办法，而应该用归纳的办法**。我们当时所有的经济学理论都是从苏联体系承接过来的，基本的前提是计划经济好，我们的理论都是把这个作为前提来接受，然后推出很多结论，我觉得这个推理已经不符合当时中国发生的情况了。所以我说首先经济学研究得弄清楚现实是什么状况，然后把现实状况之间的各种关系梳理清楚，再来抽象出理论的前提、理论的范畴、理论规范的内容。如果前提说的不是真实情况，做再多漂亮的推理和演绎也没有价值，我主张从演绎推理转到归纳性研究，研究真实发生的事情，在这个基础上再来做学术理论的抽象和研究。

张小琴： 听上去这篇文章有很大的批评意思。

江小涓： 就是批评，有一半说现在为什么做得不好，然后说应该怎么做，对整个学界提出意见，而不是针对一件事情，现在回想还是挺大胆的。

张小琴： 一个小字辈，从来没有在经济学界亮相过，第一篇文章就开始对目前的研究状况进行了批评。

江小涓： 是。其实暗中批评的对象很多都是老一辈的学者。那时候不太懂学术界还有论资排辈，也可能没有顾虑，所以观点比较鲜明。

张小琴： 文章发表之后有没有引起一些议论？

江小涓： 肯定还是有很大的反响，但没有太多压力性的议论。那时我在考博士，报了中国人民大学和中国社科院研究生院两家，每个面试老师必问这篇文章。

张小琴：老师们什么态度？

江小涓：我个人觉得老师们加分了，他们还是很赞同的。

张小琴：我看了您很多文章，都是很果断的判断，简明扼要，从那时开始一直是这样的文风？

江小涓：我觉得学术研究总体上还是要尊重读者的理解力，有时候说得华而不实会费时间，我一般来说还是比较核心地直入问题。

张小琴：那时是不是已经有明确的想法想要成为经济学家？

江小涓：《经济研究》发的这篇文章，对我的职业选择有很确定性的作用。让我觉得自己是做研究的料，可以走这条路。

巴山轮会议的影响

张小琴：您读博士是在20世纪80年代中后期，那时候是思想界比较活跃的时期，当时最关心的问题是什么？

江小涓：1986年11月我进入中国社科院研究生院读博士，1989年毕业。1984年以后学术界非常活跃。我还是很关心中国经济体制改革的问题，因为它是一个根本性的问题。先是农村改革，家庭联产承包责任制把农业的土地、收益都放到农村的家庭里。之后是城市企业的改革，企业除了计划要求它做的那部分之外，超产的部分可以留成、可以有利润，所以特别快地鼓励了企业的积极性。然后是民营企业开始发展。在微观层面整个经济变得非常活跃。但是几年下来，应该怎么管经济就变成了突出的问题，我上了博士以后正好赶上北京学术界高度关注政府的宏观管理问题，这方面的讨论非常活跃。

张小琴：有没有您印象比较深刻的具体问题和事情？

江小涓：我到北京时，巴山轮会议①开过不久，当时体改委组织了国内最主要的老中青三代专家，通过世界银行邀请了国内外顶尖的经济学者，在巴山轮上讨论那个时代中国的宏观经济管理应该怎么做。那次会议对政府决策、对学术界产生了非常重要的影响，我的导师周叔莲②先生参加了这次会议，还有中国社科院研究生院很多年轻的学生也参加了这次会议。讨论的问题很新，非常开放，我的老师给我看了很多当时的记录，看了以后还是受到很大影响。

张小琴：巴山轮会议之前一些特别重要的焦点问题是什么？会议解决了什么问题，产生了什么样的影响？

江小涓：在那之前，十二届三中全会③已经提出"有计划的商品经济"，希望学术界能够提供一些理论的判断和概念。所以那时学界很繁忙，希望提出一些能够说服各方面特别是决策层的东西，使中国经济改革往前走一步。此前还是提计划经济为主、商品经济为辅。巴山轮会议的主题是改革过程中的宏观经济管理，研讨当时中国应该如何在增长和改革过程中保持宏观经济的稳定性。会议也讨论了适合中国特点的宏观经济理论的相关问题。西方学者希望用"市场经济"的提法，中国学者观点不统一，有些人希望提"宏观调控下的市场经

---

① 1984 年第四季度中国出现银行信贷失控、投资猛增、消费增长过快等现象，物价上涨幅度达到 10%。1985 年，中国经济发展走到一个关键点，何去何从，面临新的抉择。1985 年 9 月 2 日清晨 6 点，一声汽笛长鸣，"巴山"号游轮缓缓驶出重庆朝天门码头，朝着长江三峡的方向驶去，历时 6 天的"宏观经济管理国际研讨会"就在船上召开，后人通常把这次会议称为"巴山轮会议"。由数十位国内外顶尖经济专家参与的巴山轮会议，给中国经济发展间接地提出了治理方向，让中国人初次知道了什么是好的宏观经济管理，什么是中国眼前该做的事情。
② 周叔莲（1929—2018）：江苏省溧阳市人，著名经济学家。曾任中国社会科学院学部委员、中国社会科学院工业经济研究所所长、第九届全国政协委员等职。研究方向为中国工业现代化、固定资产投资等问题。
③ 1984 年 10 月召开的中共十二届三中全会，通过了《中共中央关于经济体制改革的决定》，明确了改革的方向是"公有制基础上的有计划的商品经济"。至此，商品经济的提法被确定下来。

济",有些人认为还是提"商品经济"比较稳妥,最后折中为"发展商品经济和完善市场体系"。我觉得**那时决策层和学术界是互动的,推动了思想解放和学术理论的发展。**

张小琴: 从计划经济到有计划的商品经济再到市场经济,每前进一步其实都有个过程。

江小涓: 对。开始都是思想解放走在前面,思想解放过程中学术界的贡献很突出。**当学术界的意见很一致时其实对决策层的影响还是挺重要的。**

张小琴: 巴山轮会议应该说在中国改革开放过程当中起到很重要的作用。

江小涓: 是重要的节点,那时候"有计划的商品经济"成为主流的提法。现在人生体验更多了以后,很难想象会从计划经济一步到位宣传我们要建设市场经济,中间的过渡使这个过程变得比较稳妥,能够团结最大多数的人是非常重要的。

张小琴: 这时您是旁观者还是参与者?

江小涓: 我主要是旁观者,但是我的参与感很强,觉得不是身外之事,所以那时无论是开会发言还是做学术研究,我的观点还是比较一致的,就是希望推动中国向社会主义市场经济的方向发展。

重视调研,研究中小企业和产业组织等问题

张小琴: 什么时候从旁观者到成为当事者?

江小涓: 博士毕业进了中国社科院研究所以后。当时中国社科院是最高层的国家级智囊机构,我们会参与中央的很多重要会议,参加很多中央文件的起草,可以发出自己的声音了,可以说参与了中国改革开放的进程。

一开始是到工业经济研究所,工业经济研究所当时是研究工业问题的。我刚进所时,社会上有一种很突出的观点,认为原来很多的国有企业,或者计

划已经指定的企业，被新成长起来的民营企业挤压和打败是不对的，秩序混乱，等等。我比较喜欢看实际情况，调研了很多企业，发现民营企业的机制比较活，根据市场走，非常努力，产品符合市场需要，有竞争力是非常自然的事情。我写了系列文章，大声呼吁小企业发展在这个阶段是对的，民营企业不是不正当竞争，是市场经济过程中非常正常的现象，这些观点还是受到了关注，被传到了一定的决策层。

张小琴：那时您发出的这个声音应该是非主流的声音？

江小涓：非主流。但是因为我有几百家企业的案例在手上，也做了很多理论的分析，有很强的无可辩驳的事实基础，所以还是很坚定，而且也没有受到太多的指责和批评。

张小琴：听说您当时做过洗衣机行业的调研？

江小涓：洗衣机行业的调研我从博士研究生阶段就开始做，毕业以后持续在做。中国家用电器这个行业技术比较简单，老百姓需求又大，最早的洗衣机一百多元人民币，改革开放以后，变成非常流行的产品，一下子上了很多企业，有二三百家，产品量大大超过了需求量。新上的企业很有眼光，做一些小的改进或者进口一些零部件，产品很适合市场需求。原来政府布局的那些生产洗衣机的企业受到很大冲击，产品卖不出去，这些所谓非法生产的企业产品卖得很好。我们就去做调研，到底这个情况对不对。我的观点是中国在这个阶段需要优胜劣汰的竞争，需要让新的企业尝试。

张小琴：那时洗衣机行业的主流观点是已经超出需要的规模了，不应该有这么多厂家上。

江小涓：对。大概1983年，政府发了第一个限制生产的文件，点了17种不应该继续上的产品，里面就有洗衣机。但是如果没有竞争怎么把不合适的企业淘汰掉？**一定要有激烈的竞争才能优胜劣汰**，我的观点和当时政府的政策还是不匹配的，我相信我自己看到的很可能是对的，政府不一定总是会把事情做对。

张小琴：您通过什么途径发出自己的声音？

江小涓：通过写文章、开会、我们社科院一些内部报送件，来发出这个声音。

张小琴：可以明确感觉到一个旧有体制的禁锢和想要突破它的力量，处在胶着的状态下。

江小涓：现在回想起来，无论是国有企业的领导人还是政府，其实也看到新企业更有竞争力，但是他们身在另一个体制之中，要是旧企业生产停下来员工没有工资可发，就有传统体制中稳定性的问题，所以他们的立场是出于更多的考虑。

张小琴：您当时还做过关于产业集中度的研究？

江小涓：产业集中度的研究我做了好几个行业，洗衣机、电冰箱、电视机、轻型车、棉纺织，这几个行业我都亲自做过调研。当时认为真正好的市场经济应该是大企业为主，几家大企业占很高的比重，所以集中度会很高。当时觉得大企业有研发能力，有很好的管理，有规模经济，生产越多单品成本越低，有很大优势。并且拿市场经济国家类比，哪个国家的汽车行业前三家占了80%，哪个国家的电视生产前几家占了90%，等等，我们当时可能一个行业前四家占了不到30%，通过这样简单的类比，认为我们的产业布局是不合理的，要提高集中度。但是我的观点是，人家那前三家是从几百家里竞争出来的，是竞争力最强盛的企业，而我们的前四家是原来计划经济下的国有老企业，现在不能确认它们就一定是最应该留下来的企业，所以竞争淘汰过程不可避免，这是我当时基本的理论根据。然后从中国发展阶段讲，所谓大企业有规模经济，很重要的是它的研发能力，研发是非常昂贵的，企业越大越可以分摊这个成本，但是当时中国是引进为主，没有研发成本，引进一条生产线和引进十条生产线相比，其实单条成本差别并不大，我做过测算，生产30万台和生产10万台电冰箱的成本大概就是 5~10 元的差距，速度稍微一快，市场最需要时能上去，价格高一点，就什么利润都有了，所以还是要相信市场，相信企业身在其中不会做愚蠢的决策，作出来的一定是最适合当时情况的决策。我的调研特别实，都是算出来的成本、算出来的过程、算出来差半年时间就可以卖多少高价，所以结论出来以后没有人辩驳。其实我当时的观点非主流，挺冲击政府当时的主张，但是出来就站得住，而且可以使学界的研究有一定的跟随。当时搞产业集中，还是对市场起作用的机制没有理解到位，一定要通过优胜劣汰的竞争，才能达到最理想的状态。

张小琴： 您关于棉纺行业的研究获得了 1998 年的孙冶方奖。

江小涓： 当时棉纺行业最典型，因为棉纺行业成本很低、技术水平很低，小棉纺企业中国遍地都是，占了国有棉纺织大企业的市场，所以当时指责那些小企业低水平重复建设，盲目上马，国家大概在七年时间内发了七次文件，坚决压制遍地开花违规上马的小棉纺厂。我不能理解，民营企业拿自己的钱为什么要投一个上去就亏损的企业呢？这不可想象。我就去调研，结果有几个发现：第一，行业不匀质，不能阻碍新的竞争者进来。调研的企业表示，虽然那么多企业亏损，但我一定可以比它们做得好。因为当时很多企业效率低，所以更好的企业进去就会有机会。第二，优胜劣不汰才是问题的根源。产能过剩还有新的进入，主要是优胜劣不汰，当时很多棉纺企业在地方都是品牌企业、形象企业，虽然亏损，但政府给它补贴不让它倒闭，所以使这个行业不均衡。这篇文章拿了孙冶方奖。政府最后仍然要限制纺锭的增长，但是不再区分国有还是非国有，一视同仁。

张小琴： 您第一篇发在《经济研究》的文章强调应该更注重归纳，研究真实发生的事情。所以您从起步做研究就这么重视调研，按照自己想象的方法开始做。

江小涓： 我的理论主张和我的实践是一致的。我在工业经济研究所工作七年多，采用较多的研究方法是在调研的基础上做实证研究。

张小琴： 既然调研是重要的基础，为什么之前的人不这样做，您一上手就这样做？

江小涓： 搞调研会辛苦很多。当时中国社科院的学者写论文发表也不太困难，因为地位在那里，那时学术界的规模也不是很大，在办公室写论文还是比较舒适的工作状态。但下去调研，我们既没有学术影响，又没有行政关系，非常费劲，乡镇企业可能会觉得说它好话还欢迎，国有企业基本是排斥的。我们那时候为一些政府部门做了很多文字方面的工作，其实就是想换取介绍几个企业让我们去看一看的机会。企业也不明白为什么要接受一上午的访谈，填问卷。我们调查每个企业，背后都是先付出，然后再得到企业的入门券。

张小琴： 您对国有企业有一定程度的批评，那去国有企业做调研是不是更难了？

江小涓： 其实当时国有企业很多领导人也觉得传统体制不行，也希望有新的声音能够让决策层看到国有企业需要改革。

比如当时很多国有汽车企业，政府对它们有很强的约束，也有很多的支持，有些地方政府为了保护自己的汽车企业，虽然产品质量很差，还是要求当地所有的机关单位必须购买这家企业的产品。我就到那个企业去调研，原以为他们会表扬地方政府，没想到负责人和我说，政府这样做是不对的，由于没有其他更好的企业来竞争，企业里所有的人都躺着睡觉，他特别希望让员工看到，不好好工作就会被淘汰。他原来希望用更高一点的薪酬引进更高的技术人员，希望能够用计件的方式引进营销员，但是一旦政府把市场保护起来，没有了竞争压力，在企业内部推进这套改革就非常困难。这个企业负责人的眼光让我很吃惊。但这些话他在会上是不会说的，他在会上一定还是会感谢政府的保护支持了企业的发展。

张小琴： 如果在书斋里肯定会以为这个被保护得很好的"亲儿子"一定是

感激的。

江小涓：我坚信中国大地上发生的事情是坐在办公室里看已有的文献和理论解决不了的。

预言中国工业发展将创造世界奇迹

张小琴：1988 年时，咱们国家出现了抢购风潮，在那之后您也有一些声音发出来。

江小涓：1987 年时，当时受前期一些学术界观点的影响，也出于当时局面的考虑，政府考虑是不是可以走出市场经济很关键的一步，把管制的价格放开，此前商品的价格是政府管制的。但是还没有考虑到价格放开后的非正常因素，还有其他因素对生产能力的影响，所以放开以后价格上得过快，老百姓买涨不买落，开始抢购、囤积，以致很多产品的价格轮番上涨。那时候我在新西兰留学，从 CNN 上看到国内商品连盐都被抢购一空，于是政府就出台了比较强硬的措施，硬刹车。硬刹车以后会使货币投放量减少、企业贷款减少，经济进入半停滞的状况，很多企业在通货膨胀时觉得生产非常有利，拼命扩大生产能力，硬刹车后已经形成的生产能力突然没有市场了，所以 1989 年开始，经济跌得厉害，工业全行业亏损，国内开始一片悲观，说中国经济前期走错了路，下一步会陷入非常困难的状况。我那时刚从国外回来，还是不相信。在国外我学了发展经济学，知道一个国家经济加速发展需要具备哪些基本条件，而我们当时基本条件都有。第一，要有良好的资本积累能力，我们有。第二，要有很好的技术进步，我们通过开放，引进了先进技术，技术有了很好的进步。第三，要有大量良好素质的劳动力，我们是一个工业文明很好的经济体，有大量非常熟练的工人。第四，要有一个能够激励企业和个人的机制，我们搞市场经济、搞开放，这些激励机制也都有。另外我们还有自己的独特优势：我们是超大规模经济，非常有利；我们还有当时的后发优势，作为后发国家可以廉价引进很多先进技术。我觉得经济发展需要的条件中国应该有的都有，别人没有的我们还有，所以我相信这是短期的坎儿。

张小琴：问题在哪儿呢？

江小涓：前期闯关之后带来价格的暴涨，政府不得已采取非常严格的措施，对前期措施进行弥补，这也还是需要的，否则会造成更大的问题。但是过去之后一定会重上轨道，一定会加速发展，我很坚定地相信这一点。所以那时我就开始呼喊中国中长期发展没有问题。1991年我和我先生刘世锦写了一本书《后来居上——中国工业发展新时期展望》，说中国工业发展将会创造世界奇迹。

张小琴：那时候您相信中国经济一定会有非常好的前景，是基于什么样的推理？

江小涓：理论上从发展经济学来讲，一个国家应该加速发展的那些要素我们都具备。实践上，看了那么多有活力的企业，我觉得没有问题，一定会发展起来。当时的情况只是一个暂时的宏观调控调整过程。等到这个点过去以后，1992年，邓小平同志南方谈话，再一次发出了要加快发展市场经济、加快发展中国经济的要求，之后整个经济新一轮的增长开始了，还是靠市场的力量，靠体制的力量。

预见要爆发贸易战

张小琴：您的博士论文后来修改完善，出版了一本专著《中国工业发展与对外经济贸易关系的研究》，那时候您就提出中国未来会面临比较多的贸易摩擦，怎么在那么早就预见了这个问题？

江小涓：在国外学习国际贸易理论时，我看到当一个国家贸易发展特别快,对一个国家出口特别集中时,会导致贸易摩擦。那时候日美贸易摩擦出现了很多案例,所以我感觉以中国这样大的体量、这样快的出口增长,可能会使进口国产业发出不同的声音,带来很多摩擦,因为进口国有规则可以使用。而且那时候我们和美国的贸易摩擦已经出现了,只是不那么全面而已。

按照当时世贸组织的规则,一个国家出现以下情况时可以对进口商品有限制措施:第一,认为它对你有不正当的竞争,就是低价竞争;第二,大批本土企业受到冲击。当时中国棉纺织品有些品种已经占到美国市场的18%、19%,而且我们增长势头非常快,而按规则,一旦占到20%,它就可以动手了。所以我的感觉是如果中国的出口市场、出口产品不能多元化,那种少数产品集中的市场就可能产生贸易摩擦。

张小琴: 那时候贸易摩擦还是小火苗,为什么您会把这个当成很重要的事情去探讨?

江小涓: 因为它符合事态发展的规律,我们的体量集中在少数产品和对少数市场出口时,一定在那个市场上会占到很大的份额,然后对方利益受损的产业和产业工人一定会强烈发声,它的政治势力不会不回应这种强大的选民集团的呼声,它手上有政策工具,不用问一定会动手。

这项研究是研究中国出口和工业发展的相互关系。我觉得这个不怎么复杂,只要思路对,结论推出来很自然,所以我在当时就说可能快打贸易战了。

张小琴: 您提出这个观点的目的是希望国家的出口产品更多元化?

江小涓: 对。那个阶段把国家或地区发展类型分为进口替代型和出口导向型,像中国的香港和台湾地区、韩国、新加坡都被列为出口导向型,所以当时国内对出口带动经济发展的呼声特别强。但是我觉得我们这么大体量的一个国家,如果经济增长是建立在出口占特别大比重的基础上,那么在国际市场上的份额会很高,新加坡就是全部把电子产品卖到美国能占多少比重?中国是不一样的。我想看看,如果这样走下去会发生什么,我看了大国之间的贸易历史,看了日美、德国和其他国家的贸易往来，发现当一方在对方市场上占的份额过高时就会出现很多摩擦。所以，当时我就觉得我们贸易摩擦这块会涨得特别快。

张小琴： 后来贸易摩擦的发展也应验了您的判断。

江小涓： 应验了。我们和美国的贸易摩擦一轮一轮谈，最后都是我们被限制出口。

张小琴： 贸易摩擦一直都有，但是近年来我们对这个感受更加强烈，是因为它实际更多了，或者对方的火力更猛了，还是仅仅是我们感受的问题？

江小涓： 中国2001年加入世贸组织以后，大概有七八年出口增长非常快速，很多出口商品在国际市场都有比较大的份额，所以当对方经济体碰到压力时，就出现了贸易争端。

张小琴： 现在要解决这些新的问题。

江小涓： 现在要学会处理竞争中间怎么和别人竞争合作，这是新的问题了。

张小琴： 可能需要有更多规则意识。

江小涓： 对。当你和别人不在一个层面时，可以自己玩自己的。但当你和别人进入一个空间竞争时，规则对大家都有好处，这样我们可以有前瞻性地、很稳定地知道做什么，会发生什么。

张小琴： 再回过头去想您在20世纪80年代就提出贸易摩擦的问题，真的是目光太超前了。

江小涓： 所以我总和我的学生讲，**要相信理论的力量，它可以作出很多几十年以后回头看都是正确的判断**。

张小琴： 现在的贸易摩擦为什么越来越激烈？

江小涓： 首先我们大了以后，大象不可能藏身树后，一定会变得比较引人注目、火力集中，会受到比较大的压力，这是大背景的变化。这两年有很多不正常的因素在里面，很多外方国家的政府、领导人，对中国下一步发展非常警觉、恐慌，有非常不正确的判断，把他们国内的一些困难问题归结于中国的竞争，所以完全不顾国际规则。20世纪八九十年代的贸易争端还是在大家认可的国际规则下谈，现在完全撤在一边，以国内利益、政治利益为重，甚至连国家安全都成为理由，我不相信中国给它多出口点纺织品会影响它的国家安全，很大程度上是一个借口。所以，现在的贸易竞争不是非常符合经济规律的竞争，有很多不合理因素在里面。

张小琴： 比如美国现在以一国之力，对中兴或者华为采取打压的手段，这也是非正常的手段吗？

江小涓： 不合理的，我们不能接受。它是点上打击，挑我们发展前景最大的企业、将来和它国内竞争性最强的头部企业来打压，用各种办法，在最先进的技术交流上，除了自己和我们不来往之外，还要求其他经济体的企业不能和我们来往，别人要和我们来往也变成它打击的对象，用的手段非常不正常，很不合理。

张小琴： 这个趋势将来还会持续吗？还是只是美国某一个领导人个人的行为？

江小涓： 两面都有。总体上讲，我们现在是强有力的竞争者，它用各种方式，希望抑制我们的发展，给它的企业发展留下空间，这是基本面。但是个别执政者替换后，可能方式和程度会有所调整。

张小琴： 如果对我们的打压一定会是这种趋势，我们应该采取的对策是什么？

江小涓： 我觉得打压从长期看也许还是在一些点上，在面上的贸易其实没有受到很大的影响。中美贸易仍然是中国对外贸易中最活跃的，中国对外贸易整体上下降或者走平，但是从2018年之后中美贸易还是有小量的增长。

张小琴： 所以大家不要被点上打击的印象带偏了。

江小涓： 对。美国原来最大的贸易伙伴是欧盟，发生新冠肺炎疫情后，现在中美互为最大的贸易伙伴了，这反而是在加强贸易关系。我们对外贸易除了一般的贸易之外，技术贸易也在下降，大概 2020 年上半年技术贸易下降了 30% 左右，但唯一增长的是中美之间的技术贸易，它是停不下来的。美国跨国公司在中国有企业，自己需要进口很多高技术产品来组装，美国很多企业在美国生产要从中国进口很多的软件、技术、零部件。我相信**美国政府没有那么大的能力使中美这样体量的贸易、技术交往停下来**，但是它挑一些"眼中钉"式的头部企业和技术持续打压，这个也不会停止。所以我觉得两方面都要做：一方面加强基础面的合作，基础面做得越实，融合度越高，其实越安全，打我就是打你，还是要相互合作，互相得到对方最有利的竞争因素。但是另一面它盯住我们"卡脖子"的部分，自己要想办法，现在是全球化，也不只是美国有先进技术。国内现在头部企业的能力也很强，当从外部得不到先进技术时，这些企业中绝大部分是可以做出替代品的，也许比别人的略为逊色，但是企业完全可以用这些替代品运转。我还是不悲观。

张小琴：所以说切割的想法没有必要。

江小涓：切割不了，谁都不想切割。美国除了个别领导人在点上想把我们头部企业掐死之外，没有人想切割，美国很多企业专门做技术研发，中国是它们最大的买家，美国最大的芯片市场在中国。总的来讲是买者更强，我买才是赢家。很多美国企业生产规模的形成、技术的迭代，盯的是中国市场，没有办法脱钩。所以**面上的连接、发展、共赢、合作一定会向前走，在这个情况下自己别下车**。

张小琴：现在有声音认为没有美国的合作，我们照样过得好，这种想法其实是很危险的？

江小涓：对。我觉得一个受到打压的企业，它站出来说"我没有你也能过得好"，这是天经地义。但是国家层面没有必要。我们这么大一个经济体量，内部这么多好条件，市场还可以很快发展，下一步国内需求的增长是我们主要的增长来源，这是一个事实。同时习近平总书记在很多公开场合说了很多次，我们搞内循环绝不是要关起门来自己搞，更大程度、更高水平、更多层面利用外资，利用对外开放，也是我们既定的国策，这个一直都在两面讲。**其实只有双循环通畅，内循环才能快速发展，这个关系非常辩证。**

张小琴：我们开放的大门还是要继续越开越大。

国有企业改革问题

张小琴：从改革开放开始，国有企业的改革过程是不是走过不同阶段，能否给我们梳理一下？

江小涓：改革开放刚开始时国有企业问题就是企业问题，因为刚开始时没有其他类型的企业。20世纪80年代初期时，我们对企业实行的是分成制度，企业在政府计划之外多生产的那一部分，可以留下来卖高价。再往后实行了一段时间的企业承包制，企业和政府谈，承诺一个目标，然后除此之外的东西企业该生产什么、卖到哪儿、用什么价格，政府就不用管了。20世纪80年代后期开始实行企业股份制，不仅是和政府有一个划分，而且可以让更多的投资者进来。股份制以后就带来了新的市场观念，再往后到了20世纪90年代中期，国有企业就开始有退出机制了，不好的要关掉。

张小琴：1999年十五届四中全会曾经专门讨论国企改革中的一些问题，这也是迄今唯一一次中央全会专门讨论国有企业问题，为什么这次全会要专门讨论这个问题？

江小涓：当时国有企业大概有一半左右亏损非常严重，因为机制没有民营企业的灵活，很多核心人员流失，竞争不过新的企业，大量的企业生产停滞，员工领不到工资，企业何去何从不清楚。1996年前后这个情况非常严重，所以专门用一次全会来讨论国有企业的问题，因为它是重大的政治决策。

张小琴： 当时准备解决的主要问题是什么？

江小涓： 还是要让国有企业发挥在国民经济中的骨干主体作用，然后要解决它存在的严重问题。

会议对当时各地尝试的很多办法做了规范性认可。此前社会上关于国有企业有进有退、向战略性行业集中的提法已经讲了很长时间，但是这次作为中央全会的文件明确起来，意义很重大，就是可以让一些经营不善的企业退出或者改制。当时我记得提出了七种办法，有关掉、破产、兼并、转制，还有大集体变成所有者所有，等等，当然最主要的还是国有企业内部机制的调整。

张小琴： 这次全会之后，国有企业开始逐渐好转了吗？

江小涓： 首先是有办法使一些经营不好的国有企业退出来，这个退出不是不负责任地退出，而是对员工要有很好的基本安置，对企业的资产要有很好的处置。因为国有企业有大量的银行贷款在手上，要让它马上关掉，银行跟着把这笔账作为坏账消掉，会使银行受到很大冲击，所以对不好的企业的资产处理、员工安置做一些安排之后让它们有序退出，保证国有企业员工的基本利益，保证社会金融体系的稳定。这两点做到之后，相当一批国有企业就不必"劣不汰"地耗在那里。

当时讲要建立现代企业制度，有这样的一个基本要求，留下来的企业要自负盈亏、自我管理、自我发展，希望它们变成很市场化的企业。然后继续加强一些好的企业的发展，当时讲国有企业有进有退，在产业的顶级企业的位置，在关系国计民生的重要领域，还要继续加强国有企业的作用。因为20世纪90年代随着国际竞争的加剧，国外大跨国公司进入，我们又觉得国内还是需要一些头部企业来应对这个局面。

张小琴： 这就牵扯到了调整国有企业格局的问题。后来，国有企业在一些重要的国计民生的领域发展和这次全会有很大关系，是吗？

江小涓： 有非常大的关系，它定了非常基本的思路和调子，现在几桶油（中石油、中石化、中海油等）、几个电（中国华能集团有限公司、中国大唐集团有限公司、中国华电集团有限公司、中国国电集团有限公司、国家电力投资集团有限公司等）都是按照那时定的大调子做起来的。

张小琴： 国有企业从 20 世纪 90 年代中期那种很凶险的状态又恢复到了比较好的状态，这个过程当中，是什么起了关键性的作用？

江小涓： 第一，国有企业内部经营管理体制的改变，使它更加适合市场经济。微观层面一个最核心的表现，就是整个薪酬体制变了，国有企业的高管、核心技术人员也可以得到一个相对匹配的薪酬，人心稳定下来，能够留住核心人员，企业才有可能发展。

第二，国有企业治理结构层面做了一些调整。以前国有企业治理结构比较单一，国家是主要的投资者，国有资产管理部门是它唯一的老板。20 世纪 90 年代末期开始，不少国有企业开始允许吸纳多种投资者，可以有一些公众投资者，像上市，也可以吸引非国有投资者，还可以吸引一些外资投资者，让决策层多元化，对各方面利益的关切、对市场的敏感程度、对国际市场的融入程度都有很大改善。

第三，更大安排是经济背景上，各个层面都在为国有企业创造比较正常的环境。首先是国有企业相对减少并集中一些，竞争的压力会减少。然后整个市场竞争中间，让国有企业的地位更合适一些。国有企业地位有时好像挺有优势，因为政府会给很多支持，但是有时处在劣势，比如吸引外资时会给外资企业更多优惠，如果外资企业和有些国有企业是直接竞争者，国有企业也会感到地位不平等，所以还是希望通过整个竞争环境的改善，给国有企业一个稳定可预期的外部竞争环境，这样它才可以作出长期决策的选择。

张小琴： 您刚才讲到的这些都是体制机制上的改变，而不是像过去一样只允许你生产不允许它生产，只允许买你不允许买它那种管理。

江小涓： 对。现在买谁不买谁很难限制了，但是会在进入方面有些限制，就是某个领域不允许再进更多竞争者了。

张小琴： 这个方面的限制将来会是什么趋势？

江小涓： 现在我们学术界的提法是要使国有企业中相对有市场控制力的行业更加多元化，所有制结构更多元，然后内部运行企业的类型要更多元。

张小琴： 现在总体来看国有企业的攻坚过程算是过去了吗？

江小涓： 1999年的全会解决了当时的问题，国有企业有了很大的发展。但是到了现在这个阶段，已经过去了20多年，又有了新的问题，所以现在中央又在强调国有企业的改革，这轮改革中特别强调国有企业混合所有制的改革。

张小琴： 这轮混合所有制的改革要解决的问题是什么？

江小涓： 使企业的投资者多元化，带来一些市场的理念，带来一些外部对企业的约束，比如上市的国有企业会受到市场监管部门、投资者非常严格的监管。另外，要更多引入法律的力量、市场的力量。

张小琴： 不完全是靠企业自我管理或者上级来管理。

江小涓： 使它更适合现在市场经济下多种形式的需求。**总的来讲，国有企业的改革还是让它的内部管理、外部环境、运营机制更加符合市场经济的要求和特点。**

政府和市场关系：政府不是天然正确

张小琴： 政府在经济发展中到底应该起什么样的作用，这个问题一直贯穿在您整个研究过程当中？

江小涓： 对。也不是我事先规定的想做这个研究，而是在中国的改革过程中，发现它始终是最重要的线索和问题。

张小琴： 政府一直都有好的愿望，要把中国经济搞上去，要让企业发展得好，但为什么所做的事情有时会掣肘呢？

江小涓： 政府总的来讲是多元体，中央政府一定是以国家利益为主的，这也是它的位置决定的，国家发展得好，政府的作用就发挥得好。但是到了部门到了地方以后，对一个政府的约束因素比较多，经济发展虽然是一个主要因素，但是国有企业员工就业问题、社会稳定问题、上级部门下达要求完成的问题、地方居民对当地政府的拥护程度问题，等等，会涉及更多因素。如果地方政府不限制外地产品进入，让外地产品把本地企业击垮，大量员工失业，它就会受到一些压力。我在国外时听了布坎南[①]的一门课叫"公共选择理论"，他当时刚得了诺贝尔经济学奖不久，他说这个理论非常适合中国用。我在这个课上打开了另外一个视野，他的前提是**不把政府作为先验的会做正确决策的对象，认为政府行为是需要研究的过程。**

张小琴： 对于您这样一个之前对政府的决策就已经抱着怀疑态度的人来说，听到这个理论是不是觉得特别契合？

江小涓： 对。政府怎么做决策，会受到哪些压力的影响，是可以作为科学问题分析的，甚至可以对政府决策中间受到的影响因素给出不同的权重，对中央政府而言某个方面在中国目前发展阶段可能权重最高，但是完成上级的指示对基层来讲，在某种特定情况下可能压力更大，因为马上就要给上级交代。当然政府本身的眼界、理念也非常重要。所以学习了公共选择理论以后，对政府政策我都会从一个立体的角度去想这个决策怎么出台合适。

张小琴： 1993 年您有一篇论文是《中国推行产业政策中的公共选择问题》，应用了这个理论，并获得了 1994 年的孙冶方经济科学奖。

江小涓： 对。20 世纪 80 年代初期国内翻译过日本著名学者小宫隆太郎的《日本的产业政策》，这本书把日本的成功归结为日本用了很好的产业政策，在

---

① 詹姆斯·布坎南（James M. Buchanan，1919—2013）：美国著名经济学家、公共选择学派代表人物、1986 年诺贝尔经济学奖得主。布坎南深受芝加哥学派影响，他最著名的理论就是公共选择理论。

中国大受欢迎。对纯粹研究市场的学者来讲，产业政策比政府的计划更像市场的东西，对习惯计划经济的人来讲，产业政策又比市场机制更像计划，它是处在中间的一个政策手段。

产业政策由政府制定，不像计划那样必须要做什么，但产业政策会说，下一步最有前景的产业是什么，给一些引导。大概到1989年时，国务院层面出了70多项所谓的产业政策。但是我留学时就听到另外一种声音，在日本、美国有很多学者认为日本的成功，产业政策不是最重要的因素，他们举了很多例子，看了以后我非常受启发。

所以我回来以后觉得，不能有了产业政策就理直气壮地说所有行业谁该进谁不该进，这个不必要。我对那么多产业政策用新的理论视角梳理了一遍，区分了四类产业政策，支持型，包含政府直接支持和间接支持两类，和限制型，包含政府直接限制和间接限制两类，又说了哪些政策合适，哪些政策政府做得不对。然后把政府分成决策层、执行层，分成中央政府和地方政府，用相对比较规范的公共选择理论对政府政策做了研究。这篇文章出来以后，在学界影响很大，对中国产业政策的崇拜症可能有一定的扭转。

张小琴：您是反对政府借产业政策之名做更多干涉，您觉得政府的产业政策起作用的合适的方式，应该是什么样的？

江小涓：20世纪80年代中后期时产业政策承担了它承担不了的责任，想做计划经济的人和想做市场经济的人都把想做的事情加载在产业政策身上，就显得很荒唐。我不认可政府做的，他们老觉得他们能看准哪个企业好，给它发一张准入证或者准生产证，然后天然地觉得那些低端民营企业做不好，不让它们进入政府的生产计划中，我觉得这还是非常不了解民营企业蓬勃发展的景象。当时是政府来择优、定点、选企业，我非常反对，我认为这个应该通过市场竞争来完成。但是随着大家对产业政策理解的加深，和中国经济实际要解决的问题的出现，产业政策还是继续在发挥一些作用，我觉得最重要的是针对竞争失利企业的退出援助政策，需要让它们平稳过渡，这个对社会稳定非常重要。总之我的核心观点是，**优胜者政府不能选择，但是淘汰掉的，政府有责任托底，让它们平稳过渡。**

张小琴：改革开放以来，政府和市场、企业、经济发展的关系也有一个调整过程，是吧？

江小涓：对。我之前讲过，非常希望我们国有企业中能出现类似于市场经济国家中自己发展起来的有竞争力的企业，这个过程走了好几十年了。

中国改革开放 40 年很大的线索就是从计划经济向市场经济的转变，说到底就是政府和市场各自不断调整边界，原来政府管的不要管了，市场做得了的由市场来做，**改革过程调的就是政府和市场、社会、公民的关系，这是改革的本质。**

张小琴：您觉得政府和市场在进退的程度上，什么样的状态是理想的？

江小涓：在社会发展的活力和社会的稳定性中间，能达到一个社会接受度比较高的状态。

张小琴：那是什么状态？

江小涓：我觉得现在还不错。我们的建议大概就是三条：为企业创造良好的经营环境，为社会提供一个基本的公正要求，为社会秩序提供良好的运作。

张小琴：现在也提到政府职能转变的问题，政府在权和责、进和退之间什么样的姿态才是适当的？

江小涓：要政府每个工作人员、每个机构自己持一个正确的姿态其实比较难，它也是一个组织，每个组织必然有的压力其实在政府身上都是存在的，所以政府要有比较正确的定位和姿态，其实需要一个大环境。首先中央政府要有一个基本理念，政府还是不要过多直接干预经济和社会组织，而是要用政策、法律的手段，给它们的行为提供一个遵循的规范，为它们发展中间的需要提供必要的支持，大概这样基本的理念才能推动各级政府做事。

另外被监管的对象，就是行政相对人也应该有一定的声音，虽然政府是监管企业的，但是如果企业永远不能有出自正当立场的发声，对政府也不是很好。现在我们"放管服"①当中需要政府放什么，其实很多情况下是需要听市场主体意见的。从每个机构来讲，会有一种倾向，有权的愿意拿着，有责的愿意放，这次"放管服"中间其实我还有一点点工作的涉及，就是一定要看住政府别把不能放的东西放出去。现在中央高度重视人民健康安全，**食品、药品、疫苗安全方面的监管**责任大压力大，出了问题要担责，**那个权力谁都不想要，所以一定要看住，不能把这类监管的责任随便放弃了。**

总之**政府之间权责的匹配不能错位，该放的要放到位，该管的要管起来。**至于什么该什么不该，其实也有社会理念的变化，也有一个现实中最突出的问题带来的公众需求，政府也在不断调整这个过程。所以要让政府行为到位，除了我们要有很好的执政理念，要有很好的公务员队伍的管理，还需要社会各个方面各自发挥作用，最后才能找到比较好的定位。

获得中国经济理论创新奖

张小琴：您在 2012 年时和您的导师周叔莲先生还有马建堂先生一起获得了第五届中国经济理论创新奖，这个奖很有分量，当时颁奖给您的理由是在经济结构调整领域的重要贡献，这个怎么理解？

江小涓：我在工业经济研究所时很重要的一项工作就是做产业问题研究，那个时代我和我的导师还有马建堂先生一起研究。做产业问题研究就涉及整个经济结构、产业组织结构的调整，像中小企业的问题，其实就是产业组织结构的一个方面。还有国有企业发展，是应该通过竞争的方式发展还是通过政府规

---

① "放"即简政放权，降低准入门槛；"管"即创新监管，促进公平竞争；"服"即高效服务，营造便利环境。

划的方式发展，等等。整个产业结构怎么调整，我主张用一句话来讲就是让市场来定，我们有一系列的成果出来。

张小琴： 今天很多看起来已经是一些共识的问题，如果放在历史过程当中看，还是由学者们一步一步推动的。

江小涓： 是的。我从国外学习回来以后，受到公共选择理论的影响，再加上实践中的一些感受，就认为不能相信政府总是作出正确的决策。大家当时总是一个思路，认为政府决策总是对的，如果政府的决策效果不好就是其他人没有听政府的话做错了，比如政府价格闯关是对的，公民从自己的利益出发囤积是错的，企业一看价格上去了增加产量是错的。我对这个思路不能接受。政府决策时怎么想不到别人的反应呢？被决策对象的反应是政府前期天然应该想到的问题，所以那时我专门写了一篇文章叫《利益制约与对策性研究的改进》，核心观点是要把相关利益方对政策的反应方式纳入决策过程中，政府要想到制定这个政策如果没有好处和强制力对方根本不接受，然后这个政策有人如果不正确执行反而能够牟利的话，他一定会想方设法去牟利。不能说政府为国家利益着想，出了问题就指责其他人做错了，这就不是市场经济中正确决策的做法。

张小琴： 这篇文章其实批评性蛮强，开头就说"各项政策措施实施程度大相径庭，效果往往与初衷迥异"。

江小涓： 对。当时出的政策出不了效果，政府没有提前看到、想到，没有把可能的反应作为整个框架的部分进行考量，那么决策是不负责任的。

张小琴： 文章最后有句话，"今后涉及新的改革措施应该加大利益博弈这个因素的权重"。这句话的用词是非常有指令性的，意思是"你应该这样做"。

江小涓： 那会儿还很年轻，所以还是想到什么就说什么。

张小琴： 我看了您很多文章，这种用词的果断和笃定是您一直持续的文风。

江小涓： 我比较相信我写的东西和我的判断，所以变成了这样的口气，基本上还是在深思熟虑和实践有很好的匹配度以后才会说这些话。

张小琴：所以在整个的改革过程中，您其实一直在不断督促政府做很多事情。

江小涓：我不断以学者理性分析的立场来表达政府应该做什么正确的事情，要盯住它。

支持外资进入中国促进竞争

张小琴：在您的研究当中还有一个特别重要的部分，就是如何看待开放。比如在外资刚刚进入时，很多人认为外资带来的是落后产能、落后技术，但是您的观点也和他们的不一样。

江小涓：20世纪80年代初期，外资刚开始进入时还是很受欢迎的。90年代中期前后，外资的进入可能每年增长百分之三四十，到了2000年前后，它做的事情我们很多企业也在做，这样会形成竞争，国内受到利益冲击的一方就说外资企业把中国的市场占领了，本土企业没有机会发展。

张小琴：比如洗涤行业，当时外资企业进来就比较猛。

江小涓：20世纪90年代初期，宝洁、花王、汉高、利华，国际洗涤用品四巨头一起在中国投资，大概到90年代中期，我们国内排头兵的20家洗涤用品企业前15家全部变成合资企业了，这个势头确实有点猛。当时国内的反响很大，有个轻工业部老领导在大报头条发表文章，说引进外资打垮了我们国家的一个行业，引起了决策层的思考。

张小琴：您为什么有不同意见？

江小涓：首先我觉得市场既然能够接受一定有它的道理，利益是均衡的，企业的利益是利益，消费者的利益就不是利益了吗？如果消费者能够得到物美价廉的消费品，愿意付出，使消费能够增长，这也是国家的利益。

张小琴： 我们自己的企业不是要保护吗？

江小涓： 其实那些企业并没有关掉，而是合资，并没有受到很大的损害，但是管企业的部门觉得亲儿子都变成别人的女婿了，觉得别人占了大的份额自己说话不算了，那种心情很复杂，也可以理解。当时国内还有一些行业也有这种苗头出现。所以当时高层的领导说能不能再把这个行业调研一下，这样我就对这个行业的 15 家合资企业做了彻底调研，调研时已经是 1998 年、1999 年，那时国内企业势头已经上来了。我的报告就写：外资企业进来带来了很大的好处，包括资金、新产品、更丰富的消费选项、国内企业技术的迅速升级。我们洗涤用品行业原来车间里的卫生状况、排污状况非常差，外资进来以后，国外企业的理念认为企业环保非常重要，工人告诉我改天换地，在车间里再也不用戴口罩工作了。我们到企业调研时发现企业都很高兴，企业说原来体制很死，要改造没有钱，现在员工工资上去了，企业发展了，总体感觉还是不错的。但是在这时也发现，外资企业的行为在变，刚进来时为了打市场，它们的产品和我们的是一个价格，但是企业天性是要盈利的，当本土产品市场影响力消失了，它就开始涨价，这时候消费者就开始想念本土物美价廉的产品，但是这些企业已经被外资企业控股，很难再恢复本土品牌了，这时候一些民营企业一下看中机会就起来了。1996 年时，洗涤业前八位全部都是合资企业品牌，2000 年时国内销售量的前四位有三位是民营企业，只有宝洁还在第二位。这个行业进入门槛并不高，有了钱、配方技术，环保做好，一下子就能占领市场。从这件事情上我再次确认了**中国企业的创新能力、市场眼光、根本打不掉**。所以我在 2000 年的内部报告上写洗涤行业不会全军覆没，中国的企业会在新一轮竞争的基础上，在更高的水平上整体崛起。这个台是外资企业帮忙搭好的，要自己一步一步做的话时间会很长。所以外资企业、民营企业、国有企业最后还是要在比较公平的竞争环境中间共同发展，有竞争就有技术进步，有竞争就有产品开发，最后受益的是消费者。

张小琴： 刚刚改革开放时也有一种说法，说外资进来之后外籍员工的工资特别高，我们员工的工资很低，外资进来是剥削我们工人的，您怎么看？

江小涓： 在全球都是这样的现象，如果跨国公司需要在投资的东道国付一样薪酬的话就不会去，它看中的就是东道国劳动力成本低廉，这是市场选择的过程，每个国家都有自己的保护法，有最低工资制度，只要符合这个标准就行。另外当时我们做研究以后还发现，虽然外资企业和它本国的员工相比给中国工人付的薪酬低，但是它是在中国给工人付薪酬最多的企业，所以当时的年轻人都以能到外资企业工作为荣。

张小琴： 那剥削两个字是不是存在呢？

江小涓： 这是经济分析框架的问题，在比较传统的苏联经济学框架中，有创造的价值中间投资者拿多少、劳动者拿多少这样的概念。但是现在比较规范的经济学框架就说各种生产要素按照市场化配置资源的程度拿到自己所得的比例。这个问题我给出了既有统计局层面汇总的数据，又有个体调研的案例的回答。有一次在一个比较重要的会议上，针对我提出的外资没有剥削的观点，来了好几个学者。他们说："我们今天要给她'砸死'！"然后别人就问我："江老师，今天是不是还要讲这个观点？他们来了一排人。"我想想我这个观点没错，就还是决定讲。我说我也听说很多学者对劳动者收入比较低的现象有看法，我说我完全理解，我也希望我们的员工特别是农村的孩子能够多拿一点工资，但是我觉得现在这个阶段不符合实际地提要求是做不到的。我当时刚好从苏南一个企业回来，就举了这个例子，那是做某个比赛足球的企业，从国外转移过来的，这个企业在捷克缝一个球给工人 8 块钱，在另外一个地方给工人 2.4 元，到苏南给员工 1.4 元。老板说："我如果在这儿不能更便宜，我为什么到你这儿来？"我问员工在这儿干活辛苦不辛苦，他们说："我们太想进来了，我们在这儿缝得快，一个月能拿 600 块钱，加点班能拿 800 块钱。"那时他们所在的地区，农民收入一年不到一千块钱，乡镇企业平均的年工资不到四千块钱，而这家企业的工人他们做得好的话，年收入有七八千元，如果再加班就能达到一万元的水平。因为当时这家企业曾经是被批判的案例，所以员工和我说："老师，你们别再来了，你们再来我们老板就要走了，老板走了，我到哪儿挣钱？"我说我去看的这个企业实况就是这样的，如果各位有能够让他们谋得更好收入的高见，我也是非常高兴的。后来那几位学者那天就没有再吱声。

张小琴： 他们看不到带来的好处吗？

江小涓： 有时候学者会受到路径限制，他有了立场之后就有了一个学者的定位。每个人其实都是有框架的，选择的数据和想看到的东西其实会受到自己立场的影响。

张小琴： 为什么您就相信您的框架比他们的那个更合理？

江小涓： 我想我看的东西更全面，其实我一般看的东西是比较多的，到企业去，我会问员工，也会问投资者，我同时还会问地方政府。当对立的不同面出现时，比如国有企业说外资企业有问题之后，我一定会看国有企业，也会看外资企业，我会把几方面都看到，所以我觉得我是基于现实，又有理论框架，对问题进行整体判断之后有的立场。

张小琴： 当时还有一种说法，说他们带来的都是落后技术，您为此做了127家外资企业的调研？

江小涓： 对。一家一家跑的，我去了大概七八十家，还有一些是学生跑的。怎么评价外资带来的技术是一个重大问题，在当时非常有争议。我们抽了世界500强在中国的投资企业，调查了127家。20世纪80年代，外资企业没有带来最先进的技术，一个是那时候我们不需要，对中国的消费者来说，其实物美价廉这条非常重要，另外，国内没有配套，带来一个技术没有相关的东西匹配。90年代之后快速发生变化，主要还是国内企业成长了，外资企业要想在中国市场生存必须带来比较好的产品。跨国公司在本土使用了三年的技术我们定义为先进技术；有的技术其实多年很稳定，它用了十年继续在中国企业用，我们定义为在用技术,也叫一般技术;它已经淘汰掉的,我们就叫落后技术。90年代中期,我们调研发现,把先进技术拿到中国用的外资企业是百分之十几。2001年我们调研时,已经有41%的跨国公司带给中国先进技术了,用淘汰技术的已经没有了。汽车业最典型,最早时给我们带来的桑塔纳车型,大众1984年在其他地方就已经淘汰了,只有在中国还在生产。2000年时所有的汽车厂带到中国的基本都是全球在用的技术。2000年以后,最先进的车型在中国都同步发布。所以那时候我很有底气地说,由于国内市场的竞争,由于国内企业的成长,外资企业必须把好的技术拿到中国才能生存,不是它对我们友善不友善,而是它自己的生存之道,所以我说进入新世纪的外资企业是带来先进技术的企业。

张小琴: 带来相对落后的技术还是带来先进的技术是由市场决定的。

江小涓: 对。我非常赞同通过开放吸引外资,让多种类型的企业在中国同步发展。

张小琴: 过了这么多年之后,您觉得您的观点经过时间的检验之后是成立的吗?

江小涓: 完全成立,外资企业并没有在中国持续不可阻挡地击垮所有民族企业。外资企业在中国工业中所占比重最高的时候也没有超过30%,大概是27%~28%,现在稳定在20%左右,其他都是国内企业在生产,已经稳定了很多年了。

少数派的呼喊:"入世"对中国有利

张小琴: 中国开始申请加入WTO时,您是专家组成员,那时也有很多人担心加入WTO之后"狼"真的来了,我们是不是顶得住,您当时的观点是什么?

江小涓: 我是绝对的少数派,我认为加入WTO不会冲垮中国的产业。还是基于我对产业的理解，我看的企业太多了，我对我们企业的生命力、竞争性、发展的愿望，有非常刻骨铭心的体会。我觉得我们的企业在短期困难之后一定会很快发展。中国经济通过"入世"可以上一个新台阶，加速发展。

张小琴： 您对中国企业的活力有这么大的信心？

江小涓： 我见过很多企业家全部身家在企业里面放着。比如有的企业家，所有员工都是他的乡亲，他说他带着家乡的重托在创业，到最后因为中国成本上升，他把企业转移到国外去了，但他把中国其他工厂都关了，就不关他家乡那一个厂，其实他是赔本在维持。中国太多企业家有这样的感觉，那种血脉相连、宗亲文化背景的压力，使他那种拼命精神不是说赚了钱就完了，他要不断往前走。当时在温州讲"四个千万"：说遍千言万语推销产品，千山万水全国推销，千方百计把一件事情做好，千难万苦才做成功。我觉得他们根本垮不了，这个判断特别坚定。

另外有一些实际的情况，"入世"以后，我们的关税大幅下降，会使进口商品降价，比如原来一台车到岸价30万元，车是100%关税，那价格就变成60万元，国内企业生产的车虽然质量不如它，但价格便宜，还是可以生存下去，但是关税一降，进口车便宜多了，国产车能生存吗？大家说国内企业肯定垮掉了。但是当时我觉得这是完全不了解中国的情况，我们当时对进口有太多减免，外资企业关税降很多，国内企业整车厂进口的零部件关税减掉，开发区、特区的企业关税减掉。我当时算了一个账，发现中国完额交税的企业只有1/4~1/3，大部分企业早已经是各种减免之后的低关税了，中国市场上销售的大部分进口商品或者进口零部件，已经和"入世"后我们承诺的关税水平差不多了，我还是一个一个算账，都是数，用算出来的数说话。

就这两条因素，我一再呼喊中国企业没问题、中国产业没问题。但是有时别人老觉得我是替开放说话、替外资进来说话、替进口产品进来说话。

张小琴： 这个也有当面的交锋吗？

江小涓： 这个在谈判组、专家组中就有当面的交锋。他可以拿一个例子和我说，现在某个企业的产品多少钱，进口产品把税压到 10% 以下多少钱，这个企业死定了。我说这一个企业死定了，但是这个产业还有九个企业死不了，它们早已经在低关税情况下生存了很长时间。

张小琴： 最后加入世贸组织的决定能够作出来是什么起了关键作用？

江小涓： 这是政治决策。那时候确实各方面的声音很大，而且认为"入世"以后会对中国冲击很大的观念在公开的声音里始终占上风。我觉得最后还是决策层对大势看得清楚。

张小琴： 学者在这里起到了什么作用？

江小涓： 我不能说整体起到了正面作用，大多是呼喊"狼要来了"。我是绝对的少数派，一直到中国"入世"为止。而且那时候我有一些机会在比较重要的场合去表达观点，外面喊的专家可能没有这样的机会，所以我觉得或许有点影响，但肯定不是主要因素，甚至都算不上一个因素，最后还是决策层的大判断。

张小琴： 您有这样的机会是因为每一项研究都做得比较扎实吗？

江小涓： 对。我有这样的机会，也是一个互动的过程，因为我有一些研究决策层可能觉得还是比较实在，所以他们就会愿意看，然后就会交一些课题下来让我研究，这样就可以做更深入的调研，调研就变得更有力。每年我都会参加中央领导、国务院领导听取专家学者意见的会议，另外还有一些小场合的重要会议我也会参加。

张小琴： 从加入 WTO 到现在已经将近 20 年了，回过头来看，您当时的观点得到验证了吗？

江小涓： 完全正确。中国产业不会被击垮，而且会在新的台阶上迅速发展，中国的出口不会垮掉，中国外资进口也不会泛滥。我们从原来处在中低端很快攀升到和别人同水平层面的竞争。

调整焦点，率先关注服务业

张小琴： 从 2001 年开始，您担任中国社科院财贸经济研究所的书记，半年以后任所长兼书记，从那时开始，就把研究聚焦的目标转向了服务业，怎么会有这样的转向？

江小涓： 因为我原来在工业经济研究所主要研究制造业，但是到后期我已经有一种感觉，**中国制造业竞争力弱不在制造环节本身，而是在服务环节。**

张小琴： 服务业会约束制造业？

江小涓： 对。现在制造环节其实时间很短，增加值比重也不高，真正决定一个产品水平的，很大程度上是在制造环节之外的两端的服务业，比如能不能尽快研发、供应链匹配度是不是好、采购成本是不是低、运送是不是比较快、是不是有很好的办法营销、有没有很好的售后服务能力，等等。

传统苏联经济学没有这个概念，就是工业、农业、流通，没有大的第三产业或者服务业的概念，所以财贸所是很特殊的所，在中国社科院，除了研究工业的工经所、研究农业的农经所，其他的都是它在研究。我刚去时，它有物资经济研究室、商业室、外贸室、财政室、金融室，等等，其实就是最经典的服务领域主要分支，但是物资部后来撤了，物资室没有了，内贸部外贸部合并了，商业研究室又撤了。没有相应的对口部门，研究机构没有具体工作对象，干了活之后不知道交给谁，所以那个所当时的状况不算太好。我说这不行，一点也不稳定，另外人心涣散，我就说我们还是要有一个全所相对集中的核心，和大家反复商量，觉得这时服务业非常重要，就把服务经济变成全所非常重要的方向。当时国内几乎没有人研究这个领域，我想找几本国外权威书的译作都找不到。

张小琴： 是开拓性的。

江小涓： 对。当时国内没有一个研究所以服务经济或者第三产业命名的。

大概用了两三年时间专门把中国服务业和国际进行比较,做了比较大的研究。

张小琴:中国当时的状况是什么样的?

江小涓:比重低,服务质量差,服务业和其他产业的匹配度差。

张小琴:趋势呢?

江小涓:要加快发展。

张小琴:传统经济学认为当服务业在 GDP 当中的比重达到一定比例时,经济发展速度会放慢,为什么?

江小涓:它是由服务业的本质所决定的。服务业是以人对人的服务为主,像教育就是老师对学生,医疗就是医生对患者。制造业使用很多新型机器设备,效率提高非常快,员工的工资就在上涨,制造业工资上涨后服务业的人就不干了,经济学中有个"部门工资平均化"的道理,当制造业工资从 30 元涨到 300 元时,服务业的人也要求工资上涨,虽然他还是一天看 10 个患者,效率不变。传统服务业由于是人对人,不能使用先进的机器设备,效率比不高,所以工资的上涨就表现在同样的服务价格更贵,消费者虽然为此花了更多的钱,但没有带来相应消费的真实增长,这个是服务业的悖论,叫鲍莫尔定律。这在经济增长中是非常有名的理论,它也解释了为什么发达国家看医生那么贵、雇家政服务员那么贵,**当服务业增长占到一定比重之后经济增长的速度会下降,是因为把资源更多投入到低效率的部门了。**

张小琴:但是服务业未来又是必须要快速发展的行业,所以每个经济体都会到这个阶段?

江小涓:对。

张小琴:我们进入数字时代以后,在网络发达的情况下,服务业还是这样的状况吗,还是有新的特点?

江小涓:大概十年前我说中国经济增长速度会缓慢下降,有很多因素,其中一个因素是服务业比重会上升。但是随着这十年数字技术的发展,我觉得对中国未来的预期可以比那些其他经济体的先行者更乐观一些,因为数字技术会带来服务性质的改变。

张小琴: 不像原来生产效率那么低了。

江小涓: 对。有些行业还没有改变,比如家政服务还是改变不了,但是有些行业发生了非常大的变化,比如教育。现代教育150多年了,班额长期以来是固定的,一个老师教40个学生。在一线城市,40年前教师的工资是40块钱,现在教师工资平均一万块钱,但他同样教40个学生,所以教育就变得很贵。但是现在有了网络教育,一个老师最好的网课可以有一百万个学生在听,效率大大提高,当然现在还不能替代线下上课,除了网课之外还有线下课程,但是未来总有一个阶段很多课可以变成网课,这样教师的劳动生产率会大大提高。还有很多行业也可以通过网络提高效率,比如体育转播、文艺演出、与互联网结合的新型体育运动,等等。

进入政府工作,注重评估政策效果

张小琴: 您说的三个字特别好,对政府,作为学者要"盯住它",2004年开始,您进入国务院工作,这里有一个角色转换吗?

江小涓: 我还在盯着自己。我们有一些重要的决策或者政策出台之后,我非常关注它的实际效果,这可能也是一个学者的习惯,我会做一些自己的评估。在后期工作中前期政策效果的评估一定会在我的心里有权重,哪一类政策其实可以发挥作用,哪一类政策是走形变样非常厉害的,自己心里要有数。

张小琴: 盯着自己会有角色转换吗,还是说要稍微移开一点?

江小涓: 不用移开。每一项出台政策的效果还是需要很好的评估,我觉得这可能也是我们政府工作需要改进的一个方面,政策出台了很多,展示政府作用时会说,你看我们做了什么,一看是一串文件名,但是出了文件不等于有实际效果。治理一定还是要体现在三阶段上，出了规则，出台新文件、新法律，都是规则在改变，但是这个文件是不是让市场主体也就是监管对象的行为有所改变呢？不一定。行为变了以后是不是实际的效果会出来呢？也不一定，所以作为决策者或者决策层里的人，应该把三阶段全面看完。

张小琴：当您作为决策层的一员时，考虑问题的角度会有不同吗？

江小涓：很大不同。在旁边看时，基本上是一个理性的判断，但是置身其中要考虑的因素会更多一些，会对决策者面临的制约因素有更多体会。

张小琴：这个会影响您自己盯着自己时的严格程度吗？

江小涓：会影响力度，但是不会影响方向。说话时想的因素会多一些，但是对问题本身严谨的判断不能放松。

张小琴：不过自己盯自己肯定不是个办法。

江小涓：对。其实我们在政府工作时非常关注社会、学者对每一件事情的评价。

张小琴：您从经济问题入手开始研究政府的问题，走到后面就开始思考公共管理的问题了。

江小涓：对。因为政府是公共部门，是公共利益的代表者，所以研究经济问题，只要涉及政府和企业关系，涉及政府职能，其实就是研究公共管理的问题了。

张小琴：您在2018年有一篇文章是《公共服务中的经济学思考》。

江小涓：对。这篇文章其实和我这一个阶段的工作有关，当时的工作会涉及一些公共政策的制定。

各种讨论的错对怎么评判呢？当然我们有一些评判的标准，比如中央有明确的要求，老百姓有非常主流的诉求，然后符合事情的规律。符合事情的规律的含义就是应该有个学术理论背景的判断。我发现，到了那个阶段学术理论非常重要，它已经过了政府做事的错对很容易判别的阶段了。

举个例子，在比较早时，政府需要给教育增加投入，因为特别偏远地区的学校水平实在太差，很多农村孩子接受不到有质量的义务教育，政府多拿一点钱投给教育，大家都觉得是应该的。但是一步一步发展后，虽然在农村建了很好的学校，但是家长还是认为老师不行，带着孩子到县城里上学，这时候会使农村建的很多好学校学生不够，而县城会出现一百人一个班的大班额。这时要继续给教育投入是需要做选择的，是尽可能把农村学校建得更好，给高薪配更好的老师，鼓励这些已经到县城甚至大城市就学的学生回到农村上学？还是就认可这种趋势，让更多的学生集中在城镇、城市接受教育？这背后其实有国际经验可以借鉴，也有很多学术理论可以支撑。还有对大学生应该是什么资助力度，这个始终有争议。其实高校已经有好几轮讨论，希望能够提高一点学费来支持教育。我们大学的学费在国际上从任何比较的角度看，都显得比较低。主张增加学费的人，理由听起来也有合理之处，2015年之前主要还是来自城市的学生比较多，而且来自教育背景相对好的家庭，比如大学老师、公务员家庭的孩子上大学的很多，如果不对个人增加收费，由财政来支持高等教育，就等于财政拿钱支持了这些相对高收入家庭的孩子，是不公平的。实际上财政可以拿钱支持穷人，然后让上学的家庭自己多支付学费，这样的理论背后有社会理论的基础。但是反对增加学费的人就认为这样会让更多贫困家庭的孩子上不起学。听哪一边的意见，一听都觉得很有道理，这时候要再往深想一想，会带来基本面、更基本面、更趋势性、更前瞻性的变化是什么，对教育、对收入分配的影响是什么，对社会阶层固化或者流动的影响是什么。这时，学术理论的支撑就会变得权重非常大。

张小琴："损不足以奉有余"还是"损有余以奉不足"的问题。这就是在不同利益主体之间进行平衡。

江小涓：对。政府要持公正的立场，作为公众部门关注弱势、关注稳定、关注公平是天生的职责。

张小琴：为什么您称它是公共服务中的经济学思考呢？

江小涓：怎样利用政府资源取得最好的社会效益，带来最好的公平的结果，这是经济学的问题。很多人误解我们经济学，觉得我们是研究怎么赚钱，其实那是商科的事情，**经济学研究的是怎么最好地配置社会资源以达到最好的社会收益，而且尽可能公平地分配这些收益，这是我们经济学的责任**。

数字监管是对现代政府治理的挑战

张小琴：十九届五中全会的公告提出来，推动有效市场和有为政府更好结合。在数字时代，怎么看这个有效市场和有为政府的结合？

江小涓：这也是中国这么多年来取得成功的重要因素。以前我们挥舞政府这只手，国外挥舞市场这只手，我们现在两手都硬，政府和市场都发挥作用。如果对过去 40 年总体做一个评价，可以说我们是一个有为政府和一个有效市场共同发挥作用，这是我们的优势。只不过在不同阶段这两者的组合可能有不一样的权重和方式。

确实在数字时代，情况又发生了一些变化，有些可能原来需要政府管的可以不用管了，有些原来不用管的可能真要管起来，因为政府和市场的边界是不断调整的。

张小琴：有些什么特别大的变化吗？

江小涓：比如政府原来有提供公共文化和公共体育服务的义务，组织老百姓的公益体育活动，搞一些运动会让大家强身健体，这是政府应该做的。原来很多工人文化馆有专门的体育辅导，就是政府为公民提供服务。现在谁去参加工人文化馆的活动？大都是手机上下载健身 APP。然后现在要搞任何一场大规模体育比赛，赞助商都会蜂拥而上，因为所谓公共服务的特点就是人多，人多对现在的互联网数字企业来讲就是商业利益，它需要流量，需要用户的各种信息,所以原来政府出钱做的事情可能让商业机构来做会做得更好。

不过对于另外一些领域,原来政府可以不管,但是现在也许要管。过去一个制造企业怎么把一个商品生产出来政府不能过问,涉及专利和商业秘密,但是在数字时代,一个数字平台企业怎么把一个信息计算出来,或者怎么把一条规则定下来,有时候政府是不能不过问的。举个例子,比如现在一些招聘软件通过算法和数据会抓取应聘者的信息,如果是年轻的女员工,它通过你在平台上留下来的搜索记录、购物记录可以判断你何时结婚、怀孕;如果你经常搜索怎么优化备孕,它估计你快怀孕了;如果你搜索奶粉、婴儿床,它说你快生了;如果你情人节经常有约会吃饭,会给一个固定的地址寄送青年男士用品,它认为你有一个很稳定的男朋友,可能快结婚了。它搜索出来这样一些数据之后,企业 HR 一看,会认为不能招这个女孩子,她马上要休产假了,不合适。而这个在全社会来讲是不允许的。当数字企业控制的规则和收入、民族、地域、宗教、性别有关时,会带来特别大的社会问题。所以在数字企业中间,有时候非常核心的内容比如算法的规则,政府还是要知晓或者监督管理,因为它已经不是单纯提供一个产品,而是提供一个社会规则、社会价值了,所以不一样。

张小琴: 这个难度还是相当大的。

江小涓: 非常难。用数字治理对政府帮助很大,它是工具。但是政府还要承担一个责任,就是要对数字进行治理,数字技术如果监管不当、行为不当会损害公众利益。不仅是在我们国家,在国外怎么对数字企业进行监管,什么是正当的行为,其实也还是在讨论中的问题,**数字监管是真正对现代政府治理的一个挑战**,所以还得盯住,还得研究,还得呼喊。

其实学者研究政治问题,研究政府问题,最后还是要和政府讨论为什么什么该做,什么不该做。

传统经济理论不能理解中国经验，需要升级

张小琴：中国这些年的发展和公共治理肯定有自己的特殊性，从中可以总结出哪些对全球有启发性的东西？

江小涓：中国的发展一直伴随着国外理论界的质疑，他们有一套分析框架，觉得我们虽然在发展，但是不符合他们想象中的模式，所以走不远。20世纪80年代、90年代、2000年前后一直有中国崩溃论。但是最近三五年，国际学术主流界也在认真思考，中国经验和他们那个主流框架有无匹配之处，现在很多人在做这个研究，我觉得也是卓有成效的。

张小琴：觉得不匹配，是他们的理论框架有问题吗？

江小涓：我觉得是他们的框架不够宽，还不能容纳中国这么一个重要力量的事实。我开玩笑说，我们其实可以跟着你的框架走，但是你框架的容纳量要弄好，要能够升级匹配上。原来国外老讲，一个投资者愿意长期投资，前提是有很好的私有产权保护制度，其实我们是认可的。我们很多领导者讲过，我们要保护私有产权，有恒产者有恒心，如果大家不知道现在努力得到的结果能不能得到很好地保护，是不会做长期打算的。我们2003年宪法修改之前，虽然没有对私人产权的保护有明确说法，但是我们民营企业、投资商投了那么多，发展出来那么多大企业。这个看上去就不符合西方学者所说的先有产权保护才会有长期投资这个观点。他们现在发展出来新的说法，就说法律的保护是长期承诺，但这只是一种类型的承诺。中国这种政治稳定、政策连续性强的状况，也是另一种类型的承诺。其实这就是一个理论框架的扩展，而不是谁跟着谁走了。

张小琴：几十年前您到新西兰学习时，那时国外的理论框架给了您很多启发，打开了视野，但是今天，您觉得中国可以丰富他们原来的理论框架？

江小涓：这也是从学习到集成、到贡献、再到提升的过程。他们和市场经

济打了那么多年交道,发展了那么多年,人类的智慧在哪儿都是一样的,不会作出一个错误层出不穷的理论框架来,所以要相信他们的理论有可以借鉴的地方。而且刚开放时,确实对我们理念的创新发挥了很大作用。但是中国有自己的国情,达到了和他们一样的发展效果,那我们能不能想一想中国发展中间有什么理论元素可以提炼,有什么理论框架可以加入进去,以前是我们在想,现在他们也在想。所以我觉得**对中国的实践作出理论概括,作出学理的分析,然后丰富、提炼、升级,设计出大家可以共同接受的理论框架,这个前景还是可以期待的。**

张小琴: 这里跟我们的经济发展,跟我们国家的发展,其实有个同构关系,对吧?

江小涓: 对。现在我们理论界还是很好匹配了国家的发展的。

经济学家对中国经济发展的作用

张小琴: 您跟随着改革开放 40 年的历程一路走来,作为经济学家中的一员,在中国经济发展的过程当中,您觉得经济学家这个群体在哪些特别关键的时刻发挥了特别重要的作用?

江小涓: 在呼吁从计划经济向市场经济转变的问题上,经济学家始终如一地推着政府往前走,在这方面我觉得经济学家是理念的塑造者,呼吁突破一些传统理念的束缚往前走,改革开放初期这个作用特别大,而且老一代经济学家也非常有智慧,他们在能说的框架中间找出一些突破点推动国家发展往前走,非常不容易。然后到 20 世纪 90 年代,呼吁要建立现代企业制度。在最新的一轮改革中间,学术界也有很强的声音,一直在呼吁要素市场化改革。

张小琴: 在几十年前您说中国工业的发展势头很好,今天您说数字经济中国特别有竞争力,总是非常乐观。

江小涓：对。我们这个国家有太多优势了，非常稳定的政治环境、很有为的政府、很有效的市场、很有益的文化，加在一起，这个国家不发达天理不容。

张小琴：中国这几十年经济力量有特别大的变化，有很多的变局和风险，有很多闯关的过程，伴随着中国经济的发展一路走来，作为经济学家是不是很幸福？

江小涓：很幸运。因为总处在变化之中，要研究的问题非常多，而且时时看到国家向好，时时看到发展朝着应该走的路径往前，自己的生活也在不断丰富，个人的事业平台非常宽广。如果在相对稳定静止的社会中大家的机会就比较少，但是中国过去40年正好处在不断发展变化中，我觉得赶上这个时代挺不错的。

张小琴：您有没有痛苦的地方？

江小涓：没有，我这个人天性乐观，没有什么特别排解不开的痛苦。

张小琴：也没有感觉到哪些研究出来时有顾虑？

江小涓：作为纯粹的学者，我们讲研究无禁区，但是随着经历和年龄的增长，会明白学者也是社会的一分子，学者也应该有社会责任，当自己预知的一种观点会带来特别大的负面问题时，还是应该负责任地想一想。原来我的一个老领导和我说过一句话，他说："作为成熟和有责任的人，你在社会中间应该明白什么是你该讲的。"

张小琴：在这几十年中国经济的发展过程当中，您觉得自己作为一个经济学家在哪些地方发挥了比较重要的作用？

江小涓：其实学界的贡献经常是一个整体，学者的作用一定是一个集合的力量，一个人影响再大，但是当它不是学界共同观点时很难发挥作用，只能说你恰好在说得对或者说得好的一方中间。从这个角度来讲，我觉得自己的贡献，其一是产业政策，我当时的研究对遏制过度使用产业政策的倾向应该有一定作用。其二，我针对产业组织结构的市场化调整发出的声音应该也是被听到了，我当时呼吁要让中小企业发挥作用，允许更多的企业竞争，而不要死抱住定点计划内的企业。其三，"入世"时，因为我当时在专家组的核心成员里，所以我支持"入世"的观点应该也是被听到了，我只能说被听到了，因为"入世"肯定不是只有我一个人发声。其四，当时外资部门的重要决策我都参与过意见，而且被听进去了，所以我觉得我关于扩大开放、利用外资、中外企业平等竞争、共同发展的学术理念框架应该也是发挥作用了。

张小琴：作为学者您盯着政府，作为政府官员，您成为被盯的人，您更认同哪一个角色？

江小涓：我在哪一个地方就要把哪里的角色扮演好，如果不认同自己做的角色就不要在那儿做事，否则是非常不负责任的，所以一定要尽力做好。

张小琴：现在转回来再做学者，您以前对政府持有的高度警惕的状态会改变吗？

江小涓：不会改变。因为我觉得这不是哪一个人哪一届政府的问题，而是一个角色决定的问题，**处在权力中间的机构和个人还是需要各方面共同去表达诉求和利益，来影响其决策和行为。**

张小琴：希望您继续盯着政府。

江小涓：我还得盯着市场、盯着数字企业，现在是一个社会共治的阶段。

翻开国家账本

许宪春

演讲实录根据2021年3月17日许宪春教授在"人文清华"讲坛的演讲《翻开国家账本》整理而成,经本人审订。

专访内容根据2021年3月8日对许宪春教授的访谈整理而成,经本人审订。

许宪春

许宪春，先后毕业于辽宁大学、上海财经大学和北京大学，分别获得理学学士、经济学硕士和经济学博士学位。1986 年 7 月至 2017 年 3 月在国家统计局工作，历任副处长、处长、见习副司长、副司长、司长和副局长。

在国家统计局工作期间，主持制定了《中国国民经济核算体系（2002）》《中国国民经济核算体系（2016）》两套国民经济核算国家标准和《中国国内生产总值核算方法》《中国投入产出表编制方法》《中国资金流量表编制方法》《中国资产负债表编制方法》等国民经济核算系列操作方法；主持开展了国内生产总值核算、投入产出核算、资金流量核算、资产负债核算等一系列国民经济核算工作，推动了中国国民经济核算体系由物质产品平衡表体系（MPS）向国民账户体系（SNA）的转变，推动了中国国民经济核算工作的发展。

紧紧围绕政府统计改革和发展问题、经济社会发展现实问题开展学术研究，发表了 300 多篇论文，其中许多论文发表在《中国社会科学》《经济研究》《管理世界》《世界经济》《金融研究》《统计研究》《中国工业经济》，以及 The Review of Income and Wealth，China Economic Review 等高水平期刊上。出版了《中国政府统计问题研究》《中国国民经济核算体系修订问题研究》《中国国内生产总值核算问题研究》《中国资产负债核算问题研究》《中国重点经济领域统计分析》，以及 National Accounts for China，Sources and Methods（OECD）等多部著作。论文和著作多次获奖，其中，《世界银行关于中国 GDP 数据的调整及其存在的问题》获第九届（2000 年）孙冶方经济科学论文奖，《中国不变价国内生产总值核算方法研究》获第十一届（2012 年）全国统计科研成果一等奖。

尊敬的各位老师、各位同学：

大家好！

非常高兴来到人文清华讲坛和大家交流。我高中毕业后在生产队做过两年多的会计，为生产队记账；后来到国家统计局从事统计工作30多年，为国家记账。今天我和大家一起翻开国家账本来看一看。

2021年中国GDP增长或达7%~8%

刚刚闭幕的全国两会上，李克强总理在《政府工作报告》中提到，2021年发展的主要预期目标之一是国内生产总值（GDP）增长6%以上。可以从四个方面理解这个预期目标。

第一，考虑GDP增长的历史表现。"十三五"时期前四年中国GDP增长速度都在6%以上，2016年增长6.8%，2017年增长6.9%，2018年增长6.7%，2019年增长6%，同时增速呈回落的走势。这在一定程度上揭示了我国近期经济增长的潜力大约在6%以上，这是制定2021年经济增长目标的重要依据。

第二，考虑新冠肺炎疫情对中国经济的冲击和恢复情况。2020年一季度，中国经济遭受新冠肺炎疫情的严重冲击，GDP明显下降，二季度恢复正增长，随后逐季回升。制定2021年经济增长目标要考虑这种实际情况。

第三，考虑可持续健康发展。2020年中国GDP增速比较低，是改革开放以来的最低增速。由于基数比较低，2021年有可能实现较快增长。但是2021年的增长目标并没有定得过高，既考虑到近期的中国经济增长潜力，又考虑到2021年之后中国的经济增长状况，保持和今后的经济增长目标平稳衔接，有利于实现可持续健康发展。

第四，考虑高质量发展。2021年经济增长目标要有利于引导各方集中精力推进改革创新，推动高质量发展。

我认为，2021年的经济增长目标是考虑了众多因素之后确定的，是稳健的、审慎的、有长期打算的和有利于今后可持续健康发展的经济增长目标。

但我个人更乐观些。我判断，2021年的经济增速可能会达到7%~8%。[①]2020年一季度，GDP同比下降6.8%，所以2021年一季度GDP增速可能比较快，也许会达到两位数。2020年二季度，GDP增长3.2%，增速也比较低，所以我估计2021年二季度可能会增长8%左右。2020年三季度，GDP增长4.9%，也低于正常水平，所以我估计2021年可能达到6%~6.5%。2020年四季度，GDP增长6.5%，增速高于当前的潜在增长率，所以我认为，2021年四季度GDP增速不会太高，大概是5.5%~6%。因此我认为2021年全年大概是7%~8%的增长。

这样判断的依据是什么？这是从不同的角度考虑的结果。首先，从生产角度看，两大因素将会带动2021年中国经济增长：一是在2020年受疫情冲击比较严重的服务行业，在2021年有较大的增长空间；二是新经济新动能还会继续保持较快增长。2020年，批发和零售业、住宿和餐饮业、租赁和商务服务业这三个行业增加值都是负增长，交通运输、仓储和邮政业增加值只增长0.5%，2021年这些服务行业增加值有比较大的发展空间。近些年来，新经济新动能一直保持较快增长，即使在2020年新冠肺炎疫情严重冲击的情况下，新经济新动能仍然保持较快增长。例如信息传输、软件和信息技术服务业增加值在2020年一季度GDP下降6.8%的情况下仍然增长了13.2%，带动GDP增长0.6个百分点，如果没有这个行业的快速增长，GDP下降的幅度会更

---

① 据国家统计局2022年1月17日发布的统计结果，2021年，全年国内生产总值1 143 670亿元，按不变价格计算，同比增长8.1%，这是中国GDP连续第二年超百万亿元大关，并突破110万亿元。

大。2020年二季度该行业增加值增长15.7%，三季度增长18.8%，四季度增长19.7%，都保持两位数增长，而且增速逐季加快。我相信，2021年新经济新动能还会保持较快增长，虽然它们在国民经济中占比还不大，但其较高的增速仍对GDP增速具有较强的带动作用。

从需求角度看，2014年到2019年，消费需求对经济增长都起到主要拉动作用，但是2020年全年消费需求对GDP是负拉动，特别是一、二季度向下拉动幅度较大，我认为2021年消费需求可能会恢复对经济增长的拉动作用。

投资需求方面，因为我们的政策不急转弯，所以它也会对经济增长保持较好的拉动作用。

出口方面，由于中国疫情控制较好，所以2020年三、四季度的出口增长超预期。目前，我国的主要贸易伙伴，比如欧盟、美国，疫情还比较严重，所以上半年我国的出口还会保持比较好的增长，也会对经济增长起到重要的拉动作用。但是下半年具有较大的不确定性。如果全世界疫情得到控制，可能有一部分出口需求会被替代。但是总的来说，我认为2021年GDP增长还是比较乐观的。

GDP是20世纪最伟大的发明之一

李克强总理在《政府工作报告》中多次提到国内生产总值。例如，在总结2020年工作时，他指出，面对历史罕见的冲击，经过艰苦努力，经济恢复好于预期，全年国内生产总值增长2.3%；在回顾"十三五"时期发展成就时，他指出，"过去五年，我国经济社会发展取得新的历史性成就。经济运行总体平稳，经济结构持续优化，国内生产总值从不到70万亿元增加到超过100万亿元"。无论是对过去工作的回顾还是对未来发展的展望，都采用了国内生产总值这个指标。在宏观经济管理中，GDP 这个指标发挥了非常重要的作用。

一个家庭有一个小账本，一年有多少收入，收入中多少用于购买消费品，多少用于存款，购买股票、债券，多少用于购买房产，有多少资产，有多少负债等，是这个小账本需要盘算的。一个国家有一个大账本，一年经济规模有多大，收入如何分配，多少用于消费，多少用于储蓄，储蓄又如何安排，多少用于非金融投资，多少用于金融投资，有多少资产、多少负债，等等，这些是国家大账本所要盘算的。GDP 是这个大账本的重要组成部分，它本身也构成一个账本。诺贝尔经济学奖获得者、著名经济学家保罗·萨缪尔森[①]在《经济学》中说"GDP 是 20 世纪最伟大的发明之一"。

GDP 有很多用处，它是反映经济发展情况的重要工具。第一，通过 GDP 可以观察经济增长的走势。改革开放以来，中国经济增长经历了三个大的周期。第一个大的周期是 1981 年至 1990 年，1984 年经济增速达到 15.2%，是改革开放以来的最高增速，之后在波动中回落，于 1990 年落到谷底，为 3.9%。第二个大的周期是 1990 年至 1999 年，1992 年经济增速达到峰值 14.2%，之后缓慢回落，1999 年落到谷底，为 7.7%。第三个大的周期是 1999 年至 2020 年，2007 年经济增速达到峰值 14.2%，之后回落，2020 年落到谷底，为 2.3%。过去我们一直在纠结经济增长的第三个大的周期什么时候结束，大家都不敢判定，但现在我们可以断定 2020 年就是第三个大的周期的谷底。我们看到的 GDP 增长速度走势图是一条曲线，但实际上它的背后是波澜壮阔的历史，有政治、经济、金融、卫生等一系列重大事件在发挥着作用。

---

① 保罗·萨缪尔森（Paul A. Samuelson，1915—2009）：美国著名经济学家，1970 年诺贝尔经济学奖得主，美国麻省理工学院经济学教授。萨缪尔森是凯恩斯主义在美国的主要代表人物，融合了新古典主义经济学，创立了新古典综合学派，他的研究涉及经济理论的诸多领域，例如一般均衡论、福利经济学、国际贸易理论等。他的经典著作《经济学》以四十多种语言在全球销售超过四百万册，也正是他的这本著作，将西方经济学理论第一次系统地带进中国，并使这种思考方式和视野在中国落地生根。

第二，通过 GDP 可以观察经济规模的变化。比如改革开放初期的 1978 年，我国的 GDP 总量只有 3679 亿元，1986 年迈上 1 万亿元的台阶，2000 年跃上 10 万亿元的台阶，2012 年跃上 50 万亿元的台阶，2020 年跃上 100 万亿元的台阶。从中国经济规模的变动，一定程度上看到中国经济实力的上升。

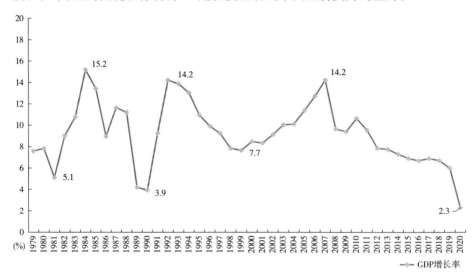

1979—2020 年我国年度 GDP 增长率

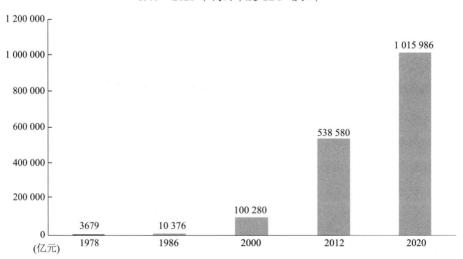

1978—2020 年我国 GDP 总量

第三，通过 GDP 可以观察人均经济发展水平的变化。1978 年我国人均 GDP 只有 385 元，1987 年上升到 1 千元的台阶，2003 年上升到 1 万元的台阶，2007 年上升到 2 万元的台阶，2015 年上升到 5 万元的台阶，2019 年上升到 7 万元的台阶。人均 GDP 在很大程度上反映一个国家的经济发达程度和人民的生活水平。发达国家的人均 GDP 都很高，人民的生活水平也都很高；发展中国家人均 GDP 都比较低，人民生活水平也比较低。

第四，通过 GDP 可以观察经济结构的变化。以三次产业结构的变化为例。改革开放以来，第三产业增加值占比呈明显上升的走势，从 1978 年的 24.6% 上升到 2020 年的 54.5%，上升了近 30 个百分点。第一产业增加值占比呈现明显下降的走势，从 1978 年的 27.7% 下降到 2020 年的 7.7%，整整下降了 20 个百分点。第二产业增加值占比相对来说比较稳定，但是从 2006 年开始，也呈下降的走势，从 2006 年的 47.6% 到 2020 年的 37.8%，下降了近 10 个百分点。**三次产业结构在一定程度上代表了一个国家的发展程度，一般来说，一个国家发展程度越好，它的第三产业增加值比重会越高**。

改革开放以来，三大需求结构，即消费需求、投资需求和净出口需求在 GDP 中的占比也呈现出明显的波动状态。

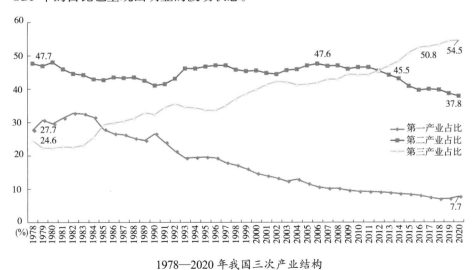

1978—2020 年我国三次产业结构

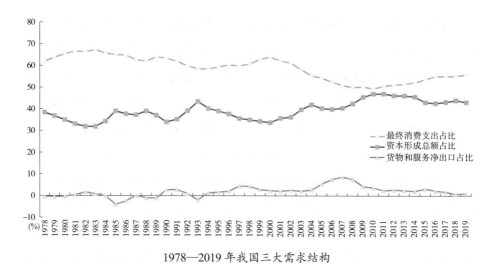

1978—2019年我国三大需求结构

第五，通过GDP还可以观察通货膨胀的变动情况。我们通常利用居民消费价格指数（CPI）来观察通货膨胀情况。还有一个指标也可以用来观察通货膨胀情况，就是GDP的缩减指数，它是名义GDP和实际GDP之比。从生产的角度，它反映所有行业增加值的价格变动，包括农业、工业、建筑业、服务业增加值的价格变动；从需求的角度，它反映全部最终需求的价格变动，包括消费需求、投资需求和净出口需求的价格变动。我们将这两个指标对比一下，CPI反映的是最终需求的一部分，即居民消费需求的价格变动，而GDP缩减指数反映的是全部最终需求的价格变动，是比较完整的价格变动。大家比较关注CPI，因为它直接影响到居民的实际生活水平。在居民收入水平变化不大的情况下，如果CPI涨幅较高，居民的实际收入水平就会下降，从而居民的实际生活水平就会下降，尤其低收入群体，当CPI涨幅比较高时会直接影响到他们的生活。比如有一段时间猪肉价格涨得非常快，一部分低收入群体就会少买或者不买猪肉。作为宏观决策者，一定要关心老百姓所关心的问题，所以必须关心CPI，但除了关心CPI之外也必须关注GDP的缩减指数，因为宏观决策者不仅要考虑居民购买的消费品的价格变化，还要考虑公共服务的价格变动、投

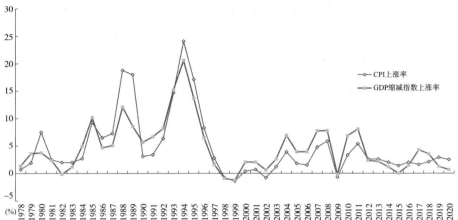

1978—2020年我国年度CPI和GDP缩减指数上涨率

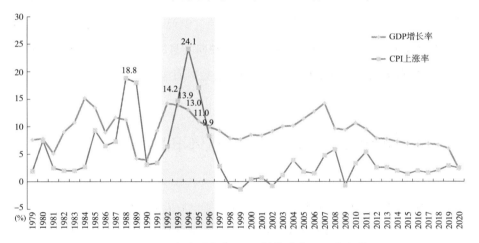

1979—2020年我国年度GDP增长率和CPI上涨率

资品的价格变动、进口和出口产品的价格变动，这些价格的变动关系到经济的平稳运行。

GDP的作用还体现在制定经济政策方面。例如，1992年至1996年，中国GDP几乎是连续五年保持两位数高速增长（只有1996年是9.9%，也十分接近两位数），经济出现过热的现象，CPI涨幅在1994年达到24.1%，涨幅非常高，所以国家采取了适度从紧的财政政策和货币政策。1998年，受亚洲金融危机的冲击，中国经济增速迅速回落，国家实施了积极的财政政策。2003年至2007年，中国GDP又一次连续五年保持两位数高速增长，经济又出现过热现象，2008年CPI涨幅达到5.9%，也是21世纪以来最高涨幅，所以2005年至2006年，国家实施稳健的财政政策和货币政策，2007年货币政策稳中适度从紧。

从国家这个大账本来看，它远比一个家庭小账本复杂，涉及众多主体。从2018年第四次经济普查数据可以看出，我国的法人单位达到2100多万个，产业活动单位达到2400多万个，个体经营户6200多万个，我国的家庭住户达到4亿多个。GDP这个大账本要反映所有这些经济主体的生产活动、消费活动、投资活动、进出口活动，等等。由于国民经济很复杂，国家这个大账本就非常重要。保罗·萨缪尔森在他的《宏观经济学》中说："**国民收入账户提供的各种数据犹如灯塔，引导决策人将经济航船驶向其目的港，没有GDP这类国民经济总体指标，决策人就只能在纷繁无序的数据海洋中茫然漂泊。**"

GDP成为中国国家账本的核心指标

GDP成为中国国家账本的核心指标是有一个历史过程的。从新中国成立初期到改革开放初期，中国采用的是产生于苏联的物质产品平衡表体系，简称MPS，核心指标是这个体系中的国民收入。国民收入只反映农业、工业、建筑业、交通运输业、商业饮食业五大物质行业生产活动的最终成果，不反映金融、房地产、教育文化、科学研究等一系列非物质服务活动成果，它认为这些非物质服务不创造价值。但是，改革开放后，非物质服务行业迅速发展，比如根据后来测算的数据，1984年第三产业增加值增长19.4%，其中金融业增加值增长30.7%，房地产业增加值增长27.7%，其他行业增加值增长15.3%，都高于当年GDP的增长速度，更高于第一产业和第二产业增加值的增长速度。所以

MPS 中的国民收入暴露出明显的不足,已经不能反映国民经济运行的整体状况,也不能满足宏观经济管理的需求。

	比上年同期增长
GDP	15.2%
第一产业	12.9%
第二产业	14.4%
第三产业	19.4%
-金融业	30.7%
-房地产业	27.7%
-其他行业	15.3%

1984 年全年 GDP 核算数据

针对这种情况,国家统计局从 20 世纪 80 年代初开始,研究国民经济核算的另一个国际标准,那就是产生于市场经济国家的国民账户体系,简称 SNA,这个体系的核心指标就是 GDP。这个指标也有变化过程,原来叫 GNP(国民生产总值)后来改为 GDP(国内生产总值)。1985 年国家统计局向国务院提交了《关于建立第三产业统计的报告》,国务院批准了这个报告,国务院办公厅印发通知,要求在继续做好国民收入统计的同时抓紧建立国内生产总值核算。根据国务院的要求,**国家统计局于 1985 年建立了国内生产总值统计制度**。刚开始建立这个统计制度的时候,只是为了弥补国民收入不能反映非物质服务行业发展的不足,**它还是一个附属指标**。

但是后来发生的一系列情况,促使国家统计局不断改进 GDP 核算方法。1991 年苏联解体,东欧剧变,所有苏联国家和东欧国家都放弃了 MPS。过去我们核算国民收入时还有一个和社会主义国家比较的问题,但是这些国家纷纷放弃了 MPS,转而使用 SNA。1992 年,党的十四大召开,明确了经济体制改革的目标是建立社会主义市场经济体制。也是在 1992 年,中共中央、国务院作出《关于加快发展第三产业的决定》。1992 年,国民收入统计还在继续,但是这时候国内生产总值已经由附属指标上升为主要指标,国民收入从主要指标变成附属指标。1993年国家统计局制定了《国内生产总值指标解释及测算方案》，这个方案及相应的统计制度彻底放弃了MPS的国民收入，GDP在中国国民经济核算中的核心指标地位正式确立起来。

历史数据的修订和核算方法的改革

受传统的MPS影响，我国过去不重视非物质服务统计，所以过去这方面的统计非常薄弱。为了健全资料来源，开展了一系列普查和统计调查制度改革。为了完善GDP核算方法，开展了一系列核算方法改革。

第一项普查是第三产业普查。1993年至1994年首次进行第三产业普查，普查年度是1991年和1992年两年。当时成立了全国第三产业普查领导小组及其办公室，办公室下设几个小组，我是方案制定组的组长。这次普查在一定程度上弥补了过去服务业统计的薄弱环节。普查之后，国家统计局对GDP进行了重新测算，1991年GDP上调了1430亿元，完全是第三产业增加值的调整，GDP上调的比例是7.1%，第三产业增加值上调的比例是24.7%。1992年GDP上调了2275亿元，上调的比例是9.3%，第三产业增加值上调的比例是33.1%，也就是上调了1/3左右。这足以证明，改革开放初期，在传统的MPS体系下，非物质服务业没有得到充分的反映。

第一次第三产业普查年度GDP数据的修订

年份	类别	总量（亿元）	
		修订额	修订率
1991年	GDP	1430	7.1%
	第一产业增加值	0	0%
	第二产业增加值	0	0%
	第三产业增加值	1430	24.7%

续表

年份	类别	总量（亿元）	
		修订额	修订率
1992年	GDP	2275	9.3%
	第一产业增加值	0	0%
	第二产业增加值	0	0%
	第三产业增加值	2276	33.1%

2003年，国务院决定建立经济普查制度，每十年进行两次普查，在逢3和逢8的年份进行。但是第一次经济普查是在2004年进行的。普查动员了大量的人力物力和财力，获得了非常翔实的基础数据，国家统计局利用这些基础数据，同时结合核算方法的改革，对普查年度GDP数据进行了修订。

第一次经济普查后，2004年的GDP上调了23 002亿元，上调的比例是16.8%，这个调整比例是历次普查中最突出的，其中第三产业增加值上调了21 297亿元，上调的比例是48.7%，这个调整比例也是历次普查中最突出的。第二次经济普查后，2008年的GDP上调了13 375亿元，上调的比例是4.4%，第三产业增加值上调了10 853亿元，上调的比例是9%。第三次经济普查后，2013年的GDP上调了19 174亿元，上调的比例是3.4%，其中第三产业增加值上调了13 683亿，上调的比例是5.2%。第四次经济普查后，2018年的GDP上调了18 972亿元，上调的比例是2.1%，其中第三产业增加值上调了20 126亿元，上调的比例是4.3%。在第四次经济普查时，第一产业和第三产业增加值是上调的，但是第二产业增加值是下调的。

为了保证数据的连续性和可比性，国家统计局采用一定的方法，**对普查以前年度的GDP历史数据进行了修订**。这也是国际惯例，目的是使GDP历史数据更加接近实际情况，为宏观经济分析和管理提供更加客观科学的依据。

四次经济普查年度 GDP 数据的修订

年份	类别	总量（亿元）	
		修订额	修订率
2004 年	GDP	23 002	16.8%
	第一产业增加值	188	0.9%
	第二产业增加值	1517	2.1%
	第三产业增加值	21 297	48.7%
2008 年	GDP	13 375	4.4%
	第一产业增加值	−298	−0.9%
	第二产业增加值	2820	1.9%
	第三产业增加值	10 853	9.0%
2013 年	GDP	19 174	3.4%
	第一产业增加值	−1635	−2.9%
	第二产业增加值	7126	2.9%
	第三产业增加值	13 683	5.2%
2018 年	GDP	18 972	2.1%
	第一产业增加值	11	0.0%
	第二产业增加值	−1166	−0.3%
	第三产业增加值	20 126	4.3%

除了普查之外，国家统计局还进行了一系列统计调查制度改革。比如，**2012 年开始开展了企业一套表联网直报统计调查制度改革**，建立了联网直报系统，企业通过国家统计局联网直报的门户网，直接填表报送给国家统计局。企业一套表联网直报的范围有六类，包括规模以上工业企业、有资质的建筑业企业、限额以上批发和零售业企业、限额以上住宿和餐饮业企业、房地产开发经营企业、规模以上服务业企业。企业一套表联网直报统计调查制度改革首先实现了统计指标的一体化设计，各个专业统计指标的定义、口径、范围基本实现了一致。其次，由于通过互联网进行直报，国家统计局可以直接获取企业的数据，中间环节不允许任何改动，避免了中间环节对统计数字的干扰，这对于

提高基础统计数据的质量非常有好处。那还有没有干预呢？还有，但是干预的成本大大增加。最后，联网直报大大提高了工作效率，减少了过去纸质报表在录入、汇总过程中的一系列误差。

为了不断改进和完善GDP核算方法，提高GDP核算水平、数据质量和国际可比性，国家统计局开展了一系列核算方法改革。例如，2016年开展了研发支出核算方法改革。改革开放以后，中国经济迅速发展，经济实力不断增强，但是也积累了一系列矛盾和问题，比如资源过度消耗问题、环境污染问题、劳动年龄人口减少问题，等等。有什么新的要素来驱动经济持续发展呢？那就是创新和技术进步。而研究与开发是推动创新和技术进步的有效措施。在过去的GDP核算中，研发支出是作为中间投入处理的，无论是企业、高校还是科研机构的研发支出，均不计入GDP。**国民经济核算国际标准2008年把研发支出调整为固定资本形成**，就是作为投资需求的一个构成部分，计入GDP，这样就可以反映研发在经济发展中的作用了。2015年，中共中央、国务院印发《关于深化体制机制改革加快实施创新驱动发展战略的若干意见》，明确要求"改进和完善国内生产总值核算方法，体现创新的经济价值"。为了落实党中央、国务院的工作部署，结合国际标准的建议，**2016年，国家统计局进行了研发支出核算方法改革**，将能够给所有者带来经济利益的研发支出不再作为中间投入，而是作为固定资本形成计入GDP。这项改革之后，2016年的GDP上调了1.3%，历史数据也做了修订。但是新中国成立初期研发支出很少，所以对当时的GDP影响不大。

地区生产总值统一核算改革也是一项重要改革。从1985年建立国内生产总值核算开始，我国一直采取分级核算制度，国家统计局核算全国GDP，各省（自治区、直辖市）统计局核算本地区生产总值。由于采取分级核算制度，再加上地区生产总值作为地方政府政绩主要考核指标，导致很长时间内，地区生产总值汇总数据高于国家GDP数据，这种情况直接影响到政府统计的信誉，导致一些国内外学者、研究机构质疑中国官方GDP数据。2013年，党的十八届三中全会通过的《中共中央关于全面深化改革若干重大问题的决定》提出，要加快建立国家统一的经济核算制度。为了落实党中央的决定，**国家统计局在2019年正式实施了地区生产总值统一核算改革**。这项改革主要体现在三个方面，一是改革核算主体。过去是分级核算，现在是国家统计局统一组织、领导和实施，各省（自治区、直辖市）统计局参与地区生产总值核算。二是完善核算机制。国家统计局统一领导地区生产总值统一核算工作，组织各省（自治区、直辖市）统计局制定地区生产总值核算方法，制定和规范统一核算工作流程。三是规范数据发布。各地区生产总值数据由国家统计局统一发布，或者国家统计局授权各地区统计局发布本地区生产总值数据，不再像过去那样由各个地区统计局自行发布。这项改革实现了地区生产总值汇总数据与国家GDP数据之间的基本衔接，提高了地区生产总值数据质量，提高了政府统计的信誉。

此外，1992年建立的季度GDP核算制度和2015年的季度GDP核算方法改革、2012年建立的部门服务业财务统计调查制度、2013年的城乡住户调查一体化改革等一系列改革措施，也对健全GDP的资料来源、完善GDP的核算方法、提高GDP的数据质量发挥了重要作用。

提升中国统计理论话语权

当前，新经济新动能的发展带来了一系列新情况，宏观经济管理部门需要了解这些新情况，以便制定相应的政策来促进新经济新动能的发展。但是，新经济新动能的发展给政府统计带来了一系列挑战，比如数据支出核算方法的挑战。在数字技术的推动下，我国数据收集、存储、加工、开发应用的能力不断提升，促使数据迅速增长，在企业的生产经营、政府治理、居民生活中发挥了非常重要的作用。我曾经带领我们研究团队调研过11个省的60家新经济企业，许多新经济企业反映，数据资产已经成为它们的主要资产，而传统资产包括厂房、设备等，和数据资产相比，作用在下降。数据已经在经济社会发展中发挥越来越重要的作用，今后的作用会越来越大。在现行的 GDP 核算中，**数据支出是作为中间投入处理的，因此在 GDP 中得不到反映，从而数据在经济社会发展中的作用得不到反映。**目前的国际标准还没有对数据支出核算方法进行改革，但我相信将来一定会改革。

再比如，互联网网站提供了大量的免费或低价的服务。现在我们通过手机可以获得大量信息，享受音乐、戏剧等各种各样的免费或者低价的服务，这种免费或者低价的服务背后是企业盈利模式的创新。企业通过免费或低价的服务吸引流量，然后通过广告和其他方式获得收入，以这种收入来弥补免费或低价服务的成本。这种盈利模式就是以一种生产经营活动的收入来弥补另一种生产经营活动的成本，这和用自己的生产经营收入来弥补自己的生产经营成本的传统生产经营模式是不一样的。**由于这些服务是免费的或低价的，在现行的 GDP 里得不到反映或者得不到充分的反映。所以 GDP 核算方法针对这方面的新情况也需要改革。**

传统的经济统计理论和方法产生于西方发达国家，特别是欧美国家，因为其传统经济走在世界的前列，给这些国家的学者、政府统计工作者总结、梳理和提炼传统经济统计理论和方法的机会，所以国际统计标准的制定由他们主导，我们在其中起的作用很小。但是，**新经济我国并不落后，甚至在一些领域走在前面，这实际上给我国的学者、政府统计工作者提供了总结、梳理和提炼新经济统计理论和方法的机会。这项工作做得好，在今后新的国际统计标准的制定中，中国就有可能拥有更多的话语权。**但是，关键是我们能不能抓住这个机会，如果我们抓不住，总结、梳理和提炼新经济统计理论和方法的机会又会让给别人了，我觉得我们应该要有紧迫感。

还有一些领域的核算方法，国民经济核算国际标准已经进行了改革，我们还没有做到。比如计算机软件支出核算方法，在 2004 年第一次经济普查时国家统计局已经进行了改革，但是只把在市场上购买的计算机软件支出计入 GDP，企业、高校和科研机构自己研发自己使用的大量的计算机软件支出还没有计入 GDP。按国际标准的建议，这部分支出也应该计入 GDP。所以计算机软件支出核算方法还需要进一步改革。

GDP 并非万能，要建立和完善高质量发展指标体系

GDP 是国民经济核算的重要指标之一，国民经济核算还有一系列其他重要指标，包括国民总收入、国民可支配总收入、国民总储蓄和国民财富，它们从不同角度反映国民经济的运行状况。

我国正在从高速增长阶段向高质量发展阶段转变，衡量高质量发展不能光靠 GDP。比如，**GDP 不能反映资源消耗的成本、环境损失的代价、就业和失业状况、收入分配是否公平、人们的健康状况等**。任何一个统计指标都有它确定的适用范围，我们在使用统计指标时不能超过它们的适用范围。许多人批评 GDP 存在不足，但是我认为，我们应该在它的适用范围内正确地使用它，在超过了它的适用范围的方面采用其他指标。比如，GDP 不能反映资源消耗的成本和环境损失的代价，可以用单位 GDP 能耗、PM2.5 等指标来反映；GDP 不能反映就业失业情况，可以用调查失业率等指标来反映；GDP 不能反映收入分配是否公平，可以用全国居民人均可支配收入和基尼系数等指标来反映；GDP 不能反映健康状况，可以用人口平均预期寿命等指标来反映。总之，要形成一个科学反映高质量发展的指标体系，来共同推动、引导高质量发展。

与世界银行磋商，捍卫中国统计数据的权威

前面我给大家翻了一下国家账本，我还想给大家讲一个关于 GDP 这个大账本的一个小故事。

客观地讲，从诞生那天起，中国 GDP 数据经常受到国内外学者、机构的质疑。最先对中国 GDP 数据提出质疑的是世界银行。20 世纪 90 年代初，世界银行派一个代表团对中国统计体系进行考察，写了一个报告叫《转换中的中国统计体系》。这个报告最基本的结论有两条：一是中国统计体系虽然进行了一系列深入改革，但是还存在很大的缺陷，调查范围仍然主要限于物质生产领域，调查方法仍以传统的全面行政报表为主。二是中国虽然进行了许多重大改革，但是仍保留着传统价格体制的许多本质特征，许多产品的价格仍然处于政府控制之中。根据这两点结论，世界银行认为中国官方 GDP 数据被低估了。1994 年，世界银行发表了一个报告《中国人均 GNP》，将 1992 年中国官方 GDP 数据上调了 34.3%，认为中国官方 GDP 数据只反映了中国实际经济规模的 2/3，而 1/3 被遗漏了。世界银行对中国官方 GDP 数据的调整包括三个大的方面：一致性调整、范围调整和估价调整。其中一致性调整和范围调整是针对中国统计体系缺陷的调整，而估价调整是针对传统价格体制的影响进行的调整。此后世界银行公布的 1993 年至 1997 年中国 GDP 数据均是利用它调整后的 1992 年 GDP 数据和中国官方发布的经济增长率数据推算的结果。

但是 20 世纪 90 年代，中国的统计体系、价格体制都进行了深入改革。1992 年，党的十四大确立了建立社会主义市场经济体制的改革目标，统计体系相应地进行了深入改革，拓宽了统计调查范围，已经不局限在物质生产领域，而推广到非物质服务业了。例如，1993 年至 1994 年开展了第一次第三产业普查，弥补了服务业统计的薄弱环节，普查之后 1991 年的 GDP 上调了 7.1%，1992 年的 GDP 上调了 9.3%。同时，中国的价格体制进行了深刻改革，实施了

以市场为主体的价格体制。如果说 90 年代初世界银行对中国官方 GDP 数据的调整还有一定的依据的话，那么在 90 年代末期已经不符合中国的实际情况了。我们对世界银行的报告进行了详细的研究，1999 年年初，国家统计局和财政部组成代表团到世界银行进行磋商，针对世界银行报告对中国官方 GDP 数据的调整逐项与其进行讨论。

比如，农民自产自用的粮食也是创造 GDP 的，这部分粮食怎么估价？中国统计制度规定，农民自产自用的粮食采用市场价格和政府收购价格的综合平均价估价。世界银行报告认为，中国政府的收购价格低于市场价格，所以市场价格和政府收购价格的综合平均价格就低于市场价格，从而中国低估了农民自产自用粮食的价值，世界银行把这部分粮食的价值上调了 20%。我们解释说，90 年代中后期，中国政府为了鼓励农民种粮的积极性，政府收购价格非但不低于市场价格，而且高于市场价格，所以市场价格和政府收购价格的综合平均价格不是低于市场价格，而是高于市场价格，世界银行再往上调整农民自产自用粮食的价值就不符合中国的实际情况了。

又如，世界银行认为，中国的村及村以下工业企业通常没有完整的财务报表，不在国家统计局的统计调查范围内，而是由有关管理部门采用全面行政报表统计，此外还受到一定程度的偷漏税情况的影响，因此这部分工业总产值被低估，世界银行将其上调 10%~15%，增加值做相应的调整。我们告诉世界银行，1995 年中国开展的第三次工业普查发现，村及村以下工业总产值不但没有被低估反而被大幅度高估，普查之后国家统计局根据普查资料修订了村及村以下工业总产值和增加值数据。20 世纪 90 年代末期，国家统计局对规模以下工业建立了抽样调查制度，取代了有关管理部门的全面行政报表。所以世界银行对村及村以下工业总产值和增加值数据的调整，不符合当时中国村及村以下工业统计的实际情况。

再如，世界银行认为，改革开放以后农村服务业发展非常快，比如拖拉机运输、卡车运输发展就非常快。由于传统统计调查体系不健全，农村服务业很大一部分被遗漏，所以世界银行把1992年农村服务业产出上调了50%~60%，对GDP影响达到6.5个百分点。我们告诉世界银行，中国开展的第一次第三产业普查，将1992年包括农村服务业在内的服务业增加值上调了33.1%，相应地将1992年GDP上调了9.3%，远超过世界银行调整中国农村服务业产出对GDP的影响。因此，世界银行关于中国农村服务业数据的调整已经不再适合中国的实际情况。

我们就是这样实事求是地跟世界银行进行磋商的。我们不是简单地说世界银行对中国GDP数据的调整错了，世界银行对90年代初中国统计体系和价格体制的认识有些是对的，但是90年代中后期中国统计体系和价格体制已经发生了巨大变化，世界银行基于对90年代初的认识对中国GDP数据的调整已经不符合中国的实际情况。1999年，我们还邀请世界银行代表团到中国来磋商，并安排代表团到河南省去考察地方的统计工作，还安排代表团到河南省洛阳市的洛宁县考察地方的经济发展情况。洛宁县是一个国家级贫困县，在那里，代表团参观了住在窑洞里的几个家庭。这几个家庭都很穷，什么都没有，只有几床破被子还是别人捐赠的。当时世界银行代表团的成员非常感慨，没想到在离北京不远的地方，还有这样的贫困人群。我们为什么选择河南？如果选择北京、上海、广州这些发达的地方，世界银行代表团肯定认为我国发展得不错，GDP就是被低估了；如果选择特别落后的地方，世界银行代表团可能会认为我们是有意。我们选择河南这样一个经济发展中等、统计水平比较有代表性的地方，让世界银行代表团对中国的统计情况和经济发展状况有一个客观的了解和切实的感受。

磋商之后，世界银行完全认可了中国官方GDP数据，而且充分肯定中国有健全的统计制度，在今后的世界银行出版物上直接采用中国国家统计局发布的数据。在双方磋商备忘录里明确注明，今后世界银行每年发布中国人均国民总收入（GNI）前，都要通过中国财政部征求国家统计局的意见。我退休之前这项制度依然在执行，世界银行执行得非常好。**这次磋商不仅确立了中国统计体系在世界银行的地位，也维护了中国的实际利益，避免了承担超过中国经济实力的国际义务和不能享受本应享受的优惠待遇。**时任外交部部长助理的王光亚在会见中方代表团时肯定地说："你们从技术上解决了我们在外交上解决不了的问题。"

对中国GDP数据的质疑长期存在，但是，随着中国改革开放的不断深入，随着中国经济的持续快速发展，随着统计调查制度的改革，中国GDP核算在不断完善。讲这个故事，是希望大家更多地了解中国GDP核算。**没有一个国家的专家敢拍胸脯说自己国家的GDP数据100%准确，因为GDP核算太复杂了，把这个大账本核算清楚是不容易的。如果我们的GDP核算能够反映实际情况，特别是GDP走势能够和经济运行情况相吻合，我认为GDP核算工作就应该值得肯定。**

开发利用好微观数据，为宏观决策提供重要参考

最后，我还想讲一点。GDP是一个宏观指标，国民总收入、国民可支配总收入、国民财富也都是宏观指标，这些宏观指标数据都是宏观数据。国家统计局通过普查、抽样调查和全面调查获得了大量的微观数据，这些微观数据在学术研究、智库研究中都具有非常重要的作用，所以国家统计局和清华大学合作创建了国家统计局－清华大学数据开发中心。国家统计局通过这个中心已经陆续把12类微观数据提供给学者开发应用。现在已经有60多家"双一流"高校和科研机构在开发应用这些数据，而且有些学者已经取得了不错的研究成果，发表了一系列文章，比如清华大学五道口金融学院的一位博士生利用人口

普查数据作的论文,已经在国际上宏观经济研究的顶刊发表。我希望我们的老师、同学们能利用这些数据开展更多的学术研究和智库研究,产生更多原创性和具有国际影响力的研究成果,也为宏观决策提供重要的参考,使国家统计微观数据发挥更好的作用,为清华大学的"双一流"建设,为全国的学术研究和智库研究作出更大的贡献。

我今天和大家交流的内容就这么多,谢谢大家!

问答：

名义 GDP 和实际 GDP

观众：许老师您好，货币每年都以一定的比例进行贬值，比如 20 世纪 70 年代，一元人民币买一斤牛肉，但是现在一根冰棍都买不了。如果 GDP 以货币价值体现，比如原来是 1 万亿元，现在是 100 万亿元，如果 GDP 去年增长比例是 2.1%，而去年的货币贬值率是 2.3%，高于 GDP 增长，那中国经济到底是增长还是下滑？

许宪春：这是一个具有普遍性的问题。实际上，GDP 有名义值和实际值，或者叫现价 GDP 和不变价 GDP。2020 年 GDP 达到 100 万亿元指的是名义值，国家统计局也核算不变价 GDP。现在不变价 GDP 每五年换一次基期[①]，2016 年到 2020 年以 2015 年为基期，就是用 2015 年的价格核算 2016 年到 2020 年的 GDP，这样就避免了价格对经济增长的影响。国家统计局发布的 GDP 增长率，包括三次产业增加值增长率都是剔除价格之后的实际增长率。价格的变动体现在名义 GDP 里，而实际 GDP 不体现价格变动。名义 GDP 和实际 GDP 之比反映价格变动。比如 2020 年中国 GDP 增长 2.3%，这是实际增长率；名义增长 3% 左右，价格涨幅在 0.7% 左右，所以这个价格变动并不影响历年国家统计局发布的经济增长率。

---

① 基期：与"报告期"相对，统计中计算动态指标时作为对比标准的时期。

许宪春专访：推动中国 GDP 核算变革的"国家会计"

乡村青年步入数学殿堂

张小琴： 许老师您是 1978 年考入大学的，上大学前在做什么工作？

许宪春： 我的家在农村，1975 年高中毕业后回家务农，当过两年多生产队会计。

张小琴： 和您后来做统计工作有点关系？

许宪春： 有点关系。当时给生产队算账，包括一年收入多少，支出多少，怎样分配粮食、蔬菜，怎样分配现金等。后来到国家统计局长期从事国民经济核算工作，给国家算账。

张小琴： 1978 年您考到辽宁大学数学系，挺不容易的，什么原因有这么好的成绩？

许宪春： 可能是我中学的基础还算比较好吧。当时高考是挺不容易的，我所在的高中与我同一个年级的同学一共有 200 多人，但是考上大学的只有两个人，因为当时高考招生人数很有限。

张小琴： 而且那时候数学系特别热，大家都认为数理化最硬核。您是因为特别喜欢数学所以考到数学系的吗？

许宪春： 那时候能考上大学就行，没有太多想法。其实我当时对哲学、中文挺感兴趣的，但是从基础上看我的数学还是最好的，所以选择了数学。

张小琴： 您这四年大学生活是个什么状态？

许宪春： 刚入学时喜欢到学校图书馆看一些文学书，但是一年之后我觉得不行，既然选择了数学专业就必须全身心投入。后来我就一心扑到数学上了。

张小琴： 对未来有什么想象吗？

许宪春： 当时没有具体明确的想象。一种基本的想法就是，既然上了大学就要把大学上好，毕业服从分配。毕业后被分配到我的家乡辽宁省朝阳市教了两年高等数学。但是我一直想考研究生，1984 年考上上海财经大学现代应用统计专业的研究生。现代应用统计对数学要求比较高，这个专业和自己本科学的专业比较契合，当时也没有考虑将来做什么工作，就是觉得这个专业考上的机会比较大。

张小琴： 应用统计学枯燥吗？

许宪春： 我认为，学习任何专业，只要钻进去了就会感兴趣的。比如，数学本来很枯燥，但是如果钻进去了也有许多乐趣，通过努力把一些难题解决了，就会有一种满足感。数学特别讲究逻辑，同时数学用尽可能简短的语言把事情描述清楚。我认为这是一种基本训练，这种训练做好了不仅对统计工作，对其他工作也有好处，它培养一种思维逻辑，培养一种用尽可能简短精练的语言表述事情的能力。比如写文章，用简单明了的语言表达复杂的事情就容易让人看懂，用复杂的语言去表达简单的事情就让人难以理解。所以我认为这个基本训练很重要。

经历核算体系转轨过程

张小琴： 您研究生毕业之后到国家统计局工作是主动的选择，还是组织上安排的？

许宪春： 是组织安排的。我被分配到国家统计局国民经济平衡统计司（后来更名为国民经济核算司）投入产出核算处，因为当时国家统计局正在准备编制 1987 年投入产出表，这是国家统计局按照国务院的要求建立全国投入产出调查制度后正式编制的第一张全国投入产出表，需要人手。刚到国家统计局时，业务并不熟悉，领导交办什么就认真做什么，有时去买文具等办公用品。有一次，领导说你去买一辆三轮车吧，我就到北太平庄一家商店去买。我当时以为三轮车和自行车一样，所以骑上就走，结果一使劲车就翻了，我被摔下去了。然后我就慢慢把握窍门，骑回办公室也就会了。这个经历印象特别深刻。

张小琴：买三轮车干吗？

许宪春：开展投入产出调查需要运材料，比如投入产出调查方案、培训教材等，当时都得靠人力去运，买辆三轮车运起来方便些。

张小琴：未来的国家统计局副局长刚刚工作时也要去买文具。

许宪春：对，从最基础做起。我现在和我的学生们说，千万不要忽视小事，不要觉得你是硕士、博士，就不愿意做基础工作。其实任何复杂的工作都得从基础做起，这是一个基本训练，你了解整个工作流程，心里就有底。千万不要觉得做这些事情是大材小用，怀才不遇。任何事情都需要人去干，尤其在国家机关，一个处一个司里人不多，你不干谁干？你让领导去干吗？

张小琴：您那时每天上班也要打水扫地？

许宪春：对，这是当时必干的事情。

张小琴：您学了三年统计学，到了国家统计局之后，觉得能用上，还是从头再学？

许宪春：基本上从头学，因为和政府统计直接相关的内容在学校学得很少。

从新中国成立初期到改革开放初期，我国的国民经济核算采用的是产生于苏联等高度集中的计划经济国家的物质产品平衡表体系（MPS），从1985年开始引入产生于市场经济国家的国民账户体系（SNA）。我1986年到国家统计局工作，正是从MPS向SNA的转轨时期，当时大家对这方面的知识了解得都不太多。

张小琴：您刚到统计局时，是按照苏联这个体系来工作吗？

许宪春：我的第一份工作是编制全国投入产出表。当时的设想是既保持传统的 MPS 投入产出表的特点，同时又把 SNA 投入产出表的内容镶嵌进去，既可以转换成 MPS 的投入产出表又可以转换成 SNA 的投入产出表，所以我当时既要研究 MPS 的投入产出表，又要研究 SNA 的投入产出表。

张小琴： 这两套体系的核心区别是什么？

许宪春： MPS 主要限于物质部门的生产活动，包括农业、工业、建筑业、商业饮食业和交通运输业。其中农业、工业、建筑业是物质产品生产部门，交通运输业和商业饮食业是物质服务生产部门，它们把物质产品从生产者运到使用者，通过商业环节分配给消费者，实现了物质产品的价值和价值增值。所以 MPS 把物质产品的生产和物质服务的生产作为生产活动，它的核心指标叫作国民收入，反映这五大物质生产部门新创造的价值。

张小琴： 它缺少什么？

许宪春： 缺少非物质服务。MPS 的生产范围只包括两个服务业，商业饮食业和交通运输业，而交通运输业只包括货物运输，不包括旅客运输。服务业中还包括许多非物质服务，例如金融服务、保险服务、房地产服务等，这些被排除在 MPS 的生产范围之外，而 SNA 的生产范围包括所有物质服务和非物质服务，所以它的生产范围是完整的。

张小琴： 就是原来那个体系容纳不了这些东西。原来主要统计第一、第二产业，缺少对第三产业的统计？

许宪春： MPS 主要反映第一、第二产业和第三产业中的商业饮食业和交通运输业生产活动，不反映第三产业中的其他服务业生产活动。

GDP 是 20 世纪最伟大的发明之一

张小琴： GDP 究竟是什么？

许宪春： GDP 即国内生产总值，是指一个国家的所有常住单位在一定时期内生产活动的最终成果。

第一,一个国家的 GDP 是这个国家的常住单位创造的。如果不是这个国家的常住单位则不创造这个国家的 GDP。比如美国企业到中国来建立一个分支机构,这个分支机构就属于中国的常住单位,它创造的增加值就属于中国 GDP。如果中国企业在美国建立一个分支机构,这个分支机构就成了美国的常住单位,它创造的增加值就属于美国 GDP。

第二,只有生产活动创造 GDP,其他活动不创造 GDP。

张小琴: GDP 是谁发明的?当时为什么要发明这么一个指标?

许宪春: 20 世纪 20 年代末 30 年代初,美国发生了经济大萧条,政府要对经济进行干预。美国商务部组织了一批学者和专家进行研究,创造了美国的国民收入与生产账户,GDP 是这个账户中的核心指标,这个指标就是在那时候产生的。美国商务部 20 世纪末在总结这项工作时曾经指出,**GDP 是 20 世纪最伟大的发明之一**。

张小琴: 具体发明这个指标的人是谁?

许宪春: 库兹涅茨[①],他获得了诺贝尔经济学奖。

张小琴: 它的设计逻辑是什么呢?

许宪春: 要干预经济就要制定经济政策,制定经济政策首先要对经济发展情况有所了解,GDP 是反映经济发展情况最重要的指标,通过它能看出经济增长多少、下降多少、经济结构如何变化。

张小琴: 在这之前是自由市场经济,由看不见的手来调整?

---

① 库兹涅茨(Simon Smith Kuznets,1901—1985):美国当代经济学家和统计学家。1971 年诺贝尔经济学奖获得者。库兹涅茨的主要贡献在三个方面:(1)他提出了主要资本主义经济发展中存在着平均长度为 20 年的长期消长的看法,并对此作了解释,这就是"库兹涅茨周期"。(2)国民收入核算理论,建立起现代国民收入核算体系的基本结构。(3)经济增长理论,他为经济增长研究领域提供了权威性的统计资料,对经济增长过程作了以经验为依据的解释,并对如何实现经济增长提出了许多深刻的见解。

许宪春：对，之前主要靠市场调节。但是经济大萧条之后，美国政府发现，如果不进行干预，经济很难恢复，所以就产生了这样一套核算体系，它是服务于国家的宏观经济管理和决策的。

张小琴：它发明出来之后对美国走出大萧条有起到作用吗？

许宪春：应该是起到作用了。它对于判断经济的下降和恢复、评估政策的效果、推动经济增长都有重要作用。

引进 GDP，是为了和国际接轨

张小琴：咱们国家首次算 GDP 是哪一年？

许宪春：我们国家是 1985 年开始核算 GDP 的。1985 年，国家统计局向国务院提交了《关于建立第三产业统计的报告》，国务院批准了这个报告。国务院办公厅印发通知，要求在继续做好国民收入统计的同时抓紧建立国内生产总值核算，国家统计局同年开展了 GDP 核算。

张小琴：是什么具体事情的影响，使得大家认为必须要引入一些新的指标？

许宪春：改革开放之后，金融业、房地产业、教育文化等服务行业发展很快，对经济发展起到非常重要的作用。宏观管理部门越来越重视这些服务行业的发展。

张小琴：我们在 1985 年决定要纳入新的指标，算是比较超前的设计，还是经济发展已经逼到不改不行的程度了？

许宪春：是经济发展到一定程度，传统体系的局限性比较充分地暴露出来了，不能适应宏观经济管理和决策的需求了。

张小琴：有什么例子能证明不改不行了？

许宪春：改革开放后，非物质服务行业迅速发展，比如根据后来测算的数据，1984年第三产业增加值增长19.4%，其中金融业增加值增长30.7%，房地产业增加值增长27.7%，其他行业增加值增长15.3%，都高于当年GDP的增长速度，更高于第一产业和第二产业增加值的增长速度。所以MPS中的国民收入暴露出明显的不足，已经不能反映国民经济运行的整体状况，也不能满足宏观经济管理和决策的需求。另外，当时联合国有两套国民经济核算体系，一套是MPS，另一套是SNA，我们当时采用的是MPS。但是作为联合国成员国，要交会费，那就要按照联合国的规定标准来交，它基本上是依据国内生产总值和人均国内生产总值来计算的。

张小琴：我们原来那套体系算不出这个数？

许宪春：对，只能大致估算。

张小琴：也是跟国际接轨的需要。

许宪春：是的。

张小琴：我们第一次算GDP，算出来的数值是多少？

许宪春：1985年不到1万亿元。然后国家统计局又对1985年之前的数据进行了补充计算，一直补充到1952年，因为我国MPS的国民收入数据始于1952年，国家统计局以国民收入数据为基础，进行调整和补充计算出1952年到1984年的GDP数据。

1978年中国GDP是3600多亿元，1986年是1万亿多元。后来，由于核算方法的改革，这些GDP历史数据经过几次修订。

张小琴：在国际上处于什么水平？

许宪春：1978年在世界上的排位居第11位左右，占世界GDP的比重很低，仅1.7%左右。

张小琴：世界排位第11位只占1.7%，前面的太厉害了。

许宪春：对，当时主要是美国GDP占比很高。另外日本、德国、英国、法国，还有意大利，这些国家比较靠前。

张小琴：刚核算出 1978 年这个数值，我们只占 1.7% 时，你们会觉得吃惊吗，还是觉得很正常？

许宪春：当时并没有觉得惊讶，因为当时中国还是比较穷。但是我们发展很快，2019 年，中国 GDP 占世界 GDP 比重达到 16% 以上。

和美国相比，已经相当于美国的 67% 左右。2020 年我们的 GDP 达到 100 万亿元，相当于美国的 70% 左右。

赴美学习，归国后设计季度 GDP 核算方案

张小琴：您 1989 年被选派到美国学习，当时就是去学习 GDP 统计指标吗？

许宪春：是的。1989 年 3 月到 7 月我和我的几位同事到美国经济分析局学习，那是专门负责美国国民经济核算工作的统计机构。我们到那儿去主要就是学习和了解美国的 GDP 是怎么核算的。

张小琴：这是您第一次去美国吗？

许宪春：对。

张小琴：去了之后会有一些比较震惊的感受吗？

许宪春：是很震惊的。当时我国改革开放虽然有一段时间了，但还是比较穷，和美国相比差距非常大。因为我们挣的钱很少，在美国买东西很贵，那时候许多人出国都带很多方便面，我也带了一些。

张小琴：当时美国的什么方面给您留下比较深刻的印象？

许宪春：当时中国的超市很少，商品种类不多；美国的超市很多，商品琳琅满目。中国那时候买进口彩电，必须有指标，我家的第一台电视机就是我从美国回来之后有了一个指标才买的，用了很长时间。

张小琴：您在那儿学习几个月，学到了什么？

许宪春：我觉得收获很大。当时美国经济分析局有 300 多人，从事 GDP

核算工作的人很多，支出法 GDP 中的存货变动指标就有七八个人在核算，所以 GDP 核算得非常详细。我们国家当时核算全国 GDP 的人很少，一共才有七八个人。

我国 1985 年开始核算 GDP 的时候，是按年度核算的。我学习回国之后不久，国务院要求国家统计局核算季度 GDP。核算司领导安排我设计季度 GDP 核算方案。我结合在美国学习的理论和经验，在对国内各个专业和部门统计调查制度进行深入研究的基础上，设计出一套季度 GDP 核算方案，在征求各方面意见和建议之后，得到国家统计局的批准，然后就开始正式实施这套方案。

张小琴：季度 GDP 统计的必要性是什么？

许宪春：年度 GDP 一般是在一年结束之后才能反映这一年的经济运行状况，但一年之中经济运行情况可能会发生很大的变化。比如 2020 年，一季度 GDP 同比下降 6.8%，二季度增长 3.2%，三季度增长 4.9%，四季度增长 6.5%，全年增长 2.3%，如果到 2020 年结束之后才能提供 GDP 增长数据就太滞后了，宏观经济决策部门无法及时了解经济的短期波动和及时采取有效措施。比如 2020 年一季度经济下降那么多，必须采取有效措施恢复经济增长。所以季度 GDP 时效性比较强，能够及时反映经济的短期变化，有助于宏观经济决策部门及时采取有效措施，解决问题。

GDP 成为中国核心指标，核算方法多次改革

张小琴：GDP 在中国是从哪一年开始确立重要地位的？

许宪春：1985 年中国开始核算 GDP 时，MPS 的国民收入仍然是中国国民经济核算的核心指标，GDP 是附属指标，用于弥补国民收入不能反映非物质服务业发展的不足。

但是后来发生了一系列情况。1991 年苏联解体，东欧剧变，所有苏联国

家和东欧国家都放弃了 MPS。过去我们核算国民收入时还有一个和社会主义国家比较的问题,但是这些国家纷纷放弃了 MPS,转而使用 SNA。1992 年,党的十四大召开,明确了社会主义市场经济体制改革目标。也是在 1992 年,中共中央、国务院作出《关于加快发展第三产业的决定》。

1993 年,国家统计局制定了《国内生产总值指标解释及测算方案》,这个方案及相应的统计制度彻底放弃了 MPS 的国民收入,GDP 在中国国民经济核算中的核心指标地位正式确立起来。

张小琴:现在 GDP 指标听上去已经是自然而然的事情了,但是实际上它成为衡量我国国民经济的指标也有一个过程,在这个过程当中,有没有曲折?我们原来采用的是社会主义国家体系,后来放弃了这个体系变成了市场经济国家的体系,有没有人提出"姓社姓资"的问题呢?

许宪春:有。20 世纪 80 年代初曾经发生过激烈的争论,但是小平同志曾经讲过,市场经济不能说只是资本主义的,社会主义也可以搞市场经济。后来大家逐步接受了产生于市场经济国家的 SNA。**特别是党的十四大明确了社会主义市场经济体制改革目标,经济体制的改革促进了我国国民经济核算体系的变革。**

统计要为国家宏观管理服务,为规划和政策制定服务,所以这也是一种需求导向。不把采用产生于市场经济国家的国民经济核算体系与"姓社姓资"挂钩,我觉得这是观念的很大转变。

张小琴:国家统计局是国家重要的部门,它采用什么指标相当于对国内和国外都有一点宣示的作用,采用市场经济国家的指标,这是不是也向世界、向中国人民宣示我们坚定走市场经济的道路。

许宪春:从统计的角度来说,标志着中国已经和市场经济国家采用的国际标准衔接。

张小琴:不是所有的西方国家都确认中国是市场经济国家,是吗?

许宪春：一些西方国家带着一种偏见来看待这个问题。我认为我国是市场经济国家，是社会主义市场经济国家。我国各种交易价格都是由市场来决定的，我国国有企业占比相对于西方国家高一些，但是这些国有企业也都遵循市场规则。不能因为我国国有企业占比比西方国家高，就认为我国不是市场经济国家，看一个国家是不是市场经济国家，主要看这个国家是不是遵循市场规则，既然我国遵循市场规则就应该是市场经济国家。

张小琴：GDP在中国确立重要地位后，经历了哪些发展？

许宪春：受传统的MPS的影响，我国过去不重视非物质服务统计，所以过去这方面的统计非常薄弱。为了提高GDP核算水平和数据质量，国家统计局开展了一系列普查、统计调查制度改革和核算方法改革。

第一项普查是第三产业普查。1993年至1994年我国首次开展了第三产业普查，普查年度是1991年和1992年两年。我是这次普查方案制定组的组长。这次普查在一定程度上弥补了过去服务业统计的薄弱环节。

2003年，国务院决定建立经济普查制度，每十年进行两次普查，在逢3和逢8的年度进行。第一次经济普查是在2004年进行的。这次普查之后，2004年的GDP上调了23 002亿元，上调的比例是16.8%，这个调整比例是历次普查中最突出的。其中第三产业增加值上调了21 297亿元，上调的比例是48.7%，这个调整比例也是历次普查中最突出的。第二次经济普查后，2008年的GDP上调了13 375亿元，上调的比例是4.4%。其中第三产业增加值上调了10 853亿元，上调的比例是9%。第三次经济普查后，2013年的GDP上调了19 174亿元，上调的比例是3.4%。其中第三产业增加值上调了13 683亿元，上调的比例是5.2%。第四次经济普查后，2018年的GDP上调了18 972亿元，上调的比例是2.1%，其中第三产业增加值上调了20 126亿元，上调的比例是4.3%。第四次经济普查后，第一产业和第三产业增加值是上调的，但是第二产业增加值是下调的，所以第三产业增加值上调额大于GDP上调额。

为了保证数据的连续性和可比性，国家统计局采用一定的方法，对普查年度以前的 GDP 历史数据进行了修订。这也是国际惯例。

除了普查之外，国家统计局还进行了一系列统计调查制度改革。例如，2012 年和 2013 年开展了企业一套表联网直报统计调查制度改革和城乡住户调查一体化改革，建立了部门服务业财务统计调查制度，这些改革措施对于改进和完善 GDP 核算的资料来源，提高 GDP 核算的数据质量发挥了重要作用。

为了提高 GDP 核算水平、数据质量和国际可比性，国家统计局还开展了一系列核算方法改革。例如，在过去的 GDP 核算中，研发支出是作为中间投入处理的，不计入 GDP。国民经济核算国际标准 2008 年 SNA 把研发支出调整为固定资本形成，即投资需求的构成部分，计入 GDP，这样就可以反映研发在经济发展中的作用了。2016 年，国家统计局进行了研发支出核算方法改革，能够给所有者带来经济利益的研发支出不再作为中间投入，而是作为固定资本形成计入 GDP。改革之后，2016 年的 GDP 上调了 1.3%，GDP 历史数据也做了相应的修订。但是新中国成立初期研发支出很少，所以对当时的 GDP 影响不大。

张小琴："十四五"规划提出今后全社会研发经费投入年均增长要达到 7% 以上，这个数据和过去相比是很大的增长吗？

许宪春：目前，正常情况下 GDP 增长达不到 7%。"十四五"时期全社会研发经费投入年均增长要达到 7% 以上，意味着研发经费投入年均增长大于 GDP 年均增长，就是要逐步提高研发经费投入占 GDP 的比重。

张小琴：7% 的研发投入意味着什么？

许宪春：目前，国家正在深入实施创新驱动发展战略，7% 以上的研发经费投入意味着重视研发，重视创新。如果一个国家没有创新，经济就没有活力，经济发展就会受到抑制，所以现在世界各国都特别重视创新，而研发是创新的重要手段。

张小琴： 除了研发支出核算方法改革外，还有其他改革吗？

许宪春： 有。例如地区生产总值统一核算改革、季度GDP核算方法改革等一系列改革。

中国GDP怎么计算出来的？

张小琴： 你们的工作主要是各种算，是吗？

许宪春： 对。我们首先要制定GDP核算方案，包括从生产的角度，确定各行业增加值的资料来源和核算方法，例如农业增加值采用什么资料来源，运用什么核算方法，工业增加值采用什么资料来源，运用什么核算方法；从需求的角度确定三大需求，即消费需求、投资需求、净出口需求的资料来源和核算方法。根据这套方案，实施资料搜集、开展具体核算工作。

张小琴： 是由统计局直接计算还是下面的人计算出来之后你们汇总？

许宪春： 国家GDP数据由国家统计局国民经济核算司依据GDP核算方案进行核算，核算结果出来之后由国家统计局局长主持评估会，其他局领导和各个专业统计司的负责人参加会议。因为GDP核算涉及许多专业统计数据和统计调查制度方法，各个专业统计司负责人从本专业统计数据和统计调查制度方法的角度提出意见和建议，经过系统评估之后才能把GDP数据确定下来。

张小琴： 评估的标准是什么？

许宪春： GDP核算数据评估有一套系统的评估方法，以居民消费支出为例，居民消费支出核算存在不同的资料来源，比如可以利用社会消费品零售总额进行核算，也可以利用住户调查提供的资料进行核算，还可以利用其他资料进行核算。对居民消费支出核算数据进行评估就是看所采用的资料来源是否准确，所采用的核算方法是否科学，是否存在低估或者高估的问题等。

张小琴： 会不会出现这个数太低了，没有达到国家的要求，或者没有达到总目标,要调高一点?

许宪春: 不会的。GDP 核算数据评估主要是从资料来源的准确性、核算方法的科学性、不同来源数据的协调性等方面进行判断。GDP 有严格的定义、口径和范围,在利用专业和部门统计数据进行核算时要考虑相应的统计指标与 GDP 的构成项目在定义、口径和范围上的异同。例如,社会消费品零售总额与支出法 GDP 中的居民消费支出密切相关,但是它与居民消费支出又有明显的差别,社会消费品零售总额以销售给居民的消费品为主,但是也有一部分销售给企业、政府、高校等用于中间消耗,这部分就不能作为居民消费支出处理,在数据评估过程中要审核居民消费支出核算对这些基础指标的把握和处理是否准确,是否符合居民消费支出的定义、口径和范围等。再如,由于担心泄露隐私等原因,高收入户的配合程度不高,住户调查中的高收入户代表性往往不够,所以从住户调查得到的消费数据往往偏低,从而在利用住户调查数据核算居民消费支出时要进行一系列调整,在评估过程中要审核这些调整是否合适,是否到位。

张小琴: 住户调查对国家经济调查很重要吗?

许宪春: 很重要。比如全国居民人均可支配收入是一项很重要的指标,它反映全国居民收入的平均水平,也在一定程度上反映全国居民的平均生活水平,这项指标就来自住户调查,它是根据全国 16 万个住户的调查资料推算出来的。通过这 16 万个住户调查数据推算出来的全国居民的收入结构、支出结构、消费结构等数据很重要,是经济分析和政策制定的重要依据。

高收入户不愿意配合调查,除了担心泄露个人隐私的原因外,还有其他原因。被选中的调查户每天都要记账,至少要记一年。每天的收入多少,支出多少,买了多少西红柿、黄瓜、茄子、土豆,单价是多少,数量是多少,都要记,比较烦琐。高收入户往往比较忙,可能没有时间记账。

张小琴: 你选中的人家都能给你记一年吗?

许宪春：是的。

张小琴：如果他这一年刚好买了车，或者这一年刚好买了房，岂不是这一年又没有代表性吗？

许宪春：对于一个住户来说，如果一年买了车或者买了房，这一年的支出跟往年的确不一样，但是对于全国来说总是有的住户买有的住户不买，所以抽中的调查户样本对于全国来说是有代表性的。

张小琴：这个是过一年之后再换一些人吗？

许宪春：现在基本上是每年轮换 1/3，以保持代表性，如果始终同一批住户记账就会失去代表性。

张小琴：如果高收入户不配合，会使得这个数据不准确吗？

许宪春：如果高收入户不配合，居民收入总量和消费总量就会被低估，居民收入结构和消费结构就会与实际情况有出入。

住户调查中的高收入户配合程度不高不仅是中国政府统计面临的问题，也是世界各国政府统计面临的难题，所以各个国家的住户调查都存在对高收入户的代表性问题。针对这个问题，中国国家统计局利用高收入者的税收数据和其他数据对住户调查的有关数据进行调整，以提高住户调查数据的准确性。

在支出法 GDP 和国民可支配总收入中也有相应的居民收入指标和居民消费指标。比如支出法 GDP 中有居民消费支出指标，这个指标在核算中除了采用住户调查的相应数据之外，也要采用其他方面的基础数据。中国和世界上许多国家一样，一般都是在对众多的基础数据进行评估后，选择那些相对更加准确的基础数据纳入 GDP 核算。例如，高收入户会购买非常昂贵的汽车，由于住户调查对高收入户的代表性不够，很可能这些昂贵的汽车在住户调查里得不到反映或者得不到充分的反映，所以支出法 GDP 中的居民消费支出核算采用中国汽车工业协会和海关总署的国内轿车生产量和出口量、国外轿车进口量数据，以及居民购买轿车比例数据，这样居民消费支出就不会遗漏或者低估高收入户购买昂贵汽车的支出。也就是说，在 GDP 核算中尽可能避免采用那些可能存在低估或者高估的基础数据，使 GDP 及其构成项目数据客观地反映实际情况。

张小琴： 每年我们国家都会发布 GDP 数据，GDP 数据是怎么算出来的？

许宪春： GDP 核算包括年度核算和季度核算。年度核算一般是在次年年初核算上一年的 GDP 数据，比如 2021 年 1 月份核算 2020 年的 GDP 数据，这是第一次核算，叫作初步核算；到 2021 年年底会对 2020 年的数据再核算一遍，叫最终核实。

张小琴： 为什么要过一年之后才算呢？

许宪春： 每一年结束的时候，宏观经济管理部门和社会各界都希望了解过去一年的经济发展情况如何。但是这个时候国家统计局能够获得的基础数据有限，GDP 依据这些有限的基础数据进行核算，所以叫作初步核算。到次年年底时能够获得的各方面基础数据比较完整了，GDP 依据这些比较完整的基础数据再核算一次，对初步核算数据进行修订，这个核算过程叫作最终核实。在经济普查年度，获得了更加完整的基础数据，还要对普查年度的 GDP 数据进行修订。同时，为了保证 GDP 历史数据的连续性和可比性，还要对经济普查以前年度的 GDP 数据进行修订。

张小琴： 那就不只是对上一年 GDP 数据进行调整。

许宪春： 会对更多年度的 GDP 数据进行调整。比如 2004 年第一次经济普查之后，国家统计局将 GDP 数据修订到 1952 年。按照国际惯例，如果资料来源、基本分类或者核算方法发生了大的变化，就要对 GDP 历史数据进行调整。比如我国原来把研发支出作为中间投入，2016 年按照 2008 年 SNA 的建议进行核算方法改革，把研发支出由中间投入调整为固定资本形成计入了 GDP。为了保证核算方法的一致性和数据的可比性，国家统计局对以前年度的 GDP 数据都进行了修订，也是一直修订到 1952 年。美国 GDP 数据的起始年度是

1929年，到2018年为止，经济分析局对美国GDP历史数据进行过15次修订。

张小琴：调整一百年前的数据？

许宪春：对。

张小琴：那还有准儿吗？

许宪春：实际上是为了保证GDP数据的连续性和可比性，也让GDP数据越来越逼近当时的实际情况。

张小琴：现在我们做GDP统计，一共多少个系统支撑最终的结论？

许宪春：GDP核算采用了大量基础数据，包括国家统计局系统的统计调查数据和国务院有关管理部门的统计调查数据以及行政记录。国家统计局系统的统计调查数据又包括经济普查数据和常规年度统计调查数据，常规年度统计调查数据又包括联网直报全面调查数据和抽样调查数据。联网直报工作从2012年开始实施，规模以上工业企业、有资质的建筑业企业、限额以上批发和零售业企业、限额以上住宿和餐饮业企业和房地产开发企业，都纳入联网直报范围，国家统计局通过互联网把统计报表推送到企业，企业通过在线填表反馈到国家统计局。

张小琴：就不存在从地方一级一级上报？

许宪春：是的，就是要通过信息化手段解决层层上报纸介质统计报表带来的统计误差和数据被干预的问题，同时大幅度减轻了基层统计部门的工作负担，提高了统计工作效率。

张小琴：这个占多少比例？

许宪春：不同的行业不一样。规模以上工业企业增加值占整个工业增加值的90%以上，有资质的建筑业企业也占绝大多数，房地产开发企业基本上都纳入联网直报范围，限额以上批发和零售业企业以及限额以上住宿和餐饮业企业占比低一些。

张小琴：农业就很难做到？

许宪春：农业有农业企业，还有农户。农业一般不采取联网直报的方式，而是采取抽样调查的方式。例如，对主要粮食（玉米、稻谷、小麦）产量都采取抽样调查的方式。国家统计局在 31 个省、自治区、直辖市和新疆生产建设兵团都有直属调查总队，在 300 多个地市、800 多个区县都有直属调查队，这 800 多个区县对抽中的村、抽中的地块进行调查，有一套严格的程序。比如对抽中的地块的粮食到收割时要单独打出来，晒掉水分，以此计算各种主要粮食的单位面积产量，然后再通过这些单位面积产量和耕地面积数据推算出全国主要粮食产量。

张小琴：联网直报方式应该比较准确，对吗？

许宪春：对。

张小琴：将来有可能会扩大这个比例吗？

许宪春：有的企业规模很小，往往本身的账就不健全，不适合联网直报。所以还是得有个规模起点，在这个起点以上的企业，一般来说都是管理水平比较高、财务比较健全的企业，适合采取联网直报的方式。联网直报范围的扩大，取决于企业规范化管理水平的提升和信息化水平的提高。

张小琴：这个 GDP 统计是很复杂的。

许宪春：是的。GDP 核算采用大量的资料来源，国家统计局系统的统计调查数据除了经济普查数据和常规统计调查中的联网直报数据外，还包括抽样调查数据，比如规模以下工业企业和工业个体经营户，采取抽样调查的方式，对抽中的企业和个体经营户进行调查，然后得出抽样调查数据。

GDP 核算还采用国务院有关管理部门的统计调查数据和行政记录，比如中国人民银行、银保监会、证监会的银行、保险、证券系统的财务统计数据，财政部的财政决算数据，教育部、科技部的统计调查数据等。GDP 是采用大量的资料来源计算出来的。

国家统计局数据不注水

张小琴：有美国学者说中国虚假繁荣，认为我们高估了 GDP 数据，您怎么评价？

许宪春：我认为，国家统计局发布的统计数据基本上反映了中国经济发展的实际情况。美国匹兹堡大学的罗斯基教授在 2001 年发表了一篇质疑中国经济增长率的文章，文章称从 1998 年开始中国经济增长率就被高估了。文章提出的主要理由之一是 1998 年至 2001 年中国的经济增长数据与能耗数据存在矛盾，经济是增长的，能耗是下降的。但是这种观点站不住脚，因为其他国家，比如德国、日本，也曾经出现过经济增长能耗下降的情况。所以**不能仅因为中国一段时间内能耗下降就否定中国的经济增长数据，这是不客观的**。他的文章发表之后，我写了一篇评论文章。他给我发过一封电子邮件，说他质疑中国经济增长数据之后，一些学者批评了他，那些批评他接受不了，但是我的批评他是可以接受的。

张小琴：为什么呢？

许宪春：他认为我讲得比较客观。我在国家统计局工作三十多年，写了一系列文章，主要内容包括两个大的方面，一方面是对中国政府统计改革和发展的探讨和阐述，另一方面是针对部分学者对中国政府统计提出的质疑进行解读。我认为，只有把中国政府统计的实际情况客观地讲出来，别人才会相信。

张小琴：中国老百姓对于官方数据也有怀疑吧？

许宪春：GDP 核算很复杂，资料来源是否准确，核算方法是否科学，都会影响 GDP 数据的准确性。国家统计局尽最大努力保证 GDP 数据尽可能客观、真实地反映中国经济发展的实际情况。**但是任何一个国家的 GDP 数据都不敢说 100% 准确，存在一些怀疑也是可以理解的**。比如 2004 年我陪同时任国家统计局局长李德水到意大利统计局访问，意大利统计局局长见到我们讲的第一句话是,你们知道街上为什么有许多人在游行吗?他告诉我们,意大利统计局刚刚发布了经济增长数据,数据表明意大利经济已经恢复正增长。但游行的人说,他们还在失业,经济怎么可能恢复正增长?他们怀疑意大利统计局造假,所以游行表示抗议。意大利统计局局长还告诉我们,意大利经济部指责说,意大利经济早就恢复正增长了,统计局的数据太滞后了。可见,即使是发达国家,站在不同的角度,对经济增长数据也会有完全不同的看法,有的人认为高估了,有的人认为低估了。我在国家统计局工作期间遇到过许多的批评和质疑,其中的一些批评和质疑实际上是由于对统计不了解或者了解得不充分。

张小琴: 老百姓会觉得,地方上要看业绩,业绩好可以升官,所以会给数据注水。这个数据注水的动机是不是真的存在?

许宪春: 在一些地方的确存在。

张小琴: 国家统计局有办法把这种因素的影响屏蔽掉吗?

许宪春: 曾经有很长一段时间 GDP 被作为地方政府政绩考核的主要指标。这种考核方式在一定时期对地方经济发展起到了重要的激励作用,但是也的确有些地方官员为了追求政绩对 GDP 数据进行干预。针对这种现象,国家统计局采取了一系列防范和抑制措施,例如,对于规模以上企业采取联网直报的方式,国家统计局通过互联网把统计报表直接布置给企业,企业填好报表通过互联网直接报送国家统计局,不经过任何中间环节,这种做法的主要目的之一就是利用信息化手段来阻止中间环节对统计数据的干预。国家统计局给地方统计局审核、汇总本地区数据的权限,但是,如果发现企业填报的数据存在问题,只能追溯到企业,如果企业认为自己填错了,企业可以修改,中间任何环节都不能修改。中间任何环节修改的话,都会留下痕迹,国家统计局就会追责。

张小琴: 地方报的数据如果和你们联网直报数据之间有些不匹配,可以质疑它,是吗?

许宪春: 可以的。联网直报的数据是统一的,国家统计局和地方统计局按照这套数据核算相应范围的企业增加值应该是一样的，如果核算结果不一样就是核算方法不一致，国家统计局就会检查地方所采用的方法是否存在问题。

一部分规模以下小企业，例如规模以下工业企业，通过抽样调查获得数据，多数行业中的小企业目前主要是通过普查获得数据，因为小企业太多了，常规统计很难调查。

张小琴：小企业是国家统计局直接下去普查还是地方政府普查？

许宪春：国务院成立普查领导小组，组织领导普查工作。领导小组下设普查办公室，办公室设在国家统计局，负责普查的具体实施工作。省、市、县也成立相应的机构，负责组织领导和具体实施本地区的普查工作。

张小琴：如果地方政府官员在数据上造假，出现问题有一些惩罚手段吗？

许宪春：有，特别是党的十八大以来，采取了一系列严格措施防范和惩治统计造假、弄虚作假。2016年习近平总书记曾经主持召开中央全面深化改革领导小组会议，审议通过了《关于深化统计管理体制改革提高统计数据真实性的意见》，会议指出，强化监督问责，依纪依法惩处弄虚作假，确保各类重大统计数据造假案件得到及时有效查处，确保统计资料真实准确、完整及时。这次会议之后，国家统计局成立了执法监督局，对统计造假、弄虚作假行为进行执法监督，对干预统计数据的行为产生了很大的威慑和遏制作用。

张小琴：对地方官员来说有一个成本问题。

许宪春：现在统计数据造假的成本提高了，一旦查出统计数据造假问题，不但升迁无望，还会受到法律和纪律惩处。

张小琴：对于地方造假的动机可以从制度上或者技术手段上对它进行管理，那国家统计局层面有没有要控制一些数据的动机呢？

许宪春：党中央、国务院对统计数据的基本要求就是真实准确、完整及时。统计数据是制定政策和规划的依据，统计数据准确与否直接影响到政策和规划的科学性和合理性。产品的质量是企业的生命，**统计数据的质量是统计部门**

的生命，如果统计数据不真实，统计工作就失去意义。这一点，国家统计局很清楚。

张小琴：关于国家统计局的工作，会不会有一个时间点，大家都等着那个数出来？

许宪春：是的。统计数据是党中央、国务院以及各有关管理部门分析经济社会发展形势的重要工具，是制定经济社会发展政策的重要依据，也是社会各界了解经济社会发展情况的重要渠道。所以每个月、每个季度、每个年度结束之后，党中央、国务院以及各有关管理部门和社会各界都希望尽快看到统计数据。国家统计局有规范的统计调查制度和数据发布制度，对每个专业统计的调查时间、报送时间和数据发布时间都有明确的规定。国家统计局按照制度规定的时间调查、收集和发布统计数据，党中央、国务院以及各有关管理部门和社会各界都会在制度规定的时间得到统计数据。

随着中国经济社会的迅速发展和国际地位的不断提升，国家统计局发布的统计数据不仅得到国内各界的高度重视，也得到国际社会的广泛关注。国家统计局一旦发布数据，国际上主要媒体都会在显著位置报道相应的信息。

所以**国家统计局的统计数据关系到对过去一段时期中国经济社会发展情况的分析，关系到经济社会发展政策的制定，关系到老百姓的生活，关系到国际组织和国际社会对中国经济社会发展的观察和判断，非常重要。**

在国家统计局工作 31 年从未懈怠

张小琴：您从 1986 年进入国家统计局，到 2017 年退休，一共 31 年，经历了中国 GDP 从 1 万亿元到 100 万亿元的过程，而且很多数据都是从您手下算出来的，可以说是历史的亲历者。回过头来看这 31 年，您觉得哪些瞬间特别值得回忆？

许宪春： 从 GDP 数据的变化看，1978 年中国 GDP 只有 3600 多亿元，1986 年跨入 1 万亿元，2000 年达到 10 万亿元，2012 年达到 50 万亿元，2017 年，也就是我退休的那年，达到 80 万亿元，2020 年达到 100 万亿元。

张小琴： 加速度增长。

许宪春： 对。2000 年时，我写过一篇文章《中国未来经济增长及其国际经济地位展望》，我当时也没有预计到中国经济会增长这么快。许多因素影响当时的判断，比如，2004 年第一次经济普查之后中国 GDP 数据上调了 16.8%，调整后的 GDP 数据更加符合中国经济发展的实际情况。但是事先很难判断会有这么大幅度的修订。GDP 的迅速增长影响到经济社会发展和人民生活的方方面面，比如，影响到居民收入，1978 年全国居民人均可支配收入只有 170 多元，现在已经达到 3 万多元，这是多大的跨跃？随着收入水平的提高，人民的生活水平大幅度提高。比如，1978 年中国有多少家庭拥有汽车？现在许多家庭都拥有汽车，人民的生活发生了天翻地覆的变化。同时，人均寿命、人均受教育水平都得到大幅度提高。

张小琴： 在您卸任国家统计局副局长时，回头看您 31 年在统计局的工作，觉得特别欣慰的是什么？

许宪春： 我离开国家统计局之前组织部门的同志曾经找我谈过话，我跟他们说，我最值得欣慰的一件事，就是在国家统计局工作 31 年从没有懈怠过。

我认为我很幸运地经历了中国政府统计的一系列重大改革和发展过程，特别是经历了从适应计划经济体制的物质产品平衡表体系向适应市场经济体制的国民账户体系的重大变革过程，以及在新的体系下不断改革和发展的过程，应该说经历了中国政府统计改革和发展的一个十分重要的历史阶段，而这个阶段恰好是中国历史上经济社会发展变化最快的阶段，所以我觉得挺值的。我说感到欣慰是我没有懈怠，我全身心地投入到政府统计工作中，在踏踏实实地从事政府统计实际工作的同时，针对工作的需要和遇到的各方面问题开展了比较深入的研究工作，从进入国家统计局那天开始从没有停滞，包括统计理论和方法研究，特别是国民经济核算理论和方法研究，宏观经济形势分析等，一直在不断地学习、探讨和开展创新性研究工作。

张小琴： 有没有遗憾的事？

许宪春： 肯定会有的。有些统计改革我认为应该推出来，但没有做到，这是一个遗憾。比如城镇居民自有住房服务价值核算方法，国家统计局一直想改革，但是由于有不同的意见就没有做到。

张小琴： 是什么意思？

许宪春： 居民自有住房指的是居民自己拥有自己居住的住房，所以，居民自有住房并没有发生市场租赁行为。那么，为什么要计算居民自有住房服务价值呢？因为不同的国家、不同的时期，居民自有住房与租用住房的比例是不一样的，如果不计算居民自有住房服务价值，那么住房服务的生产和消费就不具有国际可比性和历史可比性。

张小琴： 中国的居民自有住房比例很高吗？

许宪春： 是的，很高。因为中国人家的观念非常强，安居方能乐业，这个传统使得中国人对房子非常重视，只要有收入支撑，一般都会买房。国民经济核算国际标准建议对居民自有住房服务价值进行核算，推荐了两种估价方法，一种是市场租金法，另一种是成本法。其中的成本一般包括居民自有住房的维护修理费、物业管理费和固定资产折旧。目前，中国采用的是成本法，其中的固定资产折旧是按照房屋造价乘折旧率计算的。这种方法对居民自有住房服务价值存在低估的问题。过去，中国城镇住房租赁市场不完善，房租不具有代表性，不得不采用这种方法。但是随着城镇的快速发展，城镇房屋租赁市场日趋完善，应当采用市场房租法估价城镇居民自有住房服务价值。

张小琴： 现在其他国家呢？

许宪春： 发达的市场经济国家都采用市场房租法。我认为中国城镇房屋租赁市场已经成熟了，应该引进市场房租法估算城镇居民自有住房服务价值。

张小琴：如果把这块算进去，GDP是不是又要增加？

许宪春：是的。

张小琴：这有什么意义呢？

许宪春：住房在人民的生活中非常重要。准确地估价城镇居民自有住房服务价值，能够客观地反映住房服务的生产和消费水平，提高住房服务生产和消费的国际可比性和历史可比性。

张小琴：您离开了国家统计局岗位之后还有可能推进这些工作吗？

许宪春：国家统计局培养了一批专业人员，相信他们会继续推进这些工作，做好这些事情。我虽然离开国家统计局了，但是我依然围绕政府统计开展研究工作，为政府统计改革和发展提供各种建议，如果他们认为可行就可以采纳。

研究新经济，提升中国统计国际话语权

张小琴：2017年退休后，您致力于学术研究，关注哪些问题？

许宪春：我参与编制了清华大学中国平衡发展指数。党的十九大指出，中国特色社会主义进入新时代，我国社会主要矛盾已经转化为人民日益增长的美好生活需要和不平衡不充分的发展之间的矛盾，基于这个基本判断**我们建立了清华大学中国平衡发展指数**，影响还不错，有30多家媒体报道。

张小琴：这个指数反映的具体内容是什么？

许宪春：定量研究我国发展的不平衡不充分问题，监测我国发展的不平衡不充分程度及其动态变化。其中的不平衡问题包括区域之间发展的不平衡和城乡之间发展的不平衡，这些不平衡问题制约我国高质量发展。

张小琴：这个数值怎么计算的？

许宪春：一共包括四个大的方面：经济发展、社会进步、生态环境、民生福祉，49个指标共同构成中国平衡发展指标体系，通过统计技术构造出平衡发展指数。

张小琴：这个指数对谁有用呢？

许宪春：对决策者有用。社会各界也可以通过清华大学中国平衡发展指数，观察经济社会发展存在哪些不平衡不充分的问题、程度如何、动态变化如何。

张小琴：还有其他的吗？

许宪春：新经济新动能统计监测研究。我们申请了一个社科基金重大项目"大数据背景下我国新经济新动能统计监测与评价研究"，对数字经济、数据资产等一系列前沿统计问题开展研究。互联网、云计算、大数据等数字化技术的迅速发展，对经济社会发展产生重大影响，催生出许多新的经济活动。在传统统计中，这些新的经济活动没有得到充分反映，所以我们要研究能够充分反映新的经济活动的统计理论和方法，为政府统计改革和发展提供参考，为经济管理和决策部门推动新经济新动能发展提供统计支撑。

张小琴：目前发现了什么问题？

许宪春：我们调研了13个省市的70多家新经济企业，发现数据资产在许多新经济企业的生产经营中发挥着越来越重要的作用，而传统资产，包括厂房、设备等，和数据资产相比，作用在下降。

数据资产具有固定资产的属性，对部分新经济企业而言，它的作用比传统固定资产还大，但是相应的支出没有计入GDP。如果把数据资产支出作为固定资本形成，就会更好地解释新经济、新动能对经济发展的促进作用。

张小琴：2018年SNA把娱乐、文学、艺术品原件作为知识产权产品纳入固定资产，这个中国开始实行了吗？

许宪春：现在部分在实行。

张小琴：现在抖音、快手这些软件上，普通百姓上传了大量自己创作的内容,这个会对统计带来什么挑战?

许宪春: 如果我们把这些内容作为大数据来看待,而大数据又是数据资产的一个组成部分,那么关于这些内容支出的一部分将来就有可能作为固定资产形成,计入 GDP。

张小琴: 但是大量的内容不产生钱,都可以作为固定资产吗?

许宪春: 现在正处于研究阶段,还不能做出完全肯定的结论。但是国民经济核算国际标准有一个规定,给所有者带来经济利益的研发支出作为固定资本形成计入 GDP,不给所有者带来经济利益的研发支出不能作为固定资本形成计入 GDP。以此判断,大数据支出是否作为固定资本形成计入 GDP 也需要看它能否给其所有者带来经济利益。

张小琴: 2019 年 10 月,十九届四中全会首次把数据纳入生产要素,这意味着什么?

许宪春: 数据在经济社会发展中正在发挥着越来越重要的作用,比如企业运用大数据进行生产管理、精准营销、个性化定制生产,等等,对于提高企业生产经营能力和适应市场需求能力,提升用户满意程度等方面发挥着越来越重要的作用,所以它已经成为一种重要的生产要素。我们在研究数据这种新的生产要素、新的资产和传统的生产要素、传统的资产之间有哪些区别,有哪些特征,有哪些类型,如何从统计角度估价这种新的资产,从而能够衡量它们在经济发展中所产生的作用。

张小琴: 现在如果把数据纳入资产,有什么障碍吗?需要解决哪些问题?

许宪春: 有许多问题需要解决。数据发展非常迅速,有一系列法律问题需要逐步解决,比如数据的所有权问题。顾客在购买产品时,个人的某些信息被企业获取了。单个顾客的个人信息可能不会有太大的价值,但是企业获取了众多顾客的个人信息,可能就变成有价值的东西了。企业运用这些信息进行精准营销、组织生产,就会对企业的生产经营带来很大好处,获得很多利益。

张小琴：但是现在的现实是，个人从中得不到什么好处。

许宪春：是的。这里涉及个人信息的使用权问题。企业通过销售某些产品或者提供某些服务获得了顾客的个人信息，那么它有没有权力运用这些信息进行生产和营销？另外，企业利用顾客的个人信息进行生产和营销获得了利益，顾客有没有权力去分享它的利益？这里有许多法律上的问题需要解决。

目前，企业与企业之间、不同的政府部门之间都存在信息孤岛问题，对于信息的开发应用带来很大的制约。

从统计角度讲，也需要解决一系列问题。数据在经济社会发展中发挥了重要作用，提高了企业的生产经营能力和政府的治理能力，给居民的生活带来了便利。那么数据的价值有多大？在 GDP 核算和资产负债核算中如何体现？GDP 核算所涉及的货物和服务绝大部分都是经过市场交易的，但是目前大部分数据没有进行市场交易。在市场交易量很小的情况下，交易的价格就不具有代表性，那么**如何对数据进行估价就成问题了**。所以我们要探讨采用什么样的方法来估价数据，在 GDP 核算中怎么体现？在资产负债核算中怎么体现？数据资产范围的界定也是一个重要问题。是不是所有数据都要纳入数据资产范围？比如学者个人持有的数据要不要纳入数据资产范围？还有数据的分类、数据的特征等一系列问题需要解决，解决这些问题难度很大，它们都是国际性难题。

张小琴：数据资产计入 GDP 是指日可待吗？

许宪春：还不敢肯定。这涉及数据本身的发展完善，与数据相关的法律法规政策的完善，以及统计调查制度和核算方法的完善。这是全世界统计面临的难题，世界上许多专家学者都在研究，但是还没有突破。我们想结合中国数据迅速发展的实践开展深入研究，作出一些贡献，促进这项难题的解决。

另外，互联网带来许多灵活多样的就业方式，产生了许多新的经济形态，例如零工经济，私家车在滴滴出行注册，就可以拉活儿，解决了一部分人的就业问题和收入的问题。这些零工经济，在传统的统计调查中很难得到充分的反映。

张小琴：什么是零工经济？

许宪春：它是一种与传统的、跟企业签固定合同不同的、灵活就业的经济活动。比如外卖骑手，想干就干，不想干可以不干，自由灵活。

张小琴：这个为什么要单独提出来呢？

许宪春：因为现在这种活动越来越多。传统的统计调查对象是法人单位、产业活动单位和个体经营户，但是这些零工经济既不是法人单位和产业活动单位，又不是个体经营户，传统的统计调查制度很难把这种经济活动包括进来，在GDP中得不到反映，或者得不到充分的反映。这些问题都需要研究。我们的研究结果供政府统计部门参考，如果我们提出的建议具有科学性和可行性，就可能会被采纳，我们就为政府统计改革和发展贡献了一分力量。

张小琴：现在很多员工会获得股票期权，期权在统计上是不是也有一些问题？还没有变成钱，只是一种权利。

许宪春：国民经济核算国际标准已经作出规定，雇员股票期权是劳动者报酬的一部分，按照一定的方法进行估价；计入劳动者报酬。

张小琴：现在有很多网红做直播，有一些直播打赏，这也算是一个新经济形态。

许宪春：是的。网络直播已经成为许多人社交和生活的一部分。目前国内各大直播平台的收入来源不尽相同，但是用户打赏收入是直播平台最关注的收入来源。直播打赏，是作为服务支付还是作为赠予处理，对GDP影响不一样。如果作为服务支付，就计入居民消费支出；如果作为赠予，就计入转移支出，对居民消费支出没有影响。

张小琴：GDP面临的挑战还挺多，逐渐地会增加很多新的挑战，那就得不断适应。

许宪春： GDP 核算的资料来源需要不断改进和完善，GDP 核算方法需要不断改革和发展，否则一些重要的经济活动就有可能被遗漏，GDP 的作用就会被降低，所以 GDP 核算会随着经济社会的发展而与时俱进。

张小琴： 新经济新动能统计方面中国有可能在国际统计学界进入前列吗？

许宪春： 这是一种机会。传统的政府统计理论和方法大都产生于西方发达国家，因为这些国家经济社会发展先进，给它们的学者和政府统计工作者提供了总结、梳理和提炼政府统计理论和方法的机会。而过去我国经济社会发展落后，我国的学者和政府统计工作者没有机会总结、梳理和提炼先进的政府统计理论和方法。因此国际统计标准的制定基本上由西方发达国家的学者和政府统计工作者主导。现在一些国际统计标准并不符合中国的实际情况，我在国家统计局工作 31 年，有切身体会。我们原来跟着人家走，把执行国际统计标准作为我们的成绩。

张小琴： 鞋子都是人家做的，合不合脚都得穿。

许宪春： 对，而且不穿还不行。我经历过很多。

张小琴： 您可以举例子说一下吗？

许宪春： 国际比较项目目前是世界银行主导的国际上规模最大的统计项目，2011 年全世界有 199 个经济体参与，2017 年有 176 个经济体参与。这个国际比较项目方案的制定是西方发达国家的统计专家主导的，其中有些方法不适合中国。比如，2011 年中国有 80 多个城市参与了调查，把数据提供给亚洲开发银行和世界银行，但最后的计算结果中国没有承认，因为这套方案中有许多方法不符合中国的实际情况。举个例子简要说明一下。建筑品是固定资本形成总额的重要组成部分，无论是 2011 年国际比较项目，还是 2017 年国际比较项目，建筑品都不是用完整的建筑品价格计算，而是把建筑品拆开，按投入多少原材料，例如多少钢材、多少玻璃、多少水泥，投入多少人工费等再加上一个平均利润率进行计算。

张小琴： 砖瓦石头，其实在中国不值钱。

许宪春： 从 2005 年到 2011 年这段时间，中国城市发展非常迅速，房价快速上涨，也就是建筑品成品的价格迅速上涨，虽然建筑品投入的原材料和人工费也上涨，但是远远低于建筑品成品的价格涨幅，所以这种方法不符合中国的实际情况，高估了人民币的购买能力，从而高估了按购买力平价计算的中国GDP。

张小琴： 用这个方法只要买到砖瓦石头差不多就买到房子了。

许宪春： 是啊。世界银行国际比较项目专家认为可以用投入的原材料和人工费的价格估算建筑品成品的价格。我们说这种方法对于发达国家可能适用，但是对于中国不适用，中国建筑品价格上涨幅度与投入的原材料及人工费价格上涨幅度差异很大。所以我们认为按照这套方案测算的数据不反映中国实际情况。这轮磋商我是中国代表团团长，世行国际比较项目专家听取了我们的意见。最后他们说，看来这种方法的确不符合中国的实际情况，但是，这是 199 个经济体共同采用的方案，不可能仅针对中国改变方案。我们说，既然你们认为这种方法不符合中国的实际情况，你们又不能改变方案，那中国代表团就不认可这个数据。最后世行接受了中国代表团的建议，在它所发表的按购买力平价计算的数据中，只要涉及中国的地方都注明"由于方法的原因，中国政府不认可这个数据"。这说明国际上制定的统计方案不一定适合中国，但是方案是人家制定的，我们的话语权有限，很难改变。

但是现在许多新的经济活动中国不落后，甚至在某些领域走在前面，这就给我国的学者和政府统计工作者提供了总结、梳理和提炼政府统计理论和方法的机会。**如果我们做得好就会得到国际社会的认可，我们就可能成为新经济新动能统计理论方法的创造者，将来在相应的国际统计标准的制定中我们就有更多的话语权，从而相应国际统计标准就会更多地反映中国的实际情况。**

所以，我虽然离开国家统计局了，但还在做统计的事，希望为中国政府统计的改革和发展做点贡献。

张小琴：那您还是懈怠不了。

许宪春：我们的团队成员都很积极努力，我们还是有信心能做出点东西来的，不管成功与否，我们都愿意努力去尝试。

成功预测 GDP 增长率

张小琴：您对 GDP 经常做一些预测，比较有意思的是 2020 年您预测的数据跟最终的数据非常接近。您是在哪个季度做的这个预测？

许宪春：我是在 2020 年 7 月份做的预测，我当时预测全年经济增长大约在 2%；然后是 12 月份，我预测全年经济增长 2.3% 左右。

张小琴：跟实际增长是一样的。

许宪春：对。

张小琴：2020 年 7 月疫情还是特别严重，而且一季度是负增长，您怎么预测出来最后的增长数据？

许宪春：2020 年一季度 GDP 下降幅度比较大，但是二季度经济增速已经回升到 3.2%，我判断三四季度肯定还会继续回升，所以我认为能够实现 2% 左右的正增长。

张小琴：做预测其实是很有风险的。

许宪春：风险很大。一般来说，预测对所有人都是挑战，因为未来有很多不确定性。但是我当时认为自己对 2020 年经济增长的预测还是比较有把握的，特别是在 12 月份我看到前三季度经济增长 0.7%，按照以往的经验，前三季度 GDP 占全年 GDP 的 70% 左右，0.7% 的增长对全年经济增长的贡献 70%，那么对全年经济增长的拉动就接近 0.5 个百分点。当时 10 月份和 11 月份规模以上工业增加值增长数据也出来了，增长比较快，我就判断四季度经济增长 6%

不成问题,四季度 GDP 占全年 GDP 的比重在 30% 左右,那就是 1.8 个百分点,加上前三季度的 0.5 个百分点,那就是 2.3%,所以我当时很大胆地说"大局已定,2020 年经济增长 2.3% 左右,最低是 2.2%,最高是 2.5%"。

张小琴:您为什么要做这样的预测呢?

许宪春:就是对经济形势做一个判断。

张小琴:我们 2021 年可以比较乐观地对待经济发展的情况吗?

许宪春:我觉得应该比较乐观。

张小琴:GDP 增长,对于普通居民安排全年的事情,或者个人投资这些有没有指导意义。

许宪春:我觉得是有意义的。一个国家的 GDP 增长影响面非常宽,无论居民的收入、企业的利润,还是政府的一般公共预算收入都会受到影响。

张小琴:大的趋势增长,每个人都跟着好。

许宪春:对。**经济增长好一定是多数人受益,经济下滑一定是多数人受损。**

中国老百姓为什么怕花钱

张小琴:2021 年的全国两会提出要稳定和扩大消费,扩大消费其实就是让大家多花钱。以前大家都有一个刻板印象,说中国老百姓不爱花钱,爱存钱,这几年这个趋势有变化吗?

许宪春:从 2014 年到 2019 年连续六年,消费需求对经济增长都起主要拉动作用,就说明消费需求相对来说还是比较好的。

但是同其他国家相比,尤其是同美国等发达国家相比,我国的消费需求占 GDP 的比重还是比较低,中国人的储蓄倾向还是比较明显。

张小琴:我们还不是特别能花钱。

许宪春:对。

张小琴：那我们的钱花在什么方面最多？

许宪春：支出法 GDP 中的居民消费支出现在分成十个大类，包括食品烟酒、衣着、居住、生活用品及服务、交通和通信、教育文化和娱乐、医疗保健、金融保险服务等。购买和建造住房支出不包括在居民消费支出里，但是房租支出包括在居民消费支出里。

张小琴：住房算投资吗？

许宪春：购买和建造住房支出都作为投资处理。

张小琴：中国老百姓花钱跟其他国家相比不太一样，这是什么原因造成的？

许宪春：我觉得与中国的文化传统有关。过去中国长期比较穷，所以对钱比较看重，不愿意过多消费。还有，一般来说，中国人有传宗接代的思想，不愿意把钱都自己花掉，要给孩子留下。另外，中国人自有住房占比比较高，都希望有自己的房子，那就得省下钱来购买或建造住房。

张小琴：我们经常会说到居民的三座大山，教育、医疗、住房，三个特别大的支出，这三方面对于中国老百姓不敢花钱是不是确实有影响？

许宪春：肯定有影响。比如，购买或建造一套住房需要攒很多年钱。另外和社会保障体系也有一定的关系。有多种因素。

张小琴：全国两会提出扩大消费，有什么办法能让老百姓把钱拿出来花呢？

许宪春：起码要让老百姓对未来有信心，比如养老体系建设、教育改革完善住房制度等。房价太高肯定会影响老百姓的消费支出，国家也在采取一系列措施控制住房价格上涨。

张小琴：从统计数据的角度来看，中国近些年来的贫富差距是逐渐增大还是逐渐缩小？

许宪春：随着经济的快速发展，居民的收入都在快速增长，不管是低收入群体还是高收入群体，不管是城镇居民还是农村居民。中国的居民收入差距主要体现在城镇和农村之间。近年来，农村居民人均可支配收入增速快于城镇居民，因此城乡居民收入相对差距在缩小。但是绝对差距没有缩小，毕竟城镇居民人均可支配收入的块头比较大，尽管增速慢于农村居民，但是增量还是比较大的。

张小琴：每次发布一个数据，比如平均收入多少，大家都会觉得自己被平均了，都觉得我没有那么高，我拖了大家的后腿，为什么会有这样的感觉呢？

许宪春：主要是高收入群体的收入对居民收入的平均水平影响比较大。

张小琴：这不是贫富差距比较大吗？

许宪春：高收入群体的扩大和收入水平的提高就把居民收入的平均水平拉上去了，所以居民收入的平均水平就偏离了人们的感受，现在国家统计局也发布居民收入中位数[①]数据，这个数据可能跟大家的感受相对接近一些。

张小琴：比如有100人，就看第50个人的收入是多少？

许宪春：对，中位数的收入水平就与平均收入水平不一样了，它不受高收入群体收入水平的影响。

张小琴：这个数字会不会比较低？因为最前面最富裕的人虽然人数特别少，但是占有财富特别多，后面80多个人可能就差不多，但是第50个人比较低。

许宪春：对。跟人们的感受可能更接近。

张小琴：基尼系数能反映出这个问题吗？

许宪春：它能反映出居民收入差距。

---

① 中位数：又称中值，统计学中的专有名词，是按顺序排列的一组数据中居于中间位置的数，代表一个样本、种群或概率分布中的一个数值，可将数值集合划分为相等的上下两部分。

张小琴：目前咱们国家的基尼系数在国际上是什么水平？

许宪春：相对比较高，0.46多一些。

张小琴：就是贫富差距相对比较大。

许宪春：居民收入差距还是比较大。

张小琴：2021年全国两会提出来"十四五"时期的重点工作之一，扎实推进共同富裕，着力提高低收入群体收入，扩大中等收入群体，如果达到这个目标基尼系数应该是下降的吧？

许宪春：是的。提高低收入群体收入，缩小与高收入群体的收入差距，基尼系数会下降；扩大中等收入群体，避免收入集中在少数人手上，也会降低基尼系数。

张小琴：要降低中国的基尼系数，也就是让大家的贫富差距缩小，哪些措施是有效的？

许宪春：比较常用的措施是，通过个人所得税、财产税、社会保障、财政转移等方式来缩小居民收入分配的差距，比如对高收入群体征收更多所得税和财产税，通过社会保障等方式来提高低收入群体的收入水平。

国富民也富，人均可支配收入与GDP同步增长

张小琴：2021年全国两会提出来"十四五"时期的重点工作之一是让居民人均可支配收入增长与GDP增长基本同步，通俗地理解，是不是就是国富民也富的意思？

许宪春：可以这么理解。在国民经济核算中有国民可支配总收入这一重要收入分配指标，它等于居民可支配总收入、企业可支配总收入、政府可支配总收入之和，让居民人均可支配收入增长与GDP增长基本同步，就是要让居民可支配总收入占国民可支配总收入的比重不能下降。

目前我国居民可支配总收入占国民可支配总收入的比重，低于美国等发达国家。

张小琴：我们大概在什么水平？

许宪春：目前我国居民可支配总收入占国民可支配总收入的比重在60%左右，而美国在70%以上。

张小琴：也就是说，我们居民可支配收入占比如果要逐年增加，那政府和企业就要让利给老百姓。

许宪春：是的。因为居民消费支出与居民可支配总收入有密切关系，居民可支配总收入占比低就会影响居民消费支出，如果希望消费需求对经济增长起到更大的拉动作用，就需要提高居民可支配总收入的占比。

居民可支配总收入有两个去向，一个是居民消费支出，一个是居民储蓄。如果居民消费支出多了，居民储蓄就少了；如果居民消费支出少了，居民储蓄就多了。

张小琴：即便居民手里钱多了也不保证拿去消费。

许宪春：不能保证，还有可能储蓄。

张小琴：如果想让他花钱，不仅要多给他钱，还要把保障做好。

许宪春：对，一方面要保持居民可支配收入较快增长，另一方面要保持居民可支配收入用于居民消费支出的比例不下降，这样才能让消费需求在经济增长中起到更加重要的拉动作用。

张小琴：2021年全国两会提出CPI涨幅控制在3%左右，就是物价上涨要控制，这个可能也是获得感会增加的一个因素。

许宪春：对，因为居民消费价格影响居民的实际收入水平。

张小琴：CPI涨幅控制在3%，和前十年相比，这个指标低还是高？

许宪春：CPI涨幅控制在3%左右是比较合理的。近些年CPI涨幅都低于这个数据。21世纪以来，最高的年度是2008年，CPI上涨5.9%，绝大多数年度 CPI 涨幅都低于 3%。

张小琴： 2008 年发生了什么？

许宪春： 2008 年爆发了国际金融危机。2007 年是中国经济增长的峰值，GDP 增长 14.2%。经济高速增长往往就会把价格带起来，经济增速回落价格涨幅也往往会回落。

张小琴： 每年 CPI 公布也都会引起争议，大家觉得只有 3% 吗？怎么猪肉涨那么多，房子涨那么多？大家也觉得数据跟自己的感受不太吻合，为什么呢？

许宪春： 这涉及对 CPI 的理解问题。许多人认为房价上涨了，CPI 就应该上涨。实际上，居民购买住房属于投资而不属于消费，所以房价的上涨没有体现在 CPI 的涨幅中。还有，大家对日常生活品，比如猪肉的价格上涨比较敏感，但是一些耐用消费品，比如彩电、冰箱、洗衣机、手机等的价格可能在不断下降，大家反而不敏感。

张小琴： CPI 是怎么统计出来的？

许宪春： CPI 统计，首先要确定对居民消费支出具有代表性的规格品；然后在全国 31 个省、自治区、直辖市抽选 500 多个市县，在抽中的市县抽选 6 万多个价格调查点，包括商场、商店、超市、农贸市场、服务单位，对这些规格品进行价格调查，获得各种规格品的平均价格，再根据各种商品支出在居民消费支出中的比重进行加权获得 CPI。

疫情期间刺激政策温和

张小琴： 2008 年中国出台了一个 4 万亿的经济刺激计划，您怎么评价它的作用？

许宪春： 2008 年国际金融危机对中国经济造成严重冲击，当时货物出口、进口都大幅度下降，企业倒闭，工人失业下岗情况比较严重。2007 年中国经济增长 14.2%，但是 2009 年一季度大幅降低到 6.1%。当时不知道国际金融危机对中国经济冲击究竟有多大，所以国家采取了一系列刺激政策。刺激政策肯定是需要的，但回过头来看，当时的刺激力度过大了。

张小琴： 从什么上面能反映出过大了？

许宪春： 从产能过剩和价格等多种角度都能看出来。例如从价格角度看，2009 年一季度，我国的进口价格同比下降 18.6%，2010 年一季度，进口价格上涨 18.7%，主要是因为我国采取了过度刺激政策，国内需求中的投资需求和消费需求都迅速回升，把进口价格很快拉起来了。如果不是采取过度刺激政策，我国有可能享受更长时间的低成本进口，我们自己的刺激政策导致我国的进口成本大幅度上升。

张小琴： 为什么我们刺激力度过大，进口产品价格会高？

许宪春： 由于刺激力度过大，国内需求迅速回升，拉动了进口价格的迅速上涨。比如投资需求迅速回升带动了钢材需求的迅速增长，从而带动了铁矿石进口需求的大幅度增加，进而带动了铁矿石进口价格的迅速上涨。

张小琴： 这次调控的教训在后来政策制定上起到作用了吗？

许宪春： 起到作用了。比如受新冠肺炎疫情的严重冲击，2020 年一季度 GDP 下降了 6.8%，国家并没有采取过度刺激政策，就是汲取了上一轮调控的经验和教训。

张小琴： 2021 年基本上没有什么刺激政策是吧？

许宪春： 主要是延续 2020 年疫情期间制定的一系列政策，避免急转弯。

张小琴： 看得出来国家在经济上的政策更成熟了。

许宪春： 调控的手段、能力在不断提升。

国民经济中的重要指标

张小琴：国民经济的大账本里除了 GDP 之外，还有没有其他指标？

许宪春：在这个大账本里，最核心的指标是 GDP，但是其他重要指标还有国民总收入、国民可支配总收入、国民总储蓄和国民财富，它们从不同的角度反映国民经济的运行状况。

国民总收入等于国内生产总值加上来自国外的净要素收入，国民可支配总收入等于国民总收入加上来自国外的经常转移净收入。GDP 是反映生产活动的，国民总收入是反映收入初次分配活动的，国民可支配总收入是反映收入再分配活动的。

国民总储蓄是国民可支配总收入扣除最终消费支出后的结余部分，就是国民可支配总收入中没有被当期消费掉的部分，它也等于居民、企业和政府总储蓄之和。它在很大程度上决定了一个国家的投资，包括非金融投资和对外净金融投资。我国对外净金融资产比较大，有 2 万多亿美元，这些净金融资产就是历年净金融投资累积的结果。

张小琴：比如我们买了美国的国债。

许宪春：对。再比如我国在国外的直接投资，包括在"一带一路"国家的直接投资是我国的金融资产，我国吸收外国的直接投资，是我国的负债，我国对外金融资产减去对外负债，就是对外净金融资产。

张小琴：这个数是正的好还是负的好？

许宪春：是正的好。国民财富是一个国家的所有资产和所有负债的差额。如果在国民经济核算中选择两个重要指标，我认为一个是 GDP，一个是国民财富，这两个指标是非常重要的。

张小琴：国民财富为什么重要？

许宪春：以房产为例。一个国家的国民财富包括了历年积累下来的房产，像美国曼哈顿岛的房产就是几百年积累下来的。GDP只反映当年增加了多少房产。一个国家的富裕水平,不仅要看当年盖了多少房子,还要看它历史上积累下来多少房子。

张小琴:国民财富反映一个国家历史。

许宪春:改革开放40年,中国GDP年均增长9.4%左右,美国同期GDP年均增长大概也就是2%,我国GDP增速远远快于美国。但是为什么我国没有美国富?因为我国积累的时间短,美国积累了200多年,新中国成立只有70多年,改革开放只有40多年,以前我国很穷,财富积累得很少。有一位经济学家用一幅漫画形象地刻画国民财富与GDP之间的区别,一个挖掘机在挖一座历史悠久的城墙,城墙越挖越少,说明国民财富在不断减少,但是挖掘机挖城墙时产生了GDP,GDP在不断增加。说明GDP的增加不等于国民财富的增加。

张小琴:可能明明破坏了国民财富,但是GDP增长了。

许宪春:GDP中的固定资本形成总额增加国民财富,但是GDP中的最终消费支出不会增加国民财富。也就是说,GDP中的一部分形成国民财富,另一部分不形成国民财富。**如果GDP是由于破坏了国民财富而产生的,那就会对国民财富有负面影响**。比如具有悠久历史的城墙挖掉了,GDP增加了,但国民财富减少了。所以GDP既有对国民财富贡献的一面,又可能有对国民财富破坏的一面。

张小琴:现在有哪些国家发布国民财富?

许宪春:像美国、澳大利亚、加拿大这些编制资产负债表的国家都发布。

张小琴:发布这个数值的作用是什么?

许宪春:如果看一个国家的家底,国民财富比GDP更有代表性,因为一个国家的家底不是一年产生的,而是历史积累的。

老百姓了解国家账本的好处

张小琴：国家账本有很多的统计数据，对于普通老百姓来说有没有使用这些统计数据的方法？比如大学毕业了，要选择一个城市工作，有没有哪些指标对他选择去哪个城市有帮助呢？

许宪春：可以通过统计指标看这个城市的发展情况，比如经济增长率、人均可支配收入增长率、工资增长率、居民消费支出增长率、固定资产投资增长率、CPI和房价涨幅等，这些指标在一定程度上反映了这个城市的经济发展水平、收入水平、消费水平、生活成本和未来的发展潜力。

张小琴：这些数据都可以查得到吗？

许宪春：国家的数据在国家统计局数据库里可以查到，每个城市的数据在相应城市的统计部门发布的数据里可以查到。

张小琴：比如我要做投资，是买房子还是投资黄金还是买股票，如果买房子买在哪个城市，是不是也可以参考一些数值帮我做决策呢？

许宪春：可以观察哪个城市的房价比较低，哪个城市的房价比较高，哪个城市的收入水平比较高，哪个城市的教育发展水平比较高，这些都是很重要的参考因素。

张小琴：作为一个现代人，是需要具备一点统计学的基本素养吗？

许宪春：越来越多的人关注统计，包括统计指标、统计概念、统计数据等。比如一些炒股的人越来越关注经济增长、价格变动、股票涨幅，等等。我认为统计指标、统计数据等已经成为人们生活中的重要组成部分。

张小琴：统计学是什么样的学科？

许宪春：我个人的理解，**统计学是用统计理论、方法和数据描述经济社会和自然现象的一门学科**。

张小琴：学过统计学的人会比没有学过统计学的人更擅长什么？

许宪春：以统计数据为例，没学过统计的人看统计数据可能看不出什么门道，但是学过统计的人可以通过统计数据看到一个国家、一个地区的经济社会发展状况，比如经济增长怎么样，价格变动怎么样，收入变化怎么样，就业状况怎么样，居民身体健康状况怎么样，等等。

张小琴：我们可以借鉴统计学当中什么样的思维方式来提升自己的判断力？

许宪春：统计学不仅仅包括统计理论、统计方法、统计指标、统计数据等等，它还提供了一整套分析问题的思路和方法。比如统计学告诉人们如何利用GDP分析经济规模、经济增长、人均经济发展水平、产业结构、需求结构、区域结构，等等，从而可以从多方面观察和把握经济运行状况。

张小琴：如果说我们每个人都应该具备一点统计学素养，那么怎么进行这种训练呢？

许宪春：起码要了解一些重要统计指标，了解和把握这些指标的基本概念、主要用途、口径范围、计算方法、数据表现等，逐步学会熟练地运用这些统计指标进行分析和判断。

张小琴：我们自己在日常决策中也可以用统计的方法吗？

许宪春：应该可以用。

张小琴：比如小孩要上学，我选哪个学校，可以了解多少年以来这个学校培养了多少人，历来成绩怎样等数据，根据这些数据做决策吗？

许宪春：是一种重要的方法。实际上，大家往往自觉或不自觉地运用统计方法分析研究问题。

张小琴：如果有一点统计学的思维框架，可能做决策更科学。

许宪春：会从多个角度分析问题，而不仅仅考虑一两个方面。

无论为官还是治学，都要踏踏实实

张小琴： 您在国家统计局从基层做起到后来担任领导干部，应该说工作也是很繁忙的，但是还是发表了很多文章，具体有多少，您自己统计过吗？

许宪春： 我发表的文章有300多篇，在《中国社会科学》《经济研究》《管理世界》《经济学季刊》《世界经济》《统计研究》等重要学术期刊上都发表过文章。除发表文章外，还出版了9本个人专著。

张小琴： 您工作这么繁忙，怎么会有时间做这么多学术研究？

许宪春： 做统计工作一定要进行深入研究，因为统计是一门专业性和技术性比较强的工作，如果不进行深入研究，对统计理论、统计方法和统计操作技术不熟悉，要做好统计工作和指导别人做好统计工作是很困难的。所以，在国家统计局工作30多年我一直围绕统计实际工作开展研究，通过研究把问题搞清楚，把大家疑惑的问题解释清楚，通过研究推进统计工作的改革和发展，我感觉有一种成就感，有一种乐趣。我所研究的统计问题包括两个大的方面：一方面是统计改革和发展问题。统计工作的重要任务之一是服务于宏观决策和管理。经济社会发展不断产生新情况，宏观决策和管理不断产生新需求，所以必须研究这些新情况和新需求，有针对性地提出统计改革的方向和措施。

另一方面是针对学者们提出的质疑进行解读。有许多学者对中国政府统计提出质疑，有些质疑是由于对中国政府统计不了解，包括对统计指标的定义、口径范围、计算方法不了解而产生的误解，因此就要研究怎么解释这些问题，让学者们知道到底是怎么回事。

我认为这两个方面的研究都是有意义的，能够促进政府统计工作改革和发展，使其更好地适应经济社会发展产生的新情况，满足宏观决策和管理产生的新需求；同时也能够让学者和社会各界准确地理解统计，正确地应用统计数据,让统计在经济社会发展中发挥更大的作用。

张小琴: 学术研究有时候是需要一些问题思维的,要发现问题,写出对问题研究的结果。但是做实际工作,尤其做官员,有时候需要顺应一个非问题导向,这两者在思维方式上有什么冲突吗?

许宪春: 我认为,虽然学术研究与实际工作的具体要求不一样,但是大的方向应该是一致的,因为无论是学术研究还是实际工作所面临的经济社会发展重大问题是一样的。我认为,统计研究一定要对接国家的重大发展战略,对接经济社会发展的重大现实问题,对接国际统计前沿领域。经过改革开放40多年的快速发展,中国经济社会某些领域已经走向世界前沿,我国统计研究迫切需要解决的问题也往往是国际统计前沿领域问题。

张小琴: 治学和为官有什么不同吗?

许宪春: 有区别,但也有联系。我曾经接受过一个学生记者团的采访,他们问我,你既做官员又做学者,有什么为官之道?我说还真没有,要问为官之道你问错人了。但是,我有一些自己的体会,**无论做什么事情都要认真去做,做人真诚,做事踏实,就能把事情做好**。我认为,做学问必须踏踏实实。要取得创新性研究成果,就必须把所要探讨的问题研究透彻,这没有什么窍门,必须踏踏实实研究。

为中国统计学梳理核算方法,奠定发展基础

张小琴: 这么多年以来,回顾一下,您对中国统计学的贡献是什么?

许宪春: 不敢说贡献。但是我始终在认真地做统计实际工作和围绕实际工作开展统计研究工作。我在国家统计局工作了31年,从事过GDP核算工作、投入产出表的编制工作、第三产业普查工作,主持了《中国国民经济核算体系2002》和《中国国民经济核算体系2016》两个国民经济核算国家标准的制

定工作，以及一系列组织实施工作。我非常重视统计工作的科学性和规范性，重视实际工作中的方法积累和操作手册的制定。比如 GDP 核算涉及一系列资料来源和具体核算方法，同时，从事 GDP 核算的工作人员经常变化，要保持 GDP 核算数据的准确性、连续性和可比性，必须注重对 GDP 核算的资料来源和具体核算方法的梳理和规范。为此我组织制定了《中国经济普查年度国内生产总值核算方法》《中国非经济普查年度国内生产总值核算方法》《季度国内生产总值核算方案》等一系列 GDP 核算手册。

张小琴： 您离开统计局之后这些手册还在使用吗？

许宪春： 这些手册会随着情况的变化而不断修订。但是原来手册是现行手册的重要基础，现行手册是原来手册的传承。我认为当时奠定的基础对现在和今后的统计和国民经济核算工作都有重要的作用和影响。

张小琴： 就是核算方法的制定。

许宪春： 国民经济核算标准的制定和国民经济核算操作手册的制定都非常重要。国民经济核算标准是对国民经济核算的基本概念、基本原则、基本分类、基本框架、基本内容的规范；国民经济核算操作手册是对资料来源和具体核算方法的规范。没有这些规范，就很难保证国民经济核算结果的准确性、连续性和可比性。

张小琴： 人生进入了下半场，您对下半场的期待是什么？

许宪春： 一是带年轻人，把我长期从事统计实际工作和围绕实际工作开展统计研究工作积累的经验传授给他们，让他们准确地了解统计理论和方法，正确地运用统计数据研究经济社会发展问题。我认为这很重要，因为许多利用统计数据研究经济社会发展问题的人对统计理论和方法并不太熟悉，因此经常出现一些对统计理论、方法的误解和对统计数据误用的情况。准确地了解统计理论和方法，包括统计指标的定义、口径范围、计算方法等，对于正确使用统计数据非常有好处，所以我希望把我从事统计工作积累的经验传授给他们，让他们尽快成长起来。

二是做研究，特别是围绕中国政府统计改革和发展问题做研究。经济社会不断发展，尤其是现在信息技术不断发展，产生一系列新的经济活动。我带领我的学生们在研究如何对现行的政府统计进行改革和发展，使之能够客观地反映出这些新的经济现象，为宏观经济政策的制定和宏观经济管理提供更好的依据。我认为，只要我们研究得好，既有理论创新，又切合实际，管用、可操作，政府统计部门就有可能采纳，我们的研究成果就有可能在政府统计改革和发展中发挥作用。所以我带领我的学生们紧紧围绕实际问题开展研究，并不是带领他们为写文章而写文章。我给他们出的每个题目，都从实际问题出发，以解决实际问题为目标。我提出我们的学术研究要实现三个对接：一是要和国家重大发展战略相对接；二是和经济社会发展的重大现实问题相对接；三是和国际前沿领域相对接。比如，经过改革开放40多年的迅速发展，我国有些经济社会领域，例如数字经济等新经济领域，已经走在世界前列，那么我们就应该在这些领域总结、梳理和提炼一套统计理论和方法，为政府统计的改革和发展提供依据，在将来相应领域国际统计标准的制定中拥有更多的话语权。作为改革开放初期上大学的一代人，我们的年纪已经比较大了，我希望培养一批年轻人，让他们将来走到世界舞台上去，站在国际统计理论和方法的前沿，在有关国际标准的制定上起主导作用。总之，我做研究就是想解决一些实际问题，为国家和社会做一点有用的事。

张小琴：如果将来有可能在统计学领域有一些突破的话，可能就是在新经济这个方面？

许宪春：应该是在新经济领域。统计理论和方法的突破是要有一定基础的。传统的统计理论和方法主要产生于西方发达国家，因为这些国家的经济社会发展长期走在世界前列。但是现在，中国的一些新经济领域发展得不错，走到了世界前列，所以给我国的学者和政府统计工作者提供了总结、梳理和提炼相应领域统计理论和方法的机会，至少提供了与发达国家的学者和政府统计工作者同样的机会，我认为我们应当珍惜这种机会。

张小琴： 从跟跑到并跑，然后有可能实现领跑？

许宪春： 有可能会在某些领域实现领跑。

碳中和，未来之变

贺克斌

演讲实录根据 2021 年 6 月 9 日贺克斌教授在"人文清华"讲坛的演讲《碳中和，未来之变》整理而成，经本人审订。

专访内容根据 2021 年 5 月 18 日在清华大学环境学院对贺克斌教授的访谈整理而成，经本人审订。

贺克斌

贺克斌，清华大学环境学院教授，清华大学碳中和研究院院长，中国工程院院士。国家自然科学基金委杰出青年基金获得者，"多介质复合污染与控制化学"创新群体带头人，"区域复合大气污染与控制"创新团队带头人。现任国家生态环境保护专家委员会副主任，国务院学位委员会环境科学与工程学科评议组召集人，中国环境科学学会副理事长，全国环境科学与工程教学指导委员会主任，中国环境保护产业协会副会长，教育部科技委环境学部主任；担任全球排放研究计划（GEIA）中国工作委员会主席，全球能源评估研究计划（GEA）环境组组长，国际清洁交通技术委员会（ICCT）委员等。长期致力于大气复合污染特别是PM2.5的研究，在大气颗粒物与复合污染识别、复杂源排放特征与多污染物协同控制、大气污染与温室气体协同控制方面开展深入细致的研究。获国家自然科学奖二等奖1项、国家科技进步二等奖3项和省部级科技奖励11项。发表SCI学术论文350余篇，获美国国家科学院院刊科扎雷利奖。出版专著6部，被爱斯唯尔连续评为2014—2020年"中国高被引学者"，入选2018—2021年科睿唯安"全球高被引科学家"，获2018年联合国环境署"气候与清洁空气奖"团队奖，2019年获何梁何利基金科学与技术进步奖。

大家晚上好!

今天非常高兴和大家一起探讨非常重要的碳达峰、碳中和的问题。

碳市场有助于碳减排

2021年5月26日,生态环境部正式宣布**全国碳市场将在6月底上线交易**。全球关于碳的定价问题,已经有61个国家启动,采取了两种机制,其中31个国家用的是碳市场,还有30个国家用的是碳税。在碳市场机制的实施中,中国实际上从2011年开始就在7个地区逐步试点,北京、天津、上海和深圳在2013年启动,之后重庆、广东和湖北在2014年启动,今年6月份全国碳市场开始实施,应该说经历了一个比较长时间的积累。

全国碳市场第一步从电力系统开始推进,电力工业覆盖中国二氧化碳排放量的35%;第二步将会引入建材行业的水泥和有色金属行业的电解铝,这两个行业引入以后,覆盖的二氧化碳排放量会达到47%;之后会引入化工、建材、石化等八大行业,这八大行业会覆盖全国二氧化碳排放量的70%。未来还会从生产领域扩展到生活领域,在我们生活过程当中也会逐步引入碳市场的概念和实际应用,也就是我们个人的碳足迹。所以,**碳市场或者和碳相关的未来,将覆盖我们生产生活的方方面面**。

碳市场主要目的是促进二氧化碳的减排。比如,2008年到2016年之间,欧盟通过碳排放交易体系ETS机制的手段减少了10亿吨的二氧化碳,相当于欧盟总排放量的4%左右。为什么要花这么大的力气来减少二氧化碳呢?因为全球变暖的问题已经越来越严重,它给我们的生存带来了明显的威胁,造成热浪、暴雨、北极冰盖融化、干旱、海平面上升，等等。例如有研究表明，如果海平面继续上升，夏威夷 40% 的面积可能会消失。

目前为止造成的这些威胁，仅仅是因为地表升温 1℃ 左右。越来越多的研究表明，如果不大幅度控制像二氧化碳这样的温室气体的排放，到 21 世纪末，最大的升温可能会达到 3~4℃。从历史的温度记录看，冰河时期全球的平均温度和现在比也就低 6℃；恐龙时期，天气比较热，平均温度和现在比也就高了 4℃，研究发现当时在北极有典型的热带动物比如鳄鱼存在。所以，3~4℃ **对于全球的气候系统和生态系统的影响是巨大的，会引起崩溃性的紊乱**。人作为一个生命系统，正常体温为 37℃，如果涨 3~4℃ 就发高烧了，整个免疫和生命系统会出现紊乱。地球也类似，生态和气候系统，升温 3~4℃，是一个绝对不可接受的结果。

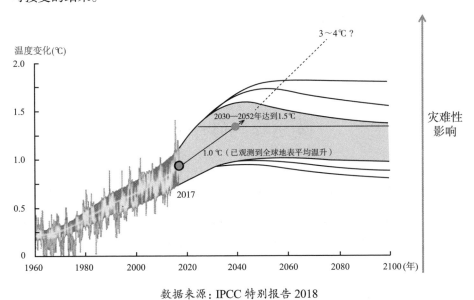

数据来源：IPCC 特别报告 2018

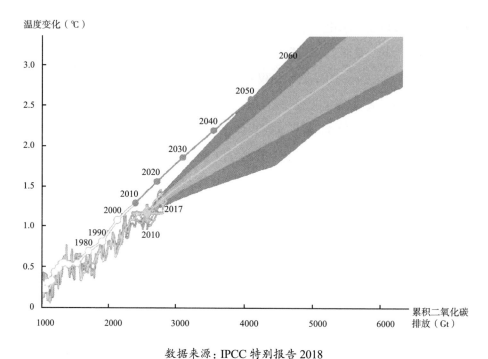

数据来源：IPCC 特别报告 2018

碳达峰与碳中和

　　我们希望能够把温度控制在风险可控的范围之内，越来越多的研究证明，未来温控目标的一个安全线是升温幅度不能超过2℃，更稳妥一点，是要实现不超过1.5℃的温控目标，这也是2015年《巴黎协定》[①]全球达成的一个基本共识。

---

① 《巴黎协定》：2015年12月12日第21届联合国气候变化大会通过了《巴黎协定》。《巴黎协定》是由全世界178个缔约方共同签署的气候变化协定，是对2020年后全球应对气候变化的行动作出的统一安排。长期目标是将全球平均气温较前工业化时期上升幅度控制在2℃以内，并努力将温度上升幅度限制在1.5℃以内。

温度上升的最大驱动力是温室气体，温室气体里最典型的是二氧化碳。最近二百多年的历史过程当中，特别是工业革命以来的这段时间，累计的二氧化碳排放量和全球平均温度的上升有一个非常强的正相关关系，这也是首先要控碳的基本出发点。

全球特别是联合国系统采取这样的行动并不是从今天才开始。过去的几十年里有三个里程碑事件，第一个是1992年《联合国气候变化框架公约》[①]，到目前为止这仍然是我们应对气候变化的一个基础性文件。第二个是在1997年签署的《京都议定书》[②]。第三个是2015年签署的《巴黎协定》。在《巴黎协定》的框架下，许多国家提出了碳达峰、碳中和的目标。

---

① 《联合国气候变化框架公约》：1992年5月9日，《联合国气候变化框架公约》通过，其终极目标是将大气温室气体浓度维持在一个稳定的水平，在该水平上人类活动对气候系统的危险干扰不会发生。根据"共同但有区别责任"的原则，公约对发达国家和发展中国家规定的义务以及履行义务的程序有所区别，要求发达国家作为温室气体的排放大户，采取具体措施限制温室气体的排放，并向发展中国家提供资金以支付其履行公约义务所需的费用。而发展中国家只承担提供温室气体源与温室气体汇的国家清单的义务，制订并执行含有关于温室气体源与汇方面措施的方案，不承担有法律约束力的限控义务。该公约建立了一个向发展中国家提供资金和技术，使其能够履行公约义务的机制。该公约没有对个别缔约方规定具体需承担的义务，也未规定实施机制。从这个意义上说，该公约缺少法律上的约束力。但是，该公约规定可在后续从属的议定书中设定强制排放限制。我国于1992年11月7日经全国人大批准《联合国气候变化框架公约》，并于1993年1月5日将批准书交存联合国秘书长处。

② 《京都议定书》：《京都议定书》于1997年12月制定，但是直到2005年2月16日才正式生效。这是人类历史上首次以法规的形式限制温室气体排放，其目标是"将大气中的温室气体含量稳定在一个适当的水平，进而防止剧烈的气候改变对人类造成伤害"。《京都议定书》的签署是为了人类免受气候变暖的威胁。发达国家从2005年开始承担减少碳排放量的义务，而发展中国家则从2012年开始承担减排义务。《京都议定书》需要在占全球温室气体排放量55%以上的至少55个国家中批准，才能成为具有法律约束力的国际公约。中国于1998年5月签署并于2002年8月核准了该议定书。评估显示，《京都议定书》如果能被彻底完全地执行，到2050年之前仅可以把气温的升幅减少0.02~0.28℃，正因为如此，许多批评家和环保主义者质疑《京都议定书》的价值，认为其标准定得太低根本不足以应对未来的严重危机。

碳达峰是指在某一个时点，二氧化碳的排放不再增长，达到峰值，之后逐步回落。当然它可能有个平台期，即达到峰值不再上升，稳定一段时间，然后再下降。

碳中和是指一定时期内二氧化碳排放量与二氧化碳吸收量相平衡的状态。人类的生产生活会大量排出二氧化碳，但是生态系统，地上的陆生生态系统比如森林，以及海洋生态系统，对碳有吸收作用，我们把它叫作碳汇，目前全球人为的生产生活活动造成的二氧化碳的排放大大超过了陆生生态系统和海洋生态系统最大的吸收能力，这叫不中和或者不平衡，碳中和的目标就是要在一定时段范围之内通过人类的共同努力，采取各种措施，使二氧化碳的排放量下降到和二氧化碳的陆生生态系统、海洋生态系统的吸收量相平衡的状态。

所以，碳达峰、碳中和最核心的是要采取各种措施、采取共同行动，来把二氧化碳的排放量大幅度降下来。

目前全球都在积极采取行动，为实现全球"零碳未来"的愿景，**截至2020年年底，已经有100多个国家或地区提出了碳中和承诺，占全球二氧化碳排放量65%以上和世界经济总量70%以上。**

欧洲在这方面一直积极行动，20世纪90年代时，欧洲就出台了关于能效提升和可再生资源发展的计划；到21世纪初，又提出了欧洲气候变化计划，发展了欧盟碳排放交易体系；2019年公布了欧洲绿色新政，提出了2050年欧洲要实现碳中和的目标。

应对气候变化，中国在行动

从20世纪90年代初签署《联合国气候变化框架公约》开始，中国也一直在行动。和1990年相比，2020年单位GDP的二氧化碳排放强度降幅超过

90%。煤炭在一次能源当中所占的比例,从 1990 年的 76.2% 下降到了 2020 年的 57.7%,再往后还会进一步大幅度降低它的比例。非化石能源占比稳步上升,到 2019 年已超过 15%,在我们已经宣布的目标当中,2030 年这个比例会超过 25%,而且还会继续往上推进。

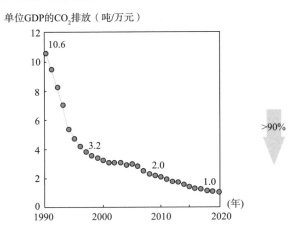

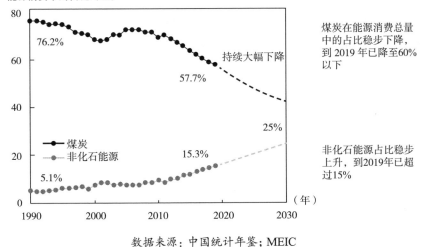

数据来源:中国统计年鉴;MEIC

减碳支持了 PM2.5 浓度的大幅降低。2013 年开始国家大幅度推进治理大气污染的行动，先后推行了《大气污染防治行动计划》①五年计划、《打赢蓝天保卫战三年行动计划》②，通过这八年时间的努力，和2013年相比，到2020年，全国300多个城市PM2.5的平均浓度下降了46%。老百姓现在蓝天的获得感和减碳行动是协同增效的过程。

2020年9月22日，习近平主席在第75届联合国大会上正式宣布我们的"双碳"目标。实际上在签署《巴黎协定》的时候，我们的承诺是二氧化碳在2030年左右达到峰值；去年的9月22日讲话当中，提出力争2030年前实现碳达峰，2060年前实现碳中和。习近平总书记在中央财经委员会第九次会议上发表重要讲话，指出，"实现碳达峰、碳中和是一场广泛而深刻的经济社会系统性变革"。

研究表明，在空气质量治理领域，如果我们还继续延续过去以末端治理为主的控制路径，未来十年我们减排大气污染物的潜力将基本耗尽，即使是我们进一步努力，一直干到2060年，PM2.5的浓度最好大概是在25微克/立方米左右，现在全国300多个城市平均浓度是33微克/立方米，可以发现减下去的仍然非常有限，所以我们寄希望于在碳中和目标下实现深度能源转型。在碳中和目标下，**我们可以大幅度降低PM2.5浓度，未来可以降到世卫组织现在的最低推荐值10微克/立方米以下**，全中国的平均值大概在8微克/立方米，未来美丽中国的目标全面实现，老百姓的健康获益会大幅增加，这应该是非常

---

① 《大气污染防治行动计划》：2013年9月，国务院颁布了《大气污染防治行动计划》，也就是"大气十条"。"大气十条"指出到2017年要达成三个目标——全国地级及以上城市可吸入颗粒物浓度比2012年下降10%以上，优良天数逐年提高；京津冀、长三角、珠三角等区域细颗粒物浓度分别下降25%、20%、15%左右，其中北京市细颗粒物PM2.5年均浓度控制在60微克/立方米左右。
② 《打赢蓝天保卫战三年行动计划》：2018年，国务院颁布了《打赢蓝天保卫战三年行动计划》，目标是到2020年，PM2.5未达标地级及以上城市浓度比2015年下降18%以上，地级及以上城市空气质量优良天数比率达到80%，重度及以上污染天数比率比2015年下降25%以上。

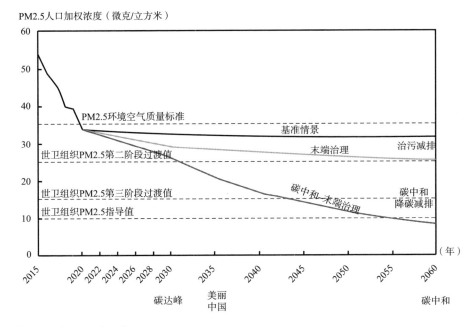

值得追求的未来目标。

要实现碳中和目标，我们的任务非常艰巨，习近平总书记讲"绝不是轻轻松松就能实现的目标"。全国二氧化碳总排放量在 2020 年是 104 亿吨，到 2030 年前达峰，预计达到 110 亿吨左右，略有增长。我们的碳汇能够吸收碳的那部分能力大概是十几亿吨左右，要把二氧化碳排放降到这个水平，意味着超过 90% 的排放量要减下来，这非常艰巨。

因为现阶段我们的国情，减碳存在三个非常明显的难度。

第一，我们现在还是高碳的能源结构，我们的化石能源比例和欧美比明显高，虽然我们的煤炭比例已经下降，但仍然是全球煤炭比例最高的国家之一。

第二，我们是高碳的产业结构。现在在全球产业链分工里，水泥、钢铁、石化这样高耗能的工业，在我们整个产业中的比例还比较高，这些是比较难减排的行业。

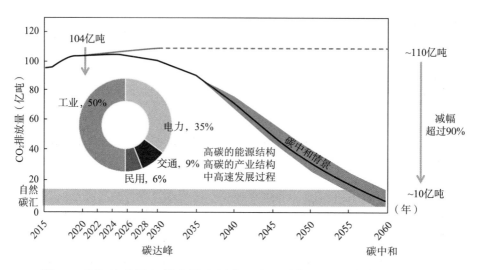

第三,我们是世界上最大的发展中国家,我们还处在中高速的发展阶段,在这个过程中,减碳绝不是轻轻松松能够实现的。

我们未来的减排任务怎么一步一步完成呢?可以通过"五碳并举"的措施来攻克难关。第一,资源增效减碳。从能源需求上讲,达到同样的经济目标,将能源需求降到最低,减下来的碳就叫资源增效减碳。第二,能源结构降碳,大幅提升非化石能源比例。非化石能源比例大幅提升后仍然还会有一部分化石能源继续存在,即使到了 2060 年仍然会存在,还会产生一部分二氧化碳,我们要有其他措施来解决。第三,地质空间存碳,通过碳捕集利用和封存(CCUS 技术)来解决一部分二氧化碳。第四,生态系统固碳,通过各种生态建设的手段,使二氧化碳的碳汇能力巩固和增加。这四个都是技术手段,什么样的技术在什么样的时空范围里应该优先使用,第五个措施即市场机制融碳可以发挥重要作用,碳市场会通过市场机制来推动各类技术的更合理有效应用。**"五碳"一起发力是我们未来可能实现碳中和的基本路径**。

广泛而深刻的经济社会系统性变革

"五碳并举"实现碳中和会带来政府行为、企业行为和个人行为的根本变化,覆盖全社会方方面面,影响范围非常大。

这场经济社会系统性变革,涉及观念重塑、价值重估、产业重构及广泛的社会经济和生活影响。

第一个是观念重塑。全球推进实现碳中和目标,**世界经济发展将从资源依赖型向技术依赖型转变**。现在的全球经济高度依赖化石能源,但是化石能源在全球的地域分布极度不均匀,目前,煤炭储量最多的前五个国家占了全球煤炭75%的储藏量;石油储量,前五个国家占了62%;天然气储量,前五个国家占了64%。

全球化石能源分布极不均匀

	煤储量		石油储量		天然气储量	
1	美国	23%	委内瑞拉	18%	俄罗斯	19%
2	俄罗斯	15%	沙特阿拉伯	17%	伊朗	16%
3	澳大利亚	14%	加拿大	10%	卡塔尔	12%
4	中国	13%	伊朗	9%	土库曼斯坦	10%
5	印度	10%	伊拉克	8%	美国	7%
前五名总和		75%		62%		64%

"五碳并举"里的第二碳是能源结构降碳,它的核心是要大幅度地提升可再生能源或者非化石能源的比例。非化石能源最典型的有四个,分别是风能、太阳能、水能、核能。其中风能、太阳能将来占的比例会更高。全球风、光资源分布相对更均匀,谁能够更好地掌握抓取风、光资源,即开发出大规模稳定应用风电、光伏电的领先技术体系,谁就获得了长期经济发展支撑能力的提升。这是一个资源依赖型走向技术依赖型的过程,未来这个过程会使我们更多地关注关键技术。国际能源署(IEA)给出的技术评估,分别对低碳发电、电力基

础设施、交通运输用电、工业用电、建筑物用电、燃料转化用电等技术做了梳理分析，在低碳发电领域像太阳能光伏发电等技术已经基本成熟，可以走向市场；在电力基础设施领域，智能充电等技术目前还需要进一步研发、竞争，才能推向市场。IEA2021年的最新报告显示在全球能源行业的路线图里，2050年实现净零排放的关键技术中，50%目前尚未成熟，需要进一步研发提升，可见**走向技术依赖型的经济发展模式对科技创新的需求更加迫切**。

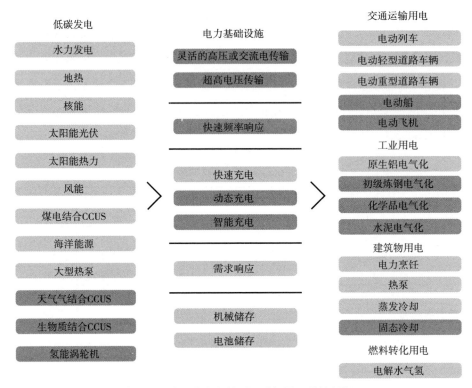

观念重塑：走向技术依赖型，迫切需要科技创新

第二个是价值重估。先看能源成本。目前风、光发电和火力发电的成本已经相近。但是如果加上并网成本，风、光伏电目前和火电来比成本还比较高。碳市场的建立健全和逐步完善会使碳价在全国或者全世界发挥作用，逐渐使技术的竞争优势发生变化，并网成本随着规模的应用将大大降低，因此风电、光伏电的价值和竞争力会被重新认识。

再看看地域价值。我们经常讲我国东部是发达地区，中西部是欠发达地区，但是未来我们寄予很高希望的**风、光资源恰恰比较集中在中西部欠发达地区，这会给这些地域带来新的发展机遇**。可能一些耗能比较高的产业在那些供能比较密集的地域有更多的发展机遇，一定程度上也能带动这些地区的经济发展，使发展不平衡的问题得到一定的解决。举个例子，宁夏地域很广阔，但是沙地很多，一家企业布置了大量的太阳能板，获得的太阳能用于发电，太阳能板造成大量的阴影，在阴影下种的宁夏特产枸杞，和没有太阳能板覆盖的枸杞有很大区别，它的水分保持时间更长。太阳能板到一定时候有尘土污染，会影响吸收太阳能，需要冲洗，冲洗太阳能板的水可以用来灌溉下面的枸杞，实现循环利用。这个经济模式把原来比较荒的沙地大幅度改变为能源利用地和新的经济作物生产地，为发展带来了全新的机遇。

价值重估还有一个例子，光伏发电需要多晶薄膜材料，制造这种材料需要关键稀缺元素如铟、碲等，这些元素如果以现有的资源量供给现有的用量没有问题，但是 2050 年光伏装机总量的目标是要比 2020 年增加 19 倍，因此这些稀缺元素的累计需求量会大幅度增加，物以稀为贵，这些稀缺元素的未来价值会有更大提升。我们现在的固体废物里有这些元素，但是现在更多的是把这些元素视为有毒有害物，想办法进行无害化处理，一旦它们的价值增加以后，可能就需要提高技术精打细算地从固体废物里把它们提取出来，这对它们的循环利用会有很大的推动，这也是价值重估推动技术变化。

第三个是产业重构。未来在减碳的推动下，传统的加油站会变成加能站，在我们国家这已不是概念式的未来构想，而是正在走向现实。中石化在"十四五"期间计划利用原有 3 万座加油站、870 座加气站的布局优势，建设 1000 座加氢站或油氢合建站、5000 座充换电站、7000 座分布式光伏发电站点。

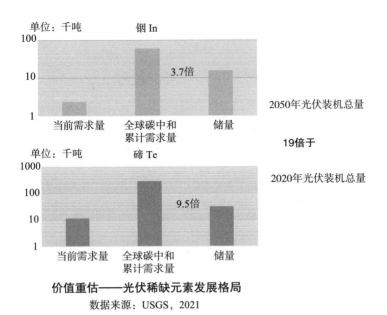

价值重估——光伏稀缺元素发展格局

数据来源：USGS，2021

供电系统也会发生变化。传统上，我们通过火电、核电、水电的电网系统满足生活、生产所需，但在未来，风和光这两种新能源会被引入新型的电力系统中，这个比例高了以后，有一个非常重要的特点，就是它的波动性非人为可控，风、光是天上的天然资源，有季节性变化，甚至有日变化，波动性很大，不像火电烧煤、烧油、烧气那样可控。这个情况下电力供需管理系统会催生新型产业——虚拟电厂。以前"以需定供"模式相对稳定，现在"供"的地方出现了不稳定，就要最大限度挖掘"需"的地方，找到它的调节能力，这个调节能力如果在建筑物里面，就是调节生活用能，比如洗碗机、洗衣机这些生活用电对时间不是特别敏感，早点干晚点干都行，放在什么时候洗由系统来控制，反正到时候就洗干净，这是生活用能的一种做法。生产方面，比如水泥工业的一些研磨工艺、有色冶金电解铝工艺、钢铁行业的电炉用电等，在一定幅度里是可以调节的，这个调节通过智能系统就能控制在供需之间形成相对平衡。大规模的电动车应用，其充电也有较大的调节波动能力。我们把未来发展中，这部分从调节"需"方来适应"供"方的波动的功能，叫作虚拟电厂。这是未来发展里非常值得期待的。现在我们国家在江苏等一些省份已经有这样的例子，水泥、有色冶金电解铝、钢铁行业三种工业已经能够形成2000兆瓦的虚拟电厂，相当于十来个燃煤火电厂的发电量的供需调节能力。随着未来的发展，这部分新业态发挥的作用还会更大。

产业重构方面，减碳压力的产业链传递也很突出。现在越来越多的全球性大公司自主承诺减排，原来对一家企业到底排多少碳主要看它的生产过程，但现在已经扩大到产业链。一个产业链包括上游的原料和下游产品的应用，把上下游综合起来考虑，就会形成减碳压力的产业链传递。比如，中国现在是世界上最大的小汽车生产和消费市场，每年产销2500万~3000万辆，这个量是美国和日本加起来的总和，这么大的量，对钢材会有比较大的需求。一家承诺了整个产业链上要减碳的跨国公司在生产小汽车时，就会要求上游生产钢材的厂家也要跟着它减碳，这样会形成倒逼，炼钢厂如果达不到它的要求，它就会去找其他能达到要求的供应商，所以**在自主减排的目标实现里会形成新的压力传递，这是未来产业重构里非常重要的驱动因素**。

工业产业链也会发生重大变化，传统石油炼制形成汽柴油输送给燃油车，燃油车消费后会排放大量的二氧化碳，未来这一产业链的市场空间会被大大压缩。新能源大幅推广后，通过石油生产基础化工原料，产出橡胶、塑料、纤维这样的产品还有很大的市场空间，而相关新材料还会进一步拓展市场。因此化工生产系统未来的主要方向会是**燃料变成原料**、**能源变成资源**，这样在终端产品里碳排放的压力会明显减少。

除了观念重塑、价值重估和产业重构以外，碳中和对我们的社会生活也会造成广泛影响。先看出行方面。比如大幅度使用新能源汽车，特别是电动车，在全国会形成比较大的消纳风电、光伏电的能力，这些也是虚拟电厂的组成部分。一个电动小汽车的用户，可能根据充放电的过程做优化选择，未来可能会通过虚拟电厂的方式，在整个优化系统里发挥调节作用，当光伏电、风电特别充足的时候，电价相对低，可把小汽车的电充满，就会形成一个分布式的储能系统。当风电、光伏电不足时，电价就会涨，那么小汽车用户可以去放电，相当于在卖电。国家电网在北京有一个双向充放电互动桩试点，结果表明，一辆小汽车选择合适时段充放电，一度电能挣4毛钱，一年下来能挣4000块钱。此外，小汽车用户白天到单位上班，把车充满光伏高峰电，晚上回到家，停车位可以直接和家里的用电系统关联，晚上用的就是白天充的便宜电，将来怎么优化这个系统也是很有意思的课题。据《节能与新能源汽车技术路线图》研究报告预测，2040年中国电动汽车保有量将达到3亿辆，每辆车平均储能容量为65千瓦时，车载储能容量约达200亿千瓦时，将与中国每天消费总电量基本相当。

其次是住——建筑。现在有个概念叫"光储直柔建筑"，"光"指的是利用建筑的表面去发展光伏电，有研究表明，理论上如果把全北京的屋顶都装上光伏电，获得的电能可能是北京市用电量的2倍。"储"就是建筑物里可以链接建筑物外充电桩或蓄电池。"直"是内部直流配电。"柔"是弹性负载、柔性用电，直流和交流用电会有15%左右效率的提升，同时如果用了柔性用电系统，建筑在用电上会有15%~30%的调节能力，所以在适应未来高比例的风电、光伏电的时候，会成为非常重要的系统。如果是典型的住宅建筑和办公建筑群的组合，它可以消纳近百千米范围的光伏电，春夏秋三季基本可以实现供电平衡，冬季因为有供暖需要，供电量会有缺口。柔性用电是充分利用风、光这些非化石可再生资源。

再次，对普通老百姓的个人行为也有影响。上海已经开始实施碳普惠行动，无论是垃圾分类、绿色出行、节约用电，还是光盘行动等，方方面面都可以积分，这个分叫作碳币，你可以在一定范围内使用它，购买一些你需要的其他商品、服务。这是鼓励简约生活，这使得人人都可以对减碳行动作出或大或小的贡献。

碳中和通过能源产业、交通结构大幅度的调整，可以根本性地解决PM2.5、臭氧污染等大气污染问题，使我们长期稳定地获得蓝天。同时由于增加碳汇的需要，我们的陆生生态系统、海洋生态系统的建设会加速改善，也就是生态恢复和生态工程的建设会大幅度加速推进。习近平总书记已经宣布了，到2030年，中国的森林蓄积量要比2005年增加60亿立方米，这个数字将来还会增加，此外对土壤碳汇、海洋碳汇、矿物碳汇和地质碳汇改善都会有不同程度的加速推进。因此，**碳中和能大大促进美丽中国的目标稳定实现。**

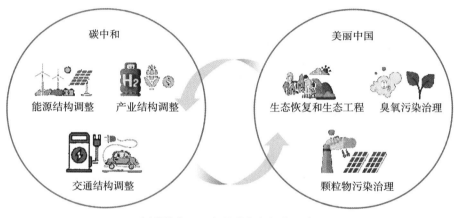

广泛影响——实现碳中和与美丽中国

我们前面讲到了资源增效减碳、能源结构降碳、地质空间存碳和生态系统固碳，通过碳市场全面推进这四大方面技术的应用，使政府、企业和个人的行动都向有利于全国实现"双碳"目标的方向改变，为人类命运共同体作出更大的中国贡献。这场经济社会系统性的变革，会引发观念重塑、价值重估、产业重构和广泛影响，要适应这些影响，需要政策的引导、技术的变革和人才的培养，这三个是最关键的重要支柱。碳中和可能是改革开放40年后对于中国社会未来具有巨大影响的下一个重大事件，它将对我们的自然科学、工程科学、社会科学的发展和创新提出巨大需求，需要多学科协同，通过科技创新和人才培养来实现这个重要目标。

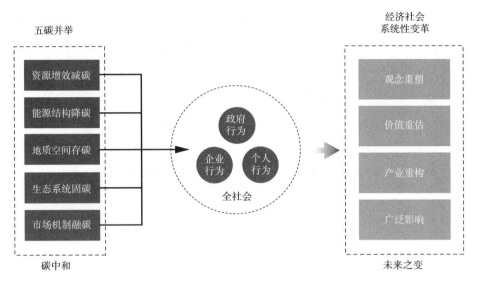

这几天刚刚完成了 2021 年新一轮的高考，我们未来的产业和未来的发展模式会有很多新的领域，首先欢迎考生选择环境专业，但是"双碳"不仅仅限于环境专业，为"双碳"作贡献的专业很多，和它们结合得越紧密，可能未来个人的发展空间和个人为中国、为世界作贡献的机会和潜力就越大。从现在到 2060 年，又是一个 40 年，碳中和的目标绝不是我们这个年龄段的人可以彻底完成的，需要几代人来传承。所以，我们非常希望有更多年轻的同学投身新事业，包括今天在座的和将要进入大学校园的同学，为了"双碳"目标共同努力。

我们追求的美丽中国的目标中，现阶段在一些时空和地域里像蓝天、碧水、净土这样的目标还是奢侈品，要经过非常大的努力才能获得，但是**当我们把"双碳"目标特别是碳中和目标逐步实现以后，蓝天就会从奢侈品变成我们习以为常的日用品**。这是老百姓对未来美好生活的追求，也是我们共同的奋斗目标。

谢谢大家！

问答：

1. 全球变暖和局部出现极寒天气，二者不矛盾

网友：都说全球变暖，但为什么近两年多地出现了极寒天气？

贺克斌：政府间气候变化专门委员会 (IPCC) 是支撑全球气候变化应对的政府间组织，包括为气候公约谈判提供科学依据。它多年来的系列报告均指出全球平均温度上升有明确的科学证据。平均温度上升是时空的一个平均统计，和局部出现极寒天气，二者不矛盾。但是这也恰恰说明，全球平均温度上升过程中一个最大的威胁就是把气候系统和生态系统搞紊乱了，所以在一些地方出现极寒，造成灾害性的现象。但是整体上地球是变暖了。

2. 实现"双碳"目标应把控制点放在前端

观众：为了处理固体废弃物，我国在建的垃圾站数量和电站都保持一定增速，将固体废弃物用于发电有利于"双碳"目标实现吗？垃圾发电技术的前景如何？

贺克斌：大家可能听说一个词，"无废城市"，这也是我们在国家层面上最近几年开始大幅度推进的，其中最重要的就是处理生活垃圾和工业垃圾。所谓的无废，在固体废物里讲"三化"，减量化、资源化和无害化，首先不是说让它有多少产生多少，然后后面再去想办法怎么做后端处理，要在前端就减量，像碳普惠获得碳币、光盘行动帮助减少厨余垃圾、节约用电等都是在前端减量。但是毕竟还会产生一些垃圾，所以现在又在做垃圾分类，分类是有讲究的，分为可回收物、不可回收物、危险品，等等，这就会把这些混合的东西最大限度地循环利用。垃圾焚烧是最终无害化处理又利用一部分资源的一个选择，但是

不应该是量越来越大的主流选择，**我觉得应该是在大幅度减量化的前提下再去考虑末端治理，应该把控制点放在前端**。我们也讲到无废城市，将来会发展到无废社会，并且不仅要关注固体废弃物，还要关注废水、废气、废热，这"四废"都应该通过减量化、资源化、无害化处理掉，因为它们和碳之间有直接的关联，如果那些地方量少了，利用率提高了，那就成为资源增效减碳的重要组成部分。

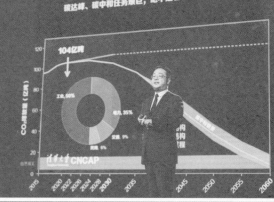

贺克斌专访：做地球医生，让蓝天久长

考入清华，投身大气治理

张小琴：贺老师，您小时候，没有上大学之前，对未来有过什么样的想象？

贺克斌：没有上大学之前，我们在县城上学，了解的东西不是太多，但是影响最大的应该是1978年读了郭沫若先生的文章《科学的春天》。那篇文章是他在全国科学大会闭幕式上的书面发言，为了要改变"文革"对科学的压抑而写，对于我们当时还在念中学的孩子，影响挺大，觉得搞科学可能对国家的贡献比去做一般的工作贡献要大，但当时我也是模模糊糊的。后来上了高中就说一定要考大学，考一个好一点的大学，选对国家有用和自己比较喜欢的方向。

张小琴：您是1980年考到清华大学的，那时环境工程对于大部分人来说还是一个很陌生的概念，您为什么会选择这个专业？

贺克斌：我中学时喜欢化学，选择专业时，有人讲，从应用领域来讲环境工程跟化学、生物关联度比较高，所以还是从化学的角度来切入认识环境工程的。

张小琴：在您的印象中，环境问题受到比较多的关注大概在什么时候？

贺克斌：真正引起人类重视的，是八大公害事件，包括伦敦烟雾事件[①]、

[①] 伦敦烟雾事件：1952年发生在伦敦的一次严重大气污染事件。1952年12月5日至9日，伦敦上空受反气旋影响，大量工厂生产和居民燃煤取暖排出的废气难以扩散，积聚在城市上空。伦敦被浓厚的烟雾笼罩，交通瘫痪，行人小心翼翼地摸索前进。市民不仅生活被打乱，健康也受到严重侵害。许多市民出现胸闷、窒息等不适感，发病率和死亡率急剧增加。此次事件成为20世纪八大环境公害事件之一。

洛杉矶光化学烟雾事件[①]等。人类原来不了解生产生活活动在特定条件下会对大气环境、水环境、土壤环境等造成那么大的危害，比如伦敦烟雾事件当时一个星期之内急性死亡就接近8000人，后续两个月中没有救治恢复过来的还有4000人，将近1.2万人的生命代价才让大家意识到空气污染对人类的威胁很大。全球范围真正重视并行动起来是在1972年，当时召开了第一次人类环境大会。这个应该是大家行动比较集中的时间节点。

张小琴：中国基本上到什么时候才开始重视这个问题？

贺克斌：1972年，我们环保界的前辈，后来中国的第一任环保局局长曲格平先生，加入中国政府代表团去参加第一次人类环境大会。他曾回忆说参加1972年的大会对于中国来说就像是上了一次扫盲课。我们以前叫"三废"处理，废水、废气、废渣处理，涉及环境治理时有另一个词叫环卫。真正把它叫作环境保护，是20世纪70年代之后才逐渐成形的。

张小琴：从您个人来说对这个专业有没有一个逐渐清晰的过程？

贺克斌：进清华之前是模模糊糊的。甚至当我拿到录取通知书，有一些亲戚朋友说，你将来是不是就去设计清扫大街的垃圾清扫车？我当时也没法回答他"是"还是"不是"。进了学校，系统学习以后才了解，我们更多还是针对生产生活活动所产生的环境问题的认知与治理。环境污染对生态系统造成不可逆的破坏作用：第一，直接威胁到人的健康，比如大气污染等；第二，威胁到人能够可持续生存的生态系统。我们就是要消除这两个威胁，逐渐地感觉到我

---

① 洛杉矶光化学烟雾事件：1940—1960年间发生在美国洛杉矶的有毒烟雾污染大气事件，世界有名的环境公害事件之一。光化学烟雾是大量聚集的汽车尾气中的碳氢化合物在阳光作用下，与空气中其他成分发生化学作用而产生的有毒气体。这些有毒气体包括臭氧、氮氧化物、醛、酮、过氧化物等。光化学烟雾事件致远离城市100千米以外的海拔2000米高山上的大片松林枯死，柑橘减产。仅1950—1951年，美国因大气污染造成的损失就达15亿美元。1955年，因呼吸系统衰竭死亡的65岁以上的老人达400多人。

们很有责任感，之后再上升到使命感，明确我们是给地球治病的。

给一个人治病和给一个地球治病相比，我们这个好像更重要、更复杂。环境专业的功课，由于涉及环境问题的系统性、复杂性，需要学的课程跨度相对来讲要大一些。同学也觉得很辛苦，但大家当时认为这个辛苦是理所应当，因为它涉及问题的面和其他学科相比来讲要更宽一些。

张小琴： 您后来确定的主要方向是大气问题，是从本科生时代就开始聚焦于这个目标了吗？

贺克斌： 对，从本科高年级开始。清华的环境工程学科从给水排水专业演变发展过来，在水的问题研究方面有非常强的力量，但是当时大气问题的研究力量没有那么强，这个问题是不是需要更多的人来介入？这是当时最基本的想法。另外还有一个原因，在学环境学导论时，我们最后的考试是根据查阅的资料写读书报告，我选择的报告方向是污染气象学，读了好多资料，觉得挺有意思，慢慢就学了，逐渐就开始从事跟大气相关的工作。

张小琴： 您的博士论文是《燃煤飞灰电除尘特性的模拟与分析》，这个论文主要解决的问题是什么？

贺克斌： 20世纪80年代后期，中国工业化、城市化进程开始提速之后，能源消耗量起来了，特别是发电量的增加，在中国高比例的是煤电，从80年代开始一直到近期，煤电产生大量的颗粒物。80年代，针对颗粒物，中国大规模应用的是静电除尘技术，我的硕士论文题目是《电除尘器数学模型的研究》，电除尘是利用尖端放电形成高效的除尘机制，电除尘可以应用到水泥、钢铁领域，但是应用到火电厂时，遇到一个问题，我们国家的煤有好几百种，往往设计院设计时用一个设计煤种，实际燃烧时，会是另一个煤种。

张小琴： 煤种不同，它出来的灰就不一样？

贺克斌： 对。设备的理化特征适应性不够，就达不到环保排放的要求，或者设计余量过大又造成比较多的钢材能耗的浪费。从经验设计到半经验设计，再到逐渐形成计算机辅助做的理论数学模型支持下的设计，需要不断提升，以解决问题。我的博士论文研究了不同煤种、不同燃烧方式形成的燃煤飞灰的理化特性，分析不同成分在电除尘器里面形成的荷电特性，研究理化特性跟荷电特性的关联，这个关联用于不同的设计方案，比较最后达到的效果，在一定程度上可以使设计的合理性通过数学模型提升，和完全靠经验的设计相比，可以使它的余量留得更加合理，少浪费钢材，少消耗能量。

张小琴：这样的模型设计出来能适用更多的情景，是吗？

贺克斌：对。设计机构可以用这个辅助手段，压低设计选型过小造成不达标，或者设计选型过大造成浪费这个波动程度，形成一个更合理的范围。

按照当时的论文评审要求，我的论文评审专家选了35位，几乎囊括了当时全国该方向所有最活跃的业界专家。从他们的评语看，我选的这个题目还是非常契合工业界当时的需求的，他们认为非常需要让工业界，特别是设计领域逐渐把它应用起来。

张小琴：您在大学毕业之后选择继续攻读硕士、博士和留校，一直走学术研究的道路，这个道路是怎么考虑的呢？因为那时如果到外面去工作，可以挑选的余地也是很大。

贺克斌：我们当时在清华本科读五年，学的一些知识，从理论基础上来讲还有很多问号，正好我们本科毕业前后中国恢复了研究生招生制度，逐渐就开始考虑应该多学点知识，所以就攻读硕士了。读硕士的过程中，清华博士招生又开始了，后来就一直往研究道路上走了。

张小琴：从20岁出头进入大气污染研究领域，差不多半生就在这个领域里面了？

贺克斌：对。大气和能源交通活动关系非常密切，能源交通活动又跟经济发展关系特别密切，90年代初，我研究生毕业不久，中国开始逐渐显现出发达国家曾经出现过的一个一个时间段的大气污染问题，我们要一个一个去解决,所以也就一直在这个问题上做下去了。以前我们叫保驾护航式,经济要发展,环境别出事。现在逐渐演变成环境和经济要协同发展,**党的十八大文件里专门有一段话"把生态文明建设放在突出地位,融入经济建设、政治建设、文化建设、社会建设各方面和全过程",特别强调生态文明建设也是"五位一体"中的重要部分,是全新的责任。**

80年代酸雨问题突出

张小琴:20世纪80年代初,中国大气污染问题没有后来的雾霾那么严重,那时你们做这个研究会觉得有必要性吗?

贺克斌:80年代我们还在做大学生期间,一开始主要的问题是烟尘颗粒物,这个东西影响能见度,在工业区聚集的地方可能浓度高一些,但是由于那时城市化、工业化还没有达到后期90年代的程度,所以它的典型性还不是特别明显。

比如当时在沈阳的一些工业区,烟尘颗粒物会对附近的小学、商场、医院等造成影响,比较典型的是穿了一件白衬衣出去走一天,出了汗以后领子特别脏。当时的数据记录显示,总悬浮颗粒物TSP、PM10浓度比较高,但是从视觉上来讲,由于颗粒物相对较粗,把蓝天搞成灰天的比例不像细颗粒那么强烈,所以那时大家反而觉得蓝天更多一些。

那时突出的问题是酸雨。我们国家经济水平上升,离不开能源用量的支撑,能源用量最大头是煤,我们国家的煤硫含量比较高,烧煤多了以后除了烟尘以外,产生的二氧化硫越来越多,形成曾经在欧美出现过的酸雨,80年代中后期中国的酸雨问题从西南地区开始出现,逐渐演变到了两广地区,然后再往北边一直延伸到山东等地,甚至辽宁一些地区也开始出现了酸雨。

我第一次听到"酸雨"这个词,是1984年在广播里听到的。从烟尘颗粒物到酸雨，大气污染问题逐渐引起大家重视。

张小琴： 1987 年 9 月，《中华人民共和国大气污染防治法》颁布，那时您已经在读博士了。我记得 1988 年时中国还有抢购风，还处在物质非常匮乏的时期，《大气污染防治法》是在什么样的背景之下出台的，会不会有点超前呢？

贺克斌： 80 年代首先是有一部《环境保护法》，对所有环境保护的问题做了相对基础的法律颁布，但还有很多地方并不具体，所以后来有《水污染防治法》《大气污染防治法》。从我们学专业的人的角度来讲，这些法律的出台，使得环保工作有法可依，一定程度上把环境和经济发展之间的平衡，短期的经济增长对长期环境保护的不利，用法律的形式加以制约。

1987 年颁布的《中华人民共和国大气污染防治法》，比较突出的还是针对燃煤相关的大气污染，对消烟除尘颗粒物这一类的技术规定得比较明确，其他方面的内容要笼统和弱化一些，但也反映了那个时间段的主要矛盾。这个法律使得针对燃煤污染的排放标准有了制定依据，有了排放标准和依据才能拉动科学技术、设备的研发，使它们在市场上能够推动和应用起来，起到治理污染的作用。

从 1987 年到现在，《大气污染防治法》逐渐修订了几版，大气污染治理从颗粒物又扩展到了针对酸雨、燃煤二氧化硫的治理，后来机动车越来越多以后，把机动车的污染物加进去，再往后又把非道路移动源的污染物（比如船舶、建筑工地机械的污染物）加进去，再往后针对 PM2.5、雾霾和区域性的问题，提出区域性的协同，不断完善。一部《大气污染防治法》加上它的几个修订版，反映了我们的大气污染问题一步一步解决的基本足迹。

恩师教导要有担当讲奉献

张小琴： 您的老师郝吉明[①]教授，也是中国工程院院士，您跟着他做研究有一些什么特别深刻的感受吗？

贺克斌： 郝吉明老师在中国大气污染治理方面作出了非常杰出的贡献。20世纪80年代初，刚刚开始恢复外派留学时，他是外派的第一批，也是改革开放后回国的第一位留美环境工程博士。他在课程和教材体系上给我们带来很多新的理念，他当时讲授大气污染防治课程，直接用的是美国的英文教材。

另外，有两个方面他对我们影响很大。第一，在研究工作的习惯上向他学了很多东西，那时教师居住条件和办公环境不是太好，他几乎每天晚上都到办公室去工作，到现在他还会有很多时候晚上到办公室处理工作。

第二，他强调担当和奉献的精神。他强调当国家遇到大气污染治理方面的重大事情，我们清华人不应该缺席，不缺席的前提是研究应该有一些前瞻性，可能大家都在做同一个事情时，清华人就要想着下一个事情是什么。所以我们20世纪80年代研究酸雨问题时就看到了机动车使用将来会有发展，会出现机动车污染的问题，而后又较早布局研究了PM2.5的问题，等等。在解决这些重大问题上，清华的团队从来没有缺席过。从2008年北京奥运会的空气质量保障以来，全国有几十次重大活动的空气质量保障，我们都成了核心力量。这是从他身上学到的，**一定要讲担当，就是国家的大事大家要去扛。**

还有"奉献"，从他身上能够学到。早期要有前瞻性，研究人员认为重要的事情，当外界重视度还不够高时，可能获得的支持不一定那么充足，这种情况下是一定要先拿到经费才能做事，还是没有条件也要创造条件去做？郝老师

[①] 郝吉明：环境工程专家，中国工程院院士、美国国家工程院外籍院士，清华大学环境学院教授、博士生导师。主要研究领域为能源与环境、大气污染控制工程。2020年12月，被中宣部、中国科协等六部门授予2020年"最美科技工作者"荣誉称号。

教导我们基本上按照第二个选择做，没有条件，我们创造条件也要做。比如20世纪90年代初，我们刚刚开始做机动车污染研究时，曾经贷款做科研。当时有世界银行的贷款，有的做建设项目，有的做研究项目，我们贷款10万美元，在当时折合人民币80万元，在90年代初期，这是一笔巨款。人家就问你们贷款了以后拿什么来还？郝老师领着我们讲，我相信中国未来对机动车治理的需求和国家的重视程度会逐渐提高，我们只要用好这80万元，做好前期基础工作，后续国家会有更多的投入来支持我们，除非浪费了这80万元没做好。所以我们有信心把它做好。通过那个贷款我们添置了一些早期的监测仪器，然后建立模型，积累数据库，到现在清华这个平台和团队做的跟移动源相关的研究，获得的自然科学基金、科技部项目资金、国际合作项目资金，远远超过了10万美元。团队也成为中国机动车污染治理技术和管理体系建设的中坚力量。但是我们看重的还是当初敢去贷款，下定决心，破釜沉舟，一定要把这个事做成的勇气和奉献精神，这个到今天都值得提倡。

张小琴：郝老师预测到了，将来机动车排放问题一定是大问题？

贺克斌：对，当时看到了，因为从欧美发展的经验看，如果中国的社会经济发展持续提升，机动车的问题会变得越来越重要。这个可能也跟郝老师从美国留学回来对美国和欧洲的了解有关系。

当时不敢说是百分之百地知道它多长时间多大范围会出现，但是从大的感觉上来讲，这个未来会成为国家的重大需求，我们应该早一点布局。

率先研究 PM2.5

张小琴：您在1993年到1998年期间，去了好几个国家做访问学者，为什么连续去了这么多国家呢？

贺克斌：第一，非常感谢学校给青年教师的机会。我是典型的"土博士"，学校基本上有一个思路，未来清华的骨干教师必须要有一定的国外经历，这个经历不是说在那儿待一段时间，还是要有针对性。我去的第一个国家是丹麦，研究跟交通相关的污染问题，并且跟后来的PM2.5颗粒物课题还有一些关联。之后到英国对华官方发展援助（Official Development Assistance，ODA）项目去做访问学者，也是跟能源、交通有关联。

再往后就是去哈佛大学，开始注重PM2.5和健康影响的知识的学习。当时在美国对这个问题的讨论很热烈，有点像我们2013年前后争论PM2.5的问题一样，我受郝老师研究机动车问题的启发，认为美国会遇到的PM2.5问题，中国将来一定会遇到，多长时间我不敢说，但是这个方向绝对没错。那时就下定决心，一定要把它那套研究方法学会，用了三个月的时间，比较好地掌握了，包括采样、样品恒温恒湿的保存和称量、化学成分的分析，等等。

张小琴：您在1998年时，就开始在国内率先建立PM2.5大气污染化学成分的采样平台，这很有前瞻性，1998年国内还没有测PM2.5的指标，是吗？

贺克斌：对。那个应该说是国内最早的外场连续观测PM2.5的平台之一。我们采样建立的平台，最早通过国际合作搞起来。PM2.5问题有它的地域特性，这些地域特性从欧美已经有的教科书和发表的文章中照搬不来，我们可以学习他们的方法，但最基本的数据积累还要靠自己，并且要有相对比较长时间的积累。

张小琴：每个地方的PM2.5都不一样？

贺克斌：对。天上化学成分的不同会反映出地上来源的不同，也在一定程度上反映了工业结构和技术发展阶段的不同。

张小琴：准确地说，PM2.5到底是什么？

贺克斌：它是大气里面颗粒态的污染物Particular Matter，2.5讲的是它的空气动力学径。人的一根头发截面直径平均是70微米，PM10，那就是10微米，相当于人的一根头发截面直径的1/7，PM2.5就是人的一根头发截面直径的 1/28。

张小琴： 为什么会创造这么一个指标呢？

贺克斌： 颗粒物，100 微米及其以下的颗粒，叫作总悬浮颗粒。阳光直射的光柱中，我们会看到里面有好多在跳动的东西，那就是在空气当中悬浮的颗粒，最大到 100 微米。PM10，即 10 微米及其以下；PM2.5，即 2.5 微米及其以下，为什么不是 3 或者 2，而是 2.5 呢？这是从健康影响的角度做出来的分析，健康流体力学相关研究表明，5~7 微米以上颗粒物通过鼻腔可以把它过滤掉；3~5 微米的颗粒物会留到喉咙这些地方，可以通过咳痰排掉；2~3 微米之间的颗粒物就挡不住了，会吸入肺，煤矿工人的矽肺病，就跟这个有关；1 微米以下的颗粒物就到肺泡更深的地方去了。

张小琴： 是谁创造这个指标的？

贺克斌： 最早还是欧美，特别是美国做健康影响的一批专家。最著名的是哈佛大学做过的美国六城市研究，他们把 PM2.5 浓度和这些城市人群的健康影响做了长期的关联分析，最后确认它有显著性的健康影响，在这个基础上才确定了 PM2.5 的标准。在 1996—1998 年期间，美国也有很长时间的争论，大家知道一旦把一种污染物列入一个标准之后，会带来一系列治理要求，会传递到所有的社会经济活动里，付出相当大的代价，这个代价跟健康获益相比值不值得，必须要反复研究确认。美国 1996 年开始争论这个问题时，一开始国会并没有通过 PM2.5 的相关空气质量标准，2003 年前后才正式把 PM2.5 列入空气质量标准，之后逐渐有越来越多的国家跟进，中国在 2012 年正式把它列入了空气质量标准。

张小琴： 你们从 1998 年就开始做 PM2.5 的研究，应该说时间上和美国还是赶得很近？

贺克斌： 对。从 1996 年我们在哈佛接触 PM2.5 开始，就感觉到中国在未来会遇到类似的问题，就开始布局研究。而我们现在再想去找 2012 年以前的空气来采样已经不可能了，早期样品和关键数据的积累对后期的决策支撑非常关键。

张小琴： 2012年2月，国务院要求各地向社会公布PM2.5的数值，你们从1998年开始研究，到2012年强制要求公布这个数值已经有了14年的积累。

贺克斌： 对。

张小琴： 国家把PM2.5作为一个重要的空气指标，有你们的推动在里面吗？

贺克斌： 第一，我们在2008年奥运会时有一个重要的贡献。北京的二氧化硫浓度夏天比较低，冬天供暖期高，似乎夏季奥运会跟硫关系不大。但我们从1998年到2008年十年数据的积累，发现到夏天时气态的二氧化硫确实是少了，但是有相当一部分通过化学反应转到颗粒物里面去，转成硫酸盐了。空气中PM2.5不完全是直接排出来的，有一部分是化学反应转化而来的，即直接排出来的是气态污染物，二氧化硫、氮氧化物等，经过一系列的化学反应，形成了硫酸盐、硝酸盐，进入二次颗粒物里面了。

张小琴： 变成小小的颗粒了？

贺克斌： 对，到颗粒物里面去了。所以我们在准备2008年奥运会时，有一个很重要的结论，就是夏天的硫酸盐对颗粒物的贡献非常重要。当时还没有PM2.5的国家标准，主要控制PM10，夏季PM10浓度高时可能2/3由PM2.5贡献，而这里面又有很高的比例是硫酸盐贡献的，所以我们提出在夏季也应该重视控制二氧化硫，这对奥运会期间保障蓝天非常重要。国家原来在京津冀及周边等地要求在2010年完成燃煤电厂脱硫，这个新的认识在一定程度上加速了电厂脱硫进程，比如要求山东提前在2007年年底之前完成电厂脱硫，这样就可以在2008年奥运会期间少排二氧化硫，在PM10中减少硫酸盐的贡献，后来通过模型回溯评估证明这个措施当时确实发挥了很重要的作用。

第二个作用，2012年在争论PM2.5应不应该列入下一轮修订的空气质量标准时，我们建议要列入。当时一部分专家认为只要加严控制 PM10 就行，由于 PM10 与 PM2.5 具有包含的关系，间接就可以触及 PM2.5，这样监测体系可以不变。但包括我们团队在内的另一部分专家认为，如果只加严控制 PM10，大家可能还是延续控制一次颗粒物的思路，即除尘为主。但是重污染时，特别是冬天重污染时，我们观测到的 PM2.5 有 2/3，最高的可能到 80%，都来自气态转化，所以控制 PM2.5 不仅要针对一次颗粒物除尘，还需要脱硫、脱硝、控制氨、控制有机物等，以抑制气态转化。让大家建立起多污染物协同控制才能控制住 PM2.5 这个概念，就一定要把它和 PM10 并列，单独提出来。另外，从健康影响和能见度影响看，PM2.5 比 PM10 也更需要重视，所以在促成 PM2.5 的空气质量标准确立下来的问题上，我们还是发挥了非常关键的作用。

张小琴：当时你们通过什么方式测量 PM2.5 呢？

贺克斌：关键是有一个切割器，它的设计和空气动力学径有关系。颗粒物在一个管道随空气流动时，这里面既有气体又有颗粒，气流是可以拐弯的，突然一拐弯时，相对粗的颗粒就会甩出去，当把拐弯半径等尺寸设计到合理程度时，细的颗粒顺着流线走了，粗的颗粒就被甩出来，我们可以通过精确地设计制作切割器，让它把 2.5 微米以上的粗颗粒从气流中分离，而 2.5 微米及以下的颗粒都随气流通过，之后再用一个滤膜把它截留住，通过做恒温恒湿处理、称重等，就可以获得 PM2.5 的质量数据，然后我们记录多少流量进来了，可以计算出空气中一个立方米的气体里包含了多少微克的 PM2.5。

1998 年我们建观测站时，全世界没有标准的 PM2.5 采样器，当时通过国际合作项目，直接引入美国的几个研究用设备，后来我们又自己研发改进设备。到 2012 年国家开始业务化监测时，需要商业化认定进口或者国产的仪器，这些仪器必须都要到中国环境监测总站去做比对，这个比对达到了设定的技术要求后，才可以进入政府采购清单，进入监测体系去积累数据、申报数据。

张小琴：我们经常讲到的雾霾和 PM2.5、PM10 的关系是什么？

贺克斌：专业上我们不讲雾霾，雾霾是老百姓的一个习惯说法。"雾"和"霾"是不同的气象术语。从环境的角度，我们讲污染物，老百姓所说的雾霾是以PM2.5为典型污染物的一种污染现象。

张小琴：从你们1998年开始监测PM2.5到现在，PM2.5的成分有一些变化吗？

贺克斌：变化还是非常明显的。以北京为例，一开始，二氧化硫转化形成的硫酸盐二次组分的比例升高趋势明显。直接排放出来的一次颗粒物和气态转化的二次颗粒物构成了颗粒物总量，仅二次无机颗粒物在颗粒物总量中的占比就从1998年的40%多增长到了2010年的60%多。这意味着气态污染物在控制PM2.5中的重要性在持续提高。

PM2.5中硫酸盐主要是二氧化硫转过来的。但全国二氧化硫的排放总量从2005年到2010年下降了，而这期间为什么硫酸盐占比还越来越高呢？原因之一是大气中的氧化性在增强，相当于气态二氧化硫转成颗粒态硫酸盐的推动力在增强。氮氧化物和挥发性有机物排放的增多会增强大气氧化性。最主要的氮氧化物排放增量来自燃煤发电、机动车的增加，特别是大卡车的增加；还有一些工业过程的增加，从2000年到2011年这一段时间，全世界水泥产量、钢铁产量的增量几乎都来自中国，这是非常重要的工业化过程，燃煤总量、水泥产量、钢铁产量总量往上涨了以后就会持续推高PM2.5，到2013年问题已经非常突出。2013年之后，中国将PM2.5列入环境空气质量标准，2013年到2017年，实施了一个全国性五年行动计划《大气污染防治行动计划》，后来2018年到2020年又有《打赢蓝天保卫战三年行动计划》，大幅度治理一次排放中的二氧化硫以及氮氧化物，也对挥发性有机物做了一些工作。从2016年开始，PM2.5中硫酸盐的比例明显下来了，而氮氧化物转化的硝酸盐的比例上去了，所以现在硝酸盐比例高居不下。化学反应就是这样，此消彼长。燃煤电厂大幅度推进超低排放技术与装备，治理力度比较大了，但是机动车的治理效果还是有一些不尽如人意，特别是重型卡车的治理，下一步氮氧化物会成为非常关键的治理对象。从天上的 PM2.5 化学成分的变化能够很明显地看出地上生产生活和污染治理特征的变化。

参与国际标准制定

张小琴： 2001 年 6 月，针对全球机动车排放和燃料技术标准与政策制定，您与全球 18 位科学家和工程技术专家在意大利共同提出了《贝拉吉奥准则》。后来以此为标志，于 2005 年创立了国际清洁交通委员会（ICCT），当时设立这个委员会的初衷是什么？

贺克斌： 第一，我们判断全球交通活动对空气污染和排碳的影响所占比例会越来越高。发展中国家，像当时的中国因交通直接造成空气污染的比例并不高，北京那时 15%~20% 也就到头了。但是典型的发达国家的特大城市，比如纽约、巴黎、伦敦等地，90% 以上的污染都是源自交通，因为它们的固定源污染总量已经比较低了，所以交通污染的比例就显得高。同时到现在为止，全球交通活动造成的碳排放也非常高。《贝拉吉奥准则》就是在讲要怎样支持发展中国家良性发展。第二，在技术路径选择上要兼顾常规污染物和碳的排放，同时我们在定排放标准时不应该偏好是汽油还是柴油。当时有一个很重要的争论，到底是汽油车好还是柴油车好。因为汽油车产生的颗粒物相对少，但是它排的碳氢、挥发性的物质多；柴油车产生的挥发性物质相对少，但是它排的颗粒物多。在这个宣言里专门提了一个燃料中立原则，未来的技术不应该去偏袒某一种燃料，从标准的角度来讲，应该引导它发展，不论是汽油车还是柴油车，从对健康、气候的各种影响来看，应该往同一个方向走，即在技术和标准发展路径上不应该迁就某种燃料。

张小琴： 你们相当于是一个科学家的共同体，提出对清洁交通的要求，它的最终目的是什么?

贺克斌:车是在全球卖的,比如中国的车有可能卖到国外,国外的车有可能卖到中国来,在制定标准时应该有一个相对协同的步骤、步伐,形成一个统一的市场。《贝拉吉奥准则》说的是原则性和思路性的内容,我记得当时有近20人签名,做出这个工作。后来成立了ICCT,召开了一些会议,发布了一批研究报告,这些会议实际上在促成全球性的标准和政策出台,包括现在减碳政策的出台和新能源车的政策思路。ICCT是一个非政府组织,但它是技术性很强的非政府组织,不断地在表达,希望促进各国政府组织更好地决策。

保障奥运会等重大活动空气质量

张小琴:您在2008年时,担任了北京奥运会的空气质量保障专家。大型活动空气质量保障专家的设计,是不是也是前所未有的?

贺克斌:这实际上是一个大的专家组,里面有几个核心负责人,我的老师郝吉明院士是领衔专家之一,北京大学现在已经80多岁的唐孝炎[1]院士也是领衔专家,我当时还是个中青年骨干。奥运会的空气质量保障方案,通过研究以后要形成一个上报国家的技术方案,我是执笔小组的第一执笔人,实际上是动手干活比较多的人之一。我们国家第一次承办这么大型的综合运动会,西方媒体一直质疑北京的空气质量是不是能达到奥运会要求,我们这个组很重要的任务,就是确保国家承诺的要兑现。

张小琴:当时的形势比较严峻吗?主要问题是什么?

贺克斌:当时如果从污染物的角度来讲,核心还是PM10,因为国家标准

---

[1] 唐孝炎:环境科学专家,中国大气环境化学领域学术带头人,中国工程院院士,北京大学环境科学与工程学院教授。主要研究领域为大气环境,包括臭氧、光化学烟雾、酸雨以及气溶胶化学等方面。

当时只有PM10没有PM2.5。当时PM10浓度比较高，要通过几年的治理积累，再加上举办期间的一些临时性措施，使举办期间的空气质量达到要求，这就是基本目的。

张小琴：我们申办成功之后基本的平均值是多少？当时承诺的指标是多少？差距有多大？

贺克斌：应该说申办成功之后基本的平均值比承诺的指标高出50%~60%。当时给我们很苛刻的条件，国际奥委会的技术官员表示奥运会举办时每天都会到北京环保局监测的屏幕上查看，如果出现空气质量明显达不到要求的情况，随时可能中断调整赛事，那个压力还是非常大的。

张小琴：你们这个团队接到任务时差距这么大，觉得前景怎么样？

贺克斌：压力非常大。在当时还没有形成一个区域性联动的概念，北京就弄北京的事。首先要调整意识，上至高层的决策领导，下至周边的省市，大家都要能理解，必须团结起来形成一个区域性的联动，才能解决好北京奥运会的问题。我们用了很多方法来证明这个事情，就是区域性联动的贡献在夏季会达到多少，冬季达到多少，跟国际的专家发表了一些文章。由清华、北大、北京市的环境科学研究院和监测中心形成了一个技术方案之后，环保部作为代表国务院的一个职能部门，它的一个副部长和北京市的一个副市长担任双组长，来具体领导联动的事情，请周边省市主管环保的领导形成了一个领导小组会，原来是叫华北五省市区联动，传统的华北里没有山东，后来又把山东加进来，因为山东煤的平均硫含量相对比较高，排的二氧化硫比较多，在这个地域里会产生比较大的影响，所以要求山东也要加快治理二氧化硫。这个会上由技术组先给大家介绍，北京市为了达到奥运会空气质量的目标，分别要做这些事儿，工业企业怎么改造，能源结构怎么改造，机动车怎么治理，临近奥运会时还有一些临时性的限制措施，当时让大家看到，北京市真是下了大力气。但是最后我们通过模型分析，针对国家承诺的目标，北京做了这么多事儿以后还差那么一截,这一截需要大家共同协力,一起完成这样一个国家任务。

第一次会开完以后,把北京方案发给周边省市,请大家按照这个方案参考,有哪些北京做的事情在你们那儿也可以做,一个月之内报上来,由当时的环保部组织,把这些措施整理出来以后,我们技术单位又把它算到模型体系里,看能减多少污染物,空气质量可以改善多少。

第二次开会时说,你看你们周边省市的努力加入进来以后,北京空气质量明显好了,但是距承诺目标还差那么一点,再给一个月时间,你们再想一想是不是还能加码,增加一些减排措施。

最后经过两三轮修改,再到北京开会时,我们把整个方案拿出来,但这个方案已经不是北京市或者中央政府自上而下要求地方做什么,是大家自下而上群策群力形成的。之后经过科研单位反复核定,按照这种方案做下去以后,我们能够比较大概率地保障奥运会的空气质量。所以**奥运会空气质量保障的最后成功,应该说是群策群力的结果,也是几十万人联动的结果**,因为这里涉及很多企业、交通、城市的联动。

张小琴: 华北六省市是单纯做贡献的,还是在这个过程当中也有一些获益呢?

贺克斌: 这种获益应该从长期来看。北京奥运确实带动了中国、北京及周边地区的经济,同时为京津冀联防联控机制的形成打下重要基础。

张小琴: 你们是做好了方案之后就判断应该会达到标准呢,还是真正到了那个时间点再检验?

贺克斌: 首先通过模型测算出来,按我们的方案治理,大概率会实现。我们分析了过去20年的不利气象条件,如果举办时的气象条件比过去20年最不利的那个条件还要差,那么我们还要有一些临时性的强化措施。实际上在临近2008年奥运开幕的那一周,8月2日到8日,空气质量整体情况不太好,确实是压力非常大。所以在预设方案的基础上又采取了一些临时措施,原来只是北京实行一些交通管制,后来天津临近奥运开幕时交通也限号限行。

2008年8月8号晚上8点要举行开幕式。郝院士中午参加了一个记者招待会,回答了很多技术性的问题。回答完之后,那天中午就没有吃午饭,吃不下去,因为那天的气象表现太特殊了。当时来了很多国家的领导人,一开始还西装革履,到后边就把领带解掉了,把扣子也解开了,因为湿度太大,闷热,要下雨又下不下来,这个气象条件对污染物的消散非常不利。为了确保开幕式特别是烟火效果,要尽量不让雨过早地下来,气象部门采取了很多措施,等于是憋到夜里12点半之后,观众大部分已经上公交车撤离了,才下雨,那一场雨下到了第二天,9号的下午还在下,雨一下来,前几天憋着的那个过程一下子就缓解了。在那种情况下,我们原来设定的保障措施实施之后,最后的效果非常好,在8月17号前后,污染浓度低到都超出大家的想象,蓝天白云,大家都很意外地说,很少看到这么好的天气,所以后来把它叫"奥运蓝"。

张小琴: 到什么时候你们这个大考就算是交卷了?

贺克斌: 大概到8月17、18号时,心里边就有底了,整个过程觉得基本上可以保住了,但是有底跟最后落地还是有区别。按照预设的减排方案这么大范围的联动,我们在奥运之前从来没有做过,国际上也没有做过,你可以在计算机上算100遍,但是实实在在把它在实战当中做一遍,这个之前是从来没有的。后来大家对这个奥运空气质量保障团队的信心就提升了,说他们做的这些事情基本靠谱,而清华团队是奥运团队中很重要的一支力量。

张小琴: 在奥运会之后您又参加了广州亚运会、杭州的G20峰会、厦门的金砖国家峰会,以及一些重要的国际会议的空气质量保障工作,这个难度是越来越小了,还是越来越大?

贺克斌: 从2008年奥运开始一直到G20峰会之前,大型活动保障还是以颗粒物PM10或PM2.5为主要控制目标。到了G20峰会那次,既有PM2.5超标的问题,又有臭氧超标的问题,任务的难度提高了。2010年之前,我们大部分的污染监测和观测，采用离线的方法居多，到 2016 年 G20 时，无论是杭州还是杭州周边的上海、南京这些地区，都有不少在线监测信息，同时还有卫星和地面遥感的光学信号信息。所以那时聚集的模型、排放数据、观测数据，大大超过 2008 年奥运会当时掌握的。国务院在 2008 年奥运会之后设立了京津冀联防联控机制和长三角联防联控机制，**中国的区域联动机制，是由北京 2008 年奥运会那一次大的实践检验之后给推动形成的。**

张小琴： 奥运蓝、APEC 蓝、阅兵蓝，这些说法可能有对你们工作的肯定，但是也有一些怨气，奥运能蓝，平时怎么不能蓝呢？大家会质疑空气治理，是不是治标不治本？这些疑问你们是怎么看的？

贺克斌： 我认为更合理的是改一个字，叫**"治标促治本"**，把"不"改成"促"。2008 年中国的社会经济发展状况跟 2018 年相比，我们还有很多发展的问题需要解决，这个过程不可能飞跃过去。但是可以通过计算机把它飞跃过去，通过一个特殊的重大活动的保障把它飞跃过去。这两个"飞跃"从理论和短期实践上都证明了这件事是可以一步一步做到的。按照这个路径长期走下去，在环境投入上不会浪费钱。我们至少证明了这一点。

张小琴： 相当于一个大型社会实验。

贺克斌： 对。2008 年奥运会和后来的若干场重大活动的空气质量保障，为国务院 2013 年出台《大气污染防治行动计划》和 2018 年出台《打赢蓝天保卫战三年行动计划》积累了非常珍贵的实战经验。这些实践经验，它就是在"促"，促使科研人员更有信心提出方案，促使决策者更有信心去拍板，是用这些短期实践把后边 8 年、10 年的一些路径，很清晰地画出来，并且这些年就是按照这个路径走下来的。

张小琴： 有哪些实际的例子吗？

贺克斌： 比如用一个理论计算发现哪些行业它的污染贡献大，进而进行改造。比如发现山东燃煤的二氧化硫量大，本来按照正常节奏，它最晚可以到

2010年解决这个问题，但是为了保证北京奥运会的空气质量，在2007年就提前做到了。燃煤脱硫的那些措施确确实实使这个问题解决了。

另外，证明在城市空气质量中交通的影响。对交通的减排和限行，既有减污的道理，又能使交通畅通。

总之这些积累下来的实际经验对能源结构调整、工业污染的控制，还有交通污染的控制都很有帮助，对后续的污染治理行动计划，产生了很好的指导作用。

参与制定"大气十条"

张小琴： 2013年9月国务院颁布了《大气污染防治行动计划》，也就是俗称的"大气十条"，您作为核心专家，参与了"大气十条"的制定。"大气十条"出台和2013年出现了特别严重的雾霾天气有关系吗？

贺克斌： 有关系。2013年1月，北京曾经连续有将近十天出现重度污染，整个东部地区影响将近260万平方千米的范围，我们观测到最高时的PM2.5浓度是885微克/立方米，PM2.5日均值超过75微克/立方米就是超标了，那时是它的十几倍，当然那是峰值浓度。那时人会感觉到很难受，哪怕戴着口罩也很难受。2012年生态环境部曾经有一个"十二五"规划，那个规划里要求京津冀地区PM2.5浓度5年下降5%。但是一年之后，由于大范围长时间重污染的出现，大大提高了大家对这个问题的重视程度，《大气污染防治行动计划》要求到2017年要达成如下目标：全国地级及以上城市可吸入颗粒物浓度比2012年下降10%以上，优良天数逐年提高；京津冀、长三角、珠三角等区域细颗粒物浓度分别下降25%、20%、15%左右，其中北京市细颗粒物PM2.5年均浓度控制在60微克/立方米左右。原来由环保部门独立去干环保的事，PM2.5实现5%降幅都很难。因为它会涉及产业、能源结构和社会经济发展等问题。国务院颁发《大气污染防治行动计划》之后，防治行动的直接责任人是各省省长，而不是各省环保厅厅长，这叫一岗双责，就是省长既要对经济发展负责，又要对环境负责，其中 PM2.5 浓度在那个时期成为一个非常重要的环境指标。它的解决方案，大家都知道要区域联动，要从火电、机动车、扬尘、工业等各方面去抓，这些基本思想跟奥运会那时的经验都是关联的。

张小琴："大气十条"出台到现在已经 8 年了，当时提的那些目标都实现了吗？

贺克斌："大气十条"是 2013—2017 年的 5 年计划，目标全部实现了。京津冀计划 PM2.5 浓度降 25%，实际上降幅目标是远远超过了，一般都是在百分之三十几。

北京 20 年大气污染治理成果

张小琴：2019 年 3 月，联合国环境署出版了《北京 20 年大气污染治理历程与展望》的评估报告，您也是主要作者，报告对北京 20 年来的污染治理有充分的肯定。

贺克斌：对。它非常系统地把 1998 年到 2017 年北京 20 年采取的措施达到的效果，做了一个详细的回溯性定量分析，在国际上引起了非常好的反响。很多发展中国家传统地认为，只要保护环境就会影响经济发展，而这个报告表明，北京从 1998—2017 年 20 年的时间 GDP 涨了 11 倍，机动车保有量涨了 4 倍，但通过分阶段持续实施有力的大气污染综合治理措施，使得全市的污染物排放强度逐年下降，空气质量明显改善，二氧化硫（SO_2）、二氧化氮（NO_2）和可吸入颗粒物（PM10）年均浓度较 1998 年分别下降了 93%、38% 和 55%。说明**像中国这样的发展中国家，在中高速发展过程中，仍然能够找到一个合适的路径去协调好发展和环境保护的问题**，所以这是整个联合国系统非常肯定的，就是说全球应该提振信心,既发展经济又改善环境,这是有路径可循的。

我觉得联合国的这一类评估既对我们国家有启发,为我们的未来减排潜力,还有其他城市的发展路径提供参考,也对发展中国家有很大的启发。

张小琴: 北京 2018 年的 PM2.5 平均浓度是 51 微克/立方米,距离中国现行的国家标准,也就是世卫组织的最低标准 35 微克/立方米,还有比较大的距离,跟欧盟、跟美国比也是有差距的。为什么还得到了联合国这么高的评价呢?

贺克斌: 主要还是看到了北京从 2013 年的 89 微克/立方米,降到了 2018 年的 51 微克/立方米。他们看到大幅度的下降过程,所以非常肯定地说,这么快速的经济增长,PM2.5 还能这么往下降,这是一个良性发展,他们给出的信号是说世界上其他发展中国家,你们在中国这个报告里头可以得到很多可以启发的东西。后来事实也证明了这一点,北京 2019 年降到了 42 微克/立方米,2020 年降到了 38 微克/立方米,正在快速逼近 35 微克/立方米。现在北京已经明确提出来,争取在"十四五"期间,在 2025 年之前能够实现 35 微克/立方米。

张小琴: 但是 2021 年春天空气质量不是特别好,又出现了一些比较长时间的雾霾,然后再加上风沙,体验不是特别好,这是什么原因造成的?

贺克斌: 我们整个趋势是在改善。但还有一个影响因素叫气象条件,影响空气质量的两个因素,内因是排放,外因是气象。当抓住内因一直在降排放时,外因如果出现了比较差的情况时,它就会出现今年春天这样的问题。我们跟气象系统有密切的合作,他们的分析表明,如果按照 2016 年的排放水平,把它用到 2021 年的气象条件,早就出现重度污染了,所以还是要看到这个改善趋势。现阶段并没有人宣布说已经完全治好了污染,我们只是说取得了明显的进展,并且有信心最终在一个不太长的时间里能够达到这个 35 微克/立方米,比如到"十四五"末期时,基本消除重污染,基本消除就是说偶发的可能还有。

但整体上现在很清晰,一定会往良性发展,并且有很多东西一去不复返了。

张小琴: 什么一去不复返?

贺克斌: 比如已经形成了超低排放的发电,不可能将来又回到高排放的发电。机动车燃油标准已经走到了"国六",不可能回到当年的"国二""国三"。我们本来按照节奏就要治理的东西,一旦迈出治理这一步是不会走回头路的,会治得越来越干净。但是你要说有一些东西暂停生产,永远不让生产那不可能,还会有一个过渡的时间周期。

张小琴: 北京大气污染治理 20 年取得了比较明显的成绩,关键点是什么?

贺克斌: 第一,把燃煤为主的能源结构大幅度做了调整,煤炭消费量从 2000 多万吨降到了 100 多万吨,"十四五"期间还会继续往下降。

第二,产业结构调整,高耗能、高排放的产业逐渐从北京调整出去,比如首钢这么大的企业搬到迁安去了,另外逐渐用更大的锅炉替代热效率比较低的中小型锅炉。

第三,在治理机动车污染问题上,北京一直是中国的领头羊。前几个标准大概一直到"国三",都一直是北京先弄,再在全国推进,最近北京才跟国家的时间表相接近。它在油品监管、排放标准提升,以及多种综合交通的匹配上做了很多工作。我们在回顾分析报告里,每出台一个措施,减多少污染物,那个台阶式的变化都画得很清楚。

第四,就国际大都市的对比来讲,北京有比较先进的环境质量监测和监管系统,监测是评判空气当中的污染浓度,监管是指对那些污染源的监管,从人管到机管的转换,北京做得比较早,也比较快。

第五,精细化管理。针对 2017 年的"京 60 目标",北京市委书记蔡奇专门提出,对污染物要 1 微克 1 微克地去抠,要精细化管理。这些任务分解到街道,通过大数据和先进的监控和监管措施,管理措施精细化,应该说在全球大都市里都是领先的。北京当然也有一个得天独厚的条件,有大量的中央和地方科研单位，遇到问题时，能迅速把这些力量集中起来帮它解决。

张小琴：北京的经验能在全国推广吗？

贺克斌：路径完全可以参考，节奏不可能完全复制。北京是首都，能源结构可以大幅度调整，但周边的天津、河北、山东、山西，现在煤的比例仍然很高，在目前的情况下，不可能像北京这么快做到。但是它的路径有很好的参考价值。

核心能力：精准刻画污染源排放特征

张小琴：在北京或者全国的大气污染治理过程中，您和您的团队的主要贡献是什么？

贺克斌：从早期做典型污染源的分析，包括燃煤电厂、机动车的污染源分析，逐渐形成一个排放源来源识别和排放源特征分析平台。用它来找准未来不同时空范围空气质量改善的最主要矛盾是什么？我们还有很多回溯性分析来证明这个"抓"不仅仅是预测未来，通过回溯过去还可以证明这个平台哪些方面说对了，哪些方面还需要调整。清华团队是一个综合的团队，我刚才讲的这部分是做区域空气质量调控技术体系的一支队伍，目标是找准产生污染的罪魁祸首。还有另外一支队伍是做关键治理技术突破的，找准了罪魁祸首后，还要考虑用什么样的核心技术可以把排放降下来。这两个加起来，才是我们的综合贡献。所以**它是两条路径，科学认知加关键技术。科学认知支撑决策，关键技术支撑减排。**

张小琴：您能不能举一个具体的例子？

贺克斌：在国家"大气十条"执行过程中，确定了整个华北地区PM2.5浓度要下降25%，我们采用类似于2008年奥运会那样区域联动的办法。我们利用分析平台掌握了整个华北地区当时的污染物排放情况，把华北各地公布的排污措施合到一起，看未来5年把这些事儿都干了能否达到预期目标，最后我们分析证明北京能达到 25% 的降幅，但河北只能达到 14% 的降幅。我们把报告公布出来以后，很快引起了中央领导、河北省领导的重视，河北省领导表示如果达不到的话，就不能只按照已经公布出来的措施干，否则不就是完不成国家任务，拖了京津冀后腿吗？我们团队应邀到河北石家庄待了两个月，跟当地的各个部门，包括环保部门、发改委、工信系统、交通系统等一个一个去挖掘，除了公布出来的这些措施之外，河北省各地区还有哪些是可能减排的，与他们讨论，你看这个你还可以做，那个也可以做，在他们认同的情况下把这些编到一起，跟他们一起通过分析平台算出了新的减排量。之前河北省发布了"河北 50 条"，我们做完新的减排量之后，它又加了一个"补充 30 条"，我说你看原来"河北 50 条"只能得 50 分，把这个"30 条"加上，这个行动肯定能得 80 分。如果按照这个新做法，那河北省就不是改善 14%，而是会改善百分之二十七点几，这样基本可以保障 25% 的目标。但最后的事实证明，他们按照这个方案走下去，达到的是 33%。当然到最后一年即 2017 年，为了确保北京实现 PM2.5 年均浓度控制在 60 微克/立方米左右的目标，他们还加码多做了一些事情。这个就是说，我们相当于是一个参谋部，在技术方案上相对比较成熟地给地方政府做定量的沙盘推演，为他们治污决策提供参考。

张小琴： 你们能够做到这样的一种结果，核心能力是什么？

贺克斌： 第一，是对污染源排放特征的刻画能力。能够把比较精细的污染源排放的时空范围和行业分辨出来，还有化学成分分析出来。

我们把从 20 世纪 90 年代开始对各行各业测试的排放数据积累成了数据库，形成了这个以后，对全中国都是这么去做工作。有很多测试方法，数据的分析和建模方法都是我们在国际上首创的，获得了国家科技进步奖的肯定。因为以中国污染排放构成的复杂程度，照搬国外的东西解决不了，逼着我们必须创新。比如同样是钢铁行业，全世界最先进的技术和最落后的技术在中国同时存在，但是我们需要建立一个模型，把这个行业排放特征通过定量分析方法分门别类地说清楚，这就是我们在刻画污染源特征，有了这个才有了找到产生污染的罪魁祸首的基础。如果这个是一笔糊涂账，是找不准罪魁祸首的。

现阶段关于污染源的表征、刻画、定量分析的研究，在全世界可能中国投入的科研经费是最多的，其他地方特别是西方国家它的空间变化、时间变化比较稳定，可以拿 5 年前的数据说今天的事情，而我们是绝对不行的。

第二个核心技术，不仅是数据本土化，连计算模型的机制模块都已经越来越本土化了，能够重现一些复杂的重污染过程。内因是排放，外因是气象，同样的排放跟不同的气象条件匹配后会有什么结果，要用数值模拟去推演，它可能会演变成一个蓝天，或是一个非常重的污染。照搬国外模型误差很大，我们现在已经形成了很多新的，经过改造以后本土化的模型。

后来国家生态环境部推动一市一策驻点科技帮扶，在京津冀划定了 28 个城市为重点城市。第一轮问清华大学能支持哪几个城市，我们跟郝院士算了半天，认为我们最大的潜力是支持 5 个，但 28 个城市中有十几个到生态环境部报名说希望清华团队来做，磨来磨去，我们最后认领了 9 个，干得非常辛苦。我们在污染源刻画和数值模拟的一些方法上获得了先进的技术手段后，就迅速拿到这些污染重的前线城市去用。我们说这是真正把论文往大地上写，这些城市通过 3~5 年努力，改善了，达到国家要求了，我们这论文就算通过了；达不到，那论文就通不过，这个是非常实在的过程。

张小琴：2017 年时，您担任国家大气污染防治攻关联合中心副主任，是这个工作吗？

贺克斌：对，我刚才说的驻点就是跟这个相关联。我有两个责任，作为攻关中心副主任，要负责所有 28 个城市的排放源刻画，牵头指导 28 个城市统一编制精细化污染源排放清单，同时要牵头组织研究提出冶金、建材、燃煤、柴油机、挥发性有机化合物（VOC）和农业等重点领域大气污染治理方案。建立污染源清单和统一的技术方法，是为了让大家来统一使用。这 28 个城市污染严重,同时在重污染来了之时,它们之间关联性强,是传输通道上的城市。

张小琴: 所以国家要成立一个攻关中心来重点治理这28个城市?

贺克斌: 攻关中心提供科技支撑,治理是城市要持续做的。污染防治是一个攻坚战,科技人员帮助前线城市少放空枪,多获得减排和提升空气质量的效果,避免前线城市出现人力、物力、财力都用了,结果天上没什么效果的局面。

张小琴: 这个攻关任务什么时候结束?达到什么目标?

贺克斌: 这个攻关任务起因是这样的。2017年3月全国两会时,有一位中国科学院的院士给李克强总理提了一些建议,指出我们区域性的空气治理还是有很多科学问题没有完全回答清楚,比如不同的研究单位从不同角度得出了不同的结论,而不同的地方它到底用哪个结论去做这个事情?针对这一现象,第一,科技界应该进一步凝聚共识。第二,科技界一旦达成共识,各个城市就应该统一应用这些成果。李克强总理当时批示,要求拿出攻克"两弹一星"的精神来,进行大联合,把所有这些有能力的单位组织起来解决问题。总理还专门从总理预备金里拿出了一笔钱,支持大家集中攻关。最后通过三年多时间的努力,取得了成果:第一,推动这些城市明显改善了环境质量;第二,形成了下一步我们应该做哪些工作的共识。现在进入"十四五"了,这个工作机制还继续存在,"十四五"的科研攻关和环境保护工作还会继续支持这个机制来发挥作用。现在城市范围也扩大了,有四十几个了。

张小琴: 您作为一个研究大气的人,每天出门看天时会不会跟我们有点不一样,比如今天有雾霾了,会觉得跟自己有点关系吗?

贺克斌: 这个是肯定的。一旦在北京或其他地区出现雾霾污染,第一个就是要搞清楚原因。因为我们排放的基础水平还不能完全摆脱气象条件的影响,那就要了解一下是否有什么特殊的气象条件,如果当地的气象条件没有那么特殊,那就要查是否有外来输送。特别是重大活动保障时,必须迅速锁定原因才能够找到解决的办法。比如有一次在青岛海军节时,遇到臭氧升高,一般下午光照强了，化学反应更活跃，三点钟左右臭氧会出现高值，结果青岛那天早上九点多钟浓度就达到了高值。但是那时除了青岛的臭氧浓度高，周边城市的臭氧浓度都不高，不能确定是从周边城市传过来的，而青岛当时为了海军节采取了很多减排措施和机动车限行措施，于是有人说你们弄巧成拙，措施越多浓度越高。后来查光学雷达图、卫星图，才发现那天是一个非常怪的现象，从远距离输送过来的污染物，头天晚上在淄博、潍坊那一带形成的臭氧推到了海上，第二天上午又给还回来了，这个过程通过卫星图可以看出来，但是它通过地面监测解释不清楚。那次我和北大的张远航院士，一下飞机刚到会场，当地人员就说你们两个来了正好，你们给解释解释这个怎么这么怪？那种情况下，我们必须给出合理的解释，说清楚它为什么会这样。

后来做城市科技帮扶也是这样。当地有很多疑难杂症，见多了以后，就说调用什么信息或者加测什么信息，有点像经验积累多了的大夫，看完以后说这不行，再建议化验一个血常规，测个血压，然后就找到了什么问题。给地球治病确实有点这个意思，我们现在跟医院一样，拥有的检测手段越来越多，可能会用多种手段来寻找问题所在。

张小琴：再去找对策。

贺克斌：对。再说可以采取什么措施让它慢慢降下来。像上海、北京、成都这些地方已经开始建案例库，下回遇到这样的气象条件，把案例库调出来，马上就知道紧急处置怎么办。这也是跟治病似的，积累一些技术上的做法，供以后参考。

打赢蓝天保卫战

张小琴：2018年，国务院颁布了《打赢蓝天保卫战三年行动计划》，您作为核心专家，参与了计划的制定。为什么用"打赢蓝天保卫战"这样的说法，好像听上去很激烈？

贺克斌： 党的十九大明确提出来我们国家三大攻坚战，第一个是脱贫攻坚战，第二个是污染防治攻坚战，第三个是防范金融风险的攻坚战。其中污染防治攻坚战里，大气治理部分就把它叫成了"蓝天保卫战"。"保卫"的含义是说不能让它再出现大范围、长时间的雾霾重污染，以 PM2.5 为主要标志的空气质量要持续地改善。

《打赢蓝天保卫战三年行动计划》的具体目标，提出了经过 2018 年到 2020 年三年的努力，到 2020 年时，PM2.5 未达标地级及以上城市浓度比 2015 年下降 18% 以上，地级及以上城市空气质量优良天数比率达到 80%，重度及以上污染天数比率比 2015 年下降 25% 以上。在社会经济仍处于中高速增长的期间，实现这样的目标难度很大，因此用了"打赢蓝天保卫战"这样的说法，体现了国家的决心与信心。

张小琴： 这个三年保卫战打赢了吗？

贺克斌： 实际上，近十年国家层面出台的行动计划就两个，先是"大气十条"，接下来就是《打赢蓝天保卫战三年行动计划》。在减排污染物上，"大气十条"五年减的幅度非常明显，在"大气十条"行动计划结束的时候，中国工程院给出了一个评估报告，表明末端治理的潜力在收窄，而结构调整的需求越来越大，包括产业结构、能源结构、运输结构和用地结构的调整。所以在《打赢蓝天保卫战三年行动计划》里明确提出了四大结构调整，对应了将近 15~20 个措施。那么三年下来，天上的浓度改善达到了预设目标，但是结构调整减排的贡献，没有预期的那么明显，还是靠其他的一些措施综合效果得到的。说明要调整结构，难度还是非常大。同时从污染物的角度来讲，氮氧化物的减排和挥发性有机物的减排，还有很大的提升空间，还需要再继续做。相关的这些问题，如果再按既有方式往下提目标，不可能完成，因为它的减排潜力越来越窄了，已经到了结构调整的一个关键时间节点，所以下一步采取措施时，一定要在结构上有更大的动作，否则很难达到。

碳中和引领中国进入新变革

张小琴：那这个结构调整可能就跟我们现在提的碳中和结合了。

贺克斌：是非常好的一个结合点。2020年9月22日，习近平主席宣布中国2030年前实现碳达峰，2060年前力争实现碳中和。因为光有碳达峰是不足以倒逼结构调整的，如果在一个很高的峰，待着不下来，那也是达峰。国际上有一些了解点汉字的外国专家说，你们中国排碳会不会将来形成一个工厂的"厂"字，即碳达峰上去以后一直在一个平台待着不下来。欧洲实际就是这个情况，他们20世纪80年代就达峰了，一直在峰的平台上。我们中国是负责任的大国，习近平主席9月22号这个话讲完之后，非常明确表明，未来中国的排碳路径，不是工厂的"厂"，而是几何的"几"，达峰后会减下来。一旦有几何的"几"这个大路径后，大家马上就分析，怎么样既能合理减碳又能促进经济高质量发展，同时持续推动蓝天保卫，减排污染物改善空气质量。我们现在做了减污降碳协同增效的分析工作，相信在"双碳"行动推动下，我们的蓝天有非常好的一个前景。中国2020年的PM2.5浓度平均降到了33微克/立方米，还有将近100个城市达不到35微克/立方米的国家标准，但如果往"双碳"的路径去走，到2035年，全国300多个城市平均能达到25微克/立方米，绝大部分都达到国家标准。现在大家担心的臭氧，到那时平均会低于130微克/立方米，稳定达到中国和世卫组织要求的160微克/立方米的标准。

如果再往2060年走的话，世卫组织最严的标准我们基本上都能达到，就是PM2.5在10微克/立方米以下，这对于老百姓健康来讲是非常大的一个福祉。**美丽中国不是拿来看的，是老百姓拿来享用的。怎么享用？其中一个很重要的指标就是健康中国**。只要有病国家都报销药费，那个不是我们追求的目标，不吃药少吃药才是我们追求的目标,这才是所谓的健康中国的概念。

如果没有"双碳"这个目标往前推进,传统路径的蓝天保卫战可以实现的减排潜力会越来越小。就像只有地面部队的战斗,而且手榴弹已经用完了,子弹也剩下不多了,再不行就是刺刀肉搏式的,那种干法,减下来的污染物会越来越少。这个时候习近平主席宣布我们要实现碳达峰、碳中和,这将大大推进四大结构调整,从而进一步大幅减排污染物,就好比我们一下子有炮兵、有空军来支援了。

张小琴: 从空气的角度来说,碳达峰和碳中和对空气改善一定有大好处。从国家的角度来说,为什么我们要自己提出这样一些目标?

贺克斌: 首先这是气候履约的一个基本要求,2015年签署的《巴黎协定》规定,对2020年后全球应对气候变化的行动作出统一安排。《巴黎协定》的长期目标是将全球平均气温较前工业化时期上升幅度控制在2℃以内,并努力将温度上升幅度限制在1.5℃以内。但美国总统特朗普2020年宣布退出《巴黎协定》,中国是负责任大国,一直表示要说到做到。《巴黎协定》有一个共识,在2050年前,所有的发达国家应该实现碳中和。在21世纪的后半叶,2050年之后,其他国家逐渐实现碳中和,这个"逐渐"可早可晚,中国选择了发达国家实现碳中和之后10年实现碳中和,相当于在发展中国家做了第一序列的选择。中国作为一个负责任大国,自己加了压力来做这件事情。

其次,国内的生态文明美丽中国建设,不仅涉及大气问题,还涉及水、土壤等问题。要实现碳中和,就会倒逼约束浪费资源、循环经济做得不好、光说不做或者做得很差等行为,对实现循环经济,建设美丽中国、健康中国都有关键的促进作用。

还有一个很重要的因素是产业竞争。你可以不做,可以慢做,可以保持高能耗或高煤比例,但是会错过良机,全世界都在抢新能源、可再生能源的技术发展先机。中国现在起步并不落后,但如果施加的外部推动力不够,就会被别人领先，太阳能、风能这样的技术，虽然目前中国发展得不错，但其他国家也在大幅度地提升，美国、欧洲、日本都在加速做，它们公布出来的碳中和路径抢占产业竞争先机的意图十分明显。

也许有人会问，竞争就竞争吧，外循环少了，我内循环多做点，是不是也有效？但其实，将来的外循环不是少了的问题，而是可能它会把你往死里逼。未来国际贸易会出现碳边境税的强约束，绝大部分产品都跟电有关系，如果你是高比例的化石能源（煤、石油、天然气）发电，那就是一个高比例的高碳电，相关产品就是高碳产品。由于风光能源比例大幅度增加，如果国外大幅度在做风光能源发电，实现低碳电、低碳产品，你是高碳电、高碳产品，那基本上你的外循环空间就被压缩得小得可怜了。

张小琴：相当于它给你加了个税。

贺克斌：对，这就是碳边境税。这个碳边境税对它来讲是不是一定好，就取决于它对你的技术优势是不是形成了，它没有形成，或者说形成了以后差距并不明显，那它弄了也白弄。还是一个产业竞争的问题。比如，现在全世界55%左右的钢铁都是我们生产的，将来会给我们扣个帽子，说瑞典开发实现了氢能炼钢，你还是传统炼钢，算下来，你一吨钢排放的碳比我高多少，那我们就很难往下竞争，特别是高端的钢材出口。美国现在设计的很多规则就想把我们锁定在中低端产业链上，对发展5G的限制已经很说明问题。这个时候我们的科技水平必须要跟上、要赶超，甚至于要去引领。这样后续产业发展才能不断向好。

张小琴：有一种说法说碳达峰、碳中和是发达国家给发展中国家挖的陷阱，发展中国家工业化发展或者现代化还不充分，发达国家现在提出这样一些要求来，相当于给这些国家的发展设限，在这种情况下，我们主动提出一个比较高的要求，会不会对自己的发展形成不利的影响？

贺克斌：首先，这个话成立不成立？2020年特朗普就说了相似的话，他说气候变化公约是中国设置的一个阴谋,是反过来限制美国的,因为美国发现了大量页岩气①。所以这个问题的核心还是取决于我们的判断。当大家都要压低化石能源比例时,我们的难度确实是比他们的大,因为我们的化石能源特别是煤炭比例高,我们的经济还处在中高速发展阶段。但如果我们继续留在这儿,长期高比例使用煤、石油等化石能源,一旦他们形成了非化石能源的技术优势以后,下一步倒逼限制我们的做法是可以预见的。从目前的形势看,可能比以前更紧迫了,有人说最多5年,有人说是5~10年见分晓,如果这一趟技术竞争我们不大幅度地跟上,后边的日子可能就更难过。

张小琴:就像您刚才说的把我们锁定在低端产业里面。

贺克斌:会用各种方法来压制我们。现在国际上就不断有人批评中国的二氧化碳排放高,但他们忽略了"共同但有区别"的原则。"共区"原则是1992年《联合国气候变化框架公约》就定下来的,科学依据是二氧化碳是个长寿命气体,现在造成的地球升温效应要上溯到100多年前排的二氧化碳,100多年来排放的二氧化碳在累积发挥作用。如果仅仅拿2020年全球各国排放量的构成比例来说事儿,指责我们的排放量大,占比高,是完全抛弃了或者说无视大家公认的政府间气候变化专门委员会(IPCC)②证明的二氧化碳积累效应。根据"共区"原则,作为发展中国家,我们也要减少碳排放,但是发达国家要带头减,现在他们仅仅强调目前时间节点的各国排放占比饼图,而罔顾历史排放积累。如果从1850年开始算下来,发达国家在大气层积累排放了多少二氧化碳?

---

① 页岩气:一种特殊的天然气,其主要成分是甲烷。页岩气有一系列优点:一是燃烧后产生废物很少,符合当今的环保趋势;二是页岩气的储量丰富,广泛分布。美国是世界上最早开采和商用页岩气的国家。

② 政府间气候变化专门委员会(IPCC):评估与气候变化相关科学的国际机构。IPCC由世界气象组织(WMO)和联合国环境规划署(UNEP)建立于1988年,旨在为决策者定期提供针对气候变化的科学基础、其影响和未来风险的评估,以及适应和缓和的可选方案。

这是第一个问题。第二,要考虑人口规模。我们有14亿人,发达国家的人口全加在一起也不过就是这个数。你们不是讲人权吗?人均碳排放量就是人权的一种,碳排放权人人平等。现在美国的人均碳排放量仍然是中国的2倍多,反而指责我们在破坏全球环境。在新能源的应用上,我们现在技术、市场都不落后,为什么要错失良机?"双碳"目标确实不是一个轻轻松松能干成的事儿,但是如果因为不轻松,想缓缓劲,那就错了,西方不会给我们这个机会,所以要抓紧时间迎难而上。

张小琴:咱们现在提出来的新基建、人工智能、5G等,它们和碳减排有什么关系呢?

贺克斌:应该至少有两个方面的密切关系。第一,人工智能跟大数据、数据科学密切关联,大家现在都讲数字经济,数据也成了未来重要的经济资源之一。而数据的储存、加工和使用过程非常耗电。有分析认为与大数据相关的人工智能、5G新基建形成后,**将来信息产业部门很可能成为继建筑、交通之后的第三大耗能部门,有可能全社会20%的电要供给它**。这是不是成为不好的东西了?不是这样,它是一个好东西,但这么高比例的用电量,说明它本身的节电技术需要发展。如果能达到同样的信息存储运算的目的,但又少用电,对减碳贡献意义重大,本身节能增效的潜力非常值得挖掘。第二,新基建的出现本身会大大促进其他行业节能增效减碳,比如通过人工智能和5G技术,会大大增加智慧交通、能源互联网、车联网、物联网这些领域的综合效率,使它们可以减碳。如果它本身的用电用能可以尽量挖掘潜力,同时又大大赋能其他领域去减碳,那么从这两个方面看,整体上新基建对减碳有非常重要积极的作用。

张小琴:您对2060年前我们实现碳中和是比较有信心的吗?

贺克斌:我认为最核心的在于潜力比较大的几个新技术的突破,未来10到15年的发展可能非常关键,技术突破到我们预期的那个程度时,实现预定目标应该是很有保障的。但是还是有几个制约因素。我们特别希望大幅度增加的风光能源,在利用过程中,它本身的稳定性、系统储能技术的发展和大规模应用时电网的适应性等,会面临挑战。第二,这些风光电技术和储能技术,就算技术上已经实用化,稳定性变强了,但是它对于关键性稀缺矿产资源的依赖性,在多大程度上我们能够解决?这也是一个挑战,比如一些光伏电需用的稀有金属、风电需用的稀土元素,现在全球范围内有资源总量分布的问题,怎么通过新技术水准的提升,使稀缺矿产资源满足大幅度提升的需要,都需要不断攻关。这仅仅是两个例子,不是说有难度就一定不能实现,但成败很大程度上取决于关键技术的突破,突破得越早,后面把握越大。

张小琴: 这里面有没有"卡脖子"的地方?

贺克斌: 所谓的"卡脖子"是全世界遇到的问题,为什么我们还有信心和积极推进的动力呢?因为一些关键的矿产资源,无论是拥有量,还是精加工技术,中国并不是处在一个被动的位置,还是有一定的主动性的,有一些资源我们不是拥有储量最大,但是我们掌握了精加工技术,做技术博弈时,手上有一些牌。

张小琴: 现在的经济发展提倡要刺激消费,要大家多花钱,可是要低碳生活、保护地球,就要少消费,这两个之间有矛盾吗?

贺克斌: 消费我个人认为分两种:一种是直接跟物质流关联,一种是不直接跟物质流关联。如果你觉得5双鞋不够,买50双鞋,是否真的必要?那能穿得过来吗?那种以物质流决定的东西应该抑制一下,要适度,但并不意味着不消费。更多提倡消费不一定都跟物质流直接关联,比如文化、旅游、艺术那些也是消费,也是刺激经济。

张小琴: 英国本身也是工业革命的发源地,现在它又提出了一个绿色工业革命的概念,这是不是也把和碳有关的未来人类发展方向提到了相当高的高度?

贺克斌: 对。在欧洲有绿色新政,在英国有绿色工业革命的提法,都以碳为核心，通过碳来推动产业结构、能源结构彻底变革，他们也是看到了这样一个竞争局面。所以现在这个发展节点太关键了，非常值得去做，未来一旦新的局面形成，我们就可以牢牢站稳一席之地，甚至可以形成某些竞争优势。

张小琴：它的重要程度相当于工业革命？

贺克斌：重要程度不亚于工业革命。**它将来会成为世界经济从资源依赖型向技术依赖型发展的转折点**。就像风、光，本身作为供能的基本资源，有时空波动性，如果我们掌握了很好的技术，建立好新一代的电网系统，就可以实现大规模稳定应用，从根本上改变全球供能和用能格局。

张小琴：取之不尽用之不竭。

贺克斌：对。石油、煤炭这些传统能源地域分布极不均匀，像中东地区蒙上天眷顾油气储量就特别富足，相比而言，风、光资源全球哪儿都有，虽然也会地域分布不均匀，但其不均匀程度与化石能源相比有根本性的区别，很大程度上解除了世界各国发展中供能资源的约束，只要有好的技术各国就都有机会获得充足的可持续的能源供应，这个时候就不是以谁的资源多为优势，而是谁的技术好谁就有优势，我们能够抢先突破这些技术，甚至升级这些技术，就会大大提升未来的发展潜力。

张小琴：不是自然资源决定，是人决定？

贺克斌：对，这样就必须发挥我们的科技创新优势了。

臭氧污染成为突出问题

张小琴：2020 年受新冠肺炎疫情影响，生产和生活活动减少，其他污染物下降了，但是臭氧依然是持平或者上升，臭氧到底是一种什么样的污染物，它的危害是什么？

贺克斌：臭氧也是一种典型的二次大气污染物，不是从烟囱里直接排出臭氧，而是污染源排放的一些气态污染物经过化学反应产生臭氧。这些气态污染物相当于产生臭氧的原料，专业术语叫前体物，最关键的一个是氮氧化物，一个是挥发性有机物，在相对比较强烈的光照下，升到一定温度时，会触发一系列光化学反应，最后形成臭氧。

在过去几年，大家看到 PM2.5 等环境空气质量标准包括的六种污染物，有五个浓度在降，一个在升，这个在升的就是臭氧，出现这种情况最重要的有两大原因。第一是污染物的排放量中氮氧化物和挥发性有机物的总量比较高，这几年氮氧化物减的幅度大一些，但挥发性有机物减的比例要小一些，治理措施跟不太上。装修的甲醛、外墙喷涂的涂料、石油化工原料、汽车尾气、溶剂中都含有挥发性有机物，特别是溶剂使用的量，这些年增长比较快，由于它的分布比较广，造成了治理困难。氮氧化物相对下降较多，下降了百分之二十几，它下降了，挥发性有机物没有跟着下降，就会促进有利于臭氧形成的化学反应。治理的关键是要把氮氧化物和挥发性有机物按照一定的科学比例协同往下降。第二，光照会推动光化学反应，加速臭氧产生。但是臭氧污染出现时，人们从感官上来看天空还是蓝的，好像不觉得有污染。它不像 PM2.5 对能见度影响那么大，但是它对人的健康也会有影响，最典型的是洛杉矶光化学烟雾事件让大量的市民得了红眼病，1955 年，当地因呼吸系统衰竭死亡的 65 岁以上的老人达 400 多人。它最重要的损害是对农作物和生态系统的损伤，使农作物减产。这也是把它列入环境空气质量标准六种污染物之一的一个重要原因。

现在"十四五"规划提的是 PM2.5 和臭氧协同治理，协同治理最关键的是氮氧化物和挥发性有机物协同减排，这是大家形成的基本共识。而挥发性有机物和氮氧化物两个东西本身又对进一步减少 PM2.5 里的硝酸盐和二次有机成分很有帮助。但从"十四五"之后再到"十五五"，无论是治理 PM2.5 还是臭氧，传统减排的潜力基本用尽了，所以仍然要把目光放到"双碳"工作上，"双碳"推进以后，到 2035 年时，PM2.5 和臭氧的问题才会明显缓解下来。

张小琴：我们经常说到天空的臭氧空洞，是因为臭氧层变少了，对地球有危害，那为什么现在臭氧多了也会有危害？

贺克斌：所谓的臭氧空洞是说平流层的臭氧问题，平流层再往下是对流层，平流层的臭氧使我们免受紫外线照射，一旦平流层臭氧物质被消耗以后，光线的直射对生态系统的植被和人的皮肤都有害，人容易得皮肤癌。所以要保护臭氧层，让那些臭氧物质不被消耗。它在平流层跟人的呼吸和眼睛没有直接关系。然而在对流层里面，臭氧多了以后就变成一种污染物，所以有一种说法形容**臭氧**"**在天是佛，在地是魔**"。

张小琴：它在高处就是好的，在低处就是坏的？

贺克斌：对。在高处能屏蔽紫外线，在低处会影响人的眼睛、呼吸和直接危害生态系统，所以这是它在平流层和对流层的区别。

张小琴：高处的臭氧空洞不是人类制造的吗？

贺克斌：臭氧层是大气物质循环的一部分，是很长时间逐渐形成的一个厚层，由于人为排放氟利昂这样一些物质，逐渐进入平流层以后，会形成一种消耗性反应，把臭氧层越消耗越少，之后就会出现那个臭氧空洞，紫外线就会过到地面来。

张小琴：对流层的臭氧，"魔"的这一部分不可能上去成为"佛"，是吗？

贺克斌：对流层和平流层之间会有一些交换，但是近地面对流层产生的臭氧大量还是在"魔"这一部分，向平流层交换的比较少。

气候外交关乎国际权力分配

张小琴：现在气候外交也是国际舞台上非常重要的事情，气候外交背后也有一个国际权力的分配问题，是吗？

贺克斌：对。在 2020 年美国总统特朗普退出《巴黎协定》的局面下，中国多次表态说我们会百分之百兑现《巴黎协定》的各项义务，2020年习近平主席在9月22日的讲话里提出了中国2030年前实现"碳达峰"，2060年前力争实现"碳中和"。到12月12日的气候雄心峰会①上，又在很多的具体指标上增加了我们努力的约束量，包括可再生能源量、森林积蓄量、碳强度减排的幅度，等等，这些都体现了我们是一个负责任的大国。但是中国有一个底线，我们是发展中国家，共区原则不能丢，我们会积极努力去做，但不能最后变成要我们承担发达国家的义务。

张小琴：欧美国家对于中国在这方面也有一些发难，是吗？

贺克斌：对。2020年9月22日习近平主席发表重要讲话之后，全面提振了国际上的信心，有一段时间国际社会非常赞扬，说中国迈进了一大步。但是2021年拜登上台之后，美国的态度对国际社会有影响，欧盟的提法也有一些变化，所谓的发难是指认为中国还应该承诺更多。我们作为发展中国家已经承诺在2060年前力争实现"碳中和"，这在发展中国家里已经是实现"碳中和"的最早序列时间段了，这也是《巴黎协定》谈判过程中针对发展中国家实现"碳中和"的最早时间段，这种局面下欧美国家还要再讲我们并没有做得更多，就是发难，这个事情的原则我们不能丢掉。

张小琴：将来这个是不是很有可能成为发达国家对中国进行干预的一个重要议题呢？

贺克斌：气候应该是大家必须合作的一个重要契合点，但是发达国家也会不断地施加压力。中国从1992年开始一直有一个基本立场，我们可以积极做，但是你们没有资格逼着我们去承诺超出发展中国家应该承诺的事情，这方面我们绝不会有任何妥协，几十年一直是这样的态度。

---

① 气候雄心峰会：气候雄心峰会是由联合国及有关国家倡议举办的会议，旨在纪念《巴黎协定》达成五周年，进一步动员国际社会强化气候行动，推进多边进程。2020年12月12日，国家主席习近平在气候雄心峰会上通过视频发表题为《继往开来，开启全球应对气候变化新征程》的重要讲话，宣布中国国家自主贡献一系列新举措。

张小琴： 美国在气候问题上有多次反复，比如1998年签署了《京都议定书》，2001年布什政府又拒绝批准《京都议定书》。2020年特朗普退出了《巴黎协定》，但是2021年1月20日，拜登上任第一天就签署行政令，宣布美国将重新加入《巴黎协定》。这些变化的原因是什么呢？

贺克斌： 他们国内的具体原因我们没有深入研究，但应该从两面来看：第一，美国这种反复，在国际社会造成很糟糕的负面影响。对付气候变化，需要全球共同来完成。美国政府大幅度的波动对全球共同对付气候变化和完成联合国可持续发展的气候目标，有很大的破坏作用。但从另外一面可以看到，美国国内还有其他声音，即使是特朗普在联邦政府层面宣布退出《巴黎协定》时，美国仍然有60%的州和70%的城市继续按照《巴黎协定》规定的义务在做事情。2020年我参加的一次中美视频交流会上，有些美国专家和美国知名人士说："你们不要简单认为美国退出了，我们没有完全退出，我们仍然还在里边。"他们还是有相当比例的州和城市继续在做。包括上一次的《京都议定书》，他们宣布联邦政府层面退出之后，在很多国际会议上，美国的一些市长、州长仍然在讲，他们继续在做。

张小琴： 美国在这个态度上的反复是不是也表现出他们对于气候问题的不同认识？

贺克斌： 他们两次波动，基本上签署协议的是民主党，退出的是共和党。在气候问题的看法上，民主党传统上支持全球合作应对气候变化，而共和党的基本立场是退出全球合作。

张小琴： 未来有可能会形成全球统一的碳市场吗？

贺克斌： 目前不少研究者正在做这方面的研究工作，应该是有希望形成，但是可能会有一个过程。包括监测核查核算的环节，用什么样的方法，国与国之间接受不接受，哪些属于主权范围，等等。这些在国内形成碳市场时也必须要解决，既然要把它当作一种资源，那这种资源用什么方式来衡量，这也是回避不了的问题。

张小琴：将来如果形成碳市场，是不是谁制定了衡量碳的标准，谁就掌握了话语权？

贺克斌：这样的标准应该是在《巴黎协定》框架下签约国达成共识才可以，如果是全球碳市场，不可能是一家说了算。

张小琴：这个方面中国未来有竞争力吗？

贺克斌：我们目前在国内做碳市场的试点，相关的研究我们并不落后，当然有一些利弊分析还要进一步深化。有很多种利弊时，大规模搞起来，短期或长期内，哪些对我们是最有利的，需要汇总再测算，因此怎么研判这个事情，我觉得还有很多值得进一步研究的地方。

当选中国工程院院士

张小琴：您在 2015 年时当选为中国工程院院士，主要也是因为大气污染治理方面的贡献，是吗？

贺克斌：对，主要就是前面讲到的这些。

张小琴：您在当选院士时讲到了"三个不能忘记"，可以给我们分享一下吗？

贺克斌：第一，"院士"大家都知道是一个荣誉性称号，同时我说它也是一种责任，我认为首先永远不能忘记自己肩上的责任。当时我们当选后，11月中下旬有一次座谈会，当天又是一个雾霾比较重的污染天，所以我说我们这些成天治理雾霾的人要牢牢记住事还没干完，还需要继续干，这个就是责任。这个责任不仅仅是治理雾霾，现在又有臭氧问题、"双碳"任务，要一直把空气质量搞好，让老百姓对蓝天真正满意了，才是完成责任。第二，我讲的是永远不能忘记曾经培养和帮助过自己的人，"培养的人"我指的是老师，"帮助的人"我指的是同行,一个人能够长起来,广义的老师很多,三人行就必有我师。不能说取得了一些荣誉称号,似乎就都是自己的功劳,不要忘了自己是从幼儿园、小学、中学、大学这么一点点长起来的,永远不能忘记那些老师。同时在这个过程当中有很多同行用不同的形式在帮助我、支持我,所以我说这些永远不能忘。第三,永远不能忘记还需要我们去培养和帮助的人,指的就是我作为教师还有更多需要培养的学生和年轻的同行,就像我当年需要一些人帮助和提携一样。

张小琴: 您在 2018 年时,被评为 2016—2017 年绿色中国年度人物,当时是因为哪方面的贡献得到这个称号?

贺克斌: 首先,主要是因为在"大气十条"的制定、实施和评估过程中发挥的综合性作用。因为大家在 2018 年时已经看到从 2013 年到 2017 年的变化,特别是北京市 PM2.5 年均浓度控制在 60 微克/立方米左右的目标最终实现了,公认的京津冀地区非常难完成的 PM2.5 浓度下降 25% 的任务超额完成了,大家明显感觉蓝天多了。其次,获评绿色人物,一方面是做了一些科研工作,对环境质量改善的贡献受到认可。另一方面,那段时间频繁出现冬季重污染,我出来做了一些科普解释,解释的那些东西对大家消除当时的疑虑发挥了一些作用,这样公众就知道我了,因为这是在一个网站上由公众投票选出来的。

推动"国六"标准 荣获联合国奖项

张小琴: 您和您的团队在 2018 年时获得联合国环境署的"气候与清洁空气奖"团队奖,因为什么把这个奖颁给你们?

贺克斌: 颁奖词里说得很清楚,就是清华团队通过持续的科技支撑推动了中国机动车清洁化政策的进程,特别是推动了中国"国六"标准的制定、颁布和实施。这个过程要追溯到当初郝吉明老师用 10 万美元贷款开启这个领域研究，从那时起我们就全面介入了机动车污染研究，从20世纪90年代初逐渐地积累过来，在中国机动车标准的持续推动提升上面发挥了作用。到"国五"之前，我们跟踪的性质还是比较多，比如欧洲做"欧四"，我们就做"国四"，欧洲做"欧五"，我们就做"国五"。但是做到"国六"，我们跟美国、日本、欧洲的限值和侧重点已经有变化了，我们出来的东西有一些适合我们国情的创造性，而中国成了世界上最大的汽车市场，所以在这上面他们高度重视起来，现在欧洲、美国、日本的汽车大制造商都非常关注中国标准。"国六"实施了之后，"国七"的思路正在进行一些科学研究，我们国家正在布局，欧洲汽车厂商早早就派人来交流，了解中国"国七"的思路是什么，这涉及他们大众、雪铁龙等这些车的走向。

张小琴：出现一个新的标准，意味着有一批车可能就进不了城或者未来要淘汰，我们这么频繁地更新排放标准是有必要的吗？

贺克斌：两个问题，一个是从环境质量改善上，我们原来欠账太多。第二，这个环保标准实际是倒逼汽车发动机和油品升级。我们大概用了15～20年的时间，逐渐追得和欧美差不多了，原来差20年，现在可能差一两年，甚至再往下可能就是差不多并行了，这个过程实际上是提升我们汽车工业国际竞争力的一个基本点。

张小琴："国六"标准你们在里面起的作用是什么？

贺克斌：首先，应该选择什么样的限值更适合车辆的排放过程，并且和中国特点匹配。其次，从时间节点上来说，天上要达到什么水平的空气质量目标，燃煤、水泥、钢铁、机动车的减排应该做到什么程度，是不是及时合理地推出"国六"标准，我们也为管理部门的决策提供了技术支持。并且"国六"标准很重要的是它的在线监测方法。在车上装一些直接或者间接发送信号的设备，来判断排放是否正常。还有就是现在很多路段会越来越多地通过遥感设置捕捉尾气信号，如果发现尾气不合格，会尽快通知信息管理系统，要求司机把发动机工作不正常或油品不合格等问题解决掉，不能让它无休止地"带病"开下去。

张小琴："国七"标准有可能会在哪些方面跟"国六"标准不同？

贺克斌："国七"标准在考虑一个立方米里面有多少个颗粒物，而不是过去系列标准里的多少克污染物，还有跟碳排放相关的指标等。

张小琴：汽车的发展，用清洁能源的方向是比较明确的，这个时间表你们预测会是怎样的？

贺克斌：大的方向来讲，会逐渐地发展到大比例的新能源车，就是电动车、氢能车这种方向。

张小琴：比如我现在要换新车了，是等一等，等到未来有更好的新能源车出来，还是再买一个汽油车依然能用一段时间？

贺克斌：这两个选择都可以。国际上禁售传统燃油车，一些国家已经公布时间表了，从2025年到2040年不等，欧洲国家居多，那时想买也买不到，只能买电动车，但是已经有的燃油车是禁售不禁行。中国现在只有海南省宣布2030年开始禁售传统燃油车，其他地方还在考虑研究中。所以5～10年之内不可能出现大改变。

从减碳的角度讲，应该还是提倡新能源车。**中国现在电动车体量最大，随着体量再增大性能还会再提升，性价比就会更合理**。从有关规划上来讲，全国现在有500万辆的新能源车，五年之内可能发展到2000万辆，北京市现在是40多万辆，"十四五"期间，五年之内计划要发展到200万辆。

现在介入汽车市场的企业已经在发生变化了，将来买一个车的构成，车本身占的价格比可能变得不到50%，定期给你提升的那部分智能服务可能会超过50%，这又涉及全社会智能驾驶基础设施的提升。越来越多像华为、小米这样的企业介入造车行业，会明显加速更替，更快往新能源车方向发展。

最大的欣慰：大气质量明显改善

张小琴：您从 1980 年进入环境专业学习，到现在 40 多年了，刚好和中国改革开放的进程基本上重合，这段时间也正好是我们环保事业大发展的时期，这 40 多年当中您自己最欣慰的是什么？

贺克斌：**最欣慰的是我们的大气环境质量持续改善，特别是 2013 年以来，从当时那么严重的局面，通过 8 年多的努力，现在有了明显改善，并且它是制度性的改善**。我非常有信心，不会再像以前那样可能阶段性调整后，过几年又反弹回去了，特别是党的十八大以来，把生态文明建设列入我们国家五位一体的发展战略以后，形成了制度性保障，包括中央环保督察制度的建立、生态文明建设制度的建立，等等，并且我们的领导人对于生态环境的重视，应该说是前所未有，并且是长期一贯坚持。

我曾经跟学生讲过，我们从 80 年代开始学环保，很长一段时间感觉是一个很憋屈的防御性环保，经济快速发展，环境压力越来越大，做环保的人心里很着急，眼看着污染严重不能再发展了，再发展就不可收拾了。之后一段时间进入一个僵持型的环保，目前在有些环节上还是有一些僵持，通过中央环保督察还是能发现很多问题，在发展和保护之间还有拉锯。但是随着"双碳"目标的推进，它应该逐渐进入一个良性的状态，我们相信是反攻型的环保，比如现在的空气质量明显改善，今后由于气象等因素造成浓度小幅波动还可以接受，但是如果 PM2.5 浓度降下来后，又大幅度反弹回去，不论是哪一个地方长官，都肯定负不起这个责任。我跟学生讲，以后你们干环保，尽管也会很辛苦，但应该心情是舒畅的，结果也是可期，会令人满意的。现在整体是一直按照这个方向去做，并没有出现因为大幅度抓生态环境问题，经济就明显受影响的现象，要说一点影响没有也肯定不是，也有专家和领导在讲，受影响的那部分经济本来就是绿色高质量发展想要去调整的，只不过在某些时空范围里，因为生态环境保护的措施更早倒逼它实现了。

最开心的事情，特别是党的十八大以来，工作干了以后有结果，好的科研成果在实际应用当中落实的程度越来越高。以前有很多环境领域科研成果，别人用不用会打一个问号，如果一个地方环境治理本身干的就是装门面的假环保，研发的好技术不一定能够被好好地使用。有人批评环保新技术跟实际脱节，拿到实际中不好用，我说这个要客观分析，环保技术跟其他技术不完全一样，它有一定的内部财务成本增加的压力，究竟是这个技术本身不好用还是使用者不好好用，需要有技术和管理手段去鉴别。不过这些问题现在在逐渐减少，因为**环境质量的约束逐渐刚性化，跟社会经济发展一样，成为评判地方官员工作成绩的重要指标，且评判的数据**归真，这样地方和企业就真心实意地想要好技术，并好好使用好技术，以得到环境质量改善的好结果，这几年经济和环境协同的一致性越来越强，往真环保这个方向良性发展了。

建设世界一流环境学科

张小琴：2014 年到 2019 年 12 月，您担任清华大学环境学院的院长，您做院长时对于学院的发展是什么样的理念？

贺克斌：清华的目标是建设世界一流大学，世界一流大学首先要有相当一部分世界一流的学科。我们学院的老一辈教授，钱易院士、郝吉明院士，还有我们环境系首任系主任井文涌教授等人都讲过，世界一流大学就应该有一个世界一流的环境学科，这是我们应该去争取的，这就是当时最重要的目标。并且我们认为在**环境问题上，由于中国问题的复杂性，我们解决好中国问题就有机会拿国际的标准和坐标系来证明我们就是世界一流的环境学科**。

我们环境学院几辈下来一直在往世界一流学科的方向努力。如果按接力棒，首先是我们创系的系主任井文涌教授，接着是第二任系主任郝吉明院士，之后是第三任系主任陈吉宁教授,后来他担任校领导以后,余刚教授接任。这期间环境系发展成为环境学院,之后我从研究生院卸任回来做学院的院长,我再往下是现在的刘毅教授,一棒一棒往下传,核心就是要通过我们的发展和对国家的贡献,以及在世界上的影响,来证明我们是世界一流的环境学科。从2014年到2020年的发展过程中,其中一个指标是QS世界大学学科排名[①],我们环境学科的排名不断上升,从二十几上升到十几,到了2019年是第九,2020年是第八,现在我们能够保持在十上下波动,以后如果能稳定在五上下波动,就可以说某些指标已经展现出成为世界一流学科的证据。当然解决中国实际问题是首要,通过这个来证明我们的实力和逐渐获得国际同行的认同,我认为未来还需要继续努力。

张小琴: 从您1980年进入清华环境系,这40年以来,清华环境学院在国家的重大环保行动中是不是也从来没有缺席过?

贺克斌: 对。清华环境学院的大气团队,改革开放以来的历次大仗、硬仗都没有缺席过,大仗比如说烟尘治理、酸雨治理、机动车污染治理,再到复合型的城市和区域的PM2.5治理,到现在PM2.5和臭氧的协同治理,再到跟推进碳中和相关的减碳降污协同增效的治理,我们全部都没有缺席过。并且还有一些是遭遇战,比如2008年奥运会、G20峰会等重大活动的空气质量保障,等等,在短时间内要解决问题,有相当难度,我们都成了国家队里面的中坚力量,有的地方可能还是牵头领衔的力量,这种情况下既锻炼了大家的责任感,又提升了大家的能力。

环境学院不仅仅有大气团队,还有别的领域团队,在国家水污染控制、

---

① QS世界大学排名:由英国一家国际教育市场咨询公司 Quacquarelli Symonds(QS)所发表的年度世界大学排名。QS世界大学排名是参与机构最多、世界影响范围最广的排名之一,将学术声誉、雇主声誉、师生比例、研究引用率、国际化作为评分标准,因其问卷调查形式的公开透明而获评为世上最受注目的大学排行榜之一。

固体废物处理、三线一单（生态保护红线、环境质量底线、资源利用上线和生态环境准入清单）的建立，以及国家一些大的环境保护制度和政策规划方面做了大量的工作。同时，几乎所有重要的国际环境公约的谈判和履约过程当中，我们都为国家提供关键技术支持，比如持久性有机污染物的 POPs 公约、汞的公约、控制危险废物转移的巴塞尔公约，等等，我们都有一批教授直接成为谈判组里长期的技术牵头人。**国内仗、国际仗、大仗、硬仗都没有缺席过，这一条应该还是清华人的担当和技术实力发挥了作用。有为才有位，光有担当精神，很想给国家出力，没有本事也不行。**

张小琴：在国家环保方面的法律的出台上，你们也起到一些作用，对吗？

贺克斌：《环境保护法》《水污染控制法》《大气污染防治法》在制定或修订过程中，我们都发挥了非常重要的技术支撑作用。因为制定或修订过程中常常会讨论某一条要这么写，那么我们就要做技术说明，应该怎么表述，征求意见时，要有充足的编制技术说明，才会被方方面面接受。我曾经参加过酸雨和二氧化硫控制区的划分，这个是《大气污染防治法》（1995 年版）的一个新规定，我们的工作是要通过新的科学方法把已经和将要产生酸雨和二氧化硫污染的区域科学地划定出来，要采取更有针对性的政策措施来治理这个污染。怎么划分这个东西？我们做了大量的工作，划出来之后我们讲了很多技术方面的要求，我也是当时的执笔人，这个 100 多页的文件送出去之后，全国 31 个省市和所有国务院的部委反馈回来 300 多页的意见，我们要对每一条给出明确的答复，采纳还是不采纳，还是部分采纳。如果是采纳不用解释，回复两个字就完事，如果部分采纳，要讲清楚哪部分采纳，哪部分不采纳，不采纳的理由又是什么，我们又写了几百页的说明，就是这样反复沟通的过程。

在那个过程当中得到非常重要的锻炼，认识到学术和决策过程之间的结合，决策过程会充分地参考科学分析，但是不能把学术搞成学究，在实战的一些决策过程中，我们最初完全通过科学计算划定出来的区划图跟最终公布的区划图还是有很多差异。我记得很清楚,当时国家扶贫办意见就说对贫困县地区应该暂不划入,它可能也会有污染,但可能更多的是区域性的问题,应暂时先把它拿出来。仅基于技术层面可能你只想一头没有想另外一头,真正决策时要通盘考虑。

在《中华人民共和国循环经济促进法》上,我们有些老师直接在工作团队里牵头起草,在后期发挥了非常重要的作用。

在法规标准制定过程当中所发挥的作用远远高于一般的发表文章所发挥的作用,只有很长时间的成果积累和工作经历,和政府决策工作互动比较多时,才可能实质性地发挥作用。

张小琴:清华环境学院在未来碳达峰和碳中和的过程中,可能承担的任务是什么?

贺克斌:第一,要把生态问题和环境、气候问题结合。我们有大量做环境生态质量改善的老师,也有一批做能源和气候变化关联的老师,我们第一个任务叫协同,"减污降碳协同增效"这八个字是我们需要去做的相关工作,也就是要琢磨怎样能够把减碳和环境质量改善紧密结合起来。不仅仅是纯粹减碳,无论是风光还是核能,清华有专门的对应院系,比如核能技术研究院、电机系、车辆学院等,都会做相应的工作,但综合起来,减污降碳协同增效是第一个要一起做的工作。通过减污降碳协同增效的路径分析,我们会非常积极地介入支持能源结构调整向非化石能源方向发展。第二,我们也有一些老师通过循环经济、节水节能的技术在资源增效减碳领域持续发挥作用。第三,未来全世界风光资源大规模应用时,稀缺的关键性矿产资源如何循环利用,我们也有一部分老师在做这方面的研究工作,原来仅仅是当成一种矿产资源在分析,现在我们也有一部分老师在分析这些资源的物质流流向和产业链。第四,我们也有一批年轻教师在做碳捕集,会跟未来的碳储存以及碳利用结合。

刚刚讲到,为了实现碳中和,减碳最大的工作是能源结构、产业结构要调整，因此这些研究工作不是某一个院系能完成的，它几乎跟我们所有理工科院系都能关联起来，环境学院只是其中一个重要部分。①

张小琴：听上去你们不只是给地球治病的医生了，好像有点变成保健医生了？

贺克斌：对。从碳的角度讲，一旦地球病了，形成灾害性，有可能不可逆，它不像其他的病，危害性太强。从**地球医生角度来讲，它是体系性的病而不是局部性的病**，传统的排水问题、酸雨、二氧化硫或者单一某种污染物在局地形成影响时，是局部的问题，可以通过治病来恢复，但如果是全球性的问题，整个身体就垮掉了，一定要用预防和保健的方式来保护它，不能让它形成不可逆，否则就为时已晚。

环保人才要大气

张小琴：环境问题要解决，您觉得需要哪些人才？

贺克斌：**第一类需要能识别问题的科学人才**，这涉及科学认知上的提升，一个环境污染现象怎么形成，要有很好的科学方法识别它，同时能够追溯它的成因和来源。科学认知上这样的人才应该有很好的系统思维，逻辑思维很强，能进行系统的证据链的收集整理，能把这个事情说得清楚，这个认知不是猜测

---

① 2021年9月22日，清华大学正式成立碳中和研究院，贺克斌教授出任院长。碳中和研究院的成立，是清华大学主动抓住工科战略转型重大机遇的积极作为，是服务国家重大战略需求，深入贯彻国家关于碳达峰、碳中和的重大战略部署，发挥一流大学在应对全球气候变化、实现碳中和基础理论与关键技术突破等方面创新引领作用的责任担当，也是为推动构建人类命运共同体、全球可持续发展贡献智慧与力量的重要举措。研究院将围绕低碳发电与动力、新型电力系统、零碳交通、零碳建筑、工业深度减排技术、减污降碳协同增效、封存与碳汇、气候变化与碳中和战略等目标方向进行重点攻关研究。

性的，因此学习的知识面需要比较广，现在认知一个大气污染环境问题，需要化学、物理、卫星遥感等各种证据，微观、宏观的分析思维方式都要有。**第二类人才，能够突破关键技术**。已经认识到就是这个问题，比如某一类工厂的某一类污染物成为问题的核心，要用什么样的工程技术办法突破关键技术，是新材料、新工艺，还是新的装置？**第三类人才，是设计政策规划标准和管理制度的人才**。解决一个点上的问题和解决一个区域的问题，难度系数完全不同。从我们环境学院大气团队毕业的学生，有一些在国家生态环境部的司、局做领导，现在的大气司司长、副司长，都是从环境学院体系毕业的，他们现在逐渐锻炼出来的能力就是把科学认知和关键技术结合起来后，能设计出政策管理的制度，并且还能够有效地实施，成了这个体系里面的业务骨干。**不能仅仅是科学技术本身，能够促进科学技术及时在实践中用起来的制度设计、政策设计、标准设计和监管体系设计，也非常关键**。并且在现阶段中国经济社会发展的情况下，还要协调好跟其他部委的有效衔接，促进经济社会发展和环境质量改善的协同。

张小琴：战略性的？

贺克斌：对，有很多系统思维。**所有搞环境的人还有一个很关键的要求，就是要大气**，别太小气。一般更多看到的是一个区域的经济发展、社会发展，环境的东西可能更多是隐含在这些东西后面，比如一个区域原来是黑臭水流、空气污浊，你把它搞成清亮的水、蓝天、绿地，这个区域的生态价值提升以后，它的商业价值也就提升了，搞商业区、旅游区、住宅区，一定比原来环境恶劣时升值，这个时候可能大家都说是经济怎么怎么好，你不要太在意，要大气一点，否则你在这个体系里面老生气。习近平总书记讲了，绿水青山就是金山银山，这就是最大的褒奖了。你把原来被破坏的东西恢复了，变成绿水青山以后，你也造了金山银山。习近平总书记都讲了你有功劳，你还要在意哪件具体事情上没有肯定和表扬你吗？**清华还是一直提倡这样的精神，事要做好，但是论功**

褒奖时别太在意,这种气量还是要有。

张小琴: 您今年58岁,未来还有一些什么样的人生追求?

贺克斌: 作为高校的老师,目前**最大的愿望就是能够把新一代的学生培养好**。清华的学生很有潜力,最后一定会出现比我们现在做的事情贡献更大、影响更大的学生,这是最重要的。导师们之间的比较,更应该是比学生的成就,应该说是"师以生为贵",能培养出一批在未来的贡献和影响上做得更好的学生。

团结起来才能做大事,要有团队。"双碳"目标的实现难度非常大,但是一旦实现以后对我们长期可持续发展的稳定局面非常有利。如果在全球科技战上,我们在未来五到十年里能够坚持和打赢一些关键战役,或者我们在世界竞争格局里面牢牢站稳我们的一席之地,就可能为后续国家的长期稳定发展赢得机遇和时间,我在这个年龄非常期盼能和我的学生一起为这件事情作出一些贡献。确实接下来的十年,中国的发展变革不亚于第三次工业革命,跟前几次工业革命比,我们现在的基础和机遇远远好于那时,如果我们赶上了,在这里面发挥一份力量,应该是这段时间里面最关键的和最值得去干的事情。

张小琴: 环境研究算是跟人类福祉直接相关的学科,从事跟人类福祉直接关联的专业,应该是比较有成就感和幸福感。

贺克斌: 我经常说所谓的幸福感,是老百姓能够直接理解我们的工作。比如我老家在成都,回到成都以后,我们很多同学亲戚都说,你们干的这个事确实有效果,很不错,然后就有各种各样的证据讲出来,比如他们现在每年有多少天可以看到西岭雪山,原来有很多年看不见,更早时可以看见,现在又恢复了。**得到老百姓的认同,和发表一篇文章的感觉就是不一样,发表文章显得有一点局限**,是专业同行小圈子里面的事。环境改善实效跟老百姓生活关联起来,大家觉得我们干的事有用,他们不一定都理解这个事有多大学问,但是他们感受到这个工作对他们来讲真管用,这种评价和发表论文相比,是更好的感觉。

雕塑人生

曾成钢

演讲实录根据2021年10月19日曾成钢教授在"人文清华"讲坛的演讲《雕塑人生》整理而成,经本人审订。

专访内容根据2021年9月14日、10月28日在北京顺义雕塑工作室对曾成钢教授的访谈整理而成,经本人审订。

曾成钢

1959年生于浙江平阳，1991年毕业于中国美术学院雕塑系，获硕士学位并留校任教；2000年任清华大学美术学院雕塑系教授；曾任清华大学美术学院美术分部主任、雕塑系主任、副院长；现任上海大学美术学院院长、博导，清华大学美术学院博导，全国政协委员，全国文联委员，中国美术家协会副主席，中国雕塑学会会长，国务院学位委员会评议组专家，国家教育指导委员学科评审专家。

学术主张为立足当代、传承经典、面向世界，坚守雕塑本体，通过理论实践并重、研究转化结合，从不同的地域和文化中发掘可以被借鉴吸收的优秀传统，进行创新性发展、创造性转化，探寻具有中国文化特点、审美精神与文化立场的雕塑语言，构建具有当代东方艺术特征与精神内涵的艺术体系。

代表作品有《鉴湖三杰》《梁山好汉系列》《中国神话系列》《圣火接力》《月光》《福海之云》《恩格斯》《战友》《精灵系列》《莲系列》等。作品获第七届全国美展雕塑金奖、刘开渠雕塑艺术基金奖、第二届体育美展金奖、西湖美术节金奖、国际奥林匹克体育与艺术展银奖、全国城雕优秀作品优秀奖、北京双年展青年艺术家奖、首届"刘开渠奖"国际雕塑大展特殊荣誉奖、公共艺术户外雕塑学术奖、德国北方艺术大奖等国内外奖项。

曾组织策划雕塑展览、学术研讨会几十次，并担任全国美展、全军美展等重要展览评委；主持策划并建设芜湖、温州、银川、义乌、海宁、郑州等地雕塑公园，组织制作落地大型公园雕塑1500余件。在德国、瑞士等地举办大型个人展览，并广泛参与国内外重要展览，作品被中国美术馆、国家博物馆、国家画院、中央党校等收藏。

1992年被提名为联合国教科文组织促进艺术奖候选人，1998年被上海市政府授予"为上海龙华建设作出特殊贡献者"称号，被中国文联评为"德艺双馨"艺术家，2000年被评为"浙江省十大杰出青年"，2004年获得清华大学"学术新人奖"，2005年被评为全国"四个一批"人才，2007年获国务院"政府特殊津贴"，2011年获清华大学百年校庆"院先进工作者"称号，2011年获《美术报》年度人物奖。

大家好！

非常高兴来到"人文清华"讲坛，今天晚上讲一个我自己与雕塑的故事。

渔村少年走进艺术殿堂：什么是雕塑？

一开始我不知道什么是雕塑。

我在孩提时代非常喜欢画画，13岁那年真正开始学画，我的老师在温州平阳，离我住的镇有10里地，我每周坐船去学画。那时只见过连环画，不知道素描，也没有见过石膏像，就是想画画。上学读书经常分心，老师在讲课，我在画我的画。我读高中那个年代是"文革"时期，流行"读书无用论"，但是我觉得我这辈子，什么大学都可以不读，不过一定要做画家。

1977年恢复高考，我就想考浙江美术学院（中国美术学院前身），第一年连准考证都没有拿到，第二年拿到了准考证，很开心，但是也很忐忑，因为那个时代积压了很多年没有招考美术生，当时招收的考生都是万里挑一，而且年龄相差很大，我刚刚高中毕业才18岁，要和那么多人竞争，心里不是特别有把握。不过幸运的是，第二年我考上了。考上浙江美院的本科，也是我一生中感到最幸福的时刻。当时我考的是版画系，但版画系招生招满了，老师问我能否调剂到雕塑系，我完全不知道雕塑系是干什么的，心想只要能进美院，什么都可以，扫地也行。进入了雕塑系，班上11个同学，和其他人比，我基础比较弱，有的同学就是雕塑系老师的儿子，而我对雕塑都没有什么概念。就这样，我开始了雕塑生涯。

浙江美院雕塑系是中国第一个雕塑系，1928年成立，成立时像李金发①、刘开渠②等人都是从法国留学回来的。后来又有很多优秀的老师加入，包括我的导师沈文强③。从法国的传统，后来又受到苏联的影响，慢慢形成了我们所说的社会主义现实主义的写实传统，作品基本上是泥塑。那时我们整个国家实力不是很强大，泥塑只能是翻制石膏像，连翻铸铜雕塑的都很少。读本科时，老师在课堂上传授的是人民英雄纪念碑浮雕这一类写实的、纪念碑的做法，创作也在模仿这些作品。

　　改革开放后，文化开放了一些。当时是王德威④做副院长，他有一笔80

---

① 李金发（1900—1976）：雕塑家，中国现代象征派诗歌的开山鼻祖。1919年赴法勤工俭学，1921年就读于第戎美术专门学校和巴黎帝国美术学校。1925年至1927年出版的《微雨》《为幸福而歌》《食客与凶年》，是中国早期象征诗派的代表作。李金发一生还致力于雕塑创作，在法国留学时，他的两件雕塑作品被选入巴黎春季美术大型展览会展出。他的雕塑作品有伍廷芳像、邓仲元铜像以及广州中山纪念堂门前的孙中山塑像等。其作品主题明确，布局严谨，造型坚实，整体感强，注重人物思想感情的刻画。不仅工艺精湛，且极神似，堪称现代雕塑艺术中的杰作。

② 刘开渠（1904—1993）：雕塑家。早年毕业于北平美术学校，毕业后任杭州艺术院图书馆馆长。后赴法国，入巴黎国立高等美术学院雕塑系学习。归国后任杭州艺术专科学校（中国美术学院）教授，其艺术风格融中西雕塑手法于一炉，手法写实，造型简练、准确、生动。创作了《淞沪战役阵亡将士纪念碑》等一批反映抗战题材的艺术作品。中华人民共和国建立后，领导人民英雄纪念碑浮雕的创作工作，并创作其中的《胜利渡长江解放全中国》及《支援前线》《欢迎解放军》等浮雕。

③ 沈文强（1931— ）：历任浙江美术学院教授、雕塑系主任，浙江美术家协会常务理事，浙江雕塑家协会会长，全国城市雕塑艺术委员会委员，中国雕塑学会常务理事等职。沈文强兼擅架上雕塑与城市雕塑。其作品艺术手法灵活，人物神态生动，整体气势流畅。代表作有《克拉玛依石油开发矿史纪念壁》（合作）、《渔民》《孺子牛》《于子三烈士》《冼星海》《鲁迅》等。

④ 王德威（1927—1984）：早年参加"新安旅行团"，从事抗日救亡宣传工作。1950年起任教于中央美术学院华东分院，后曾入马克西莫夫油画训练班深造。历任浙江美术学院油画系副主任、副院长、中国美术家协会理事、浙江美术家协会副主席、浙江文联委员等职。擅长油画，代表作有《英雄姐妹》《刘少奇在林区》等。出版有《王德威画集》。

万元人民币的资金，可以建大楼或买车，这在当时是非常大的一笔款项，他说大楼不建了也要把西方一批精美的画册引进学校，所以钱全用来买书了。这批画册当时到学校后引起轰动，我们把到图书馆看这批画册称为吃西餐。西方的各种主义，从现代主义到极简主义，等等，每个艺术家的风格跟我们当时在课堂上学到的写实手法都截然不同，这大大开拓了我们的眼界。

命运的雕刻，6年考研

我怀着梦想毕业，希望找到理想的工作，继续做我的雕塑，做我的艺术梦。但是被分配到了一个不愿意去的地方——浙江东阳陶瓷厂。这个陶瓷厂到东阳县城大概还有三里路，那是一条非常冷寂的狭窄泥路，环境中的一切都和艺术无关。我想如果要实现自己的梦想，只有考研离开这里。但是我的英语很差，是我考研的坎儿。在东阳待了一年，那时候我在配电间抄电表，一天抄八次，八次抄完就可以看我的外语。没日没夜地背单词，房间里挂满了单词，就像晾衣服一样，一条接一条，铺天盖地。工作是一天三班倒，作息混乱，把我的整个精神状态打得粉碎。

当时的政策非常好，"要解决学非所用的问题，调整工作"，我就向省里的人事局和母校反映自己学非所用。就有了第二次分配工作，被分配到了绍兴园林管理处。在绍兴我待了五年，绍兴生活对我来说仍然非常艰难，虽然绍兴这个城市比东阳好得多，但是还是不能做雕塑，我的工作状态还是不行，领导对我说："成钢，我恨铁不成钢，能不能发挥一下作用呢？"我说："我在这里干什么？这不是我的专业，我要走的。"他也非常理解我。

不论是在东阳还是绍兴，我都坚持考研，连续考了6年。每次到学校考研时，也是我心里最矛盾的时候。考试都是在冬天，我冬天唯一的厚衣服就是一件海军的蓝色军大衣，每次出现在考场上，大家都会笑我：这个穿蓝色军大衣的人又来了，说你是不是考成明星了。到最后一次其实我不想考了，但是我的导师沈文强先生给我来了一封信，说："成钢你还是再来考一次，学习不在早晚，我等你。"这几句话鼓舞了我。我想这次如果考不上我再也不考了，我回温州去。这一次终于考上了，报到的时候是1988年8月8号，到杭州那天台风刚过，那年我刚好28岁，已经成家了，也有孩子了。

厚积薄发，被青铜器点燃

考上研究生后，我想把这几年在绍兴、东阳耽误的时间给夺回来，所以我跟导师商量能不能让我早点毕业，他说最快也要两年半，我就做两年半毕业的计划。当时我的状态是这样的：从周一到周五我没日没夜地工作，连吃饭睡觉都是在工作室。周末回绍兴的家，那时候火车不像现在这么方便，要开两个小时。在火车上，我就画我的稿子，画完稿子在家里过完周末就回学校。我创作的方式不是把一件雕塑作品做完再做另一件，而是前面摆一排架子，同时扎架子做好几件，泥巴是一翻斗车一翻斗车地计算。毕业的时候，我做了32件作品，展厅里全是我的作品。

在艺术的钻研上，我盯住了青铜器。这是对我一生影响最深的艺术，到今天我每次看到青铜器还是激动不已。我认为**在中国传统艺术中，青铜器、文字、古玉器、明式家具等都能和西方艺术媲美**。那时候我对青铜器如痴如醉，几乎把青铜器的画册都看遍了，我对老师说看画册不过瘾，要出去看看。当时口袋里的钱不多，把路费弄好就跑到西安，在陕西省博物馆看了不够，又跑到上海，这两个地方商周青铜器的展品是最丰富的，后来哪里有青铜器出现，我就往哪里奔。从青铜器身上我看到了它超出了容器的概念，它的内在结构、体积、张力都很让人震撼，具有和雕塑本质相同的意义。青铜器外形很单纯，纹饰布满全身又非常丰富，以前看青铜器也可以看成容器，但是看不到空，而我在青铜器里既看到了实体，又看到了空间的构架，还看到了容器的空，这给我带来了新的语言。青铜器另一有吸引力的表现形式是沉着有力的纹饰线条，这种线条完全是风格化、规范化的：曲直 S 形运动和空间构造，内部充溢着出神入化的韵律和生命节奏，纹饰曲直转折、纵横合度产生结构严谨、布缀丰满的效果，这种线条显示出一种遒劲之姿，一派崇高肃穆之气。我认为青铜器纹饰线条不是一般的图案花纹的形式美、装饰美，而是凝聚着自然的神力和净化了的线条，实属真正意义上的"有意味的形式"。青铜纹饰在规格化的图案共性之外，在它的线条里尤见生命力和力量感。我把这种线称为"青铜线"。此外，青铜器里还有非常精美的动物饰纹，有些构件把那些局部放大成雕塑，哪怕放到今天来看也是非常现代的，走遍全世界都不逊色。这便是青铜器给我的启示。

1989 年，我还在读研，那一年我做了一件非常重要的雕塑——《鉴湖三杰》，这件作品是我人生的转折点，它参加了第七届全国美展，荣获了雕塑类金奖。全国美展五年办一次，被称为美术界的奥林匹克。我荣获金奖后，30 年以来雕塑金奖一直空缺，直到 2019 年焦兴涛再次获得这个殊荣。这是我第一次参加全国美展，然后就获了金奖，心想，拿奖就这么容易吗？其实并不容易。《鉴湖三杰》表现的是绍兴的三个历史人物：秋瑾、陶成章、徐锡麟。三个具有传奇色彩的英雄，他们的生平事迹深深触动了我。在做这件作品时，前期我做了大量资料的研究，进行了深入的调研，真正开始创作后，我倾注了所有的力量，在工作室里整整做了一个月，一气呵成。老师建议我做一个秋瑾就可以了，我说不行，这三个人物的个性和形象非常有雕塑感，这三个人摆在一起才有架式，才有纪念碑式的那种节奏。在做这些人物的时候，造型的处理、空间的构架采用了青铜器鼎的概念，所以线条非常简约，在形体拐弯的处理上，我把我发现的"青铜线"用到了人物身上。大家对这件作品的评价是：简洁概括的塑造语言，错落有致的空间布局，拱型结构意喻的庄严，钟型轮廓产生的铿锵之力，取得形式感与内在精神力量近乎完美的统一。因为这件作品，雕塑界知道了有个曾成钢，也因为这件作品，我对自己开始有了自信。这也许就是老天爷的安排，他折磨了我，又给我带来惊喜。

《鉴湖三杰》，1989，第七届全国美展雕塑类金奖

在研究生时期，我还做了《精灵系列》，包括青蛙、螳螂、羊、猫等大量动物，都有青铜器那种简约、张力和结构。青铜器充满着刚健、厚重、古拙，甚至蛮勇的霸气，这种霸气正是一个民族的生命力和精神气质的表现，它是人对物质世界和自然对象征服意志的体现。而《精灵系列》的每一尊动物作品，都是对这种意志和精神的追求。研究青铜器时我发现它里面的动物并非对自然的一比一模仿，而是进行了夸张和变形。青铜器的形式节奏同样精彩，其结构各部分在体积形式及其空间的关系上安排得非常完美，精彩得令人叫绝。虽然那时人们只凭直觉和敏感或出于实用目的来安排这种独特奇崛的形式节奏关系，但从这种形式关系中发生出来的却是永恒而无穷的艺术意趣。青铜器这种体积形式和空间关系直接影响了《精灵系列》的创作，比如我对公鸡、青蛙等动物的形体也进行了极度的变形夸张，公鸡的鸡冠和鸡爪的形体，青蛙背部的

雕塑人生　/　曾成钢

《精灵系列》

乳钉和腿部经过重复处理，使之形成秩序。鹿和羊身均以大体块，用长而尖细的腿支撑来表现动物倔强的性格。在《龙马》里，我突出"青铜线"，把雕塑的形体做得更加具线条感，把体积去掉，使它的空间更大，更加融通，而且更富有线条的东方神韵。

《龙马》，黄石山雕塑公园

完成《精灵系列》后，我做了《梁山好汉系列》。青铜器题材限于动物吗？是不是有新的可能，把内在的张力表现出来？青铜器的语言要素运用到人物身上该找谁？找什么主题？因为小时候经常画连环画，而且水浒的故事很有意思，就想到水浒英雄们身上有这些张力，也许可以用他们做载体展现我所追求的青铜器的那种张力。但时间又不够，不可能把一百单八将做完，我就从中挑选最具有个性，也最能表达视觉语言、空间感最好，而且排列在一起能形成节奏的水浒人物，于是我选择了李逵、武松、史进、鲁智深、林冲和扈三娘。然后我就画草图，是做成传统写实的人物，还是西方现代派的人物？我觉得那些都不是我的风格，我想用不一样的表达。读本科时我不仅学到了传统写实的雕塑方法，也受到了西方的扎金①、大卫·史密斯②、摩尔③、布德尔④等人的影响，我觉得我们今天的创作不能跟过去一样，我曾成钢做东西必须是曾成钢的风格。我一直有这种概念，比如小时候造句我不会按照老师的做法，我会把几个词倒过来写成一段话，老师觉得这个写法也蛮有趣，这也许是我小时候就带有的一种脾气。我们搞艺术必须要和别人不一样，而且还得有意思。做这几个梁山好汉，我觉得必须要把人物做空。把人物掏空是摩尔的典型风格，他的作品孔洞十分圆润，线条流畅，没有明显的棱角，但我的梁山好汉的"空"是粗犷的、雄浑的。这个水浒人物系列做出来以后，大家觉得耳目一新。当时一些艺术家认为把身体掏空时雕塑容易散架、会碎，会感觉空虚、没有分量。但是我的作品做到空而不空、空而不碎、空而不散，每个人物的个性、形象都有它的符号，这种"空"把人物的名号、意象表达出来了。比如武松的整个造型就像鼎一样，他的胸部没有了，取而代之的是几个规则的孔洞，这样一来，观众会很容易联想到佛珠，给人一种感觉：这个空是有道理的。另外五个人物也是类似的逻辑。人物雕塑应该遵循形象自身的逻辑，做到"空而不散"需要更多的设计，人物

---

① 奥西普·扎金（Ossip Zadkine，1890—1967）：出生于俄罗斯的法国雕塑家，首批将立体主义概念用于创作的雕塑家之一。他使用木材、石头和青铜等材料进行实验，开创了强烈的个人抒情风格。代表作有《奥菲斯·斯戴兹》《被毁灭的城市》等。

② 大卫·史密斯（David Smith，1906—1965）：美国雕塑家，他是最早创作金属焊接雕刻的美国人之一，被公认为同代人中最伟大的美国雕塑家。他创造了20世纪最值得纪念的作品，以使用工业材料，特别是焊接钢铁以及探索开放性、直线性结构为特征，从而变革了美国乃至整个西方的雕塑艺术。

③ 亨利·摩尔（Henry Spencer Moore，1898—1986）：英国雕塑家，是20世纪世界最著名的雕塑大师之一。以他的大型铸铜雕塑和大理石雕塑作品闻名于世。剑桥菲茨威廉博物馆陈列的《斜倚的人形》（1951年），表现了一个高度精简、抽象的女性形象，是摩尔雕塑风格的典型代表。代表作包括《斜倚的人形》《家庭群像》《王与后》等。

④ 布德尔（Emile Antoine Bourdelle，1861—1929）：法国雕塑家，曾是雕塑大师罗丹的学生和助手。布德尔研究并汲取了古代东方和哥特时期雕塑的特点，使其作品在空间上显示出体积感和真实的曲线之美，并以此震动人心。代表作有《拉弓的赫拉克勒斯》《阿维尔将军纪念碑》《贝多芬》《舞蹈》等。

肢体的形态和尺寸，尽管与现实状况有关，但是不需要受人体结构的束缚，以形写神达意是中国传统艺术的精髓，夸张手法的运用有助于达到写神达意的效果。比如李逵的两个板斧很突出，胸毛都变成粗粗的，通过空洞凸显出来，会给观众一种浑身长毛的感觉。鲁智深的形体是抱在一起的，就像编箩筐，箩筐虽然有空洞，却是一个整体。鲁智深手持禅杖，禅杖也是内裹的，和形体相呼应。其他作品也是一样。我给这些好汉们创造了新的造型，赋予他们新的生命，也是一种新的艺术语言形式。今天我有这个梦想，希望有一天能把一百单八将做完，放到一个公园里面去，我想这应该是个非常有意思的话题。

《梁山好汉系列》

在我考研的时间里，美术界发生了天翻地覆的变化，社会上出现了像"85美术新潮"这样的先锋艺术潮流，它们反对传统、挑战权威、批判社会、刺激出格，对原来的传统完全是一种挑战。那个现场我是缺席的，我当时埋头考研，不知道先锋是什么，也不知道美术风潮如何改变，但是老天就这么安排，这种距离也使我保有了自己的特色，在读研时能安静地完成《鉴湖三杰》《精灵系列》《梁山好汉系列》等一系列作品。

我用两年半的时间完成了研究生学业，我写的毕业论文就5000字，题目是《青铜艺术的启示》。毕业展览时，我觉得拿一件作品不够，一定要弄一个专场，于是展出了32件作品，当时在我们学校很轰动。

通过这些探索和实践，我对艺术创作有了自信，也有了自己的理解。我认为，艺术没有新旧，只有好坏。"新旧"是一个时间的概念，是相对的。现在新的东西过了一段时间会变老或者变成传统，传统的东西或者旧的东西，比如一些出土文物，因为我们没有看过，反而是新奇的。"好坏"是有的，这里有价值判断，有品质的要求。一个东西价值不对或者品质不高就是不好的，不管过多久都不是好东西。

被欧洲大师震蒙，重新破局

研究生毕业后，我留校任教。当时有一个机会，学校说派我到欧洲去看一看，我就选择了意大利。意大利是非常有历史感的地方，文艺复兴三杰米开朗基罗、达·芬奇、拉斐尔这些人我都非常崇拜。我到了博洛尼亚美术学院，这是世界上最古老的美术学院，莫兰迪的画室就在学校广场的那个钟楼里。我到那儿做访问学者，但是觉得仅仅在博洛尼亚看还不够，于是就以此为基地，周游欧洲。出国之前我倾尽所有兑换了9000美金，当时对我而言是很大的一笔钱。我舍不得住宾馆，白天去看博物馆，晚上就坐火车赶往下一个城市，从意大利跑到法国巴黎，从巴黎跑到英国，又从英国跑到西班牙，周游列国，一个城市一个城市地走，看得眼花心乱。

让我感到最震撼的是米开朗基罗为美第奇家族墓地做的雕塑：《昼》《夜》《晨》《暮》。平时在画册里看到的米开朗基罗跟现场看到的米开朗基罗完全不同，这几个雕塑的人体超出了正常的雕塑概念，具有一种神性的力量。米开朗基罗曾说："我的东西跟希腊雕塑比，希腊的雕塑从山上滚下来会碎，我的东西不会碎。"米开朗基罗真不是一般人，他的石头是真正富有生命的，是人与神在一起的力量。他是上帝赐给这个世界的艺术家，他的东西是无法超越的。我看到他的作品时，两脚哆嗦，人家都已经做成这样了，我还要不要继续做雕塑？

没有出国之前，我很自信，觉得自己的雕塑已经很棒了，有我自己的理解，张力、构图什么都有，但是欧洲这么多杰出的艺术品让我看了以后发蒙，觉得人家很伟大，而自己太渺小。我白天看艺术，受那些大师的洗礼，但夜里经常做噩梦，我觉得人家的富裕程度、文明程度，博物馆文化的积淀都登峰造极，已然做得这么完美，我们还能做什么？

这个时候我在想要不要留在欧洲，当地有很多温州老乡也劝我留下来，说留在这里你肯定过得很好，你要看什么就看什么，要画什么就画什么，肯定能成为更好的艺术家。但是"要不要留下"这个念头只是一闪而过，我最终还是决定回来，我必须回到我们自己的国家。因为我知道要做一个艺术家，不能离开故土，不能离开我们的根。今天看来，我这个决定是对的。那个时代，我的同学和朋友出国的很多，但是现在在国外能大展身手做艺术的很少。

但是我回来后，很长一段时间失语，一下子找不到希望，一时也找不回研究生期间那个创作状态。在苦苦思索的过程中有两件作品使我从这个困境走出来。第一件作品是《丹心忠魂》，为上海龙华烈士纪念馆创作的，这件作品非常大①，由五大壁面组成，总面积为365平方米，浮雕采用写实为基础的象征性表现手法，以大量垂直线条与块面组合，线面之间虚实结合，突出人物间加强密度，以汇成铜墙铁壁般的整体效果，再现了上海百余年中的吴淞陈化成抗英、小刀会起义、辛亥光复、工人运动、党的斗争、文化运动、解放战争等波澜壮阔的历史情景，以及英烈们的英雄形象。在构图上我采取了非常平面的处理，把人物全部集中在一起，这种概念也是我看了欧洲的一些大型纪念碑、大型浮雕壁画后得到的启示，这个创作使我开始新的尝试，也恢复了一些精力。整个浮雕做了三年，由于长期在架子上弓着身子工作，我把腰给弄坏了。

---

① 《丹心忠魂》是目前我国室内最大的锻铜纪念性浮雕之一。

《丹心忠魂》，上海龙华烈士纪念馆

第二件作品是为我的老家温州博物馆创作的《中国古代神话传说》，这是前面那一件作品的延续，而且这个题目更加接近我的语言、我想做的东西和要说的故事。当时温州博物馆的要求是做温州故事，我想温州故事有什么好说的，每个城市的历史基本差不多，于是建议把温州精神提炼出来，和我们的远古神话对应，把盘古开天、精卫填海等远古神话的精神和敢为天下先的温州精神连起来。最后的作品把神话人物全部放大通天，大概16米高，用了三年时间建成。这个雕塑也是浮雕，浮雕正面是非常难处理的，尤其是这么巨大的浮雕，我采

《中国古代神话传说》，温州博物馆

用了一些方法，比如精卫的脚我把它垂挂、通天，这样更加有神话感，而且更加有飞的感觉，更加空灵。从最后的结果来看，这组作品是非常成功的。

为什么我当时会被打蒙？因为我在欧洲看到他们作品的形态、数量都非常惊人。在巴黎我看到布德尔工作室时就犯傻，他居然一辈子能做几百件雕塑，还画了几千张素描、几百张绘画。有了这两次创作，可以说我从失语状态又回来了，我觉得我能行，不管是题材上、体量上、制作上，我们有力量能做到欧洲的样式，甚至能超越欧洲艺术的质量。这两组作品我可以自豪地说，现在我也做到了，也能让西方艺术家感受到今天的中国艺术家的分量。

2001年，我来了清华。其实，我早就想来北京。《鉴湖三杰》获奖来领奖，是我第一次来北京，下了火车，感觉自己到了北京像灰尘一样，北京太大了，很多人在这里北漂，但当时我并不知道北漂是什么，只知道北京路途遥远，是个大城市。到了北京，看见那些古老的建筑，天坛、故宫，觉得太美了，中国传统建筑这么伟大。那是第一次想留在北京。研究生毕业后我带着夫人来北京，但是她不喜欢。过了几年，我还是想来北京，可是我的导师家里发生了变故，因为他对我太好了，到今天我也视他为父亲，为了照顾他，我选择留在了杭州。第三次机会，就是到清华来。北京终于来成了。

传统雕塑语言的现代转化

到这个阶段，我想应该把自己梳理一下，提出更好的方向。有一次和艺术理论家孙振华博士交流，他问我："成钢，在今天的艺术格局当中，有前卫的，有传统的，各人有各人的定位，你对你自己的艺术有什么定位呢？"我想了半天，我说我就是与生俱来地喜欢雕塑，喜欢这样的表达，如果要给自己定位，我说我守中场，他说："你是自觉的中场，是有约束的前卫，有原则的创新，有变革精神的学院派。"

我发现了一个米字型的结构，在这个示意图里，有西方的传统与现代、东方的传统与现代，它们的线是相交的。中国的现代雕塑其实是学习了西方的古典传统，我们的现实主义就是学西方的古典主义，比如把西方的透视引进我们的绘画中，包括对人体解剖的研究也进入我们的课堂，这一百多年来，我们整个美术学院写实主义的训练就是按照这个路数走的。而西方的现代艺术，则不搞透视了，反而是学习我们东方的传统，作品从透视走向了平面，这种变化是非常有意思的。其实西方的东西不在于高我们多少，他们缺少的要学我们的，我们缺少的要学他们的，社会进步是互相学习、互相融合的状态。我所讲的"中场"，就是对东西方各个时期全都不排斥，全方位吸收，来建立我们今天自己的艺术。通过这种方式，我们要走第三条道路，它既不是复制传统，又不是纯粹模仿西方现代艺术，而是对东西方的传统与现代进行传承、转化与创造。

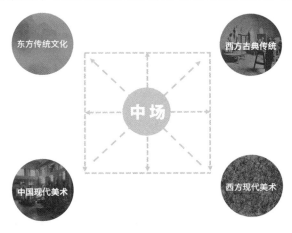

米字型中场图

这时候，我提出了一个明确的研究方向，就是传统雕塑语言的现代转化：第一，中国雕塑艺术必须立足中国，以中国文化为本位进行创作；第二，要强调传统雕塑语言的母体意义，强调传统的延续和发展；第三，在现代化的过程中，中国传统雕塑在语言上不是自足的，它必须具有自己的现代性，转化为中国式的现代形态,但不能一味模仿西方。

要解决传统雕塑语言的现代转化,不同地域和文化都是可以借鉴的,这个借鉴是传承它优秀的东西,传承的中心目的是要传承经典,在传承的基础上再进行发展、创造、转化,而且立场要立足当代,目标是要通向世界的未来。

我们的传统是什么?让我们把传统好好梳理一下。四川广汉的三星堆(公元前2800—公元前1100),与埃及金字塔同时期。秦陵的兵马俑(公元前247—公元前208),与希腊雕塑同时期。西汉霍去病墓的石雕(约公元前176年),与罗马雕塑同时期。武则天与唐高宗的合葬墓陕西咸阳乾陵(683—706)的蹲狮也很令人震撼,超出了一般的力量。四川乐山大佛(713—803),历时约90年造成,那个时候有这样的大佛非常了不起,因为它不像今天有很多电脑可以模拟,但是他们能把山脉、天地融在一起,太震撼了。明代山西高平的铁佛寺(1531—1536),最近是个很火的研究课题,这是和米开朗基罗同一时期的作品,铁佛寺的塑像非常精美,我看到照片就发抖,太棒了。今天的画家、雕塑家也不太可能做出这种状态。传统给我们的资源太丰富了,要转化。

什么是转化?转化是事物A通过某种途径转变为事物B的一种方法,但是B必须包含A文化的基因,而且它不是简单的变化,是要对这个文化基因进行创造性重构。什么叫创造?创造就是找出新方法、建立新理论、创作新作品。我认为创造有三条路径,分别是:继承传统,从"有"到"再有",这是一种超越,就像跳高,他跳一米,你可以跳一米三;其二是反叛传统,是从"无"到"有",是一种发现,人家没有做过,你去发现;其三是传承传统,是从"有"到"新有",这是一种转化。要实现这三条路径,我们的资源是非常丰富的,中国传统艺术中,从中国古老的文字、玉器,到明式家具,等等,对我们的艺术创作都有巨大启示和拓展作用。

走向公共空间

雕塑不仅有架上雕塑，还有户外雕塑，而且我认为，户外雕塑才是雕塑的真正价值所在。在西方公共空间里，能看到铺天盖地的雕塑。有一段时间大家对中国公共空间里的城市雕塑很不满意，确实有些艺术家不负责任，把雕塑变成活儿，大家的眼睛是雪亮的，这些劣质雕塑也被称为"菜雕"，民间也常会评哪个是最丑的雕塑。在过去的很多年里，我们交了不少学费，有些教训是惨痛的，而且是不应该有的，但是在中国全都发生了。如何杜绝视觉垃圾，防止城市雕塑建了拆、拆了建的乱象？要解决这个问题，就是要让有品质的作品走进公共空间。

我在这方面也一直在实践、探索。我的第一件公共雕塑作品《起舞》，是为安徽铜陵市创作的，当时我三十几岁，在中国美术学院雕塑系任系主任。铜陵是青铜器出产的地方，我正好在研究青铜器，就把一个爵杯变成了起舞的形式，我的想法是今天的生活如酒如歌翩翩起舞，而且又是青铜器的形式。这件作品得到了全国第二届城雕优秀作品评比优秀奖，也变成了铜陵市的城市标志。

这几年我做了一系列城市雕塑，探索雕塑如何进入公共空间、进入自然。比如，《与鸟齐飞》放在了韩国首尔，《金乌》放在了义乌国际雕塑公园，《月光》放在了山东烟台银河公园。《月光》高度将近40米，安放的时候用了四台200多吨的大吊车。其实我当时还有一个设想，就是底下全部用LED，用灯光的方式来做烘托，人

《起舞》，安徽铜陵，全国第二届城雕优秀作品评比优秀奖

穿过月光的时候好像走在银河上，不过因为经费的关系银河没有实现，但月光实现了。

《与鸟齐飞》，韩国首尔

《金乌》，义乌国际雕塑公园

《月光》，山东烟台银河公园

《莲系列》有一批作品，有一件放在了浙江建德。《莲》也是我对传统的东西进行的再思考。莲在中国文化中被认为是纯洁、富有生命力的，但莲蓬又是非常苦涩的，而且是黑颜色的，如何用雕塑使大家重新改变对莲的哲学思考？我把尺寸放大，而且把它撕裂，莲蓬在枯萎开裂的形态下，造型不再单调，随光影变换风姿，更多的层次肌理丰富了莲的审美内涵。莲是很完美的东西，被撕开以后里面还有什么东西？还有莲子，莲子是孕育生命和希望的。打开空间以后这个莲更加丰富了,这也是受到意大利艺术家卢西奥·丰塔纳①的影响,他的作品是在一个好好的画布上割一刀,显得非常惨烈,而且更有当代观念的意识。我选择镜面不锈钢作为《莲系列》的材料,因为材料本身自带表达意境的力量,从材料的性质中发掘雕塑语言的逻辑,从而在风格上实现温雅与阳刚的有机统一。那个肌理有非常皱褶的、很密密麻麻的那种反射,还有莲子非常干净,形成了鲜明、激烈的对比,不是感到一味的亮,表达的肌理把这个材料用得更加丰富,使人们的感受不一样了。今天我们这个镜面钢的工艺已经达到世界一流水平,以前都是靠一般的打磨,现在都用水磨,水冲压,可以说它的制作已经达到极致。

《莲》,浙江建德

《圣火接力》(2004年奥林匹克体育艺术大赛荣获雕塑类银奖)有8米高,放在了北京奥林匹克公园,鸟巢的正前方。《伟业》放在了中国共产党历史展

---

① 卢西奥·丰塔纳(Lucio Fontana,1899—1968):出生于阿根廷的意大利艺术家,空间主义的创始人。在他看来,艺术应当跨越绘画、雕塑等形式和材料的隔阂,与诗歌、建筑、音乐等其他艺术形式结合,从1949年开始,丰塔纳开始尝试打破材料的限制。一般来说,绘画作品和雕塑作品的分野非常清晰:绘画是二维的艺术,而雕塑是三维的艺术。丰塔纳戳破画布,在画面上打洞。在他看来,画布"不是,或不再是支撑物,而是一种幻象"。画布仿佛是将画面禁锢在二维概念的结界,戳破了这一层结界,破洞就创造出了另一重维度,如此架上的画布作品也就变得立体,穿透画布并非为了破坏,反而是为了构建。这一逻辑后来又被运用在他的雕塑中。

览馆。这是为纪念中国共产党成立一百周年，有关部门委托清华美术学院创作的，我带领雕塑系的师生们奋斗了三年。在这个新时代，新的纪念碑里面留下了艺术家的创造。

《圣火接力》，北京奥林匹克公园

《伟业》，中国共产党历史展览馆

这些年，我在主持中国雕塑学会的工作，其中的一项重要内容就是积极推进雕塑公园的建设。为什么做雕塑公园？雕塑公园解决什么问题？雕塑公园的状态是什么？雕塑公园在今天这个时代起了非常重要的作用，它解决了城市环境的美化问题，也解决了城市雕塑发展的困境，从另一条途径建构了城市性格。在十年当中，我们在六个城市建了六个雕塑公园，落地的作品超过六百余件，都不是小作品，全部是五米以上的大型雕塑，覆盖公共空间超过三万亩。在这个过程中，我们建立了一套标准，对观念、尺寸、风格、材料、环境有了全新的判断，形成了以芜湖、郑州和温州为代表的三种模式，被业界称为公共雕塑建设的中国经验。

我们认为只有政府、公众、艺术家和环境都认可的雕塑，才是真正成功的雕塑。举个例子，比如说芜湖雕塑公园，2011年才开始建园，但是国际雕塑公园联盟主席格楚·爱希理曼高度评价，认为可以排进世界雕塑公园的前五名。芜湖雕塑公园是政府搭台，专家评审，艺术家唱戏。芜湖在城市改造过程中出了一个城市规划，要把一块叫神山的荒地规划成公园，中国雕塑学会受邀一起参与公园的规划设计，通过举办多届"刘开渠奖"国际雕塑大展，把这个荒地变成了一个非常有品质的艺术公园。芜湖的环境得天独厚，在长江边上，植被覆盖和种类非常好。雕塑设计的落脚点是"作品与环境"，沿着神山，绕了一个圈，面积比较大，有3000多亩，在地势平坦的地方，把雕塑一件一件摆上去，就像给这个山戴了个项链。后来又针对雕塑进行了进一步的植被规划，环境与雕塑越来越紧密地融为一体。有了这个基础，剩下的问题就是如何把雕塑的品质提升上去。芜湖市政府领导非常尊重我们艺术家和专家的想法，认真听我们的意见，让专家保有充分的作品话语权，允许专家组对不满意的作品进行更换和移除。因为大家有一个共同的认识，那就是公园留下的作品应该是最具代表性的，应该是品质最好的。

总体而言，根据我的判断，今天我们的雕塑公园，不管是数量、材料、想法、制作，还是对环境的控制，都做得比较好，我们和欧洲的距离正在缩短，而且随着我们国家的强盛和复兴，雕塑艺术正迎来一个发展的黄金时期。

穿越：从中国走向欧洲

有些人说成钢做事情有很多设计。其实我没有，完全是碰到一件事情我觉得合适，决定去做就做了，我不想去做的事叫我去，我也不会去。我没有什么设计，就是老天爷推着我走。总体而言，我觉得我很幸运。

2012年，《穿越·曾成钢雕塑展》在德国举办①。办这个展，其实源于一个偶然的机会。

德国著名策展人沃夫冈每年都要寻找世界各地的艺术家参与德国北方艺术节年展，这是全球知名的艺术节年展。沃夫冈到中国看了我的作品，他问我能不能到德国办展览，我说到德国办展览不容易，展览就好像打赌，出去要拿赌注，也许会输得精光。他说你先到德国去一趟，我就去了。到那边一看见场地，那个空间、环境，觉得地方很好，我就决定去赌一把。我前后准备了一年时间，最后选了三个主题26件作品，朋友赞助了我一笔巨资，我把它放得巨大。

展览取名"穿越"，有这样几层意思：一是展览在德国举行，是中国雕塑艺术与世界的交流，是一次空间距离上的跨越；二是这批作品主题由三部分组成，人物主题的《大觉者》、动物主题的《精灵系列》和植物主题的《莲》，体现了一种天地万物合一的中国美学意境；三是雕塑作品融通无限，抗拒岁月风霜的侵蚀，面向未来的时间纵深。这个展览在德国很成功，瑞典雕塑学会会长理查德·布里克索看完展览后表示："原来以为中国的雕塑是拷贝西方。看了曾教授的作品，完全是他个人的创造。想不到在当下中国还有这样的作品出现。很震撼，这让我很激动。"我在欧洲办展览，原本就是在打一个赌，想看看我的探索能否感动西方，理查德先生的这番话回答了我，我做到了。

《大觉者》是为清华一百年校庆时做的。我把几千年来几位杰出的思想者

---

① 当时，该展览是当代艺术史上中国雕塑家在海外举办的最大规模的个人展览。

孔子、老子、释迦牟尼、耶稣、苏格拉底、马克思放在一起，表达我对于人类、对于未来的一种思考。我觉得只要人类存在，不管过去、现在与未来，他们永远是我们的精神、思想的灯塔。我的梦想是把这组作品放到戈壁滩上。

《大觉者》，南丹麦大学

最后，我回答一下开篇的第一个问题："什么是雕塑？"我想雕塑是占有形体空间、带有情感审美的造物，可以与天地共存。为什么需要雕塑？我认为，雕塑是人类生存的需要，是人类历史记载的需要，是人类文明发展的需要，只要人类存在，雕塑将永远存在，不会消失。

谢谢大家！

问答：

1. 如何学习欣赏雕塑

观众： 曾老师，有哪些方法或者有哪些角度可以帮助我们鉴赏一个雕塑呢？

曾成钢： 如果没有接触过雕塑，或者平时对雕塑关注不多，看到雕塑会觉得有点难度，相对于欣赏绘画，欣赏雕塑会更困难一些，因为雕塑是立体的，是和空间有关的艺术，而且欣赏雕塑要经过专门的训练，就像我们听古典音乐，要通过多场音乐会学习聆听、体会，然后去看它背后创作的动因。一件好的雕塑要真正理解、感悟它，要做许多的功课，最好能亲身体会如何做雕塑，那个时候欣赏雕塑会更加有意思。

2. 建立跨界思维，家具和雕塑互相借鉴

观众： 曾老师，我是在读博士生，我的专业是家具方向。您觉得什么是家具？家具和雕塑的关系是怎样的？

曾成钢： 这个问题太有意思了。第一，我觉得家具跟雕塑有相同的特点，都是构造，都是空间，都是用材料，一个是可用的，一个是不可用的，家具是我们生活可用的，必须与我们人发生关系，有的时候我看家具就把它当成雕塑来看。那你能否把雕塑也当家具来看？现在叫跨界、共融，今天要发展、设计出更好的家具，我的建议是要跨界。德国有一所技术学校非常有意思，就是两个系：一个学家具，一个学雕塑。材料非常简单，就是木头，没有别的，而且限制是不能用现代的工具，必须用手工。他们那个教学楼不大，都铺着地板，学生就在地板上做雕塑、做家具。他们还有一个要求，学生必须对着模特临摹，而且学家具的同学必须学做雕塑，学雕塑的同学必须学做家具，但是毕业的时

候雕塑专业的同学必须拿雕塑做毕业作品，家具专业的同学必须拿家具做毕业作品，不能串，这个方法很好。

第二，我们今天要设计现代的家具，必须从我们自己的传统和人家的传统中汲取营养，把我们的眼界打开，不能只是看到自己眼前的东西，只有这样拆散打乱再组合，才能创作出不一样的东西。

第三，我觉得东西有好坏，没有新旧。家具就两点：一个是实用，家具必须是实用的；其次，必须有品质，没有品质就不美，有了品质就美。

家都已经做成这样了
还要不要继续做雕塑

穿·越

创造
创造就是找出新方法、
建立新理论、创作新作品

继承传统，"有" → "再有"　超
反叛传统，"无" → "有"　发
传承传统，"有" → "新有"　转

曾成钢专访：在雕塑界打好"中场"

渔村少年乘风破浪去学画

张小琴：曾老师，我挺好奇，一个艺术家源源不断的创造力，最初最原始的动力来自什么地方？

曾成钢：在孩提时候，我觉得画画比较神奇，看到一个物体，用小小的画纸表达出来，跟那个东西相对应，又不是那个东西，就觉得我把这个世界画在纸上了，这可能是每一个人或者孩子非常天然的欲望。

张小琴：您意识到有这种冲动是几岁的时候？

曾成钢：我父亲给我一种特别的启蒙。他是一个渔民，手特别巧，会用竹子编各种各样的东西。有一个蟋蟀笼子，他搭得就像一个小屋子，而且那个花的雕刻很美，很有趣。

他画简笔画，会画海里的鱼、虾，甚至会画老虎、兔子，非常有趣，我就照着他的方式画，我觉得我比他画得还精彩，他也会表扬我，这个就引发了我对画画的兴趣。

张小琴：很多小孩都会有一点画画的兴趣，但是从懵懂的兴趣到持久的创作冲动，还是有很大距离，这是在什么情况下清晰起来的？

曾成钢：那时候温州平阳有蛋画、竹帘画、剪纸，很多民间工艺，出口量比较大。我小时候经常到这些厂里、工作坊去看。

我邻居有个男孩比我大一点，他家里有《芥子园画谱》，这个东西那时候也很少，我借了以后就买点纸拷贝下来，自己在家里慢慢描摹树、花、小动物，比原来的简笔画又进步了一点，感觉这个过程特别愉快。

那时候连环画出来了，就把好的连环画买回来，照着描摹，画得最多的是《孙悟空三打白骨精》，连环画就这么一寸大，我会在整开的纸上把画放大，这个是要一定能力的。因为我常跟着母亲在织布厂里玩,而布匹出厂的时候要叠起来用整张的牛皮纸包,我常在废旧的纸卷上画画,很有意思。

在初中我碰到一个老师叫叶成浩,他毕业于育英美术学院,徐悲鸿是他的老师,按照他的性格和水平,如果留在北京会成为大艺术家,不过他回到了平阳文化馆工作。他是画油画的,但是剪纸、版画、国画、雕塑也都做。我有幸跟他正式学画,因为他在平阳,我家住在敖江,离他将近十里路,我坐船去,早上去晚上回来。船票一毛三分钱,船老大是我的邻居,他觉得我喜欢画画很可爱,跟我说,你就坐在船头,不要买票,但是你不要动,动就很危险。那个船不大,三角的尖尖头,我坐在船头,风很大,冬天迎着风走,夏天很热。有一次我带画给老师看,在船上把画打开自我欣赏,一阵风吹来把我所有的画都吹到河里去了,感觉特别无奈。后来不敢坐船,改走路去了。

张小琴:这个画面很有意思,一个小孩子坐在船头乘风破浪去学画。

曾成钢:叶老师对我特别好,他可能从我身上发现我对画的热爱是由衷的,而且也不知道艰苦是啥,就这样来回奔波。他现在去世了,师母还活着,她当时说这个孩子以后会有点出息。

张小琴:您初中的时候还是在20世纪70年代,"文革"还没有结束,大部分人的生活跟艺术都不太沾边,但是您作为一个初中的小孩,每个星期去学画,已经开始走不一样的路了。您不管坐着船去还是走过去,是感觉要走向一个新世界吗?

曾成钢:他家对我有很大的吸引力,一个是绘画的氛围,另一个是艺术家的概念。他对环境的布置、他的生活情趣和一般家庭不一样,我们家是非常小的房子,除了最简单的家具没有任何东西,而他作为一个艺术家,有一个小院子。他关注的东西,包括那些花花草草,非常有乐趣,那种氛围完全是另外的世界,对我心灵的冲击挺大的。

张小琴:其实那个时候还没有恢复高考,所以也可能不知道画画将来做什么，是单纯被它的美好所吸引了？

曾成钢：对。当时知道了齐白石的故事，他原来是木匠，因为非常喜欢画画，后来当了大艺术家。我想如果没有大学的正规训练，通过自己努力也可能会成为大艺术家。

张小琴：周边的人认为你是天才吗？

曾成钢：不认为我是天才，就是觉得这个孩子画得很有趣，而且这么执着。

高中还有一个故事，那时候家庭比较困难，我想早点独立，自己养活自己。当时温州下属的宜山有个烟花厂，需要商标包装。有个人叫曾成金，他是浙江美院附中毕业的，到了敖江外贸公司工作。我当时17岁，跟他学包装设计，给他画黑白稿，英文一个字一个字画成印刷体，干了几个月，他觉得可以，就让我做专职的。我跑到学校问我们高中班主任徐宏图老师，他是杭州大学毕业的，对我挺好，他说你不要放弃学业，考试来考，平时去工作好了。我就这样半工半读，工作了一年，工资18块钱，虽然是学徒工，但干的是正式工的活，那时候才17岁，但一个厂的商标都包在我身上。出差到宜山一个酒店，看门的老先生问我，你一个小家伙17岁，给你住一个包间，你是什么人啊？我在宾馆里工作，商标设计好厂长认可了，我就跑到温州市区去做商标。那时广交会要订货，要赶时间，我下到厂里跟工人盯夜班，要求必须把活干出来，工人说看你这孩子这么一点大就管着我们，长大不得了。烟花那时候比较少，为了感谢这些工人跟我开夜班，我跟厂里说给我点烟花送他们，厂里觉得也对，我扛着旅行袋到车间给每个人分烟花。

张小琴：已经有带人做项目的感觉了。

曾成钢：对，就感觉做事情不能拖下去。

考入美院误打误撞学雕塑

曾成钢：1977年恢复高考，我报了名，后来知道下半年美院要恢复高考，我不去考其他的，就等着考浙江美院，母亲让叶老师动员我考其他的，我说美院考不上我什么大学都不读。

考的时候我一个人去杭州，要坐一天的车，早上很早起来，路上灰大，本来人很干净的，到那边基本就是泥人了。到了美院，也没有钱住酒店，就睡在走廊里。考试睡过头了，醒来赶到考场，幸好没有迟到太久，老师特别好，说你赶快进去吧，我看大家都开始画了，一紧张找了一个地方赶紧画，但画着画着就开心起来，哼起歌来了，老师说你怎么又迟到又哼歌？后来心静下来的时候，看看边上的同学，发现我画得并不差。

张小琴：画了什么题目？

曾成钢：先画一个人像。人像刚好我平时练得最多，所以跟他们差距不大。然后是创作，画一个生活中记忆最深刻的故事，我曾有一个邻居下乡去，一个人到了农村孤苦伶仃，我觉得要把这个表达出来，就画了一个《路过夜户》，内容是一个老支书推门进入知青家，看见他趴着睡，把自己的东西盖在他身上。考官是娄老师，那时候是系里的书记，他进去就把我的号码记上了，我想我有戏了。当时一万多人参加考试，只招几名，学生之间岁数差得很大，比我有大10岁、12岁的，我作为应届生考上，是年纪最小的。

然后老师问我，版画专业考满了，雕塑专业没考满，是否愿意调剂。我不知道雕塑是何物，我说只要让我进美院，趴着窗户看也行，扫地也行。

张小琴：进入雕塑的门还是误打误撞的。

曾成钢：我人生最兴奋的时候，就是收到本科通知书。窗户塞进一个信封来，问哪里的，一听杭州的，我想有戏了。打开是粉红色的小卡片，通知书，上面有我的小照片，被录取了，到今天我仍然觉得那是我人生最幸福的时刻，非常开心，不知道怎么表达，感觉这下我解放了，可以冲出小镇，去到理想的地方。

张小琴： 来到浙江美院，有梦想成真的感觉吗？

曾成钢： 很开心，每天都感觉非常幸福，那时候学生不多，我们那一届招了 60 个学生。

那时候学习非常努力，没有星期天，大家经常在一起讨论，常为一个问题争得面红耳赤，氛围非常热烈。

张小琴： 您开始接触到雕塑是什么感觉？

曾成钢： 我记得第一课不知道架子怎么扎，第一个雕塑做得非常不好。

张小琴： 第一个做了什么？

曾成钢： 临摹石膏头像。现在也是这么训练的，这是一个必经之路。做到第二个的时候，老师说你怎么进步这么快？

张小琴： 从开始学雕塑到有一个满意的作品，这个本科阶段就有了吗？

曾成钢： 对雕塑其实我感悟得比较晚，本科那时候也都还是朦胧的。

张小琴： 从绘画到雕塑有个坎儿吗？

曾成钢： 有坎儿。因为平面的东西好把握，要做成立体的东西，整个的思维、造型、空间都不太一样，这个坎儿对我来说是比较长的时间。我真正心里很自信，认为这个雕塑就是这样的，是研究生的时候，那时候才真正确立起来雕塑是可以这么做的信心。

张小琴： 那时候人文的氛围比较强，会不会也有一些广泛的阅读？

曾成钢： 那时候求知欲非常强，觉得世界太丰富了，尤其是刚刚改革开放，外来的东西对我们来说是五花八门。去图书馆看外来期刊或者画册都要预约、登记，我们号称是"吃西餐"。

张小琴： 您那时从西餐当中得到的营养多还是从其他方面得到的营养多？

曾成钢： 西餐。因为传统的东西在"文革"的时候割裂了。虽然我考学之前接触过传统的东西，比如《芥子园画谱》、连环画里的侍女、民间绘画，但也是莫名其妙的，我对中国传统的东西后来才开始感兴趣。

我大四的时候去陕西，武则天墓前的两个狮子把我镇住了。这两个狮子跟西方的雕塑完全不同，体积不大，但能把武则天墓前的领域镇住，我觉得不得了。后来我们上环境设计课，就是给你一个环境，要设计一个户外纪念碑。我做了狮子。老师说："这是古代的狮子，怎么能做成纪念碑？"按常理，纪念碑应该是西方式的，有故事、有人物。但是这恰恰反映了中国传统的东西对我的震撼，还有我理解狮子精神就是英雄精神，纪念碑要表达的不就是这种精神吗？我的理解就这么简单。

张小琴：您那个课及格了吗？

曾成钢：老师给我及格了，他觉得我想法不一样。为什么纪念碑不可以是这样的？这也反映了我的一个性格，我觉得一个东西要是和别人一样就没有创造力了，不一样才有意思。包括我今天也跟学生说，你不能像我，你要跟我不一样，必须有自己的立场，必须有自己的表达，而且必须要给人不一样的成果。

张小琴：在大学阶段您的主要收获是什么？

曾成钢：我学习比较刻苦，尤其在素描训练、人物造型上真下功夫，经常中午饭都不去食堂，在教室里一边吃饭一边画。素描对我理解人体、造型帮助比较大。伯里曼的《艺用人体解剖》这本书在今天来说也还是非常有意义的著作，真正达到了解剖跟应用、美术造型的结合，我把这本书默记下来。通过真正专业的训练，我知道作为一个艺术家是什么状态，而且知道如何把一个想法变成一件作品，基本在本科获得了比较完整的知识和造型能力。

张小琴：基本还是严格的西方写实训练。

曾成钢：对。到今天雕塑专业还是按照这个方式训练，我觉得这个训练非常有效。现在有两种态度，一种态度是要用西方的写实训练，另一种态度是西方的训练对传统东西的理解或者传承形成障碍，要回到中国体系来训练，我觉得二者不矛盾，学习要讲方法，方法是一个科学，把它用好了会更好地理解、更好地表达我们所需要的东西。

张小琴：有没有创造力不会受写实训练的影响？

曾成钢：不会。一个人要把学到的东西变为自己的另外一个能力，需要一种化解能力，这是很重要的。

考研六年尝尽人生百味

张小琴：您大学毕业的时候是1982年，那个时候大学生很稀缺，为什么您分配的工作有点不理想？

曾成钢：现在想来是天意，也许可能必须要经过这样一段时间的磨炼，今天才有成果。当时我毕业才22岁，人家说成钢留在学校里教书还不行，年纪太轻，太幼稚，把我分到东阳木雕厂。我们学的都是洋东西，而且要搞大型创作，那时候小木雕工序很强，厂长说成钢到这里可惜了，学非所用，后来又改签到陶瓷厂。

陶瓷厂烧保险丝用的工业瓷，工艺品只有很少的一部分，也不好看。工厂离东阳县城大概有三里路，一条泥路，不宽，非常冷寂。

有一栋工人宿舍，水泥楼，三层，我说我想自己搞一点创作，不希望两人一间，能不能给单间。他们说单间可以，后面有个矮房子，有一间空的，你住那里好不好。那个房子，四壁通风，前面有一个陶瓷黏土机器在工作，夜里11点才停下来，我也不管它，我英语最差，就在小屋里复习英语。在东阳一年多，就是一个想法，必须离开这里，考了一次研没有考上。

后来换了一个工作到了绍兴园林管理处，做雕塑的机会也不多，但是整个绍兴的文化氛围我记忆还是很深刻的，包括秋瑾、徐锡麟、陶成章等人的故事给我许多触动。我不安心，觉得自己不属于这个地方，继续考研。在绍兴我生活了六年，我的孩子在绍兴出生的。

张小琴：一门心思只想考走？

曾成钢：对，这个期间我也到四川考过，我们本校就考了四次，每次都是因为英语成绩不够而落榜。

张小琴：那这几年很艰难，和环境不协调，一次一次考不上，每年都怀着希望，但是每年都收不到通知。

曾成钢：对。我母亲都被我考烦了，周围有很多反对的声音。但是我太太特别好，说："你喜欢考就坚持，反正我没啥。"我也一根筋，她支持我，我就考了。我读研究生之前，家庭包括我自己都一塌糊涂，人瘦得像酱油鸭，没有钱，每月发了工资先去买好饭菜票、必需品，经常拉开抽屉就几个硬币滚来滚去，最怕朋友来我要请客招待。

当时冯远①是浙江美院教务处处长，最后一次考试前，他对我说："成钢，你这次来考如果缺十分我也破格录取你。"后来我英语还是差1分，被破格录取了。所以我特别感谢他。

1988年8月8日，我去杭州报道，台风刚过，城市惨不忍睹，但是我非常开心，我终于能上学了。但是不凑巧，我上学一个月以后我父亲不行了，走的时候64岁。

张小琴：大喜大悲的。回想起来这六年还是幸运的，有多少人不到六年就沉沦下去了。

曾成钢：这点我对自己很满意。我也鼓励自己的学生们，要坚持，包括今年刚刚考上的一个研究生，在我身边待了八年，考了四次才考上。我始终认为一个人只要自己不趴下就不会趴下，这个时候你会感动上帝，感动帮你的人，

---

① 冯远（1952— ）：中国文学艺术界联合会副主席、中国美术家协会副主席、清华大学美术学院名誉院长、全国政协委员。其中国画作品曾入选第五、七、八、九、十届全国美展和其他国内外重要展览。作品《秦隶筑城图》《星火》《屈赋辞意》等获金、银、铜奖十八项。

你不躺平，永远是有希望的。

青铜器点燃创作灵感

张小琴： 经过了六年的压抑生活，再回到美院的时候，是有一种释放的感觉吗？

曾成钢： 我想我肯定是一条龙，一定能成长，一定能做出大事。

当时我太太还在绍兴，周一到周五，我基本上是全天候在学校创作，每个周末坐火车回去。那时候的状态非常好，在火车上还画我的想法，《精灵系列》就是在坐火车的两个小时里画的草图。

张小琴： 这六年创作激情被压抑，就像火山积攒的过程，到了什么时候突然爆发的？

曾成钢： 刚进去时也是有一段时间不知道要做什么，因为积压太久了，就像火柴潮湿太久了还得烤干。沈文强先生是非常好的老师，看到我的东西，他说："你喜欢动物，对于审美有你特别的趣味，你去看看青铜器。"

张小琴： 在这之前没有接触过青铜器？

曾成钢： 没有。我们这代人缺失这方面审美的培养，我们很窄，基本是接受西方的东西过来的。

听了沈先生的推荐，我就跑到图书馆，把一套青铜器资料借来，越翻越有兴趣，青铜器是器皿的概念，但是又超越了器皿，变成了雕塑的语言，外型很简洁，中间的纹样很烦琐，但是又很单纯、很震撼。这种震撼在一般雕塑里达不到，那种威严、霸气、强悍是我所向往的精神。

看了资料不过瘾，我又提出要去看博物馆。然后我就去西安博物馆，太震撼了，青铜器太美了，中国在历史上那么早就有这样一类神物出现，可与希腊的雕塑媲美，是完全不同的两种语言、两种造型。古人怎么会有这种想象？

古人用这个线条怎么有这种力量？拐弯的时候是慢慢拐过来的，后来我把这种线条理出来，称之为"青铜线"，只有青铜器里有这种感觉，其他东西达不到这种气韵。后来我做的动物、人物，对形体的处理、对拐角的处理，那种饱满的程度，跟青铜器全部有关。

张小琴：您说的青铜线是指青铜器里面的线条吗？

曾成钢：对，线条。那个拐角不是拐得很快，又不是拐得很慢，就像人的肩膀的线条，不是打折的，也不是纯圆的，非常有张力。

张小琴：是当时的工匠追求这个线条，还是那时的工艺有限制，只能做成这样？

曾成钢：是心理对神灵直接的反映，他们觉得这个线条最有张力，最能表达当时审美的需求，只有达到这个份上才能表达那种狰狞。

张小琴：一般我们把青铜器当成文物，或者当成礼器，更多人从里面看一些文化的东西，很少把青铜器当成雕塑来看。

曾成钢：可能就是我了。它超出一般的器物，因为是国家的礼器，有一种特有的象征精神在里面，带有神性。

张小琴：中国文化各个不同历史时期有不同的跟雕塑相关的艺术品或者文化产品，为什么您和青铜器会产生这么强烈的精神共振？

曾成钢：它契合了我的审美方式，也契合了我对形体的理解，我需要这种力量来支撑我的艺术状态。

张小琴：这个契合的地方是它的力量？

曾成钢：对，这些东西都是很私密的。一个艺术家对一个东西会有特殊的痴迷，来表达自己的状态，就像凡·高（Vincent Willem van Gogh，1853—1890）特别喜欢用黄颜色，那是他对辉煌的一种表达，所以黄颜色的那种运用一看就是凡·高的。我做的这些雕塑，不管怎么样一看就是曾成钢的，这点对成功的艺术家，或者对一个有自我语言的艺术家而言，是非常重要的。

张小琴：青铜器在中国存在几千年了，但是对您来说，那一刻好像是崭新的？

曾成钢：对。我还说过一句话，什么叫前卫？一个东西被人忘记的时候，重新把它唤醒也是前卫，对我们来说也是新的，而不是过去。新旧是相对的，不是绝对的。

我的研究生论文很短，也就 5000 字，基本上是我那三年对青铜器的感受。

《鉴湖三杰》获全国美展金奖

张小琴：1989 年，您创作了《鉴湖三杰》。但来自青铜器的激发好像在《鉴湖三杰》里还不是特别明显。

曾成钢：对，因为它受了汉俑的影响，也吸收了一些西方纪念碑人物的处理手法，比较概括、简洁，然后加上独特的钟一样的造型。

张小琴：《鉴湖三杰》的材料是青铜吗？

曾成钢：当时没有钱，用不锈钢做成仿青铜。《鉴湖三杰》有徐锡麟、陶成章、秋瑾，这三个人物在绍兴时给我深刻的印象。我第一次参加全国美展，要做作品，我想要有主题性，这三个人物能做成作品是很有意思的，也契合了对英雄的一种崇敬。

张小琴：为什么是这三个人呢？

曾成钢：因为这三个人的性格包括形象很有戏剧性，摆在一起组成这样一个构图的时候，非常有冲击力，视觉效果非常好。如果只做一个人物，做秋瑾就可以了，但是我觉得还不够，要有雕塑的节奏，所以我安排了三个人，还要表达比较简洁的气质，所以把人物形象高度概括，采取了中国汉俑那种手法，干净、浑厚，多余的东西尽量不要，三个立柱，高低胖矮，形成的构图非常明确。当时的雕塑多数还是比较具象的，这么简洁概括的东西不多见。

张小琴： 您还是按照一个纪念碑的格式来创作这个作品？

曾成钢： 对。这几个人物的形象，当时尽量拉开距离，包括秋瑾的一些装饰、形象概括的处理，包括陶成章像铁蛋一样的性格表达得还是比较不错的。

张小琴： 创作前要做一些文献工作吗？对三个人的生平做非常详细的研究？

曾成钢： 我找了很多资料，不停琢磨、阅读，深化对人物内在气质的理解，但是最终还是要落实到视觉语言和造型上。

张小琴： 这个造型是经过反复的调试做成这样，还是一开始您脑子中就基本上有个大概？

曾成钢： 一开始就有了。我的特点是一旦一个形象在脑子中定住就不动了，一开始就是这样。

张小琴： 好像有一个蓝图在脑子里出现了。

曾成钢： 只有这种形态才是最准确的，这是第一印象。

张小琴： 所以这个东西是怎么形成的呢？

曾成钢： 一个是感受力，感受一个东西，能把印象不停强化出来就可以，就像钟一声敲下去，那个洪亮的声音就是这样的，不可能敲下去变成另外一个钟。我觉得那种感觉，就是要传递出来。另一个是表现能力，能把感受的东西表现出来。

张小琴： 这三个人放在一起非常和谐，同时有那种肃穆之气，非常有崇高感。它是靠哪些形式形成了这种肃穆，甚至带一点肃杀的感觉？

曾成钢： 这里面就有青铜器那种很稳的、充满着力量的肃穆的线条。一个形体是代表情绪的，是动感的东西，用不同的材料会表达出不同的情绪。像水流就代表清灵的东西，像石头、铁块、青铜就代表凝重的东西。

张小琴： 造型上有对称关系吗？

曾成钢： 在对称里面又要有变化，尽量使它不对称，在服饰里面每一个线条都经过处理，不是对称的。

张小琴： 秋瑾的衣服左边跟右边也不是完全对称的。

曾成钢： 不一样的。在对称里面找出不对称，在单纯里面找出不单纯，这样它的东西就更丰富了。这种处理的方式是耐人寻味的，是我自己琢磨过的，为什么不是那样，为什么应该只是这样。

张小琴： 这些是事后自己想到的，还是说当时创作时就很清楚？

曾成钢： 创作时必须清楚。必须是在强烈的意识之下碰到的偶然，那才是我们要的东西，而不是自己没有意识。

张小琴：《鉴湖三杰》雕塑的制作流程是什么样的？

曾成钢： 雕塑比较复杂，要扎架子，然后用泥塑，然后再翻制作模型。

张小琴： 到哪一个环节您觉得这个作品成了，到了这个样子就对了？

曾成钢： 泥塑做出来以后基本上就定型了，因为泥塑基本上把所有表达都做完了，泥塑之后只是材料的转换。

张小琴： 这个泥稿大概用了多长时间？

曾成钢： 我关在工作室里面做了一个月。一个月是比较快的创作速度，而且脑子是很清楚的。

张小琴： 基本上一次成型了。

曾成钢： 一次成型。

张小琴：《鉴湖三杰》当时获奖您是通过什么途径知道的？

曾成钢： 那时候我还在杭州。先通知浙江美协，然后浙江美协打电话来说："曾成钢，你的《鉴湖三杰》在全国美展获得雕塑类金奖。"得知获得金奖的时候，我说获得金奖怎么这么容易。恰恰是这件作品让我有信心，觉得这方面我可以继续努力，它也推翻了一些老师在本科毕业时说曾成钢不会创作的评价，同时也证明了对一个人，还是要长远地对他进行评价。后来也因为这个奖，研究生毕业后学校要我留校。

张小琴： 其实获全国美展金奖很难的。

曾成钢： 全国美展五年一届，像奥运会一样，每个门类只有一个金奖。

张小琴： 一个艺术家在特殊年龄阶段的作品有可能是不可重现的。当时做这个作品的时候您有30岁吗？

曾成钢： 30岁。我当时获得的是雕塑类唯一的金奖，此后这个金奖一直空缺，30年之后才又有人获得。

张小琴： 当时评委给的评价是什么？

曾成钢： 刘开渠先生给我一个评价，他说这是近现代历史人物作品中比较有自己的新气象的作品，代表了这个时代纪念碑式表达人物的新气象，让人耳目一新。

张小琴： 假设有不懂雕塑的人站在这样一个作品前，您希望他感受到的是什么？

曾成钢： 第一，基本的人物表达要清晰，知道这个"鉴湖三杰"是谁。第二，给你感受的艺术感染力是什么，创作的语言是什么，是不是跟人家不太一样，而且有特殊的审美趣味，从而使你的审美需要被满足，从这里面表达的精神气质中得到一种洗涤或者一种感动。

《精灵系列》化用青铜器

张小琴：《鉴湖三杰》获奖的时候，您的《精灵系列》（动物系列）、《梁山好汉系列》开始做了吗？

曾成钢： 开始做了，但是没有完全做完。参加完全国美展后，我就接着做我的动物系列。那时创作，我用泥巴是用翻斗车算的，做完一车又一车。一般别人用一个架子做雕塑，我同时摆着五个架子，一圈一圈地做，当时就睡在工作室，做那个感觉非常兴奋。

动物系列做了很长时间，不停地挑选，有做坏掉的就不要，我认为比较好的留下了一批，最后留下 16 件作品。

张小琴：这套动物系列跟《鉴湖三杰》相比还是有很大变化的。

曾成钢：完全不一样，因为是做动物，它的空间、造型非常有想象力，可以自由发挥。这些造型受到青铜器的影响。

张小琴：您说的青铜线在这里面有体现吗？

曾成钢：就是这些拐弯的处理，它会有这种气息在里面，我觉得青铜线是最抽象、最凝练的，也是最能代表中国传统审美气质的一种精神所在。

张小琴：但是您的《精灵系列》，很多线条是单线条的，您是把青铜器里面"器"的部分去掉，只留了青铜线的外轮廓吗？

曾成钢：这个很复杂。它也有形体，我只是把它的形体中间做的更加有线条感，把体积去掉，把这个线条感的体积融合在这里，这样使它的空间更大，更加融通，而且更加有构成感，更富有线条的东方神韵。

张小琴：青铜器比较内敛，它是集束在一起的，力量是往中间走，但是您的这些作品感觉是张扬的。

曾成钢：对，我借用了青铜线，但在我的作品里这些线条是放射的，不过不管怎么放射，都能在气韵里呼应起来，如果放射太远，东西就散掉了。一个东西要撒得开、收得住，有这种矛盾在里头才能更丰富，包括像这些形体的处理、空间的叠加，都体现了这种矛盾，但是在外形上还是很单纯的。

张小琴：螳螂的眼睛也是凸出来的。

曾成钢：像三星堆里的一样。

张小琴：有受三星堆启发吗？

曾成钢：有联想。这样的眼睛，符合动物本身的生理状态、物理状态，但是这样处理的时候，东西就更有想象力，更加能夸张表现充满威力的神态。我要表达这种弱小的动物是自然界真正的魅力所在，这种精神力量是它自己的延续。

张小琴：既然您要表现孔武有力，那如果用猛兽或者猛禽，像鹰、狮、虎，不是更厉害吗？您为什么选择做马、羊、青蛙等这些弱小的食草动物？

曾成钢：猛兽或者猛禽照样能做，但是我觉得没有颠覆性，而且对人视觉的冲击是很正常的。反其道而行之会增加艺术感染力，也会更增加人们对它的期望。

张小琴：有点像诗歌当中对语言的陌生化运用，到了一个动物面前，"哦，还可以这样做马？还可以这样做青蛙？"然后才会对它有更深入的理解。

曾成钢：对。作为一个艺术家，必须要反向思维，你这话非常重要，"他怎么会这么想？""他怎么会这么表达？我怎么没想到？"要达到在观众当中发生这些问号的效果。

张小琴：他才能静下来想这个人为什么是这样表达的，否则就过去了。

曾成钢：一定要发现人家不关心的东西，而且人家觉得很平常的东西你觉得不平常。

张小琴：大家一般都认为绵羊是温顺的动物，但您的绵羊，感觉有点像牛，有像斗牛的那种劲。

曾成钢：这个青蛙我自己也非常喜欢，这个就不像稻田里趴着的青蛙，身上的花纹都变成乳钉了，脚处理得像在田里耙泥的耙子，眼睛做得像汽车灯。我有意把它拆卸组装，夸张了很多东西，这种造型其实都是来自青铜器。这个构架一起来的时候，就会觉得这个青蛙变得很神奇。这件作品最初的创作冲动是毛泽东的诗《咏蛙》感动了我。

张小琴：用耙子做脚是出于什么想法？

曾成钢：因为它生活在田里，我觉得这个耙子跟它的腿、脚掌很有契合度。

张小琴：把中间那个蹼去掉了，这样更孔武有力。这个作品曾经放得特别大。

曾成钢： 对，在芜湖，两米多高。安装好后，市长说："这后面是神山，你就不要叫《咏蛙》了，叫《山神》吧。"所以后来叫《山神》。

张小琴： 用蛙来做山神，这也是一种很特别的安排。

曾成钢： 对。

《梁山好汉系列》融汇东西

张小琴： 您在读研的时候，同时做这么多作品，《梁山好汉系列》[①]也开始做了。

曾成钢：《梁山好汉系列》当时做了6件。我研究生毕业展的时候32件作品摆了满满一厅，当时来看现场的人很感动，那时候毕业一般就一件作品，所以我还是超量的。

张小琴：《梁山好汉系列》当时还是架上雕塑？

曾成钢： 对。架上雕塑，放在室内，像《梁山好汉系列》这个尺寸是最合适的，室内雕塑的尺寸一般控制在一米五以内，如果超过一米五就变成室外公共雕塑了。

张小琴：《梁山好汉系列》也给人留下特别深刻的印象，它中间用了镂空的设计，是怎么考虑的？

曾成钢： 我们上学时西方的东西看得多，当时有两个雕塑家的作品对我启发挺大，一个是摩尔（Henry Spencer Moore，1898—1986），一个是扎金（Ossip Zadkine，1890—1967)。扎金的作品跟摩尔的不太一样，扎金表达一些具象人物时有一些镂空，摩尔的镂空会走到纯抽象，我想借鉴这些方式来做水浒人物，但是不能搬它的东西。

张小琴： 摩尔的空洞中间是很圆润的线条，您的是有点儿狰狞的。

---

① 1994年《梁山好汉·提辖鲁智深》获首届西湖美术节金奖。

曾成钢：对。他那个空洞是为了空而空，我这个空跟他还不太一样，我的空里面带语言、形态，比如我处理林冲，他是被火烧死的，我想通过这些"空"的语言把很多背后的故事、人物的状态带出来。

像鲁智深，他是拿着禅杖的，为了把他更形象化，就把禅杖内裹，也变成跟形体呼应。一般"空"容易把东西给散了，但是鲁智深造型中的"空"，空的有内容，是空而不空、空而不散、空而不碎。这个作品里这种矛盾的处理还比较有意思。

张小琴：怎么做到空而不散？

曾成钢：鲁智深这个形体都是包在一起的。

张小琴：有一种向心的力量。

曾成钢：对。就像编箩筐，箩筐虽然有空洞，但是它不散，它是一个整体。

像武松，为了表达他的特征，我把刀、上面的头饰、胸部都空掉了，但是又让他戴着珠子，所以你会感觉到他虽然空但是还存在。它不是为了空而空，它的空是有道理的，是要表达人物服饰里所带有的特征。

像李逵，胸部虽然镂空，但是仍然能感觉到他胸部的张力，因为李逵胸毛特别多，所以在镂空的胸部表现了他的胸毛，你会感觉到他浑身长毛，长毛带刀。

张小琴：其实我们看这几个雕塑的时候不太会注意到"空"，还是会更加注意到形状，注意到您夸张的部分，"空"反而被忽略了。

曾成钢：这就是妙的地方，空而不空，有内容的存在，有它自己特殊的符号存在。

张小琴：实际上是把它最显著的那些特征夸张出来，然后大家可以忽略掉那些不太重要的特征。

曾成钢：像九纹龙史进，因为身上有很多文身，所以雕塑上的皱纹等很多东西都是表达他的文身，把他的眼睛处理得像龙头一样，就是把非常意象的东西糅合在一块,大家都感觉到他这个符号很明确,也很契合。所以在观察的时候会觉得是经过了极度夸张之后得到一种和谐。

张小琴: 您当时做水浒人物的时候选择了哪些人?

曾成钢: 我当时在108将里面选择了6位人物,这些人物在我的脑海里最有形式语言,形象性格上有差异,分别是扈三娘、林冲、史进、李逵、鲁智深和武松。这几个在水浒里面也是性格最鲜明、最有故事的。我一度曾想,如果有时间把这108将全部做完,这是一个理想。

张小琴: 到目前为止还是6个人吗?

曾成钢: 还是6个人。

张小琴: 您是通过什么方式去感受梁山好汉,然后在您脑子当中形成了这样一组形象?

曾成钢: 我确实去梁山跑了一趟,冬天去的。能感觉得到山的那种猛烈,那种英雄感。想象这帮人当时在梁山的状态应该是非常"嗨"的,天不怕地不怕,而且凭着自己的一身武艺打抱不平。但是艺术品可能比正式的人物更强烈,这些作品做好以后,人家能感受到水浒的那种状态。

张小琴: 您说的"嗨"其实是存在的,就是张扬的东西。

曾成钢: 还有他内心的强大、力量的展示、人的性格辐射。尤其是用雕塑来做这些东西的时候,给我提供了很好的语言来塑造。

张小琴: 这个形状,什么地方空,什么地方实,用什么样的轮廓,这些您在梁山的时候就有设想吗?

曾成钢: 没有。那个时候只是感受那种氛围。真正要做这些人物的时候,要沉浸下来,比如李逵的板斧怎么拿,板斧形成什么样的状态,在形成雕塑的时候完全有自身的一套逻辑。包括手臂多长、头多粗,那是完全抛开了现实再塑造的,但是你能感觉到他的性格和他的造型是吻合的。艺术品的创造,造型要造出现实中所没有的形,而这种形又符合逻辑,感受又比原来更加强烈、更加夸张、更有想象力，而且这是你的创造，别人不会做，那这个创作就成了。

张小琴：您估计还有可能做出108将来吗？

曾成钢：我不知道了。可能最好的希望是把我现在所有的工作都卸下来。

要想继续完成，可能还会是这种语言的延续，否则这套东西就不成体系，能不能做到这种状态，有这么生动，完全是看我的造化，这需要时间，还需要一种状态，还需要有足够的耐力。

曾经我有一个想法，到梁山去跟他们谈，给一块空间，我把它放大，做108将，是真正的水浒雕塑公园。在它的空间里，用现代的手法，用雕塑的方式，来把梁山这帮好汉的精神、故事流传下来，这是很有意思的。

张小琴：有评论家说您的作品有强烈的抒情性，这个是中国雕塑当中不多见的。

曾成钢：抒情非常重要，把情感彻底抒发，人会觉得轻松、幸福。一切的生活、工作，最后是要释怀。

张小琴：您抒的这个情是您自己的情还是人物身上的一种情？

曾成钢：二合一。也许它这种情感是我需要的，我也因为有了它，把我自己想说的话，表达得酣畅。

张小琴：所以它既是李逵又是曾成钢的李逵。

曾成钢：大家会认为这个作品有曾成钢式的张力或者曾成钢式的造型，或者曾成钢式的表达。

张小琴：32年前您做的东西就已经是这么前卫了。

曾成钢：所以一个艺术家的成长，包括他的成熟，有的时候跟年龄有关，有的时候跟年龄无关。有些伟大的艺术家，三十几岁就走了，但是留下了伟大的作品。

张小琴：您从摩尔那儿其实只是把"空"这个概念拿过来了，因为您的东西跟摩尔的东西非常不像。

曾成钢： 只有这样才是我们的正路，如果跟他一模一样就错了。

张小琴： 而且这个离我们传统的青铜器也已经很远了。

曾成钢： 它有一些特定的元素，或者是密码，还是存在的。

张小琴： 您是有意识地来用这些密码呢，还是说如果要用这些东西就避不开这些元素？

曾成钢： 因为只有这样，这个雕塑才能达到那种张力，只有这样才能比较过瘾、到位。

张小琴： 您说的这个过瘾是指什么？

曾成钢： 过瘾是指造型、力度的分量、张力。比如李逵，你觉得他充满着力量，而且这种力量已经达到了极致，不能再绷紧了。

张小琴： 满弦。

曾成钢： 就像一张弓拉满了之后，就有张力，但又不能拉过。把它拉到满弓的时候射出去，这个时候就是过瘾的状态。

张小琴： 它蕴含了力量释放之前所有积蓄的东西。

曾成钢： 对。梁山好汉这几个人物都含着这种力量在里头。

张小琴： 您在做的时候，手下去，哪一种状态是满弓状态，有一个基准线表示达到那个标准了吗？

曾成钢： 就像写毛笔字一样，运笔速度，笔划粗细、长短、角度都能感觉出来。线条跟体积是一致的，要感受它，就像我们称秤一样，低一点不行，高一点不行，就是在这里才行。

张小琴： 那个线是你心里的？有没有标准？

曾成钢： 这是内心感受，每个人不一样，所以艺术的东西差异就在这儿，把握不好不行。

张小琴： 一个艺术家的个人风格就是在这些细节里蕴含着？

曾成钢： 个人风格由很多密码组成，就像一个人的基因有自己特殊的东西,基因不同人就不同,这个很重要。其实人长这样、长那样都可以,但是基因一改变就把人的东西改变了。

张小琴: 如果要破解您的这组基因的话,构成里大概都包含一些什么?

曾成钢: 这个基因,我觉得就是平时的喜好,这些喜好慢慢会养成你对东西的不一样的表达,而且这个喜好要长期培养,这种偏爱会慢慢形成一种自然的语言,或者是跟人家不一样的东西。

张小琴: 我看了您的一些作品,能感觉到一种很强悍、霸气的东西,这样的作品没有自信是做不出来的。

曾成钢: 是。

张小琴: 您在研究生毕业时其实也就30出头,拿了全国美展金奖,做了这么多个性化、形式上也非常成熟的作品,好像已经达到了比较巅峰的状态?

曾成钢: 可以这么讲。我考上研究生时不是说过吗,只要我回来我就是一条龙,后来我通过作品证明了这一点。所以我做别的不会,但是用雕塑来表达,我有我的长处,也正因为雕塑我活得更加精彩、更加快乐。

留学意大利被大师震蒙

张小琴: 1992年您研究生毕业留校任教。同年您被提名为联合国教科文组织促进艺术奖候选人,什么原因被提名?

曾成钢: 因为我的创作。我研究生时期做了一批作品,当时文化部也觉得我是个新秀,源源不断有作品,而且又获了奖,所以就推荐我。

张小琴: 1994年,您到意大利的博洛尼亚美术学院进修,这是您第一次出国吗?

曾成钢: 第一次。

张小琴: 第一印象是什么?

曾成钢： 当时所有的家当卖掉，带了9000美金去的，那时候9000美金还是挺多的。到那边到处看博物馆，把我看得天昏地暗，他们留下来的文化遗产太丰富、太优秀了，像天堂一样，尤其我们受过洋训练，都是这个系统里的，接收起来没有障碍。看到意大利文艺复兴时期泰斗式的人物米开朗基罗为美第奇家族墓群创作的《昼》《夜》《晨》《暮》四个作品，我的双腿发抖，做得太好了，它是石头，却充满着生命，那些雕塑好像活的一样，能从上面跳下来，到今天我也认为它是世界上独一无二的一组作品。我觉得无法超越，因为做雕塑做到极致也就如此了，就像跳高跳到极限，除非借助别的渠道来突破。后来在西方美术史上艺术的潮流出现转向就是这个原因，另起一座山峰。

张小琴： 意大利回来之后您有一段时间作品很少或者没有作品，因为什么？

曾成钢： 被震蒙了。还做啥？你说做当代，他们做得很当代；你说比传统，人家最经典的都摆在那儿；你说做传统和当代中间的一些变化，人家花样也都做遍了，到今天我们也没有超过他们任何的花样。

张小琴： 但是那个时候您已经做了《鉴湖三杰》《梁山好汉系列》，而且也有您自己的特点。

曾成钢： 当时我傻掉了，我回来还这么做吗？如果当时我不出国，一口气这么做下去，那这些东西会有一大堆。看过他们的东西以后，发现我做的东西也不过如此，虽然有我的理解和我的表达，但是对工艺的表达、能量的辐射，我觉得底气不够。而且到了欧洲，觉得我们和人家差距特别大。

张小琴： 是物质生活吗？

曾成钢： 各个方面，包括生活状态、建筑、对文化遗产的保护，等等。感到一种压力和刺激，一直做噩梦。

张小琴： 这么强烈？

曾成钢： 非常强烈。

张小琴：梦见什么？

曾成钢：痉挛的感觉，跑、窒息，莫名其妙抽筋。

张小琴：您看到的是美好的东西，而且您说像天堂一样，为什么反射到您身上会变成噩梦？您的自信被震碎了吗？

曾成钢：没有被震碎，但是我蒙了。

张小琴：在这个震撼和噩梦里，想要突破吗？

曾成钢：我总是想要突破什么，必须要回来做事情。很多在那边的温州老乡说："成钢，人家都是偷渡来欧洲，现在公派你来你还要回去，留在这里算了。你有困难我们先给你钱，你可以做自己的公司。"人家都帮我准备好了，我就打个电话说不回去就完了。

但是我还是觉得自己国家好，没有留在欧洲，到今天看这个决定是对的，就一念之差。

张小琴：从欧洲回来时，对未来有一些想法吗？

曾成钢：反正是回来教学，创作一下子没有想法。

张小琴：没有创作的状态，大概持续了多长时间？

曾成钢：大概有一年半载。

张小琴：作为一个创作力旺盛的人，一年半载算长的了。

曾成钢：很长。

创作温州博物馆大型神话雕塑重拾自信

张小琴：重新找到您的创作语言是在什么时候？

曾成钢：回国后，通过两个项目我重新找到了自己的表达，第一个是为上海龙华烈士纪念馆创作的《丹心忠魂》，这件作品非常大，由五大壁面组成、总面积为365平方米，做了三年。第二个就是温州博物馆的项目，这个也做了三年。

张小琴：1999年您为温州博物馆创作了《中国古代神话传说》，这个创意怎么来的？

曾成钢：当时就想用什么东西来表达温州人的精神；还有当你离开博物馆，什么事情震撼你给你留下深刻印象？想来想去我说就做神话。温州博物馆的中庭刚好可以放几个通天的长条，我说把每个通条做成一个神话人物，把神话故事概括在里面，那多震撼啊！

张小琴：选的都是上古神话？

曾成钢：对。选取了盘古开天、伏羲创八卦、女娲补天、神农尝百草、仓颉造字、精卫填海、夸父追日、大禹治水、嫦娥奔月这些神话故事。而且跟以往的神话故事雕塑描述情节也不一样，比较意象一点。尺寸比较大，高15.5米，厚度是40厘米。纽约博物馆的人来开会在现场看到，都窒息了很多天。

张小琴：为什么选上古神话？

曾成钢：我觉得这些故事的精神和温州人敢为天下先的精神是勾连起来的，这些故事更有高度，也更加宏伟，更有历史的根基，温州内在的传统就是这么一种支撑，用这些神话人家能感觉到历史文化的传承，使这个博物馆艺术背景更加宏大。竞标时，那些评委听到我的表述，觉得这个定位是准确的，全票通过。

张小琴：是用什么材料做的？

曾成钢：铸铜的。到今天算起来也十几年了，依然感觉很震撼。

张小琴：这个作品比较重要的特点是什么？

曾成钢：因为它是神话，把人物变成上升的感觉，表示是从天而来的智慧，所以每一个角都是直接的线条。浮雕人物正面很难做，一般大都做侧面，但我大部分做了正面脸，感觉很不同。也有小部分侧面的。正面跟侧面交织在一块，因为作品比较高，所以在逻辑上或者造型上还能协调起来。脚都是采用垂挂的方式，这样显得这个东西能通畅起来，当时也是想了一些办法，使脚跟手有上升的感觉。

张小琴：精卫填海的人物是头朝下整个倒过来的，脚在最上面，手在最下面。

曾成钢：这种穿插，不会呆板，也符合故事本身的表达，在视觉造型上形成比较丰富的节奏，几个人物或者头朝上，或者头朝下，上上下下，动感很强。

张小琴：浮雕跟您做一般的圆雕，在形式语言上有什么特别需要强调的东西？

曾成钢：应该是掌握它的规律。圆雕四周都得照顾到，浮雕背后基本是平的，要在平的上面浮出一块来。浮雕有两种方式，一种方式是做得很平，用一种线勾勒出来加强它的厚度，像埃及浮雕，轮廓压得很深，体感就表现出来了。还有一种方式就是我们这种，不是抠线，而是把整体厚度加厚，而且边缘都要垂直，这样体感会更强。

浮雕跟圆雕不同，必须保持在一个平面上，它是墙体的延伸，墙不能做得太突兀，浮雕就是在这个墙里面，跟墙是有关系的。

张小琴：这种平面是需要强化，还是需要让人不注意到它是一个平面？

曾成钢：强化这个平面，而且要平整得饱满，而不是平的像纸片一样，要有丰富性，张力要出来。

张小琴：都是上古人物，这些形象您根据什么来确立？

曾成钢：参考现有资料，还加上自己的理解和想象。像盘古开天，一般的图像他都是拿着斧子要把混沌的世界打开，我没有这么做，我把斧子做在后面，我觉得神的力量连斧子都不需要用，天就崩开了，如果还要用斧子那还没有达到神的力量。

张小琴：强化的是他的肌肉力量。

曾成钢：对。这种形式语言是很单纯的，借用放射的线条，造成了开天辟地的那种物象，他就是要把山、自然、宇宙推开。

张小琴：夸父追日里人物头发做了很特别的处理。

曾成钢：这也是上古人的特点。这9个人物虽然故事不一样，但是一些手法，像头发、水、爆炸的线条，都用统一的语言，有相通的东西。

张小琴：大禹治水背景是水的线条，盘古开天背景是爆炸的线条，但是它们之间有相似性。

曾成钢：有联系的。

张小琴：保证一面墙上是一个整体，但各有区别。

曾成钢：对，每一个人物的构图都要布满，但又要显得实而不堵，所以每一个地方都要进行精准预测，还有视觉上要有一些变化，但变化的空间非常小，所以构思要巧。

张小琴：温州是您的老家，能在老家的博物馆里留下这样一个顶天立地的作品还是很欣慰的事情。到这个系列，是不是又重新找到了一种表达语言？

曾成钢：温州这个项目，我真正回到自己的状态中，通过对中国文化的梳理，找到一种更加清晰的东西，我们还可以往前做和人家不同的东西。文化的不同、背景的不同、造型语言的喜好、自我的追求，慢慢整理出来了。

张小琴：您做温州这个项目时，做的是中国文化题材，您去意大利之前，做的《梁山好汉系列》也是中国文化题材，经过了沉寂和思考之后，再做温州项目有什么不同？

曾成钢：尺度和要求完全不同。《梁山好汉系列》做的是圆雕，这个是用浮雕的语言表达，而且放在非常具体的环境里，更偏向公共雕塑造型所理解的那种视觉语言，会淡化我的一些个人语言，形式也非常强烈，毕竟还是一种具象的表达。但是如何做得更有现代感，我动用了一些手法，对故事的概括、人物的处理方式、构图形式进行了一些调整，每个通条充满画面的就是一个人。

张小琴：从您个人的艺术语言或者艺术追求上来看，有什么跨越？

曾成钢：对我是一个考验。从架上雕塑到了一个公共空间里，要把握巨大的尺度，这个对我挑战很大。还有，在一个大壁面上，如何把9个通条协调好，对我来说也是一个很大的挑战，对这个东西的把握，欧洲之行是有启发的。

在欧洲现代建筑里，室外浮雕尺度都非常大，我也认真看了那些浮雕在环境里如何处理，仔仔细细地研究了它们。

张小琴：这个时候您找到调和东西方之间的方法了吗？

曾成钢：研究生时期，我从青铜器里吸取了很多营养，我一直在思考，如何把中国古代的传统和西方现代的东西进行融合。所以温州项目这些语言的运用，自然而然地把东西方融合在一块，我觉得特别顺畅，没有障碍。

张小琴：靠什么在调和？

曾成钢：我对西方现代的东西很关注，还有我把中国的内容和我自己的独特理解进行消化，进行默契的整合。我非常喜欢布德尔的浮雕，我把他的东西吸纳了不少，温州博物馆浮雕里有些人物的处理，包括构图的安排，有和他相通的地方，但是我比他做得更加粗犷、更加强烈。还有他完全是"阳"的做法，我的形体处理有阳面跟阴面，进行了反差，拉开了距离，只有这样一种组合处理方式才能凸显自己的语言。

我觉得艺术里面，一个是要把源头搞清楚，另一个就是要思考如何利用这些传统再重新组合，像鸡蛋一样，把它打碎了以后，可以做蛋卷，也可以做荷包蛋，还可以做蛋花。

张小琴：吸收它的元素？

曾成钢：对，必须把它打碎，只有这样才能变成你自己的东西，才能把你自己的东西运用到一个恰当的形式中。

张小琴：处理的是中国的题材，但是用了很多西方的方法，同时又保持了自己的风格。

曾成钢：对，只有这样你的东西才有价值，也只有这样人家才会觉得你有自己一套完整的构架，而且你的逻辑是清晰的，你的方法是有传承的。

现在对学生们我也是这么说，一定要把传统的东西吃透，而且真正理解它好在哪儿、差在哪儿，有没有更好的可能，把这些东西消化以后，再变成我们今天的传承和转化。转化或者是 A、B 的关系，或者是 A、C 的关系，或者是 A、O 的关系，但里面必须有 A，这个 A 就是传承下来的东西。

来北京做艺术的梦

张小琴： 2001 年，您来到了清华大学美术学院，参与开创雕塑系。为什么选择到北京来？

曾成钢： 其实我来北京工作经过三次选择。

张小琴： 您第一次到北京是《鉴湖三杰》获奖后来领奖吗？

曾成钢： 对，那是第一次。感觉自己像一个灰尘一样，北京太大了，人感觉到非常渺小。那是一个大雪天，白茫茫的一片，看不到房子。我感觉北京很雄伟，而且对北京的古建筑我着迷式地喜欢。北京的文化氛围也吸引我，我觉得必须到北京这样的环境来激发自己。

第一次选择是否来北京工作，是我研究生毕业时，当时中央工艺美院研究所的王克庆先生问我能不能到北京来，我说可以，但是我太太不喜欢北京，我就打消了念头。

第二次，过了几年，王克庆说你还是来，我下决心真要走的时候，我的导师沈先生的儿子出车祸走了，他是高龄得子，先生对我特别好，我在那个时候提走不太合适，又把念头压下去了。

后来又过了两三年，我导师的精神慢慢恢复了，这时候清华合并了中央工艺美院，需要一批有学科影响力的人，又给我打电话，问我能否到清华来。到清华当教授对我来说是意想不到的事，我就答应了。在浙江，人家问我到北京干嘛,我说我到北京做梦。

张小琴:做什么梦?

曾成钢:做艺术的梦。后来证明来北京,对我的创作境界确实有很大帮助。

《人物系列》探索人与动物的结合

张小琴:您有一个很重要的《人物系列》,包括《远山的呼唤》《我们同行》《远古回音》等在内。比《精灵系列》《梁山好汉系列》的造型更加写意,没有那么规整,但作品气质依旧很霸气。

曾成钢:当时做这批作品时我已经到北京了,《精灵系列》我做了动物,《梁山好汉系列》我做了人物,然后我想如何能把人物和动物揉在一起,把我创作的思路、形态再往前走一步,《远古回音》是我到北京做的第一件作品。

作品的创意是恐龙和人。当时我有一个思考,恐龙已经变成了化石,那再过一万年,人将是什么?

张小琴:在真实的自然过程中,人和恐龙没有共存过。

曾成钢:没有。恐龙的骨架非常有雕塑的骨架感,那是自然的力量。如何借助这种自然的力量把人叠加起来?那么把原始的动物骨骼跟人未来的骨骼联合在一起,这种时空的、自然的对话会很有意思。所以我把它的题目叫作《远古回音》。

张小琴:我们对于亿万年以后的世界而言,是远古的人类。

曾成钢:当今天的人类也变成远古的时候,是一个很有意思的话题。

张小琴:这个雕塑里,人物的形体您是怎么考虑的?他是在呼喊,还是在挣扎?

曾成钢:恐龙的化石是被踩在地上的,我们人类发现后,把它架起来了,从骨架里面可以看到它原始的生命状态。死了的人也是埋在地里的,变成远古人的时候,也是化石骨架了。我把他们全部都给架起来,人是骨架,恐龙也是骨架,变成了另一个世界,我们希望人跟恐龙能复生。

张小琴:把自己放到了亿万年之后再回过头来看我们这个世界?

曾成钢:对。把两个毫不相干的东西融合在一起形成一个视觉冲击,这里面也有一些现代观念的尝试。

我把他们两个合在一起的时候很难处理,恐龙巨大,人会很小。为了构图的均衡,我把人放得和恐龙一样大,形成视觉上的等量对话,这样整个空间变得非常模糊,只是表达雕塑内在的结构和我的一些想法就可以了,就能更好地表现人与自然的对话、人与未来的对话。

张小琴:这个需要穿越时空的想象。

曾成钢:是,很有幻觉感。

张小琴:这个材料的选择是怎么考虑的?

曾成钢:当时因为时间关系,没有上颜色,它自然变成了一个黄铁的颜色,所以再也不会锈。但是我原来的想法是要把它放到巨大,而且用镜面不锈钢让它发亮。骨架看起来是很毁灭的东西,用最亮、最鲜活和最抢眼的一种东西来做它的时候,会做出另外一种生命感,死灰复燃的一种艺术冲击力会出来。

张小琴:在死的东西里面有新的生命?

曾成钢:对,改变材料后,冲击力会更强大。

张小琴:您这个时期的作品线条感比较明显。

曾成钢:对,更空灵。骨架里面的线条会带来非常丰富的空间。我的作品不管是用线条表现还是用体积表现,内在的张力是一直坚持的。

张小琴:这种线条感是受到什么影响吗?

曾成钢:中国书法有很好的线条的表现,尤其文字上的空间很丰富,我想把文字的空间概念带到创作里面。后期有些作品也是用这种方式来做,包括《与鸟同飞》《孤鸟》,都是用线的构架来做的。

神性与人性的和谐

张小琴：在您的作品当中，有人、有动物，基本上没有神的形象？

曾成钢：我的东西始终有我对神的一种内在敬仰。

张小琴：您的作品当中人和动物也有神性在里面吗？

曾成钢：一个艺术家对神性的力量，应当一直是有感受和冲撞的。我做动物和人都会考虑如何做得有神性，比如《精灵系列》里的青蛙被放大后，被称为山神；比如《远古回音》的人，也有神的特性。只有把神性和作品交织在一起，作品内在的精神含量所达到的张力才会更加厚重、深远，也更加能让人家产生共鸣。

张小琴：人性的东西是什么？神性的东西又是什么？在作品当中具体怎么体现呢？

曾成钢：神性的东西是肃穆、庄严、崇高，有一种张力在那儿，从整个美术史的发展来看，有神性的东西都是超出人们想表达的那种力量。

张小琴：您说到这儿我就想到了《鉴湖三杰》，它为什么像纪念碑？那里面就有神性的东西。

曾成钢：纪念碑其实是有人的精神力量，人的精神力量把它扩充一下，就含有神的力量在里面了。

张小琴：其实您的动物里面也有人性的一面。

曾成钢：其实是把它拟人化，让它的表情跟人的联系在一起，让它的那种状态或者力量像人一样有紧张感，它就充满着人性。互相融合，会产生不一样的东西。

张小琴：只有人性或只有神性都是不足的？

曾成钢：对。人需要神的力量来支撑我们，我们靠近神需要有人的一种亲近来糅合在一起，这样的状态才是和谐的。

张小琴：这个是不是建立在基本功扎实的基础上？有的时候想得挺好，但是手上功夫没有，就词不达意。

曾成钢：对。还是一种能力的把握，这样的东西不会难倒你，做任何事都是顺畅的，不论是表达人、神、动物，都能拿捏得住，拿捏的分寸最终要靠能力。我觉得一个人的气场要大，能力要强大，这样很多东西就能够驾驭得住。

《莲系列》赋予传统题材现代感

张小琴：2001 年您开始创作第一件《莲系列》的作品，莲在中国传统文化中有特定含义，但是您赋予了莲不同的味道，这里面的创作构思是什么？

曾成钢：做这个《莲》是偶然的想法。我在杭州生活多年，当时在太子湾做雕塑展的时候，那个环境做一件莲，放在西湖边上很有意思。莲在中国传统当中，象征着生命、纯洁。用不锈钢的方式表现它，是很现代的表达。创作上讲形态的组合，叫点线面体，莲蓬被撕开以后，肌理是最丰富的，莲子就是一个个点。后来把这个莲做出来放在太子湾那个环境里面，铺在莲底下的不锈钢就有 30 米长，气氛很不一样，尤其在江南，大家觉得很新鲜，当时展出的效果非常不错。

张小琴：30 米的不锈钢想营造像水一样的感觉？

曾成钢：对，所以大家留下很深的印象。《莲系列》后来越做越大，现在做的最大的莲是 6 米的。

张小琴：莲在中国文化中本来是很阴柔的，您的作品还是把它变得很阳刚。

曾成钢：但是阳刚里面还是有比较温雅的东西，因为它是不锈钢镜面的，比较纯净。

张小琴：您表现的是枯莲，而且撕开了，跟莲优美完满的传统形象又有所区别。

曾成钢：人家也问我为什么撕裂开，我说莲是很完美的东西，很完美的东西被撕开以后里面还有什么东西？这是我的另外一个想法。打开空间以后，这个莲更加丰富了，造型变得不那么单调。这也是受到丰塔纳的影响，他创作时会在一个好好的画面上割一刀，显得非常惨烈，更有当代观念的意识。

张小琴：也有更多抒情性。

曾成钢：对，撕开后确实形态更加丰富，而且在光影底下它的变化丰富了莲本身的内涵，也契合了我的一些想法，把这个莲做得更具有当代感，是对美好东西的重新审视和思考。

张小琴：其实它体量特别大的时候也是让大家重新思考莲这个东西在文化符号里的意义。

曾成钢：还有莲蓬的肌理有很多皱褶，而莲子非常干净，形成了鲜明、激烈的对比。

张小琴：这个工艺应该也有点难度？

曾成钢：塑造莲子的工艺达到世界一流水平了，以前都是靠打磨才能发亮，现在都用水冲压，所以它的制作已经达到极致了。

张小琴：跟芝加哥那个大豆子《云门》[①]相比，工艺水平能达到吗？

曾成钢：工艺差不多，我们料子没有它厚，芝加哥那个因为体积巨大，有2厘米厚。但是加工技术从精细角度来说，我们比它精细。

---

① 《云门》(Cloud Gate)：英国雕塑家卡普尔（Anish Kapoor，1954—　）的代表作，被称为当代雕塑中具有标志性和革新性的作品。雕塑外形像豆子，由不锈钢制成，重达110吨，其焊接和表面抛光均应用了世界先进技术。雕塑的镜子效果让人联想到游乐园里的哈哈镜，但这些效果是为了让巨大的雕塑看起来相当轻巧。

《大觉者》思考人类文明解决方案

张小琴：2011 年，您创作了《大觉者》，这是把东西方先贤组合在一起的群像，其中有东方的孔子、老子、释迦牟尼，也有西方的耶稣、苏格拉底和马克思，为什么会想创作这样一组作品？

曾成钢：这组作品是我的主题创作里面的重要作品。《大觉者》对内涵的思考，在我的作品里面往前走了一层。虽然每个人物都是历史人物，而且在各个时代不同艺术家都表现过，但是我把他们聚合在一起，以这样的语言来表达，带有我的思想内涵在里面。

为什么要做这件作品呢？当时恰逢清华大学建校一百周年，我在思考一百周年的学府应该往哪里走？清华大学是否能涌现更多的思想？也许我们今天碰到的很多问题需要这些思想来提供一个解决方案。

这组雕塑做的形体跟真人的形体全部不一样，体感特别强烈，所以雕塑跟画完全不同，它就是一种内在的建筑感。

张小琴：您把雕塑命名成《大觉者》，是指他们是觉悟者？

曾成钢：对。

张小琴：人类历史上著名的思想家很多，为什么选择了这 6 个人作为大觉者？

曾成钢：第一，这批人物多是在轴心时代[①]的人物。第二，这几个人的思想是一致的。到最后他们的思想都是为人民谋幸福，都是大同世界，虽然观点不一样，有多元的、有二元的、有一神论的、有无神论的，但是他们的理论是有思想体系的，而且这些思想体系是经过实践的，他们的实践到今天还影响着

---

① 轴心时代：由德国思想家卡尔·雅斯贝尔斯在《历史的起源与目标》一书中提出，是指在公元前 800 年至公元前 200 年间，在北纬 30 度左右的地区，诞生了苏格拉底、柏拉图、佛陀、孔子、老子等先哲，人类文明获得了重大突破。

我们。

他们各自又有独立性。马克思代表共产主义,是无神论者;释迦牟尼,他是佛教的原始开端;耶稣是西方的;老子是我们本土道家思想的源头;孔子是儒家思想的代表;苏格拉底是希腊世界哲学思想的代表。其实中间还有一个无字碑。在整个的历史文明当中有一个人是不可或缺的,叫穆罕默德,他是没有形象的,无形的概念。

张小琴:无字碑代表穆罕默德。

曾成钢:雕塑前面还有一个脚印,脚印可以代表未来,也可以代表过去,也许伟大的人物还要站起来,或者是我们要沿着古人的足迹往前走,是这么一个含义。

张小琴:您在做这些作品的时候,是更强调他们的神性还是更强调他们的人性?

曾成钢:神性在这上面并不重要。他是一个思想者,或者是一个开悟者,他对世界有自己的看法,不管是过去、现在或将来,只要人存在,这些思想永远是我们的灯塔,会支撑着我们继续往前走。

张小琴:耶稣这个造型看上去有点悲情的状态。

曾成钢:因为每个人的思想,或者状态,所强调的东西不一样。耶稣是以自己身体的苦难来拯救人类。释迦牟尼想拯救人类的痛苦,普度众生。老子放下一切,更加通透地超越世俗。

张小琴:每个思想者都在为人类提供一种解决方案。

曾成钢:今天的世界太复杂了,要用多种方案来解决今天的问题,用一个主义或者用一个思想解决不了,也许未来有更多的方案来解决未来的问题。

张小琴:您在创作这组雕塑的时候,想象当中是要把它们安放在什么样的环境里?

曾成钢:我想最好的方式是放在戈壁滩上、沙漠上。我原来的设想,每个人物做70米高。像埃及金字塔那样放在沙漠里,非常超然、空旷,从所有的一切中超越出来，完全是一种精神性的震撼。

张小琴：为什么要那么大呢？

曾成钢：在沙漠里没有参照物，只有这样才能令人感到震撼。

张小琴：留下人造物在沙漠里，留下人类存在过的特别显著的符号在那儿。您这个70米有对标金字塔的意思吗？

曾成钢：我觉得真的要做起来也许比他们更震撼，毕竟我们今天的时代比那时候先进，无论是造型的能力，还是技术含量都更好。

张小琴：放在沙漠上是为了用非常单一的环境把人物凸显出来？

曾成钢：对，而且能体现那种思想性跨时空的穿越，跟历史、跟现在、跟未来链接起来。

张小琴：是希望沙漠环境这种抽象性在那儿。

曾成钢：要让人净化到完全是思想精神的世界里面。

张小琴：听上去这一整套设想好像是留给永恒的一种东西？

曾成钢：虽然永恒的东西并不存在，但是对现在的人而言追求永恒也是一种理想。

张小琴：这似乎是要为人类留下一座文明博物馆的想法。

曾成钢：我是有这个想法，当时想找到一个投资方，花30亿元建成，但是后来没有实现。

张小琴：我觉得您这个设想的格局已经远远超出一个雕塑家的框架了。

曾成钢：有的时候这也是一个雕塑家所想的，但有的时候这也不是一个雕塑家能完成的，这是要一个时代，或者有那么一个集团，把这个事情变为现实。

张小琴：这还挺让人激动的，期待着吧。

曾成钢：这是梦想。我有时候莫名其妙地有一些梦想。

张小琴：这组作品是您的终极愿望吗？

曾成钢：这件作品是地球上的文明历史符号，我觉得这件作品对中国雕塑发展到今天来说是一个鸿篇巨制，能圈上一个句号，或者那个感叹号。

德国个展震动欧洲

张小琴：2012年，您在德国举办了个人雕塑展《穿越》，当时带了哪些作品过去，为什么叫《穿越》？

曾成钢：德国著名策展人沃夫冈每年都要寻找世界各地的艺术家参与德国北方艺术节年展，这是全球知名的艺术节年展。他到中国邀请艺术家参展，选上了我的《莲系列》。他觉得《莲系列》很有东方味，又很有现代感，材料很新，就邀请我去参展，后来发了我一个北方艺术展大奖，还给了我一万欧元的奖金。

之后，沃夫冈说你作品那么多，能不能到德国办个展览。我就开始策划，一个朋友当时赞助了我500万元，很多作品需要复制，我把它们放得巨大。集装箱都加长了，而且开了天窗，运到之后，欧洲马路很窄，拐弯拐不过去，后来填马路，警车开道，才运到展览现场。放到现场，很震撼，那些老外都觉得中国艺术家真牛，有这么大的作品。我记得当年摩尔到北京展览，摆了6件，分别在北海公园、颐和园展览。我带到德国的有26件，都巨大，包括《莲》《精灵系列》《大觉者》等，全去了。瑞士一个市长看到《大觉者》，想要收藏，出了一个价钱，我一算钱太少了，老外的艺术品卖给我们中国都特别贵，我不能太便宜给他，后来就没有给他。德国展览还没结束，瑞士就发出邀请，后来去瑞士又展了三个月，我把《大觉者》留在了瑞士的一个机构。

为什么展览叫《穿越》？第一是路途很遥远，从东方到西方；第二，主题有人物、动物、植物，这个构成也是一个穿越的状态；第三，我觉得穿越更有时空感，也更有未来感，而且有穿透的感觉，所以就叫《穿越》。我做雕塑到今天，办个展就这一次。

张小琴：从1994年到意大利被震蒙，到这次到欧洲办个展，十几年的时间，这个跨越还是挺大的。

曾成钢：这个跨越对我来说确实是一个很好的回答，也是我内心一直在追求的，总有一天我的东西要在欧洲震撼他们。

瑞典雕塑学会会长理查德·布里克索（Richard Brixel，1943—2019）看了展览后说了三点，他说曾教授，你的作品我很喜欢，我想不到，今天的雕塑家还能做这样的雕塑。以前老是认为中国雕塑是拷贝西方的，但是曾教授你的东西完全是你自己的，这是第一点。第二点，中国现代的雕塑家，如何做得既现代又传统，融合东方西方，你达到了这样的状态。第三，你的东西确实能震撼我，你独特的语言感染了我。

张小琴：来自一个雕塑家同行的评价，听了之后是会不一样。

曾成钢：在这个展览中，我感觉到我代表着中国当代艺术家，而且这个当代不是西方人策划下的那种当代，我是带有中国意义的，中国自我意识很强、文化意味很强的当代艺术家，这个很重要。

走第三条路，在雕塑界打好"中场"

张小琴：我看到您在一篇文章里讲到要走第三条道路，您可以给我们解释一下吗？

曾成钢：中国过去走传统道路，西方现在走现代道路，我想走第三条道路，就是如何把传统、现代的东西进行结合，做出自己的东西，比如要是做抽象的东西，能否做出一个中国式的抽象。

张小琴：在一篇采访中，您提到自己的定位是"打中场"，这如何理解？

曾成钢：整个艺术发展过程中，前锋是当代的，后场是保守的，中场是做艺术的融合，既不很抽象，又不很具象，也不是很激烈，这种状态按中国话讲叫中庸，不偏不倚，而且要做到这个程度是很难的。

张小琴： 您这个状态能叫中庸吗？您的作品满眼看过去都是一种很激烈的东西。

曾成钢： 我的作品还是一般人能看得懂、能接受的，不是特别个性化，我说的中庸指的是这样一种方法上的东西。

张小琴： 就是抽象程度上并没有完全脱离造型本身。

曾成钢： 这样的状态可进可退，对艺术的观察要求立场、思维更广阔，既要了解过去，又要了解当下，更要感觉未来，在这样一个全方位的思考当中才能确定我这个位置是不是我需要的状态、我需要的东西。

张小琴： 这个中场也有组织者的意思吗？前面有更先锋的人，后面也有更传统的人，您是在中间。

曾成钢： 中场这个空间范围最大，视野也最大，目标方位也看得更加准确。

张小琴： 在中国当代艺术的场域，您这个中场扮演什么角色？

曾成钢： 艺术生态里，总是有偏先锋或偏保守的，总是有个中间的链接，我做中间这块比较合适，而且每个方位大家都做强大了，才会形成一个合力，这个业态才是完整的，不能割裂。今天这个社会是多元的，不管你做写实、做传统，还是做当代，只要做到有高度就行，每个人把自己的角色做到极致就好。

张小琴： 您的一篇文章里讲到，要把事情做到极致，要把自己整个人完全投入进去，这是您对自己的一个要求？

曾成钢： 是。我觉得东西的差别就在于品质，极致就代表一定的品质，离开了品质就不会是一个艺术品，或者不会是有价值的东西。

张小琴： 这个极致是指艺术质量，跟中庸是两个层面的意思？

曾成钢： 我觉得不管做艺术还是做事情，不可能处处完美，但是在尽可能的情况下还是要力争做到完美。这是我对做事情和做艺术的态度，而且只有在这样的态度底下，才有可能突破，才有可能出现被历史称为高尚的东西，并流传下来，也只有这样才可能得到大家的认可。

主持建立评价机制　防止"菜雕"污染城市

张小琴：做公共雕塑和做架上雕塑相比，成就感会不一样吧？公共雕塑做非常巨大的东西，看到自己的想法在非常巨大的空间里呈现出来是什么感受？

曾成钢：我觉得雕塑真正的艺术价值、真正的生存空间，不是在室内，而是在室外。

我本科的时候有过一篇日记，我说为什么雕塑是永恒的，因为它是与天地共存的，当时就是这种想法。通过多年实践，很多作品在外面慢慢扩散，而且尺度都不小。比如 2000 年在烟台做的《月光》，直径将近 40 米，这样的尺度在欧洲就是巨大了。

中国这几年大型雕塑越来越多，越大越难把握，越大会越做越害怕，因为所花费的钱、对环境的影响，在空间当中被时间、历史考验，社会的关注，等等，种种问题会体现出来。

张小琴：艺术作品最后能够外化，获得一个形状立在那个地方，也是艺术家自我生命力的外显。

曾成钢：是。所以作为一个艺术家不仅要能把作品立起来，其实还有他的历史责任、社会责任、公共审美精神教化的责任。

张小琴：现在公共雕塑中也有一些败笔，有哪些您觉得不可容忍？

曾成钢：这个多了，失败的城市雕塑我们经常叫"菜雕"，把雕塑变成一个活儿，造型、立意、制作都很丑陋，老百姓也会编一些顺口溜，比如四大班子在扯蛋，说的是山东烟台那个雕塑，一个球里扯了几条线，现在拆掉了。

张小琴：说明老百姓也是有眼光。

曾成钢：这种雕塑从两面看，一个是雕塑家不负责任，一个是长官意识太强大，另外就是把雕塑符号化、口号化、政治化。这些年交了学费，从艺术家到官员还是有改变,艺术家的公共意识、责任心都加强了,领导一批批地学习、进步,也不像当时那么土包子,或者那么主观。

张小琴: 有没有什么机制能够防止垃圾雕塑污染城市环境?

曾成钢: 这些年,我在主持中国雕塑学会的工作,中国雕塑学会一直在探索建设一个"成熟的评价机制",即政府出资举办雕塑展,挑选艺术委员进行评选并向全世界邀请艺术家参赛。参赛作品需要经过三轮评选,一是想法的评选,二是雕塑小稿的评选,最后作品放到公园里再评选,从而形成一种良好的合作机制。被赋予充分信任的艺术委员则需要对政府和艺术家负责,并且将环境影响与观众态度纳入考量。一个成功的公共作品要达到"三赢":政府认可、老百姓认可、艺术家自我认可,还有这个作品放到环境里面是协调的,环境认可。这个机制我们基本上建立起来了,而且做得也是相当顺畅了。

张小琴: 环境认可怎么做到? 环境又不会说话。

曾成钢: 协调与否,我们对它有个价值判断,是有评判的。在十年当中,我们在六个城市建了六个雕塑公园,落地的作品一千余件,都不是小作品,全部是五米以上的大型雕塑,覆盖公共空间超过三万亩。在这个过程中,我们建立了一套标准,对观念、尺寸、风格、材料、环境有了全新的判断,形成了以芜湖、郑州和温州为代表的三种模式,被业界称为公共雕塑建设的中国经验。芜湖模式做得非常好,把芜湖普通的公园做成世界知名的雕塑公园。所以,中国公共艺术的发展,从两张皮走到了一张皮,能把自己艺术家的作品植入到公共空间里去,这是最大的进步。今天的中国公共雕塑,不论是数量、题材,还是制作,都达到了空前的高度,以前我们的公共雕塑跟欧洲比有很大的距离,今天这个距离在缩小,甚至有些创意、有些雕塑比老外做得还精彩,这是改革开放和新的时代给我们提供了新的可能。

雕塑的本质是立体的

张小琴：雕塑的本质到底是什么？

曾成钢：雕塑的本质是能把空间、结构以立体的方式找出一个最恰当的表达方式，它的本质就是立体的，不是平面的，而且按照雕塑家的理解通过材料呈现他的想象，呈现他的情绪表达，其实雕塑既可以有内容，也可以没有内容。

张小琴：没有内容？

曾成钢：只有形式，它就是内容。比如简单的一块石头也可以看成一个雕塑。中国古代不是有玩石吗？石头为什么有趣？自然就是一个雕塑师，按照千年、万年的时空塑造它，这是艺术家无法表达的。中国人很有意思，把石头作为艺术品来欣赏，这种境界是很高的，超越西方所有的审美范畴。

张小琴：您说的没有边界了呀。

曾成钢：以雕塑的眼光看世界是没有边界的。

张小琴：雕塑的精神没有边界？

曾成钢：对，雕塑的审美也是没有边界的。但是做一件雕塑作品有边界，是不是雕塑作品有几个定义：有没有表达情感，是不是用艺术家的语言去组合这个物体，是不是经过艺术家的手把它变成了另外的事情。一块石头可以用雕塑的眼光欣赏它，但它不是一个雕塑作品，因为没有经过艺术家的再创造，这就是一个物与一个作品的区别。一个雕塑家把三块石头垒在一块，就是作品，它经过人的参与，经过人的创造。

张小琴：雕塑和其他艺术品不同的本质是什么？

曾成钢：它的立体，还是属性的关系不同。绘画是平面的，音乐是有声音的，雕塑有时候可以有声音，有时候没有声音，但是必须是立体的。

张小琴：雕塑艺术和人文社会之间的关系应该是比很多其他的艺术门类影

响力更大，是吗？

曾成钢： 是。因为它摆放的地点往往都是重要的位置，而且放置的时间长久，它具有一定的永恒性。一件好雕塑会变成一个地方的象征，会成为一个城市的标志。所以雕塑对民众的影响，比一般的艺术会强烈很多，而且要求也会高很多。

张小琴： 如果一个普通人要欣赏雕塑，要从哪些方面欣赏？

曾成钢： 如果是室外雕塑，好的公共艺术作品有五个要素：第一，创造者的想法、要讲述的故事；第二，形式语言；第三，材料的运用；第四，尺度；第五，跟环境是不是协调。在欣赏一个室内架上雕塑时尺度就不重要，小雕塑也可以很精彩，跟环境的关系也可以忽略。不论哪一类雕塑，表达了创作者自己的想法，使观众感到悦目，而且达到共鸣，就是一件好作品。

张小琴： 欣赏雕塑的时候，怎样的一个过程是理想的？

曾成钢： 跟绘画相比，现场雕塑需要观众有一些对雕塑语言的理解，比如说在特定的一些场域，绘画是相对固定的，而雕塑随着环境、随着时段的变化，对它的感受是不一样的。

张小琴： 雕塑跟其他的艺术相比，是不是跟资本的关系更密切？

曾成钢： 雕塑是重工业，它的投入不仅仅需要人力，还要财力、时间、空间。雕塑家的工作室不怕大，100平方米、200平方米是工作室，1000平方米也是工作室，雕塑家的工作室越大他越能做巨大的作品。这个财力、物力的投入比一般的艺术行当会超出很多。在中国，雕塑原作可以有八件。

张小琴： 八件都是作为原作？

曾成钢： 对，这是我们自己规定的，在西方有十六件的，也有九件的。中国雕塑协会自己行业的规定就是八件作为原件。然后还可以加一个AP（Artist's Proof）件，AP件就是艺术家自己收藏的。

张小琴： 一幅画第二件就算复制了，雕塑为什么允许有八件原作？

曾成钢：因为雕塑创作的时间漫长，投入巨大，一件作品甚至做几年。

张小琴：现在收藏市场上，中国当代雕塑家的作品是什么状态？

曾成钢：价格洼地。中国人对雕塑的欣赏跟收藏习惯不像收藏书画那样顺畅。一幅画、一幅字可以拍卖到天文数字，但是中国现当代雕塑拍卖纪录据我所知，天文数字还没有。

张小琴：也就是说现在中国当代雕塑家的作品有升值空间？

曾成钢：我想是这样。一件好的艺术品，会丰富我们对生活情绪审美的培养。只要你把作品买对了，我觉得就可以。

人为什么需要雕塑

张小琴：梁思成先生在《中国雕塑史》中讲"艺术之始，雕塑为先"，雕塑也是一个人造物，这种人造物跟人类的关系到底是什么样的？人为什么需要雕塑这样一种东西？

曾成钢：人一会行走，第一个碰到的就是泥土，而且一个手印压下去就是一个印记，他觉得这个泥土可以留下印记，能抓起来，也许就捏一个球团，这就是一个雕塑的开始。

张小琴：在地球上留下印记是人类永恒的冲动。

曾成钢：而且这个是最方便的，也是最初始的，然后这个泥巴跟人发生关系，人总想做一个什么东西，储存什么东西，从瓦罐开始，慢慢发展成做陶，做器物就是雕塑的开始，把没有的东西变成一个可载物，变成一个造型，慢慢发展，东西就完成了。

张小琴：您讲到雕塑是有神性的东西，在古代是人和神沟通的图腾。

曾成钢：因为古人要祭拜，祭拜总得要有形象，人塑造出这个形象，这样的东西就变成了一个神和人的连通物。

张小琴：总体来说是人造一个超越自己的东西。

曾成钢：对。

张小琴：从您做雕塑的几十年来说，感觉到做出了很多超越自己的东西吗？

曾成钢：我觉得是这样。我做一个东西，总想把自己最好的想法呈现出来，内里的精神储存，会在这个雕塑里呈现，我的呼吸、力量、意念，都会加入这个雕塑，每天的积累、内力的聚合形成了一个作品。如果是全身心投入的作品，能感受到它储存的生命信息。

雕塑要富有建筑感

张小琴：您特别强调雕塑的建筑感，怎么理解这个建筑感？

曾成钢：这也是雕塑本质的重要元素之一，所谓的建筑感，是指当一个雕塑立在户外，在光线强烈的时候，它的东西不软。建筑为什么是建筑？在空间当中，它的线条相对来说是比较挺拔的。如果雕塑有了建筑那种直立的框架之后，就有崇高感和醒目感，会从一个比较复杂的环境里挺拔出来，雕塑的力量会凸显出来。我的雕塑《圣火接力》[①]就是这样的，它的线条都有很清晰的交代，符号感很强。雕塑很多时候不是看表情，而是看动作，看阴影的轮廓，很多时候是看大的影子，所以这个影像就会特别强烈，就像建筑的阴影一样，远看看不到窗户，就是看到一个大的形体，这个大的形体就是建筑感，强调的是这个因素。

张小琴：雕塑不是也有阴柔的东西吗？

曾成钢：每个人的想法不一样，我还是希望做东西很干脆，这样雕塑里的

---

① 在国际奥委会举办的2004年奥林匹克体育艺术大赛上，《圣火接力》荣获雕塑类银奖。

东西才能立得起来挺得住,如果雕塑表现的是太轻的东西、过于腻味的东西,那这样的雕塑还是达不到最高的级别。山峰就是山峰的状态,如果不是山峰的状态就不是一个山峰。

张小琴:您也特别喜欢尺寸大的东西。

曾成钢:做一个感叹号的时候,只要把它做得得当,对整个的氛围而言,雕塑的地标性就会非常醒目,如果不得当再大也没有用。而且尺寸越大越需要有智慧,越需要巧妙,越需要和地方环境相和谐。

张小琴:要和谐是很难的。

曾成钢:而且也最富有挑战性。

张小琴:从您小的时候一直到现在,好像对于雄阔的东西、崇高的东西是更加喜欢的,这跟个人性格有关系吗?

曾成钢:有关系。

张小琴:这种胸襟也是天生的吗?跟您生活在大海边有关系?

曾成钢:我觉得有关系。我在我的画册上写过,我生长在海边,喜欢大海,我今天的智慧跟力量都是大海赋予我的。大海确实跟内陆的感觉不一样,因为在大海里感受到一种生命的考验,到了大海人会变得更加渺小,海里有很多未知的东西。

张小琴:您特别要做大体量的艺术品,是要跟这种渺小感抗衡吗?

曾成钢:可能是。人的渺小感,借助我的艺术品的延伸而得到一种释放,力量得到一种展示,而且使我的物化空间巨大。所以一到大项目的时候,虽然我知道有挑战性,但是我会非常兴奋地接受这个事实,我也会使出最大的力量去克服它。我做东西,不怕大就怕小,就像住房子一样,我说再大的房子我也不怕,我照样能把里面塞得满满的。

中国人必看的雕塑

张小琴：对于中国雕塑史，中国人应该了解一些什么？

曾成钢：中国雕塑史离不开中国的每段历史，我们不像西方有那个主义、这个主义，但是我们每个时代追求的风格都非常强烈，比如夏商周是青铜作为代表，到了秦汉有石雕艺术，中国特别有特点，以时代为风格，所以要以时代来划分，和西方不一样。

张小琴：您从中国传统中继承的东西，好像青铜器多一点，而不是直接从中国传统雕塑当中获取营养。

曾成钢：我的触点比较广泛，对我而言，青铜器跟雕塑可以直接对应。另外从书法、绘画、玉器等传统艺术里，我都拿东西。

张小琴：所以是化掉来用的。

曾成钢：就像健康，好的东西你得吸收才能变得更加强壮，才能对你的成长发育更加有利，道理是一样的。

张小琴：作为中国人必看的雕塑有哪些？

曾成钢：第一，要去看与雕塑相关的大的艺术门类。青铜器必须看。看它的造型，看它对物器的处理、对形体的组合。它是一个容器，中间要装物，东西很大，有脚，每一个细节很讲究，又能用，又能看，这种安排跟雕塑是一样的。

第二，玉器。中国的玉器非常精致，东西虽然小，但美轮美奂，而且中国对玉很崇拜，"君子如玉"，玉不仅仅是作为一种装饰，而且是精神的象征。

第三，明式家具。明式家具在世界上真是独一无二的，没有臃肿的东西，从某种意义上来说，这种理念的创造很现代，极简，不能多一点，不能少一点。

如果要拿到世界上去比，这三类东西都能跟别人最强大的东西相媲美。

张小琴：从雕塑意义上看家具？

曾成钢：雕塑跟器物的造型、跟家具的造型都是相通的，就像建筑，你也可以作为雕塑来看，人家说建筑是可用的雕塑，雕塑是不可用的建筑，是相通的。

张小琴：还有其他门类吗？

曾成钢：还有中国的书法。

张小琴：也是从雕塑意义上看？

曾成钢：对。其实去看书法的时候是有空间感的，书法不是平面的，那个点、划、粗、细就会造成空间，造成透视。

书法解决了中国的整个审美造型，而且中国传统艺术理论提出来艺术的造型是"是与不是之间"，是那个东西又不是那个东西，书法恰恰表达了这个理念。在甲骨文里，你说太阳，画个圈，点一点，像太阳吗？像是太阳，又不是太阳。月亮画了一个月牙，是月亮吗？是月亮，又不是月亮，完全是图像化，符号性非常强，既很抽象又很具象，而且充满着画意。而古埃及的文字，太具象了，所以就没意思了，抽象度不够。而中国文字恰恰有抽象性，所以会中文的人，这种诗意或者自觉意识到老了还有，它太相似了。

书法解决了中国线的表达，解决了是与不是的状态，书法里也有抽象，抽象分热抽象和冷抽象。热抽象是康定斯基[①]发明的，他的东西都是很热烈、动荡、流线的；冷抽象是分割的，非常死板，很理性，像蒙德里安[②]画窗户一样，大大小小分隔开。中国的草书就是热抽象，起伏跌宕，非常偶然，不可复制。

---

① 瓦西里·康定斯基（Wassily Kandinsky，1866—1944）：出生于俄罗斯的法国画家和美术理论家。现代艺术的伟大人物之一，同时也是现代抽象艺术在理论和实践上的奠基人。他在1911年所写的《论艺术的精神》、1912年的《关于形式问题》、1923年的《点、线到面》、1938年的《论具体艺术》等论文，都是抽象艺术的经典著作。

② 皮特·科内利斯·蒙德里安（Piet Cornelies Mondrian，1872—1944）：荷兰画家，对后世的建筑、设计等影响很大。蒙德里安是几何抽象画派的先驱，以几何图形为绘画的基本元素，提倡自己的艺术"新造型主义"。他还认为艺术应根本脱离自然的外在形式，以表现抽象精神为目的。

所以说中国的书法很了不起。

张小琴： 您说了四类了，还没有说到佛像，难道中国雕塑最典型的不是佛像吗？

曾成钢： 佛像太具象，佛像只是撑起了我们对一个物象的具体表达。我觉得要解决本质的东西，解释它为什么会形成这样的，书法做到了，佛像没有。佛像只是一种样式，突破性不大。中国的佛像到今天变化都很少，规制做得太严格了，这就限制了创造的空间。这点我觉得西方基督教的创造力值得学习，他们的教堂，总是造得不一样，19世纪的教堂跟现在的教堂完全不一样，非常丰富。

张小琴： 您觉得佛像这种规范多于创造的现象对于中国雕塑不太有利？

曾成钢： 不太有利。

张小琴： 佛像如果一定要看的话，应该去哪儿看？

曾成钢： 云冈的大佛我觉得是最美的大佛，创作年代处于外来佛像引进中国并开始转化的时候，又熟又生的状态非常有创造力，而且那些像做得非常完美。与整个环境融合得最完美的一件是乐山大佛，乐山大佛用整个山体雕成，那个尺度也是一个奇迹，当时的工人没有现代机器，完全靠目测，这么巨大的东西怎么控制的，怎么做的？比欧洲、西方的那些巨型雕塑不知道早多少年。

张小琴： 其实比美国总统山那组雕塑还要震撼。

曾成钢： 美国总统山那个差远了，它只不过做得更加写实而已，我们比它早了多少年啊，所以中国的创造力是很有世界示范性的。敦煌为什么大家对它那么认可？就是因为它里面有一定的现代性。尤其欧洲，看到敦煌的东西，觉得比马蒂斯（Henri Matisse，1869—1954）还马蒂斯，比毕加索（Pablo Ruiz Picasso，1881—1973）还毕加索。

张小琴： 您特别喜欢的山西高平铁佛寺是什么样的？

曾成钢： 是一组明代群雕，在一个佛堂里面，有佛像、力士、金刚这样的布局。按照我职业的眼光，我觉得它太精彩了，超越了以往所有寺庙的造型。它创作的时期跟欧洲文艺复兴时期差不多，在那个时期雕塑能做到那么好，我觉得很神奇。

如果说我看到米开朗基罗的东西会发抖，同样我看到这个东西也是激动不已，也会发抖。那种造型、那种夸张、那种处理，那么生动，超乎想象。中国美术史上以往有一个说法，认为从夏商周、秦汉、隋唐、宋元到明清，雕塑是逐渐走向衰退的，但是铁佛寺雕塑恰恰证明了这个观点不完全正确，我觉得它是中国雕塑发展的又一个高峰。这个使我感觉到，历史是要重新发现、重新描述的，有时候一个惊奇的发现会推翻我们已有的论断。

张小琴：怎么会在山西高平那样的地方有这么精彩的东西？

曾成钢：山西有大量的地上文物，占全国地上文物的70%，都很精彩。山西古人很有意思，又会赚钱又会玩艺术。就像山东一样，山东留下的宝贝也是无穷的，包括文化的积淀，山东人把山作为艺术品，在摩崖上写那么大的字，这也是中国独有的。

中国雕塑家的百年传承

张小琴：现当代中国艺术史上，雕塑家很少，你们这一批雕塑家，对中国雕塑的发展应该有独特价值。

曾成钢：我是第三代。刘开渠老先生那代是第一代，他们有些是从法国回来的，有些是从苏联回来的，虽然对中国的东西做了一些融合和探索，但是整个塑造方式还是西方式的。我的导师沈文强先生、钱绍武[①]先生这代人是第二代，他们是新中国成立后传承过来的，但是真正的民族化或者现代化还不是特

---

① 钱绍武（1928—2021）：雕塑家、画家、书法家。中央美术学院教授，曾任中国国家画院雕塑院院长。

别明显。到了我们这代，包括隋建国①、展望②等人，既接受了西方的东西，又学习了传统的东西，走向了多元，更加个性化，更加自我，这个是非常难得的。

我们这一代人的学生就是第四代。

张小琴： 2019年6月，杭州莲美术馆开幕时，您策划了"传承·转化——同道雕塑作品展"，做这个展览的初衷是为了呈现历史传承？

曾成钢： 对，很明确。老师教了我什么，我今天作为老师又给孩子们带来什么。

"同道"里面君子存同求异，和而不同。还有中国的传承里师道很重要，"一日为师终身为父"——这是很美的东西，我希望中国有这个传承，我觉得中国的教育要强调这个东西，这能使我们的文脉走得更远，更有力量。

莲美术馆很小，做我们三代人的雕塑展，做得很精致，主要是理我们学术的脉络，也有我们研究的成果，在方法传承上我们究竟做了什么，这种方法究竟走出来没有，能走多远，我想做一个研讨。

张小琴： 您还有一句话，"'传统'就是过去、现在、未来都觉得是好的东西"，这个对传统的解释比较特别。

曾成钢： 一个东西为什么会成为传统？首先得传得下来，好东西才传得下来。传下来后还得统得起来，东西如果是散的，统不起来，也不是传统。还有传统是变化的，不是死的，是活的，真正传统的东西是有活力的，一个死的东西是传不下来的。所以从这两个意义来说，真正的传统是有生命力的，真正的传统是世世代代相传的。

张小琴： 您对中国雕塑的未来怎么看？

---

① 隋建国：中央美术学院教授，被誉为"在观念主义方向上走得最早也最远的中国雕塑家"，是中国重要的当代艺术家之一。
② 展望：中央美术学院教授，中国当代重要的观念雕塑家之一，作品被美国大都会博物馆永久收藏的第一位中国艺术家。

曾成钢：充满期待、充满乐观。只要我们的机构、官员充分相信艺术家，找对艺术家，好作品一定能出来。因为国家在强大，而且我们的认知在进步，科技也在进步，方方面面都在进步。

张小琴：那有条件吗？

曾成钢：需要机制，有很好的机制就会有很好的成果，如果没有很好的机制跟通道，是出不来的。就像一个社会一样，要有非常好的制度才会慢慢强大起来，中国的强大就是靠我们的制度。一个强大的经济社会肯定会出现强大的艺术，就像唐朝。

张小琴：公共艺术肯定对政府的依赖更强。

曾成钢：因为艺术文化是要靠经济去养的，苦哈哈的日子也会出好的作品，但毕竟是少量的，那个艺术作品出来很有冲击力，但带着的都是苦涩，真正强大奔放的作品还是最强大的时候创作的，文艺复兴时期出现米开朗基罗等大家，都是养出来的。我认为艺术就像"格格"要靠养的，艺术是"奢侈"出来的，文化也是这样。一个强大的时代必须有强大的文化来支撑，今天我们强大起来了，为什么需要强大的文化自信？就是这个道理。必须文化强大起来，我也相信今天的时代，艺术一定能强大起来。

创作动力不减当年

张小琴：您的作品阳刚的比较多，表现女性之美的比较少。

曾成钢：女性题材不多。我内心对英雄力量始终充满崇拜。在我心中雕塑是男子汉。每种艺术都有自己特殊的属性，这些特点是无法代替的，雕塑是最能在公共空间里记录人的历史的艺术。

张小琴：我问您的第一个问题，一个艺术家源源不断的创造力，最初最原始的动力来自什么地方。几十年过去了，您现在超过60岁了，您觉得那个动力还是在心中涌动着吗？

曾成钢：我想这也是一个艺术家的可爱之处，从来不会因为年龄而让创造力泯灭。只要能动，创作的欲望就一直是强大的，这也是作为一个大艺术家或者作为一个有生命的艺术家最基本的条件。

这需要艺术家长期的修炼，心中的激情像一团火一直在燃烧，所以会不停地折腾自己，调动自己，要让这个涌动的东西持续表达。

要实现真正的理想或者目标，确实需要很大的助力，不是靠自我能完成的，需要社会的包容、时间的供给，使他能更好地成长。一棵树是需要保护的，不是丢在那里就能长好。其实艺术家很脆弱，特别敏感，如果要把一个艺术家保护好，需要环境的呵护，需要时代给予他充足的空间，让他自由，不是无法无天的自由，而是在相对的空间里让他能放松自由地成长。

张小琴：脆弱这个词跟您沾边吗？

曾成钢：沾边。艺术家都是玻璃心，不要以为跟石头打交道他就很强大，其实他很脆弱，正因为脆弱、敏感，他的东西才会有感染力。像我的脆弱是特别怕疼。

张小琴：怕打针吗？

曾成钢：害怕极了。看到血，人家没晕我晕过去了。

张小琴：听说您打拳。

曾成钢：为了健身，中国的拳很有意思。我喜欢动，因为自己脆弱，想练一些东西让自己强大起来，筋骨壮一点，也是充实自己脆弱的心。

张小琴：您打拳这个事对做雕塑有影响吗？

曾成钢：有影响。比如武打动作的架势和雕塑形体的安排，其实是相通的。

张小琴：作为雕塑家，健康是不是也很重要？

曾成钢：非常重要，跟画家不一样。石头这些东西没有力气搬都搬不动，而且力气不够或者精神不够，控制不了它。

张小琴：对材料要征服。

曾成钢：敲大石头的榔头都很大，没有力气，抡不动。我的腰现在不太好了，所以现在搬重物会考虑一下。但只要有机会，雕塑现场我还是要来的，在我这个年龄里面，我的体能、我的动作，一般人还超不过。

张小琴：这个世界有曾成钢和没有曾成钢，它的区别是什么，这几十年您对世界的改变是什么？

曾成钢：我的一些作品让环境或者是地域不一样了。比如我做的户外作品，搁在那儿以后，附近的房地产都涨价了；我做了雕塑公园，把城市改变了。这就是艺术的一种力量。艺术有的时候是没用的，但是整体来看，它的未来感，对整个社会的影响是无形的。艺术的发展不是做了一个东西后马上有多少价值变现，艺术力量的影响是持久的，这就是一个艺术品最有价值的东西，也只有这样人家对艺术品才会乐此不疲，会有人愿意去收藏、愿意花钱去养艺术家，政府也需要这个东西去激励社会。我们建党百年的时候，为什么中国共产党历史展览馆要做《旗帜》《信仰》《伟业》《攻坚》《追梦》[①]五组大型雕塑？就是这个道理，确实它会引领一个精神，引领一个方向。一个时代从哪儿来，到哪儿去，未来怎么办，它需要艺术作品来描述、来记载，向人们诉说这个时代究竟干了什么，这是它最大的价值。

[①] "中国共产党历史展览馆庆祝建党100周年主题雕塑创作"，代号"21工程"，是继人民英雄纪念碑以来，最重要的国家大型主题雕塑创作项目，以人物群像为主体，以标志性事件为线索，用雕塑语言表现一百年来在中国共产党的带领下中国发生的巨变，展现全国人民为民族复兴而奋斗的情怀与信念。这组创作由清华大学美术学院、中央美术学院、中国美术学院、鲁迅美术学院、中国美术馆等相关单位共同参与完成，是集体创作的结晶。曾成钢教授为《伟业》主题雕塑主创。《伟业》创作历时三年多，通过65位各行业的代表人物，全景式展现伟大成就。

典型温州人敢于迎难而上

张小琴： 您觉得您是一个典型温州人还是非典型温州人？

曾成钢： 我是典型温州人。

张小琴： 体现在哪儿？

曾成钢： 比如碰到困难，不愿意趴下，咬着牙关坚持。而且很多事情我敢于去挑战、冒险。很多事情我不是想好了去做，人家说成钢是做了再想，其实也不是，我是还没有想透就做了，有些问题三思而后行是对的，但始终是三思而后行，不行动只会说，我觉得这就过了。有的人目标是对的，但有很多困难就不走了，我觉得走起路来困难都是有的，但只要一直往前走，困难都可以克服，我始终有这种状态。

张小琴： 面对挫折的时候，有的人被压死了，有的人反而力量更大了，这里面的问题在哪里？

曾成钢： 一个人的一生其实很简单，第一是选择。有些东西没法选择，比如生死，这是定数。但是除了这个之外要去选择做什么。比如我对艺术从小就喜欢，干别的不行，我只能是这个，这就是选择。第二是意志。一个人没有一定的意志就会被压垮，有压不垮的意志，就决定了你的高度或深度，或者是整个过程。第三要行动。有了意志和选择，不行动不行，必须行动，而且行动之后必须有结果。

张小琴： 结果有的时候自己也不能控制。

曾成钢： 但是在你的目标、规划中必须得有结果。今天很多人崇尚自然状态，不要结果，认为有过程就行，过程也有价值，但是最理想的状态得有结果。

张小琴： 这个结果有时候可能比较晚？

曾成钢： 没关系。

张小琴：但是需要更强的意志。

曾成钢：对，这个结果也许不是你自己定位的，也许不是你当下定位的，也许是未来定位的，但是你始终要有这个概念。

其实我能走到今天，我不认为我走的路越来越顺，我到今天依然走得很艰难。

张小琴：现在还有什么难的？

曾成钢：因为大家对你的期望更高，把更大的事情交给你完成的时候，压力就更大。

张小琴：您是雕塑学会的会长，所以整个雕塑界要往什么方向走，中国雕塑如何在世界上占有一席之地，一些大的问题您也有使命要去解决。

曾成钢：确实是。很多东西都超出了我平时的想法，或者超出我的能力。很多事情不是我事先预测好的，我原来就想做艺术家，后来变成了教师、教授，后来变成了中国雕塑学会会长、清华美院副院长，现在让我到上海美院任院长，这些经历我都没有预料过，所以每一步对我来说都是一个考验，我不是越走越轻松，而是越走越艰难，但是我有一个信念，既然我答应去做，我会尽量做好，这种决心一定要坚持的。

张小琴：这40年作为雕塑家，回头看，您比较欣慰的是什么？

曾成钢：欣慰的是让我做我喜欢做的事情，而且多少困难都克服了。最快活的事情，就是我把生活、工作、生命都揉在了一起。只要是与雕塑相关的事，不管是我自己的事或人家的事，只要我有能力去做，我都会认真去做。我现在感觉到时间不够，让我有更多时间做更多的事情我更快乐。

现在我做雕塑的时间确实比以前少了，以前我只是对自己的雕塑发愁，那时很简单，我可以控制。现在要面对很多问题，要为一个学校发愁，而且不是一个人可控的。

今天接受采访，回到这个工作室的空间里，有一种亲切感，我的作品在这里等待着我,所以还是希望我能尽快回到自己的创作中来。我最大的能耐还是做雕塑,有的时候到了雕塑工作室,我哪怕什么都不做,坐在这里面发傻发呆也是快乐的,心里安静、充实,所以一个工作室对一个艺术家来说,就是天堂,哪怕在这里扫扫地,摸摸我的作品,就在那儿发傻,也感觉特别美。一个艺术家离开工作室,基本上失去了他存在的意义,只有跟工作室在一起,他的生命才有意义,他的作品对他才是一种生命的延续。我希望很多事情尽快落定,回到我自己的创作状态,我有很多的计划,我想把山海经系列做好,把梁山好汉一百零八将做好,等等。只要让我有这种创作状态,我想一定能实现我的一些想法。

建筑：来自我们，为了我们

张利

演讲实录根据2021年12月29日张利教授在"人文清华"讲坛的演讲《建筑：来自我们，为了我们》整理而成，经本人审订。文中图片由清华大学建筑设计研究院简盟工作室提供。

专访内容根据2021年12月17日在清华大学建筑设计研究院简盟工作室对张利教授的访谈整理而成，经本人审订。

建筑：来自我们，为了我们 / 张 利

张利

张利，全国工程勘察设计大师，清华大学建筑学院院长、长聘教授，清华大学建筑设计研究院副总建筑师、简盟工作室主持建筑师，《世界建筑》主编。国际建协理事、国际建协可持续发展委员会委员、中国建筑学会常务理事、中国城市科学研究会总师专业委员会副主任委员。

2014—2015年任北京冬奥申委工程规划部副部长、场馆与可持续发展技术负责人、陈述人，2016—2022年任北京冬奥会张家口赛区及首钢单板大跳台场馆规划设计总负责人，2020—2021年任第17届威尼斯国际建筑双年展中国馆总策展人。

学术方向聚焦于设计科学的"城市人因工程学"领域，将人因分析与设计干预方法用于冬奥场馆的可持续设计，主持了"雪如意""冰玉环"、首钢大跳台等体现中国元素、服务赛后长期利用的冬奥项目。

近年完成的主要工程项目有：北京2022冬奥会张家口赛区整体规划与场馆规划设计（2020），北京2022冬奥会张家口赛区国家跳台滑雪中心竞赛场馆设计（2020），北京2022冬奥会张家口赛区国家越野滑雪中心竞赛场馆设计（2020），北京2022冬奥会张家口赛区竞赛场馆辅助设施"冰玉环"设计（2020），北京2022冬奥会张家口奥运村与冬残奥村设计（2021），北京2022冬奥会北京赛区首钢滑雪大跳台中心竞赛场馆设计（2019），北京延庆2019世园会谷家营小镇及艺术中心设计（2019）等。

曾在都灵理工大学、雪城大学、新加坡国立大学等校任客座教授，在哈佛大学、贝尔拉格学院、巴塞罗那大学、香港大学等校作讲座，并曾在世界建筑师大会、全球生物与经济发展大会、阿尔普巴赫欧洲论坛等顶级学术会议上作主旨报告。张利与清华大学建筑设计研究院简盟工作室团队近十年来获欧洲奥德堡青年实践奖、英国建筑评论新锐建筑奖等国际重要奖项十项，建筑学会建筑创作大奖、勘察设计行业一等奖等国内重要奖项三十余项次。

建筑：来自我们，为了我们 / 张 利

大家晚上好！

感谢"人文清华"讲坛的邀请。

马上要开冬奥会了，今天有机会来分享，是和我们团队做的冬奥相关工作有关系。

被称为"雪如意"的国家跳台滑雪中心位于张家口地区。在 2013 年、2014 年开始筹备申办北京冬奥会时，国家体育总局和北京市派出上百人的团队，遍访北京西边和北边的群山，燕山山脉的余脉，寻找可能举办冬奥会的地方。冬奥会对山形地貌有一些特殊要求，比如"雪如意"所在的山谷落差 140 米，东侧朝向有一定植被保护，对跳台滑雪中心而言，就是天赐之地。这些选址、规划，最早是由上百人工作完成的。

设计：源于生活，服务于美好生活

2015 年北京冬奥会申办成功，2016 年开始做张家口赛区规划设计，那时候山谷还是一篇空白。大家可能认为设计无中生有，很神，很多时候社会上愿意把设计的功劳归给设计师个人或者设计团队，我当然希望这是真的，因为这样我们团队和我就能独占所有的成果。

但事实并非如此，任何一个好设计的产生，都源于一个好的设计问题的定义，而一个好的设计问题的定义来源于我们的生活，来源于和这个项目的产生、发展到生命周期都息息相关的所有人。具体到冬奥项目，它们和赛事举办、地方管理决策、所有参与冬奥筹办的人，甚至和所有今天讲座在场没有参加冬奥筹办的人相关，因为设计来自生活，好的设计一定是以我们的生活为模版出发的。

大家现在坐着的椅子就和设计的最朴素规律息息相关。我们就从椅子开始说起，看看普通人的椅子所容纳的设计的一般规律，特别是和生活相关的一般规律。

4000年前埃及中王国时期的折叠椅，和15世纪末文艺复兴时期的无背折叠椅相比，美学上有一些变化。17世纪中国明代的圈椅，19世纪中期美国震教徒①社区用的桌边椅都很有代表性，20世纪20年代包豪斯（Bauhaus）学派②最好的钢管设计师马歇·布劳耶（Marcel Breuer）设计的瓦西里椅，不仅能够调整坐姿，而且能够把钢管和椅子生产工艺用最简洁的方式表达得淋漓尽致。从20世纪60年代开始，大家开始开发让人的工作变得更健康的人体工学座椅，比如德国的德拉伯特工作椅。曾经一度我们想可能坐着还不是最放松的状态，也许半跪着更好，所以20世纪70年代末80年代初，欧洲多地使用巴兰斯跪姿工作椅。发展到今天，21世纪，最先进的是意大利的RECARO人体工学电竞座椅，现已广泛应用于汽车的驾驶舱、办公室等地。这八把椅子，都是进入普通人生活的最普通的椅子，把它们放在一起，发现对"坐"这件事情，人们也有着无穷无尽美好的追求。当你解决了上一个对美好的追求后，原来不知道的、新的对美好的追求又出现了，所以设计实际上是在不停地增加服务于我们生活的任务。上一个任务完成，甚至还没有来得及被设计师完成时，下一个新的对美好生活的预期已经出现了。可以说，设计服务于我们的美好生活。

---

① 震教徒（Shakers）：又称为震教教友会教徒（Shaking Quakers），属于基督再现信徒联合会，是贵格会在美国的分支。
② 包豪斯学派：起源于20世纪20年代，以德国建筑家格罗彼乌斯为代表，主张把建筑、美术、工艺等按照现代美学原则结合起来，主张现代建筑艺术理论，强调将技术与艺术、设计与造型有机地结合，对世界各国的建筑艺术和建筑风格产生了深远影响。

建筑：来自我们，为了我们 / 张 利

四个任务：共享、漫游、目的地、识别性

美好生活的定义有无穷无尽的方式，简单的美好向往不可能直接转换成设计，这是一个模糊的问题，是一个不可能穷举的可能性的集合。但是设计可以针对技术发展的现实，针对人生活的现实，把一些可以聚焦的、可以被穷举研究的可能性提取出来，提取出来的东西就成了这一阶段设计所面临的清晰任务。因此设计服务于生活的美好和愉悦体验的方式，实际是不停地从模糊的问题当中提取这个阶段清晰的任务。

离开椅子看房子，我们对生活的愉悦体验，对更高质量生活的向往里，有哪些可以看得到、摸得到的任务？荷兰的 UZEC 事务所是一块平坦的小型办公空间，但是桌子可以吊挂起来，随着桌子吊挂或者落下，椅子摆布不同，整个办公室可以出现办公、研讨、做操、午餐、聚会所有这些可能性。一个有边界的，被一个互相熟知的群体所共享的空间，完成不同的多功能灵活布局的任务。

在传统建筑里，可能中国的院子这个表现得最充分。中国的院子是非常特殊的载体，只要把院门一关，熟悉的群体在院子里可以呈现出所有的可能性。

所以，我们已经阅读出了在生活当中第一个和亲切的尺度相关的任务，也就是共享任务。在建筑和城市领域里讲亲切尺度，100 米以内已经很亲切了，大家可以看清楚表情，可以互相熟悉。

我们把尺度放大一点。观众去纽约古根海姆博物馆，沿着一个坡道缓缓而上，侧着点脑袋看美术作品，直到上到顶端，有明确的开始、结束，中间有变化的景观。类似在颐和园 700 多米长的长廊里，步移景异，不仅有湖边的景观，还有雕梁画栋讲述的故事。我们又得到了第二个任务——漫游任务，距离在 100~500 米，有明确的开始、结束，有明确的景致变化、节奏变化。

我们再把尺度扩大一点。原来西雅图的城市和水被一条高速路和一条铁

路隔开，西雅图雕塑公园的设计者非常聪明，用缓缓下降的Z字形坡道，把城市和水连接在一起，并且在所有Z字形道路转弯的地方都摆上知名的雕塑。

再看看北京奥林匹克森林公园、颐和园，无论是家庭出游，还是单位团建，它们都是理想目的地，因为它们能够给我们提供一个单位时间，让我们有2.5小时左右的投入，这就是第三个常人生活当中的任务——目的地任务，距离大于1千米，能够让人驻留，空间有变化节奏，给人愉悦的体验，留下深刻记忆。

再把时空扩大到整个城市范围。比如巴塞罗那山上的电视塔，在城市每个地方都能看到。承德的磬锤峰也是知名地标，所有外八庙的每个庙都和磬锤峰有一种空间上的联系。北京北海公园的白塔，位于故宫西北侧，从东城区到西城区西四这一带都能看到它，它成为一个城市区域甚至一个城市文化的标识，传递关于这个社区或这个城市的信息。我们到其他地方的时候只有接近了这类标识物，才能说和这个城市发生了一种密切的记忆上的叠合，我们依赖对它的理解，在未来的线上或者线下传播关于这个城市的信息。所以识别性的任务也是我们常人生活中面临到的任务，其距离大于2千米，存在地域文化标识，可以通过眺望看见，加强人们对城市的认知，进而被传播。

"超人"场馆要向常人靠拢

通过从常人的房子、生活中识别出来的这些任务，让我们同样来看看奥运场馆。以冬奥会跳台滑雪项目为例，这些特殊的竞赛设施需要经过特殊的训练才能使用，跳台有90~140米的落差，运动员通过助滑，起跳，以80~90千米的时速飞行，最后落地，这需要承担极大的生理和心理考验，十几年的训练才能练就超于常人的身体，从事这样的极限运动，这样的运动不是给常人准备的。如果一个设施仅仅给经过训练的超人使用，那么它势必在赛后很难和常人

建筑：来自我们，为了我们　/　张　利

的生活结合在一起，这就是为什么很多奥运比赛场馆、重大的会展设施，盛会过后会出现相对闲置的尴尬，甚至需要被拆除。这种赛后被闲置的现象被称为"白象"（white elephant）现象。如果我们希望这样的设施能够服务于常人长期的生活，能够长期在我们的文化生活中发挥作用，很显然既要把超人任务容纳进来，又要把常人任务容纳进来，这就是在北京2022冬奥会整体可持续性概念指导下要解决的事情。我们设计的冬奥场馆，为了加强它长期的使用效果，让每个人都能被服务到，就要把常人任务和超人任务结合起来。

具体看看两个场馆。一个是国家跳台滑雪中心"雪如意"。赛道分为HS140大跳台和HS106标准跳台，140大跳台长度110米，落差135米，106标准跳台长度106米，落差115米。S曲线的赛道是视觉上非常明显的符号，所以这项超人竞赛的任务，天生就能够和识别性任务结合在一起。怎么结合？寻找S曲线和我们最熟悉的文化符号之间的契合，我们找了一百多个符号，从椅子的扶手、博古架的细节，到彩云图案、剑鞘，等等，最后发现中国文化里和S曲线最契合的就是如意。如意的几何特征，有柄身、柄首、柄尾，柄身本身就是S形，很容易和赛道结合在一起，而柄尾很容易和赛道结束这部分放大的体育场结合在一起。问题是柄首怎么办？这是个巨大的问题，这也是2017年我们计划用如意容纳冬奥跳台滑雪比赛时首先要确定的一点。我打电话给当时国际雪联负责这项运动的竞赛主任瓦尔特·霍费尔（Walter Hofer），问他，如果我们准备在北京冬奥会跳台滑雪赛道的顶部修一个直径80米的巨大空间，是否可以。他说以前的冬奥会倒是没有弄过，在电话里沉吟了半响，表示只要不往下掉东西就可以。我接着打电话给赛道设计师，德国人汉斯·马丁（Hans-Martin Renn），他设计了上百个世界滑雪锦标赛以上级别的竞赛曲线，本身也是建筑师，他表示这事以前的国际滑雪比赛场馆确实没有做过，但是如果北京冬奥会这个东西是为了赛后服务，那他们是支持的。这样就有了柄首的顶峰俱乐部。今天形成的国家跳台滑雪中心"雪如意"，中间的柄身部分是赛道，被包含在里面，侧边用于防风。跳台滑雪怕侧向风，侧向风一旦把运动员吹出底下有承接面的赛道，就会出事故，所以侧向需要防风。防风设施是一项昂贵的构筑物，索契冬奥会用了400米，平昌冬奥会用了将近700米，北京冬奥会因为有了如意的两边，只需要在山脊肩膀背侧增加100余米防风网就可以。

"雪如意"建成及防风网示意

建筑：来自我们，为了我们 / 张　利

解决了超人的竞赛任务和识别性任务的契合以后，接着发现跳台滑雪这项运动里还有一个我们原来不知道的事情。通过观察比赛的运动员，我们发现运动员虽然是超人但也是人，他开始助滑前坐在杠子上，有 0.3 秒的时间环顾四周，得知关于周边场景的信息，然后就聚焦到自己的起跳和飞行上了，但是这 0.3 秒对他的心理状态有很大的影响。过去几届冬奥会，最受欢迎的跳台是惠斯勒[①]的，因为运动员出发点的对面有座印第安神山，飞向印第安的神山对他们的心理很有帮助。在北京冬奥会，我们怎么利用这 0.3 秒，帮助运动员做心理提升，这就是超人的常人瞬间问题。我们也有一个非常棒的景观，一点儿也不比印第安神山逊色，那就是穿越冬季两项运动的山谷能够看到长城遗迹。我再次请教瓦尔特·霍费尔和汉斯·马丁，和他们商量，在他们的支持下，把原来汉斯·马丁设计的跳台方向，这是很专业地按照等高线计算出来的，也就是土方量最少的方向，往北旋转了 20 度，成了大家现在所能看到的方向。

"雪如意"朝向长城遗迹

---

① 惠斯勒：2010 年冬奥会的主要举办地，位于加拿大。

没有旋转以前，运动员只是对着对面的小山包。人的水平视角关注的范围大概在45度，旋转以后，长城遗迹、冬季两项运动的整个山谷，进入了运动员的视野。在光线均匀的时候，你看得见对方，对方就看得见你，当我们爬到长城遗迹边上再回望时，也能看到"雪如意"。我们后来也发现在没有比赛的时候，一般的参观观众最希望停留的点，也是在这个旋转后的起跳点附近。

超人的常人瞬间解决完了，我们还需要解决其他几个常人任务。首先要加入的是目的地任务。在冬奥会比赛中一般有一个被称为北欧组团的场馆群，就是北欧两项运动（跳台滑雪加上越野滑雪），再加上冬季两项运动（越野加射击，源于原来的军事训练），这几个项目的场馆组成的组团。对赛后利用来讲，这一个组团实际是作为一个单位去营造一个吸引力。我们想办法在这个组团里面完成目的地任务，因而除了竞赛设施以外，我们附加做了一个供人慢行的步行桥"冰玉环"。环形的概念最早是一个瑞士团队提出来的，他们建议在小山包周围修一个像苹果公司那样的五层综合体，把酒店、场馆都修在那里，这是很浪漫的设想。但是我们的方案可以用现在这个不封闭的办法，把国家跳台滑雪中心"雪如意"、国家冬季两项中心、国家越野滑雪中心三个场馆联结在一起，形成一个慢行的系统，试图提供2.5小时的驻留时间。比较一下北京冬奥会和2018年韩国平昌冬奥会，平昌的举办方式是花最少的钱把事办完，至于赛后怎么用不在考虑范围之内，而在我们国家举办这种比赛是整个国家和政府来组织公共资源完成一个连贯的系统，所以是两种不同的理念。比较北京的北欧组团和平昌同样功能的组团，发现北京的连成系统和平昌分散断开的设计有区别，它们在拓扑上的比较明显不同。北京这些附加的为赛后常人使用的慢行设施，可以增加赛后常人在这儿的驻留时间。也能明显看到，我们把常人的步行道架离开山体，对于赛后山体地表生态连续性的修复很有帮助，这就是

建筑：来自我们，为了我们 / 张　利

左为北京冬奥会古杨树组团，右为平昌冬奥会阿尔卑西亚组团

强调最小生态足迹①的绿色原则。

怎么能证明有 2.5 小时这件事情存在？这件事情只有在最近的五六年才可能被证明。过去我们只能靠经验判断，因为设计领域没有技术去推测人的停留时间、人和空间的互动。但是最近五六年，随着军事训练、人机环境设计、体育训练里用到的人因技术被带到设计里，我们将通过穿戴设备所收集的人的生理信息、心理信息和环境空间进行耦合，就能判断出人和环境之间交互的强度。因而可以用虚拟现实的办法相对准确地预测出，在特定空间安排底下的可能性，再用实测数据反馈回来，就可以得到一个基准的，在一个固定的空间关系底下可能产生的人的驻留时间，并且以这个为基础再去测试建成以后实际的人的驻留和环境互动的强度。

这里我们运用了一种工具，叫作人因量谱图。城市人因量谱图表达三种信息：第一，空间的拓扑信息，连续或者间断，停留或者移动；第二，在可停留的空间里，包括慢行移动空间里可能产生的停留时间；第三，在相应的场

---

① 生态足迹：也称"生态占用"，是指特定数量人群按照某一种生活方式所消费的，自然生态系统提供的，各种商品和服务功能，以及在这一过程中所产生的废弃物需要环境（生态系统）吸纳，并以生物生产性土地（或水域）面积来表示的一种可操作的定量方法。它的应用意义是，通过生态足迹需求与自然生态系统的承载力（亦称生态足迹供给）进行比较即可以定量地判断某一国家或地区可持续发展的状态，以便对未来人类生存和社会经济发展作出科学规划和建议。

所、相应的位置上可能具有的感知的强度。比较北京冬奥会场馆和平昌冬奥会场馆，就能看出比较明显的区别，在三个主要场馆之间，北京这条线性的慢行空间提供的附加空间感知的强度更好。另外，"雪如意"的跳台，常人是可以通过台阶抵达的，和平昌那个不可到达的跳台的侧面相比，我们所提供的连续停留时间更长。依据这种测算方式，北京冬奥会大概能够在整个的北欧组团里提供约 185 分钟的停留时间，而平昌是 75 分钟。

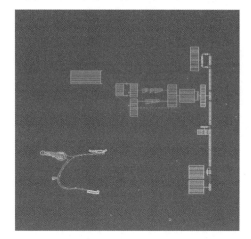 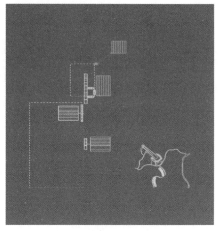

人因量谱图，左为北京冬奥会古杨树组团，右为平昌冬奥会北欧组团

我们再把尺度缩小一点，目的地任务完成以后，我们来看看在"冰玉环"步行桥，以及"雪如意"跳台所拥有的徒步的可能性上怎么完成漫游任务。"冰玉环"实际上在山谷里，有坡度，因为"雪如意"本身的存在，这个环可以提供附加的景观变化的节奏，而且有明确的开始点、明确的结束点，当然可以互为开始和结束。整个"冰玉环"分为 ABC 三段，A 和 C 段看从哪一个方向走，或者上坡或者下坡，分别是有 5%~6% 的坡度，B 段靠近"雪如意"这一段基本是平的。随着人趋近"雪如意"、侧向"雪如意"、背朝"雪如意"，因为它的高可视性会在慢行体验上产生一些微妙的对速率的干扰，也会形成我们对这个空间感应的节奏感，这就是景观标识物的影响。我们在实际环境里看到的也

建筑：来自我们，为了我们 / 张 利

"冰玉环" ABC 三段视野

是这样，大部分的人或者大部分的慢行者都有类似体会。

我们通过眼动追踪人的注视时长，也可以对结论进行验证。

在"雪如意"里做了两个大跳台，四条连续的台阶作为徒步的闭环。大家去山里徒步时都要走连续的路径，这里就是提供类似的路径，起始点或者结束点是停车场，上面是顶峰俱乐部。我们靠表情分析来记录、测试走过这条路时心理上不同的变化。现在的技术可以很容易做到对九种表情的分析，比如刚走到陡坡的时候心里被惊吓一下，习惯了以后开始欣赏周边的山谷环境，包括"雪如意"的顶峰，等等，就开始愉悦。这里我们能够看到的表情节奏的变化和我们实际观察到的在没有比赛的时候，参观者经过这些游历的路径时所产生的表情变化基本一致。我们在做这个跳台时，去过最近在世界上盖起来的十余座用于冬奥会比赛或者世界杯跳台滑雪比赛的跳台，"雪如意"是第一个能够完整地让大家沿着整个跳台的长度侧向走遍的，这很明显不是为了竞赛准备的，而是为了常人游历的路径准备的，在没有比赛时是这样，在有比赛准备时也是这样。当然走完了这些台阶，无论上或者下，自然会形成一些节点，大家

401

"雪如意"两侧的步道

聊一聊天拍一拍照,这都形成了连贯的漫游经历。

漫游任务结束了,还得完成共享任务。"雪如意"室内室外都有这样的空间。首先是顶上这个顶峰俱乐部。它是一个环状的空间,内圆和外圆不同心,这个不是蒙出来的。为什么要做成中间掏空的?因为做成这么巨大的悬挑,即使对我们国家的基建能力来说也是很大挑战,掏空就能做得轻,解决承重问题。北京冬奥组委规划部的刘玉民部长和沈瑾副部长都是很好的建筑师出身,他们提示我,可以考虑做成不同心,当中间洞口往前移,实际就等于整个环状空间往后移,这一下给我们开启了很大的可能性,我们开始一个一个实验。从美学判断来讲,把洞口往前移可能基本上差不多,但到底移到哪儿最合适?我们继续用人因量谱图的方法评价内部空间,偏心的环做出来后,环的后侧和前侧形成B和A两块空间,B空间更多是用于聚会,A空间更多是观察前面山体的景观,因为前面朝向冬季两项运动和山体这一侧,经过量谱图的预测,以及虚拟现实环境下对人反馈的预测,我们选择了现在的方案,内外两个圆并不同心,大概偏 1/4 左右。实际建成后,又在现场对 9 组志愿者进行测试,在 B 端偏西那侧,从北顺时针方向往回绕,绕过西边的山,开始看到北侧,冬两、山谷、长城遗迹逐渐进入视野,人的驻留时间开始上升,形成很长的停留值,逐渐转到南侧时,驻留时间开始下降,当看到雪场的雪道时,还有一个相对而言小的次高峰。我们发现实际建成后测试的结果符合我们对设计方案的预期。

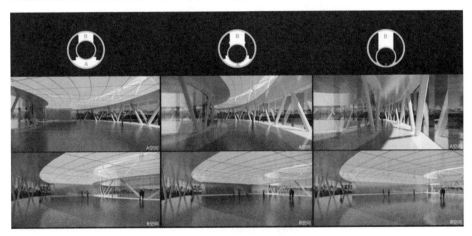

顶峰俱乐部 3 种方案比较

这个偏心的环还有一个附加的好处,从这里能直接看到竞赛的出发区,运动员出发镜头非常漂亮,以前电视转播需要飞猫镜头来捕捉他们精彩的出发瞬间,但是现在可以从室内看到这个场景,我们期待将来在此观赛的贵宾能在这个空间和运动员出发区发生一定互动。顶峰俱乐部还是一个可以用于共享的集会空间,A 区用来观景,B 区赛后可以完全用于休闲、办展览、演出、会议、婚礼、餐饮等。我们这些年学到的是,无论设计师怎么想,对空间的使用,实际使用者和房子的运营者永远比我们更有想象力。

"雪如意"下面的体育场也值得关注。一般跳台的结束区要做一个反坡,这样运动员减速减得快。但是这样做,底下不是平的体育场,观众席也不是环抱式的坐法，很多在室外体育场可以发生的活动就没有了。所以我们比较坚持要做调整，和国际雪联的管理人员商量了很久，最后得到他们的支持，做一个90米的体育场，观众席用马蹄型布置，这样就能够保证体育场在冬奥之后能够更多地用于赛后常人的聚会和大型活动，跳台下就是足球场，可举办足球比赛、演唱会等常规大型活动，观众席容量可达1万人。"雪如意"的顶峰和后面所有的竞赛设施就成为这些活动的背景。2020年12月河北省第二届冰雪运动会的开幕式就是在这里举行的，这是它第一次作为多功能室外体育场来使用。

结束区作足球场使用

总结一下国家跳台滑雪中心"雪如意"，既有超人任务部分，又有常人任务部分，借助如意这样一个载体，我们看到既有超人的常人瞬间，又有共享任务、漫游任务，我们把这个和"冰玉环"整个停留时间加在一起，大概就能预

建筑：来自我们，为了我们 / 张 利

期在185分钟的时间内完成目的地任务。现在整个赛区和场馆还没有向公众开放，我们只能做有限的测试去验证一些预测，最后在生活当中是什么样的，这得靠真正的常人生活说了算，去证明或者证伪。

首钢滑雪大跳台其实面临同样的问题。滑雪大跳台运动是一个高难度的极限竞技运动，运动员要把自己抛起来，离开底下的承接面达到8~15米，而跳台滑雪飞行时和底下承接面的距离在3米半以内，所以滑雪大跳台运动是极限冰雪运动当中的极限，粉丝多半是城市人群。这种惊险的竞赛也是高显现度的，也自然有一个和识别性任务相契合的可能性，但是这个契合和"雪如意"的不太一样。

这里有三个小问：第一问，选址，雪上项目一般在山里，而这个运动最喜欢的是在城市中心区广场，粉丝都是25~35岁的年轻人，喝着啤酒唱着摇滚看比赛，因为受伤概率很高，比赛选手都是十几岁到25岁的年轻人，到25岁以后就很难参加这个比赛了。一开始国际雪联的竞赛管理者甚至问能否在天安门广场做这个项目，北京奥组委和北京市负责人马上把他们的注意力转移到永定河边的工业遗产首钢，这里有冷却塔、冷却池，背面有西山做背景，场景很酷，他们一看，认为太好了。这样世界上第一个永久性的滑雪大跳台和世界上第一个奥运永久场馆和工业遗产结合就成为可能。

第二问，从助滑到起跳、翻滚、落地，这些动作背后动感的曲线用什么样的中国文化元素符号来表现？这项运动的英文名字叫big air（大跳台），最大限度地往空中腾跃，而中国的飞天也是在空中腾跃的。东方的绘画和西方传统绘画不一样，我们不通过解剖学表达人的骨骼、肌肉、皮肤，而是通过衣物的轨迹表达动感的人体经过的痕迹，因此敦煌飞天的飘带就是表达这项运动动感曲线最好的载体。我们最开始设计的时候是一根彩带，后来发现彩带不管怎么做都飘不起来，我们团队有一个年轻的女设计师，业余很喜欢做首饰设计，她提出可能一根带子不够，要多根，结合在比赛时台子底下需要临时设施和吊

从新首钢大桥看首钢园区

建筑：来自我们，为了我们　／　张　利

首钢滑雪大跳台最终形象

建筑：来自我们，为了我们　/　张　利

挂结构，我们附加了第二根彩带以后，形态好多了。但是还有一点不那么满足的地方，运动员上到顶端出发时以及上面的转播平台四面都是漏的，如果再用一根彩带包进来，就有可能让飘带飘起来更舒服，就有了现在这个设计。

第三问，识别性除了文化元素、选址以外，还得注意这是一个工业遗产的改造项目。首钢已经是北京工业遗产结合城市更新的名片了，怎么延续工业遗产的记忆？我在北京长大，小时候对我而言，去首钢，那就是到了北京市西边的尽头了。这个尽头最主要的记忆，就是四个冷却塔加上后面的西山，前面的冷却池形成一个天际线，怎么在加入一个新跳台时不破坏这个天际线。我们求助于人因技术，把所有能够选择的可能方向，从最朝东南开始，每5度做一个测试场景，然后请在首钢生活了30~40年的老工人、老决策者、老管理者一起帮助判断。我们测试人的皮电，表明唤醒度；再测试人的注视时长，注视跳台本身、冷却塔和后面的西山。经过一定的测试数据支持的结果，和我们在更大范围内用简单的纸质效果图让人选择时的结果，其实带有一定类似性，当然有一个误差的范围。我们很高兴看到，老首钢人，现在有的已经在帮助筹办冬奥会，成为周边的安保人员，他们会站在群明湖这侧指向那侧，很热心地介绍："这是我们首钢的滑雪大跳台，冬奥会的跳台。"对于我们来说，"我们首钢的"这几个字是最大的鼓励。当然还有长安街延长线上看到跳台的问题，这个更多的是从视觉上用它和周边景物取得更多的类似性，能够融合进去，比如跳台不能在视觉感知上比冷却塔高，所以跳台结束区就需要沉到地面以下5米，不然就会比冷却塔高。比如跳台有斜行的电梯，但是它的角度和冷却塔接地角度有类似对称关系。比如跳台上水平准备起跳的高度和周边遗留下来的首钢厂房高度类似，等等。运动员比赛时，经过冷却塔上映出来的影子，经过斜行的电梯上到出发区，从电梯走出来，整个首钢园区就在底下，远处城市尽收眼底，这是很兴奋的起跳心态。对观众来说也是一样，冷却塔永远是观看这个当代城市比赛项目的一个背景，特别是在夕阳西下的时候，非常美。曾经在这里参加过单板滑雪大跳台比赛的选手表示，大跳台给人以梦幻般的未

建筑：来自我们，为了我们 / 张　利

建成前后西望群明湖比较

来感。

　　在设计过程中，我们发现还有一个附加的超人任务，这是以前我们不知道的。大跳台滑雪比赛和经常在山里进行的自由式滑雪空中技巧比赛，实际上具有类似性，都是先助滑再起跳，空中翻腾再落地，只不过这两个比赛的曲线陡峭程度不一样，这两项比赛以前从来没有想过放在一个地方举行，但是在首钢的项目里有了变革的契机。单板滑雪大跳台比赛的赛道设计师，和空中技巧滑雪比赛的赛道设计师，两个人一起坐在给首钢项目长期做设计的比利时结构工程师、建筑设计师戈建北京四合院的家里交流，喝着啤酒，把这个曲线越画

411

越像，只差中间有一小部分不能重合，而这完全有可能用结构工程的办法解决。结构工程师杨霄老师设计出了正四面体结构模块，它可以附着在大跳台的系统节点上，48小时之内就可以把单板滑雪大跳台项目的曲线转化成空中技巧项目的曲线。这个变换技术在全球是首例。遗憾的是2020年因为疫情没有实现这个事。北京冬奥会比赛已经确定了在首钢举行滑雪大跳台比赛，在云顶举行空中技巧比赛。但未来的比赛，完全可以通过附加临时单元体结构在48小时内完成向空中技巧场地的转换。

赛道可变剖面测试现场

我们再看其他几个常人任务。在首钢园区我们不再需要担心2.5小时的目的地任务，因为首钢园区已经是大家非常向往的很有意思的城市改造区域。我们直接关注漫游任务，环绕湖区的景观和设施要怎么安排？我要感谢我们学院的朱育帆教授做的湖岸线改造和张昕教授做的照明改造，我从他们身上学到了很多东西。首先我们要考虑在环湖漫游体验中怎么形成节奏，仅是一条单调的环形路线肯定不行。我们参照了比它大4倍的颐和园，把颐和园的拓扑关系复制到首钢的环境里，这样就能够让人在环湖路径当中形成类似的节奏感。我曾

建筑：来自我们，为了我们 / 张 利

经建议在湖边修一个坡，没有障碍，但是朱育帆教授设计了台地，他说有了台地人就会坐，停留的时间会更长，实际生活当中他的想法得到了验证，证明他是正确的。经过芦苇荡这种起起伏伏，又有了下到水面下景观的步道，人走到水里，用水的高度体验这个空间，这是和颐和园排云殿底下的码头相类似的设计。环湖走到罐区又有一个停留节点。漫游任务还包括北京设计院吴晨老师按照首钢原来的桥架做出来的线性空间，首钢人自己叫首钢的高线公园，这个地方不论是跑步还是亲子游览、照相，都是很好的场所。

群明湖北岸亲水休憩平台

漫游任务结束以后，再回到共享空间亲切尺度的任务。首钢有一个制氧厂的厂区，这种小尺度空间的改造，恰恰可以形成室外的院落式的带有工业遗产色彩的共享空间。对制氧厂区的改造当然从工业遗产的延续开始，所以再次请老首钢人投票决定所有这些槽、罐、塔哪些最值得留下，投票最高的留下来，以这个为契机，就开始做新的改造设计。有一个比较大的厂房，特意请意大利都灵理工大学的人来设计，因为他们参与了都灵米其林工厂的改造，很有心得。

我们自己的团队做其他小厂房的改造。改造中有意留出原来建筑的一部分，可以看到原来工业使用的痕迹，能够阅读出过去的使用逻辑和今天的使用逻辑的区别。当然对这种厂房的改造不用做太多的测试，因为有太多的例子证明，只要把大的工业遗产的逻辑切分成人的尺度，依赖工业遗产本身具有的自明性，

制氧厂北区改造

这个空间就会受欢迎，这些留下来的工业设施的周围就会形成吸引力集中的地区。我们把附加的面积垂直于原来的房子做出来，形成一些出挑，大家能够明显感知原来地面空间的肌理，加强工业遗产的记忆和现代生活的互动。景观的设计有意用软化植物种植在瓶瓶罐罐的周围，一方面有利于土壤的有机更新，另外可以形成一种软硬的对比，自然形成吸引力场所、共享的空间。厂区目前没有完全开放，所以没有办法验证实际生活如何发生，我们希望开放以后继续观察。不过有一个好消息，这里冬奥会比赛时会用作观众服务，而赛后2022年和2023年创意办公空间的出租已经基本完成了。

在首钢改造中，其实我们定义的设计问题和采用的方法，基本和在"雪如意"里的大思路是一致的，但是我们依赖的载体不同，一个是进行当中的工业遗产改造的载体，一个是离北京相对比较远的山体。在首钢的题材里，来自城市的关注更多，国际奥委会积极的反馈也肯定了我们的设想。

建筑：来自我们，为了我们

我们今天从椅子出发来寻找设计和美好生活结合的基本规律，也就是从模糊的问题当中提取任务。

我们从一般人的房子观察到了共享任务、漫游任务、目的地任务、识别性任务，这些常见的服务于城市生活的任务。结合两个冬奥会竞赛场馆，分享了在北京2022冬奥会可持续性理念下，场馆为了赛后而设计，为了常人的生活而设计，是如何把超人任务和常人任务结合起来的。从超人的竞赛设施出发，看到超人的常人一瞬。我们把共享任务服务在超人竞赛设施的周围，组织它所从属的环境，无论是自然山体环境，还是工业遗产环境，提供漫游体验，尽量依赖一个大的工业遗产园区，或者是一个新建立起来的场馆体系，形成2.5小时的目的地任务。我们更借助中国元素，借助自然和人文信息的传递，实现更广泛的文化意义上的识别性任务。

奥运场馆所面向的群体，已经从服务体育比赛的教练员、裁判员、运动员，扩展到更多的喜欢体育的普通人、喜欢文化旅游的家庭、喜欢城市和自然环境的城市社区群体，甚至通过网络和电视的传播，抵达了世界上拥有共同价值观的群体。只要我们在地表进行着空间的设计改造，就面临着人对美好生活的需求，所以设计师依赖的数据或者人因测试的记录，并没有改变服务的对象，只是让设计师更好地用更精准的方法去服务这些对象。因此这种方法并不仅仅适用于像冬奥场馆这样大型的比赛设施，完全可以适用于城市所有空间的改造设计。我的团队和我通过这些设计更坚定了一个信心，建筑设计要解决的问题，设计所依赖判断的数据，永远来自生活，来自我们生活当中的每个人，而依赖这些数据去试图寻找解决问题的答案，反过来也是服务于生活中的人，这就是为什么建筑必须来自我们，为了我们。

这就是我今天要和大家分享的，谢谢！

建筑：来自我们，为了我们　/　张　利

问答：

1. 北京冬奥会体现了中国对可持续发展理念的理解

观众：张老师您好，我是清华社科学院体育学博士生，我想请教的是，"雪如意"和首钢滑雪大跳台的建设过程算不算国际体育社会上创造性的变革？它们对全世界体育场馆的建设带来了怎样的影响？

张利：谢谢。您这个问题让我非常佩服，其实您也点出来国际奥林匹克运动现在面临的一种挑战，就是怎么能够证明自己和一个主办城市或者一个主办国家的地方经济发展、长期的人文社会发展是结合在一起的。大概在2010年前，奥运会比赛大家全都关注在盛会上，2010年后逐渐变成要和地方的可持续发展结合在一起。我们北京2022年冬奥会从申办阶段开始，理念上就有明显变化。从三个赛区的选址、布局到整个规划设计、办赛的理念，全部都不是要简单地办一场盛会，而是要利用冬奥的契机实现可持续发展。如果没有这样的契机怎么可能把城市里的人才、知识、技术、投资等资源往山谷里输送呢？这次三个赛区，两个雪上赛区都在山谷里，分别是延庆、张家口。而且这次所有场馆建设的理念，都强调绿色原则，要求是最小生态足迹，所有的东西最好跟自然是亲护的关系，所有的东西全生命周期内不能留下任何不可移除的痕迹。包括能源系统的供给、建筑本身、从室内到室外对局部环境调整的技术，等等，其实都充满了对自然的尊重，对人文社会发展和地方发展的支持。所以，通过北京2022年冬奥会可以阅读出我们对可持续发展理念的一种理解，可能不是说我们改写了什么篇章，但是我们至少提出了比较响亮的、来自中国的一种见解。谢谢！

2. 冬奥会要交出赛时举办和赛后发展两张答卷

记者： 我是来自《新京报》的记者。我想请张教授用比较通俗的语言讲一下，冬奥场馆设计和实施背后有哪些元素体现了比较明显的科技特征？谢谢！

张利： 谢谢您这个问题，您这个问题很专业。我想提四个词：第一是绿色，就是尊重山体、地表的生态，包括对水资源、能源的利用，还有建设使用的材料，所有有机更新的想法，等等。第二是对历史的尊重，也就是对文化传统的延续，所有冬奥场馆里，对中国相应的地区和城市的历史、我们的文化元素，都有明确表达。第三是最广泛的惠民原则，这个表面上听不是一个技术问题，但实际上用什么样的技术就会带来什么样的行业、能够创造什么样的就业机会、改变什么样的人群和知识体系，这是完全可见的。比如在张家口赛区，更多地选择跟风、光、电和滑雪产业相关的技术，因为这对张家口地方将来的就业和产业转移是很好的机会。第四是全生命周期，举办冬奥要考虑的不仅仅是办会这两周的时间，而是未来更长的十年甚至二十年，所以我们经常说要交出赛时举办和赛后发展两张答卷，其实指的就是在场馆整个有意义的周期里，要用更广泛的办法去看待这些场馆和赛事举办所造成的遗产。冬奥组委专门有个遗产部，他们手里有很多数据，也是用很多技术去追踪在全生命周期里冬奥遗产留给我们的正向贡献。

建筑
来自我们 为了我们
张利／清华大学

张利专访：用建筑抵达他人

北京胡同里的童年

张小琴：张老师，您小时候是在一个什么样的环境中长大的？

张利：北京的辟才胡同。我父母是北师大实验中学的老师，最早家属宿舍在平房杂院儿里。

张小琴：那时候对自己所处的环境，后来作为建筑来认识的那些街区环境，有一些感觉吗？

张利：印象最深的是杂院儿里这些人对自己这个群体的认知，一抬头几棵大杨树，杂院儿的房子顶形成了一个边界，看到这块天，觉得这块天好像就是这个院儿，其他院儿鸽子哨一吹起来，鸽子飞过来，就知道这是别的院儿来的。

在胡同里住到 10 岁，后来住到家属楼里，位置没有变，空间的形态变了。

张小琴：生活还是有比较大的区别的？

张利：最开始上楼时，觉得是一个很大的进步，不再像原来院儿的房子，舒适性增加了，方便程度、卫生程度增加了，但是院儿里人和人之间的那种感觉慢慢就没有了。

张小琴：后来您写建筑师街区游戏指南《玩儿过》这本书时，也是对小时候的生活有点怀念的意思在里面？

张利：当时是跟我们团队的人在一起讨论这个问题，后来发现小时候都玩儿过这些游戏，而且一说起来，自然地就带有自己原来从属的那个社区的特点。类似的游戏，不同的方言叫法不一样、规则不一样，一下子，通过这些游戏带出一系列关于人类学的信息，特别有意思，就跟团队成员说，一人找几个有关的游戏，集结成册，参加韩国的书展。

张小琴：这个跟建筑师有什么关系？为什么建筑师要做街区游戏指南这么

一本书？

张利： 十几年以前建筑设计更多关注形态，是美学问题。但建筑师们越来越觉得美学问题有一点隔靴搔痒，建筑不是博物馆里挂的画，或者摆放的展品，也不是在媒体、渠道里传播的信息，建筑最后完全是在人的生活里的，人的故事是这个建筑的主体。建筑怎么跟人发生关系，怎么跟社区发生关系？十几年前我就开始对这个感兴趣，后来发现游戏至少让孩子们在社区里从小互相认识。

张小琴： 您多大时开始对建筑专业有一点兴趣的？

张利： 在高二时。

张小琴： 选这个专业时，对这个专业有向往吗？

张利： 开始决定选这个专业之后，找了一些原来实验中学毕业的，比我大两三届的学建筑专业的学生请教了一下，那时候关于建筑是什么，基本上是一个人一个说法。我能从他们的答案中听出来建筑不是什么。比如建筑不仅仅是画画儿，建筑学也有物理学、数学的内容，设计这件事情不仅仅是画图，而是要有很多的想象，要有很多的判断，这些东西让我印象深刻，好像每个人说的建筑都不一样。我觉得这事挺有意思。

张小琴： 每个人说的都不一样，这是吸引您的点吗？

张利： 我从小倒是有这么一个体会，如果什么东西大家说的一样的话，这个事被人琢磨透了，就没什么意思；如果一个人一个说法儿，可能这个事有点意思。

进入建筑学殿堂

张小琴： 您考到清华建筑系以后，对建筑的概念是很快就清晰了还是依然要过一段时间？

张利：也是过了一段时间。

张小琴：您的大学生活这五年是什么样的状态？

张利：那时候清华还没有美院，也没有什么文科系，建筑系跟其他的工科系差得最远，是最各色的。我们建筑系的男生那会儿要么就是长头发，要么就是光头，没有中间派，头发必须得跟别人不一样。这几年一开始懵懵懂懂，后来的成长主要是逐渐认清什么是建筑。

张小琴：大学毕业决定要考研究生，而且是直博，这个时候是不是选定建筑作为未来的终身事业了？

张利：是。

张小琴：这个时候吸引您的东西是什么？

张利：20世纪90年代初，城市更新很快，日新月异，当时就是觉得可干的事很多，而且发现不同的人对建筑的理解完全不一样，这个事还有可做的。

张小琴：到研究生阶段开始做设计了吗？

张利：研究生之前就做设计了，那时候国内建设的事情太多了，建筑系的学生到了三四年级就有人找你帮忙干活儿。

张小琴：您接的第一个活儿是什么？

张利：一个汽车修配厂门面的装修。那时候是作为朋友帮人家干的，大概四年级时。

第一个活儿，当然很兴奋，准备大干一把，最后发现这种事情到了实际项目里局限很大，而且业主关心的并不是艺术表现，没有那么宏大，他改完了以后希望多吸引别人的注意力，仅此而已。

张小琴：最后做出来的状态是怎样的？

张利：建筑师有一个特点，随着年龄的增长积累的越多，画的图，对它将来建成以后效果的想象和最后实际建成的效果就会越一致。我当时四年级，这个想象能力还差得很远。

当时我想的是用油漆画出一块墙体，让那个墙体产生一种类似透视的感觉，好像辐射的光发出去，吸引人到这个入口。但最后做出来就是画了一个画儿，并没有真正的透视感。

张小琴：第一个项目做完以后是铩羽而归，还是想以后要做得更好？

张利：反倒让我对这个职业有了更大兴趣。作为一个建筑师，实际上建成的东西和以前学过的这套工具所表现出来的东西有巨大的差距，这个差距太值得去琢磨、去补充了。

张小琴：做完这个之后还敢接活儿吗？

张利：不太敢接在城市里改造的活儿了。其他私活儿继续在接，就变成了帮人画效果图。

张小琴：当时那么多新建筑，日新月异的状况下建筑师的空间非常大，如果您当时毕业就开始工作也是很多地方都需要的。但是您决定要继续深造，没有什么犹疑？

张利：没有什么犹疑。我父母是教师，对能够获得更多的知识，能够获得更多的技能训练，一直是持正向的态度，觉得正式的训练和学习越晚结束越好。

张小琴：您当时选择了硕博连读六年，对未来博士毕业之后的想法是什么？

张利：那时候有一个非常好的榜样，就是我的硕博士导师关肇邺[①]院士。他的老师梁思成先生一开始也是一边做设计，一边当老师，清华建筑学院的老师都是这样，关先生也是这样，当时一个特别简单的想法，这样也挺好，事实后来也就是这样。

---

① 关肇邺：中国工程院院士，建筑学家，清华大学建筑学院教授、博士生导师。2000年被授予"设计大师"称号。主持设计了北京地铁东四十条站（首都80年代十佳建筑奖）、清华大学图书馆（1993年建设部优秀设计一等奖）、清华大学理学院楼群（1997年度首都建筑汇报展十佳建筑）、北京大学图书馆（1998年度首都建筑汇报展十佳建筑一等奖）等。

恩师教导：好的建筑要"得体"

张小琴：我看过一本书是《建筑师的20岁》，是安腾忠雄①邀请了著名的建筑师到东京大学对谈，看看这些大建筑师们在年轻时都做过什么，使得他们后来能够成为一个比较好的建筑师。在您20岁左右，哪些事情对于您后来成为一个建筑师比较有作用？

张利：最重要的事情是跟随关先生做了一些学校里的项目。我23岁开始跟关先生读研。我们本科时他教过我们设计课。那时很多老师教怎么尽量把图画得炫，做出时尚感，怎么样尽量接近一个国外的建筑，那时候国内和国外差得很远。关先生不一样，关先生说，建筑这个东西画图只是一方面，建筑是跟着人走的，好的建筑是一群好的人做出来的，你做这个建筑，要先了解和这个建筑相关的人。你为了这些人的群体，做出好的设计来，对这些人是好的，这叫"得体"。

张小琴：怎么从建筑上去解释它？

张利：一个建筑师试图设计或者创作一个建筑时，中间一定有一个步骤要去理解将来和这个建筑很相关的人。理解得越好，这个建筑会做得越好。那个时候刚刚改革开放，大家都追求自我表现，做了很多新的建筑，是一种冲动的、物质化的表现。相对来说"得体"是更精神化、更谦逊的态度。

张小琴：除了要服务的对象，除了使用者之外，有没有跟周围环境之间的关系？

张利：绝对是有的。关先生20世纪80年代末就开始做清华图书馆的第三期，他跟当时所有其他人的做法都不一样，第三期的体量比原来第一期、第二期加起来还要大一倍，但他做的时候宁可让新建筑跟第一期、第二期看起来连

---

① 安腾忠雄：日本著名建筑师。以自学方式学习建筑，1997年起担任东京大学教授。作品有"住吉长屋""万博会日本政府馆""光之教会"等。

建筑：来自我们，为了我们 / 张 利

清华大学图书馆第三期，北京，1991
（图片来源：清华大学建筑设计研究院）

成一片，而不是突出一个新的建筑，好像是我关先生做了什么似的。不是去统治环境，而是成为环境的一部分。

张小琴： "得体"，我们今天看觉得是一个非常好的态度，在当时并不是建筑学界的主流，对吗？

张利： 不是。当时的主流是自我表现，语不惊人死不休。

张小琴： 这是在那个特定时期，一种社会心态的反映吗？

张利： 建筑历史上，总是看到两个方向，一个方向是个人表现，用更多的手法刻意追求标新立异，古怪，并且认为如果不能够足够动人，可以把东西做得足够吓人，吸引注意力。另一个方向是把东西做得动人。

张小琴： "动人"和"吓人"的界限在什么地方？

张利： "动人"是你作为一个建筑的观察者，你觉得你是这个建筑的主体，这个建筑很好地让你的尊严得到了表达。"吓人"是你看到这个东西，让你觉得自己很渺小，这个东西很壮观、伟大，你要去膜拜这个东西。

张小琴： 建筑史上比较有名的"动人"的建筑例子有哪些？

张利： 太多了。比如大家都喜欢佛罗伦萨的花桥、威尼斯的圣马可广场。

你可以想象当时生活在那里的人的状态,发生过什么样的故事。

中国的例子也很多。比如北京原来的戒台寺,里面的千佛阁曾经起火被烧毁了,很长一段时间里留下一块空地。进了山门、过了大雄宝殿之后,那里有两个并行的轴线,有为藏僧修的轴线,也有原来这个寺庙本身的轴线,它们在山坡同样的高度上一直是有联系的。人从东西向进去,跟山之间的关系一虚一实,中间有巨大的反差,而且两个轴线之间可以平行地移动,非常有意思。无论是否学过建筑,人们到那里都能获得一种在其他寺庙难以获得的体验。

张小琴: 真正跟着关先生开始做设计,第一个项目是什么?

张利: 清华理学院建筑群的生命科学楼。那个图是我画的。那时候要配合实践的建筑师,我还是挺出活儿的,在关先生的指导方向明确以后,我一个人差不多两三天就把整套的东西画出来了。

张小琴: 整体是关先生设计?

张利: 对。

张小琴: 后来生命科学楼建起来,里面有多少实现了您的设计思路?

清华大学理科楼,北京,1998(绘制:关肇邺)

建筑：来自我们，为了我们 / 张　利

张利：当时关先生认为，前面的理学院带星窗比较多，采光比较多，生命科学楼当时说要做更多的试验，对自然采光的要求和教室是有区别的。针对新斋前面那条路，关先生曾经定义后面的生命科学楼和前面理学院的楼，是一虚一实，南边的生命科学楼可以做得实一点。我的任务是琢磨怎么在实的地方把砖的质感表现出来，关先生已经定义这块儿是清华的红色区，是针对建筑学院所处的白色区来区别的。当时就琢磨怎么把这个砖表现出来，所以出现了八角

清华大学生命科学院，北京，1998
（图片来源：清华大学建筑设计研究院）

形、底下的砖格、上面的老虎窗和凸出来的这一块，每一层有若干个带有节奏感的、凸出的内容，这些都实现了。实现以后，后来使用这个实验室的老师说，这个地方从外面看好看，但是从里面来说，对实验人员的考虑还是不够的。

张小琴：您也可以非常坦然地面对吗？

张利：这种压力是关先生去面对的，我们只是团队的工作人员。

张小琴：整个建筑群有一个下沉式广场，周边有一圈楼，在清华的建筑群里也是一个非常和谐的存在。

张利：关先生做的建筑，包括他给清华校园带来的贡献是永远不会留下吓人的东西，不会竭尽所能地呼喊，揪住人，让人注意，他的东西就是默默地、平和地在那儿，这个很重要。

张小琴：因为这个建筑刚好在您工作和生活的清华园里，您有时会回去看看吗？

张利：我会回去看。设计图纸时，关先生告诉我说，这个根据经验不行，

某些地方得调高，某些地方得压低，等等，建成后我特意去看区别，能体会关先生讲的意思。这就是建筑师成长中要增加的那部分，从实践来的，盖起来的房子跟图上画的东西是不一样的。

张小琴：这个"得体"的概念跟中国传统文化里面说的中庸，无过无不及是不是有接近的地方？

张利：肯定是的。20世纪20年代伯特兰·罗素①有很长一段时间待在中国，他有一句关于中西文化的著名对比，他说西方文化的推动，很多时候是批判性的理性，他们要去刨根问底。中国文化的发展有时候是创造性的直觉，这种创造性的直觉更多地表现出来，就是你作为一个现成环境中新加入的元素，或者是一个既定社群新加入的一个人，你总是试图寻求跟这个既定环境之间的和谐，也就是你跟他们在一块儿成为一个整体，而不是去统治，或者去征服，这是中国文化跟西方不一样的东西。

张小琴：这就是一种和谐的东西。

每个人都是建筑体验的创造者

张小琴：张老师，您的博士论文研究的是什么？

张利：我的博士论文题目是《建筑师视野里的计算机》。

张小琴：好像跟您做的事情不太搭界？

张利：当时有一种感觉，设计其实不完全是纯主观的，或者仅是从经验到经验的过程。那时，我已经隐隐体察到其实设计里面含有很多实证的东西，而

---

① 伯特兰·罗素（Bertrand Russell，1872—1970）：英国哲学家、数学家、逻辑学家、历史学家、文学家，分析哲学的主要创始人，世界和平运动的倡导者和组织者，主要作品有《西方哲学史》《哲学问题》《心的分析》《物的分析》等。1920年访问俄国和中国，并在北京讲学一年。

且做的建筑越接近普通人，相对来说涉及实证的东西就越多。

张小琴：您的主要观点是什么？

张利：现代意义上的计算机出现后，其实很快就试图和设计领域结合。论文的主要观点是建筑师得用好这些以计算为特征的辅助工具（那时还没有现在的大数据），设计应该更积极、更开放地应对这些新技术。

张小琴：应该说您也是比较早地开始拥抱新东西。

张利：那时候 CAD 软件正逐渐取代手画图。我在学院里有一个活儿，就是帮助老师、教研组和项目设计团队来装系统，有点像 IT 支持的角色。

当时设计做得比较好的同学会经常在一起，前后几届也会在一起互相评价，我们有一个清华附中毕业的文采飞扬的学长，曾经是清华本科文学社的社长，他一直评价我就是一个理科人，客观事物最后总想用理性的办法去解释，他的观点是像建筑这么美好的艺术是不能够用理性去穷尽的，应该是感性强于理性才对。

张小琴：您自己觉得呢？

张利：这个我承认，他对我的评价很中肯。人不能不承认自己基本的特征。

张小琴：但是您做的设计也很美。

张利：我一直的观点是，美并不一定和理性就是矛盾的，比如巴赫，很多时候，你看他的曲谱是完全重复的，基本的根音结构的变化、用的和弦都类似，只是不同调性的重复，不同调性之间重复时又有一个新的凸显的变化，等等，总的来说还是在理性的范围里，但他的作品每个人听到的是很强烈的情感。

张小琴：我知道您吹长笛，是很小时就学了吗？

张利：高中晚期才开始零散着学，比较系统的是从清华军乐队开始。

张小琴：现在还吹吗？

张利：最近两个礼拜没吹了。两个礼拜没吹完全就不一样了。

张小琴：说明还是一直伴随着的。

张利：是。

张小琴：一直吹长笛对您设计建筑有影响吗？

张利：像这种相对比较灵巧的高音乐器，演奏的曲目，读那个曲谱时得到的信息很多时候跟建筑特别相通，它是一个复杂的进程，而且跟时间有很大的关系。

音乐是带给人情感的，但是所有的写给大提琴、小提琴、单簧管、小号、长笛等乐器的曲子，有了足够的灵活度以后，在曲子的节奏上从最快到最慢，挑战性很大。这个结构本身有时就蕴含了所有不同情感的可能性，因为你在试图练习或者演奏时用不同的断句方式，不同的口封去吹，会产生不同的结果。这对建筑思考影响很大。也就是说，我们不是完成一个被预定义的情感，而是一个开放的结构，这个结构可以容纳强烈的情感，但是每个人对它可以有不同的解释。

张小琴：在完成一个乐曲时也参与了这个乐曲的创造？

张利：这个话说得太好了。一个曲谱写成以后，仅仅是最后我们听到的音乐的一半，另一半是靠演奏者，优秀的职业演奏者确实能够带给人全新的感受。

张小琴：跟建筑里的什么是同构的？

张利：空间。现在的观点谈到空间应该是慷慨的，所谓的慷慨就是不把一个既定的故事或者情感强加给你。有些人认为建筑师像神一样，或者他比你更接近神，更接近理想，你只要跟着他的解释就能更接近理想，其实不是的，应该是对我们共同的人性有一个解读，把这个结构开放地放在这儿，人体验空间时，把自己的情感加上去。

张小琴：一般大家说建筑是凝固的音乐，您解释的音乐和建筑之间的关系好像跟那个不太一样？

张利：不太一样，那句话是德国的美学家说的。在我看来，使用者本身完成人和建筑的体验过程，在建筑物体验上，每个人都是创造者。

张小琴：建筑师对将来在这里发生什么样的事情要有所预见，甚至去召唤某种行为。

张利："召唤"这个词恰到好处，确实是这样，建筑师可能对某些东西有一定的期待，但是具体是什么样的应该由使用者决定。

张小琴：这些观念也是在您后来做设计过程当中逐渐形成的吗？

张利：一方面是在设计当中逐渐认识和加强的，另一方面这也是清华建筑学院的传统。梁思成先生在1946年创立清华建筑系，他所相信的建筑学的做法叫作体形环境论，即建筑是所有人生活的物质环境，是贡献于所有人生活的，不是独立存在的一个雕塑或者是造型艺术的产品，失去了跟生活的纽带，就没有建筑艺术。

第一个独立作品的教训

张小琴：您跟关先生一起做生命科学馆算是一个独立作品吗？

张利：不算。

张小琴：您第一个独立作品在什么时候？

张利：2001—2002年前后。它不能算作品，因为做得很差。

张小琴：为什么您认为它差呢？

张利：差不需要理由，就是差。人要想躲过在一个固定的年龄期里都会犯的错误，实在是太难了。艺术家一旦有人给你出资，可以把这个事做成你想要做的东西，要控制自己的欲望是不可能的。我当时那个设计就是夸张，在盖成以后不到一两年，自己已经觉得这是不对的。

张小琴：是什么东西导致了这种迷失？

张利：就是因为个人可以表现了，然后就夸张，忘掉了对其他人的服务了。

张小琴：这种建筑可能也是一个时期内被很多人喜欢的东西吧？

张利： 2000 年前后，整个北京，整个中国都喜欢那种东西。

张小琴： 充满了惊叹号，我做了一个让人惊叹的东西。

张利： 对。那时候就比谁做得怪。

张小琴： 这会给您一个教训吗？

张利： 对。当第一次遇到一件事情你觉得可以在这里大展拳脚了，这个兴奋不可能没有，但是这个兴奋底下的东西是有问题的，要给它让过去。

张小琴： 您说的"让"的意思是让自己冲昏头脑的那个热劲儿过去，是吗？

张利： 对。

张小琴： 留下的是什么？

张利： 做过设计的人都有这两种状态，一种是被自己感动得不得了，这下自己要怎么着了，这时候做出来的东西是不牢靠的。还有一种是觉得比较肯定地找到了对很多人都有益的东西，基本上就可以往下推进了。

张小琴： 人在年轻时，初生牛犊不怕虎，有很多勃发的东西需要去呈现出来，那个东西不好吗？

张利： 如果这个勃发出来的东西，是因为你发现了一个对所有人都有意义的东西，那是绝对好的。很多艺术家、建筑师、音乐家，他们真的在很年轻时，完全是受到了上天的眷顾，就有这样的才能找到这些东西。文艺复兴时期那些大师他们刚开始出来时才二三十岁，甚至更年轻，到现在我们还认为他们的东西是人类历史上经典的作品。但是如果仅仅是因为一种年少轻狂，仅仅是因为做了这件事情让你把自己凌驾在别人之上，那这个事肯定不牢靠。

张小琴： 让一让的过程，会不会把充满灵感和才气的东西就让过去了？

张利： 肯定会让掉一些东西。某种程度上讲，万一那个东西冲击成了，大家都能够接受，那该多好，也许可能放弃掉了这些最美好的火花儿，但是需要放弃的绝大多数火花儿是那些偏个人表现、利己、傲慢的东西。

张小琴： 如果是一个艺术家，他画的画儿，或者做的雕塑，傲慢的东西呈现在里面可能不会伤害到太多人，但如果是建筑师，傲慢的东西体现出来就是一个巨大的存在物。

张利：而且这个城市里大家要承受这个东西很长时间，因为它一直占据着空间和视野。

张小琴：有这样的一个教训，会不会对您做建筑师一生都有影响？

张利：几乎每一次做东西都会想起来。人性的弱点就是这样，不是说犯一次错就不犯了，在类似场合还会往那儿去，大脑像一个议会系统一样，每一部分中枢都在往自己最兴奋的方向使劲，当然需要有一个总的指挥去控制这些不同中枢的兴奋程度，但是在遇到特定的情况下，那部分中枢还是会往个人傲慢的那个方向去推。

张小琴：您是时时警醒？

张利：这是过了中年的建筑师的习惯。

哈佛学习，开启多元化视角

张小琴：就您来说，在一个追求洋、追求新奇的时代，能够在这么短的时间内意识到自己过了、要收，这是靠什么？

张利：一方面，靠这个建筑建成以后和建成以前的对比，还是有一些差别。另一方面，很重要的事情是在 2003—2004 年在哈佛作访问学者时，认识了另一位老师，他是西班牙的城市设计大师胡安·布斯盖兹[①]。原来我们准备做清华美术学院建筑项目时，他作为专家来过，我在工作组里认识了他。在哈佛重逢后，他对我的指点很多。胡安从欧洲现代主义一直讲到美国，帮助我开阔了视野。再后来，我到巴塞罗那教授设计课，那里正是胡安的故乡。胡安带我在老城区里转悠，边看风景边讲述自己如何理解这座城市。下午时分惬意地看着

---

① 胡安·布斯盖兹（Joan Busquets）：哈佛大学终身教授、原巴塞罗那规划局局长。

景色，我好像突然明白了意大利建筑大师阿尔多·罗西①对建筑与城市的探究，学到了一种将城市和建成环境的逻辑结构重塑出来的方法。

张小琴： 哈佛的学习跟清华的有什么不同？

张利： 在哈佛印象比较深的是他们的辩论。对任何问题没有预先定论，大家都是通过讨论来交流，很多人还是坚持原来的观点，很少能形成共识，但是每个人都因为别人的攻击、争论，或者是辅助支持，而把自己对学术的认知变得更清晰了。原来我认为得到一个共识的结果是学术的发展，在那儿看到了另外一件事情，其实学术的发展不是大家形成一个共识，而是每个人对自己的那部分有了更清晰的认识，更能够把自己的东西去粗取精，把自己错误的部分相对放弃一些，把自己可能正确的东西坚持一些。

比如我原来认为对于建筑而言，在造型上，或者在比例上的审美判断是有定论的，像把西方古典主义时期或者中国传统时期的建筑放在一块儿时，会发现有很多类似性，特别是在拟人化的比例程度上有很多共性，认为这就应该是建筑基本的东西，好像永远不会变，而且始终会是美的。但在那儿看到很多人挑战这个，又让我意识到，不这么做，不用拟人办法做的也可以是美的，这样就要去问更多的问题。后来就知道，其实拟人化是为抵达美作出的一种努力，它不是否定的，不是排他的。拟人化是拿人体类似的属性和比例映射到一个建筑上，去识别建筑的头、肩、身体、腿。但也完全可以不按照这种方式做。

张小琴： 这个不可以通过其他的方式认识到吗，为什么要在争论当中获得？

张利： 如果你周边的人和你想的东西都一样，你是不会认识到你原来坚信

---

① 阿尔多·罗西（Aldo Rossi，1931—1997）：国际知名建筑师。1966年出版著作《城市建筑》，将建筑与城市紧紧联系起来，提出城市是众多有意义的和被认同的事物的聚集体，它与不同时代不同地点的特定生活相关联。罗西在20世纪60年代将类型学的原理和方法用于建筑与城市，在建筑设计中倡导类型学，要求建筑师在设计中回到建筑的原形去。他的理论和运动被称为"新理性主义"。

的东西是有问题的。遇到不一样的观点,并且听到了其背后逻辑支撑是成立的,这个时候会逼迫你再回过来审视自己的观点。

张小琴: 检视完了以后会改变还是会坚持?

张利: 有时是坚持,有时会改变。

张小琴: 主要是多元化的影响?

张利: 对。而且它对一个人基本的学术思考方式也有很大的影响。我们经常说人的思维方式被打开,这就是一种打开,你可以接受跟你不一样的东西。而且可以在自己思考、自省时就能够想到,有些"懂得"是值得自己去质疑自己的。

张小琴: 首先是对自己某些观点的检视,同时是对自己思维方式的更新。

张利: 我觉得是,而且后一种对一个人的影响更大一些。

金昌文化中心获建筑创作大奖

张小琴: 您在2001年成立了简盟工作室。

张利: 原来就像设计教师的研究小组,和一些学生在一起做一些概念性的设计。大概2005年左右才开始做实际项目。简盟这个名字,"简"与"减号"的"减"谐音,相当于它不是完全集体主义,比集体主义要偏主张个性,但它不是个性的叠加,还是一个团队,只不过我们更寻找每一个人在这个团队中可能做到的贡献。

张小琴: 简盟工作室成立之后,在您的个人设计作品中也出现过一个现代主义的阶段吗?

张利: 我这个年龄段的中国建筑师做的基本上都属于现代主义的。我们会从现代的工程技术和人的生活方式入手,用现代的,相对来说简单的语汇去表达对这些东西的解释。

张小琴： 甘肃金昌文化中心是不是您比较有代表性的作品？

张利： 成熟谈不上，但确实是第一个自己觉得可以一直承认的作品。

张小琴： 它让您觉得比较自豪的点是什么？

张利： 它实际上兼具图书馆、小型博物馆、多功能小型会议中心的功能。金昌市生产镍，世界上第三大镍矿在那里，整个城市是为了矿业形成的，1981年才成立，原来没有太多自己的文化识别性。做这个文化中心时，市领导还是比较有雄心，希望把这个地方的特殊性表达出来。当时怎么表达？特别简单，就是把后面的房子做得很普通，三个中心，一字排开，用一条廊子连起来，这条廊子朝向城市的公共街道，用金昌那个地方特殊的被风化的山脉的肌理做了一个类似的表达，而且廊子的光影，争取24小时开放。这些都做到了。

张小琴： 外立面参差错落的感觉是模仿了当地山脉的地貌？靠什么让它像，同时又不影响建筑的功能？

张利： 也很简单，只不过把原来的一堵墙变成了一片一片组成的，那个地方很冷，但是阳光很好，这个建筑朝西南，朝南的部分光线吸纳进来让这个厅很暖，朝向西边的部分干脆做成实墙，是梯形，搁几个就形成了支撑这个屋顶的结构，中间的几片是不承重的。

张小琴： 这个理念是您在看到山之后很快就形成的吗？

张利： 我印象最深的就是这个山，到现场看了以后就有灵感，从金昌到兰州机场要4小时，草图在去机场的路上就画出来了。

张小琴： 容易被当地的人理解吗？

张利： 这个接受花了很长一段时间，前后都要说服他们，他们的市领导接受，因为市领导是北京派过去挂职的，对当地很多干部来说，这种带点当代性的语汇，他们觉得和自己所期待的东西有比较大的差别。但是经过逐渐解释，大家都普遍能够接受了。房子盖出来，实际空间大家一看，立刻就认知了。

建筑：来自我们，为了我们 / 张 利

金昌文化中心，甘肃，2008
（图片来源：清华大学建筑设计研究院简盟工作室）

张小琴：这个作品在 2009 年获得"中国建筑学会建筑创作大奖"，应该是比较重要的奖吧？

张利：这是比较重要的奖，新中国成立 60 周年时，中国建筑学会第一次把过去 60 年的建筑选了 300 个，列为新中国历史上重要的建筑，甘肃有两个，一个是敦煌的机场，第二个就是这个。

参与上海世博会中国馆设计，终身受益

张小琴：您参加了上海世博会中国馆的建设，那是怎样的一个过程？

张利：那个过程比较有意思。那是一次完全公开的竞赛，上海世博会的中国馆设计向所有华人建筑师开放，国外、国内的建筑师都可以参加，一共不到 500 个方案，在第一轮评比入选时，我们也有点吃惊，因为我们做了一个特别简单的东西，就是两个 L 形的房子对在一起。当时我们的观点是，中国馆这样的房子，只要学习我们中国古代器皿，表现一种内敛的关系就可以了，这种大体量的建筑，不去强化它的造型，而是强化它的功能、空间，主要考虑会后的使用，结果入选了第一轮。接下去在第二轮评选时，做了叠篆式母墙的处理，

结合建筑墙的光影，或者是通透和虚实的差别，把外墙做成篆字，本来就有国家馆和地区馆，地区馆把所有省的名字写上去，离远了看立面是均匀的网格，实际上每个网格是不同的字，完全由横线和竖线用等距的方法构成。

专家评审时选中了何镜堂①院士团队方案对国家形象的表达和我们方案的简单实用。现在您看到的中国馆是在两个团队方案基础上结合出来的。

张小琴：两家都中标？

张利：对。组成一个联合团队，何镜堂院士作为总建筑师，我作为副总建筑师之一（另外两位副总建筑师分别为倪阳、袁建平），我们一起来做这个事情。这个事情因为它显现度很高，对个人的提升会获得一些能够看得到的东西，但最主要的是看不到的东西，是一个完全不同的人生经历。何镜堂院士以师傅带徒弟的方法，把他作为一个建筑师所了解到的心得都传授给我们，在做这么受社会关注的项目时，怎么判断所有的利益相关方的最大公约数，怎么在不同的人之间平衡，很多时候是有相当影响力的人，或者是政治家，或者是公共管理者，或者是其他专业的大工程师，在他们很尖锐的意见下，怎么保持自信，推进自己的项目。

张小琴：这要考验一个人的智慧。

张利：这实在是终身受益的一件事情。

张小琴：您参与了哪个部分？

张利：底下地区馆的部分。后来因为用地方向的旋转，原来那个比较简单的正交，完全方的几何形，变成了一个相对不规则的形状，篆字的特征留着了，屋顶上做了一个屋顶花园，这个花园作为地区馆的一部分。当时做这个也是有

---

① 何镜堂：中国工程院院士，全国勘察设计大师，教授，博士生导师。首届"梁思成奖"获得者，国家光华工程科技奖获得者，广东省科技突出贡献奖获得者。主持设计了2010上海世博会中国馆、南京大屠杀遇难同胞纪念馆扩建工程等一批具有国际影响的国家级标志建筑。

一定的竞争或者是比选性质,后来我们提了一个"新九洲清晏"①的方案,参考清华往西不到1.5千米的圆明园里九州清晏景区。圆明园里的"九州"是皇权时代一种抽象的象征,是邹衍②讲的九州,象征着宇宙中心。在上海的"九洲"是展会的展馆,不适合用这种方式,所以把"州"换成"洲"。

张小琴: 这个创意是怎么产生的,为什么把其中一个比较重要的字改掉了?

张利: 2008年时,上海世博会主办方认为在地区馆28 000平方米的屋顶上要有一个公共空间,供游客休息,因为上下的人很多,需要有一个像园林性质的东西,其他人的方案他们都不满意,希望我们团队做一个方案,我们就想怎么能够把国家性和园林性表现在一起,找来找去,找到了圆明园九州清晏景区做参考。

张小琴: 它跟"新九洲清晏"的联系和区别是什么?

张利: 逻辑上都是9个岛。在圆明园是中心对称的,主岛就是主岛,周边有8个岛。上海世博会相对来说是更自然化的布局,我们把国家馆底下那部分作为主岛的一块区域,这样也符合参展的流线。

张小琴: 这个建筑应该算您职业生涯当中一个非常重要的作品?

张利: 作品还是其次,主要这是一段难忘的人生经历,学到了太多东西。

张小琴: 会对后面做国家工程有很大的帮助?

张利: 决定性的帮助。

张小琴: 是跟人打交道的智慧还是什么?

张利: 是一种信心,这是另一种信心,不是自信心,而是对普遍的人的信

---

① 新九洲清晏:九洲是水中高土,不再以具象的地域方位划分,而是以抽象的地理与气候条件划分,涵盖了世界人居环境中普遍存在的田(田亩农耕)、泽(淀泊沼泽)、渔(河湖海水)、脊(山麓峰岭)、林(森林园圃)、甸(草原牧场)、壑(土填地隙)、漠(荒漠戈壁)、雍(城池市镇)九种典型状态。
② 邹衍(约公元前324—前250):战国时期阴阳家代表人物、五行创始人。

2010年上海世博会中国馆屋顶花园"新九洲清晏",上海,2010
(图片来源:清华大学建筑设计研究院简盟工作室)

2010年上海世博会中国馆屋顶花园"新九洲清晏"总平面图
(图片来源:清华大学建筑设计研究院简盟工作室)

心。经历这个以后，会发现越重要的工程背后，越聚集着一批相当有智慧的头脑。因而只要认真地对待这个事情，努力把所有人的正向的东西尽量记录到这个建筑上，最后反映在这个建筑成果上，这个事情一定是往好了走，不仅是对现在，对这个城市从长远来说也是往好了走。

张小琴：对自己的建筑理念自信的同时，也要相信跟自己合作的人，会认可一个好东西。

张利：对。

张小琴：这个为什么重要？

张利：太多时候，人不把任何错误归咎于自己，会认为如果一件事情我没有做好那是周围条件不好。在一些高显现度的项目里经常出现的现象是大家都袖手旁观，而且用一种冷嘲热讽的办法看这个事怎么进行。做了中国馆项目，特别是和何镜堂院士合作，很长一段时间一起在上海驻场，那是非常密切的合作，是何先生带着我们年轻人干这件事，有时候是手把手告诉你该怎么做。这个事情带给我们的触动是，有这样的氛围，如果再做不好是自己的事，不是周边条件的事。

张小琴：这样说的话，自己的责任就大了。

张利：确实是这样，从北京2008年夏季奥运会到上海世博会，以及一些比较发达地区的城市项目，再到冬奥会，给的边界条件足够好，做不好不能赖周边条件。从世界上看，在城市建设领域出现的问题，一般来说要么没有一个预定的答案，要么有一些预期的答案的方向，也不是先天推着你往一个邪恶或者错误的方向发展。

张小琴：如果这样说的话，现在建筑师的创作环境基本上是友好的？

张利：我认为是。一个人没有做好，可能不同的参与方都有原因，但一旦这个事有你自己的主要原因，你就没有理由再去强调别人的原因了。

张小琴：其实把一件事情的锅背在自己身上还是比较好做事，如果决定权都在别人身上,你其实就不能控制什么了。这不光是一种观点,应该也是一个决定,就是我决定把这件事情做好,我就要想办法把它做好。

张利:是的。

张小琴:这个建筑做完之后你们团队在全国的影响力有比较大的变化吗?

张利:有比较大的变化。

张小琴:您做上海世博会中国馆时是多大年龄?

张利:37岁,做完就40了,做了3年。那时候印象很深,何镜堂院士70岁寿辰时正好在上海,我们联合团队里的年轻人一起给他庆祝,正好那天赶上有驻场的会议。倪阳那时候是45岁。

张小琴:开馆时你们在那儿吗?观察到别人的反应吗?

张利:在。开馆之前,4月30号,很多人通过预览的方式去过了,大家给的肯定的东西比较多。

张小琴:你们最重视的是谁的声音?

张利:后来我们几次去广州拜访何院士,我们有共识,还是重视主体,就是最普遍的大众对这个东西的认知,上海人在会后对这个东西的认知,这些人是真正的建筑的主人。我认为最后任何一个建筑放在城市里面,公众的评价不是公众在说什么,而是公众怎么用它,在这里发生的生活是最重要的评价,公众是用脚、用身体、用自己的生活来投票的。

通过嘉那嘛呢游客中心学习尊重当地文化

张小琴:2017年您获得"欧洲奥德堡青年建筑实践奖",是因为哪个建筑还是因为一贯的设计?

张利:是因为玉树的嘉那嘛呢游客中心。

张小琴:听说这个建筑设计时费了很多周折,没有像金昌文化中心那么

建筑：来自我们，为了我们 / 张 利

顺利？

张利： 2010年玉树地震以后，中国建筑学会组织一些建筑师去承担玉树重要文化建筑的一些重建工作，我分到的这个项目是面积最小的，才几百平方米，但是它的位置最特殊，正好是在玉树嘉那嘛呢石堆边上。

张小琴： 嘉那嘛呢石堆是非常著名的文化遗产？

张利： 从宗教到商贸地位，玉树之所以这么重要，就是因为嘉那嘛呢石堆，已经有300年历史。

张小琴： 当地的民众自发用嘛呢石堆起来的？

张利： 按照石块儿的数量来说是世界第一大的。2010年后统计的是2.5亿块，现在更多了。

张小琴： 地震中被震倒了吗？

张利： 是。地震后，当地人又自发把这些石头垒起来了。分六堆，就是六字真言，一个区、一个区堆起来的。

在藏传佛教的影响下，藏族同胞这种举动很虔诚，很多人都在重复做这个事情。我们犯了一个错误，觉得参与过很多大项目，而且作为所谓的发达地区去援建玉树，这么一个小项目，我们出手应该没问题，结果前6个方案全部被当地的藏族社区毙掉了。

张小琴： 都是什么方案？

张利： 就是北京、上海、深圳常见的在文化遗产边上的游客中心，比较简单、现代，但是没有什么宗教含义、文化含义。

张小琴： 是一个功能性的建筑，完成它的实用功能就行了？

张利： 对。如果说跟当地的文化有一点关系的话，就是用了一点玉树民居里的元素，但是都被拒绝掉了。藏族同胞说话很直接，嘉那嘛呢石堆在他们的社区文化里那么重要，这个房子怎么配做在他们这个地方。后来就变成了有一个最后的期限，7月份再做不出来，中国建筑学会派的这个人他们就不用了。

这就很严重了，等于丢了中国建筑学会的人，就不光是丢自己的人了。

所以我们请到了中国西藏学院的老师、藏学专家桑丁才仁给我们上课，他是玉树出来的，研究嘉那嘛呢历史。我们团队暂时不做方案了，先学习。

张小琴：这个时候你们意识到问题在哪儿了吗？

张利：我们不了解我们要服务的人。我们就是按照已经熟悉的方式，到了一个城市，去了以后做调研，大家时间安排得很紧凑，认为非常职业、时尚，你干什么，他干什么，都有安排。当地人不用管我们，我们有我们的一套办法，拍了片子，记录下来，调研完了就走，每次去的时间也很短。我们没有想到要花时间坐下来去了解当地人对这个问题怎么想，我们认为我们可以推测当地人对这个东西是怎么想的，后来发现不行。桑丁才仁老师给我们上了3次课，讲嘉那嘛呢石堆的历史，这以后，做第7个方案时就完全不一样了。

张小琴：真的是功夫在诗外，跟建筑本身看上去好像没有特别直接的关系。

张利：如果我们不了解这些东西，就获得不了这些感知，大概有二十几个跟嘉那嘛呢石堆相关的文化遗址，包括最开始做这个石堆的高僧圆寂的地方，等等，其中有十几个直接从这个空间里就能看到。你就把这个东西指向原址，等于底下是嘉那嘛呢石堆文字的历史，上面就是一个真实的遗址的展示。这样，通过在屋顶上一个一个小平台指向这些遗址，就把这个建筑锚固在那个环境里，这个建筑本身可以做得特别简单，就是一个在藏族领域里都能够看到的回字形的方院子，加上11组不同的楼梯。

张小琴：材料也是有点模拟石堆的感觉吗？

张利：是当地盖房屋的一般做法之一。藏区建筑有不同的墙体做法。比较常见的一种叫"边玛墙"，是使用麦秸秆或者其他一些植物材料捆扎来加强夯土墙，先做上草，再刷漆，布达拉宫中就有这种做法。另一种就是直接石块砌筑，把石块儿裸露出来，玉树地区这种做法很多。我们的房子屋顶以下的部分都是石块儿，屋顶以上全部用木头。

张小琴： 你们觉得这一稿有信心吗？

张利： 对。这个建筑跟当地文化不可重复的关系，至少找到了。

张小琴： 好像嵌套在一起一样吗？

张利： 是。这次汇报时比较有信心。那次到了玉树，下了飞机就得汇报，而且汇报的地方是在当地的建设指挥部，指挥部在 5 楼，那天电梯坏了，所有人都在等汇报。海拔 4100 米，我背着双肩背包，下了汽车就爬 5 层楼上去汇报。方案一讲完，藏族同胞说话很直白，说原来我一点也不相信你，今天有了这个方案，后面这个项目你要怎么做就怎么做，这个方案我们要了。

张小琴： 就是做对了的感觉。一般来说，建筑不会有那么明确的答案，这个建筑好像有一个很明确的答案。

张利： 他们认为你们这次理解了我们要的东西，你们也理解了我们这个地方的文化，应该能配得上这个文化的表达。

张小琴： 后来建设的过程顺利吗？

张利： 做这个工程的团队在这个工程上很有可能是赔钱的，那是青海父子俩承包的一个团队，为了把这个东西做好，他们雇了玉树当地砌这种墙的人来砌。在海拔那么高的情况下，施工窗口很短，他们为了保证时间效率得雇佣两个队伍来砌墙，那个砌腻了，休息一下，这个来砌。

张小琴： 建好了之后您上去朝指向的景点看过吗？

张利： 混凝土打完了我就上去看了。

张小琴： 感觉到原来预想的是没有问题的？

张利： 对。

张小琴： 这个建筑后来获了很多奖，是不是你们当初也没有想到？

张利： 没有。

张小琴： 幸亏当地人逼了一下。

张利： 任何批评，任何来自不同意见的质疑，其实是帮助每一个人找到更好的自己的一个方法。

张小琴：要感谢这些人。

张利：必须的，非常感谢，而且现在每次见到他们就跟见到亲人朋友一样。

张小琴：这个建筑投入使用后，当地老百姓接受它吗？

张利：他们赶法会时有一些临时要搭的帐篷、僧人休息都在它周边，比较认可这个地方。

张小琴：这还是一个相对比较谦逊的建筑，也没有特别高，颜色等各个方

嘉那嘛呢游客到访中心，玉树，青海，2012
（图片来源：清华大学建筑设计研究院简盟工作室）

面都是一种比较收敛的状态。这也是你们追求的一种东西？

张利： 对。它唯一的特点是这 11 个观景台是指向那些文化遗址的。

张小琴： 建筑的发展好像有一个过程，比如很早时，先民们的住宅都没有特别显眼的，当然可能那个时候生产力水平也低。后来人类的建筑就越来越显眼，越来越要在自然当中脱离出来，彰显自己的存在，后来为什么会这样呢？

张利： 人挺有意思，总希望在自己生命周期之外还能存在价值，于是就不停地追求，这就是艺术的来源，宗教里跟神的接触也是追求超过人的物理和生理范围的存在。做文学作品、绘画和音乐是一种在更长的生命周期里留下痕迹的方法，作为一种集体存在的标志。其实建筑也是这样的，在建筑史上一直有这种追求，只不过这种追求是在两个不同的极端之间摇摆，一种是我们看到的纪念性，或者是纪念碑式的东西，另外一种是以它承载生活。

张小琴： 在建筑史上，这两种"隐"和"显"的倾向中，"显"的欲望好像是不可遏制的？

张利： 其实"显"未必就不好，但是确实需要极高的智慧和极高的艺术天赋，有些人是有这个天赋的，我不认为我和我的团队具备这种"显"的天赋，那就稍微"隐"一点为好。

张小琴： "显"比较成功的例子是什么？

张利： "显"比较成功的例子很多。比如，纽约的古根海姆博物馆，用像弹簧一样的结构，做了一个螺旋上升的美术馆，开启了整个古根海姆博物馆系列的设计之风，在任何地方都得做成"显"的。时隔 80 多年以后，弗兰克·盖里① 在西班牙做的毕尔巴鄂古根海姆美术馆，使那个地方的旅游人口在五年之内翻了六倍，这些都是"显"的成功例子。

---

① 弗兰克·盖里（Frank Owen Gehry）：1929 年出生于加拿大，后移民美国。当代著名的解构主义建筑师，以设计具有奇特不规则曲线造型雕塑般外观的建筑而著称。盖里的设计风格源自晚期现代主义，其中最著名的建筑是位于西班牙有着钛金属屋顶的毕尔巴鄂古根海姆美术馆。

张小琴：做得"显"又做得好也是很难的。您在玉树做的这个建筑为什么后来能获那么多奖？

张利：在获得英国 AR+D 国际新锐建筑师奖时，有一个评语，说建筑师团队采用这么直白朴素的办法，把房子和它的周边环境，不光是物理的，也包括历史的环境联系在一起，这一点是令人吃惊的，什么附加都没有。

张小琴：是用一种至简的方式达到了一种融合？

张利：设计最难的是到什么地方就够了，不再做了，大家会认为在这个地方比较合适。

张小琴：无过无不及的适度的感觉。这又回到了关先生说的"得体"？

张利：对。也可能这些东西是相通的。

绳网市场方案搁浅，资金决定建筑命运

张小琴：2013 年，您主持设计了安东卫绳网市场方案，方案后来没有实施。那是什么情况？

张利：我们发现在城市里慢行的活动很重要，带有健康色彩，能够让自己的身体运动的东西很重要，我本人一直喜欢跑步。在绳网市场里就试图做这么一件事情，让大家能动起来。那个绳网都是渔民用的网，味道可以想象，从韩国到菲律宾的渔民都靠岸到那个地方来买渔网，我们把这个市场内部做成满足交易的需要，外面反过来做成朝向城市的线形的像公园一样的东西，有人活动的设施，有些设施用绳网市场里不用的帐杆、渔网搭起来，变成为周边城市服务的东西。这样一方面它的所谓的脏和乱继续真实地存在，另一方面这可以反过来变成一个跟城市对话的东西，有点像嘉那嘛呢游客中心，和周边的环境咬合在一起。

张小琴：这个项目设计稿也获奖了，作为一个建筑理念非常成功，但是没

有被当地人认可,为什么?

张利:这和整个城市改造进程有一定关系,因为在大的决策上,一个市场将往什么地方去,还是有很多讨论的。

张小琴:你们没有挫败感吗?

张利:我们当然希望好的理念都能够被实现出来,但是在现实生活当中,并不是所有的理念最后都能得到实现。

张小琴:这次你们没有怀疑自己的设计?

张利:没有。我们得到了从市场管理者到政府决策者的认可,只不过在后面真正改造操作过程中,没有得到充分的资金而已。

张小琴:作为设计师碰到这种情况也是经常的吗?

张利:太经常了。因为在建筑这种耗费资源量比较大的城市改造行为里,或者空间干预行为里,财政上的可持续是很重要的一个必要条件。

南锣鼓巷游客中心,尝试与历史街区对话

张小琴:北京南锣鼓巷游客中心也是你们一个比较重要的设计项目,这个项目的难题是什么?它对您来说是不是有一点特别的意义?毕竟您作为北京人,小时候在胡同里长大,南锣鼓巷又是一个很有北京特色的地方。

张利:这个项目是一个四层高楼,在南锣鼓巷那个地方待了50多年了,原来一个老机床厂留下来的,后来在20世纪80年代中期变成了洗浴中心。我们国家有一度卡拉OK和洗浴中心是非常热的项目,大家不考虑周边环境。等到南锣鼓巷变成一个文化旅游亮点发展起来以后,这个东西看起来就是一个问题了,尤其是洗浴中心被装修成非常劣质的欧洲古典式,因此需要改变成一个能够跟南锣鼓巷进行更多对话的东西。

张小琴:是不能拆的吗?

张利：没有人把在这儿的四层高的房子拆掉，再拆这个空间就没有了。我们让上面三层作为创意文化空间，可以直接从室外走楼梯上去，一层变成了南锣鼓巷一个文艺创新的展示中心。

张小琴：这相当于是戴着镣铐跳舞的项目。

张利：任何一个项目多多少少都是这样的。

张小琴：你们的改造用了什么方法使得它能和其他地方协调？

张利：对四层建筑来说，唯一能做的办法是尽量破坏它的四层的尺度感。也就是说朝向南锣鼓巷的墙，我们干脆做了尺度消解的办法，用了二层到四层，一共三层楼高的砖网，变化成一种完全中性的界面，让人不再去关注它。真正和大家对话的是一层这部分。

南锣鼓巷游客中心，北京，2015
（图片来源：清华大学建筑设计研究院简盟工作室）

张小琴：达到目的了吗？

张利：部分达到了目的，我不认为一个四层的建筑在传统历史街区的边上会特别和谐地存在，不大可能。

张小琴：你们只能在能力范围之内做到一些事情。现在大家对它的接受程度还好吗？

张利：还可以，在南锣鼓巷的整治方面，对它的功能使用做了一些变化。

建筑：来自我们，为了我们 / 张　利

阿那亚启行营地　融入主动健康理念

张小琴： 2017 年，您在阿那亚办了一个论坛，主题是"建筑：自每一个人，为每一个人"，这句话怎么理解？

张利： 在现代主义的中后期有一个第十组（team ten），里面有一个人，1959 年在奥特洛开的最后一次国际现代建筑协会（CIAM）代表大会上，画了一个图说建筑是什么，意思是所有这些人工的、城市里看到的空间、村镇里看到的空间，只要是被人工干预建成的，都是"by us, for us"，从每一个人来到为了每一个人的生活去。"by us"里有来自时代的审美、来自经典的传统，还有新的技术。"for us"，为了每一个人。这是一个很感人的事情，没有什么比这个更能够表达我和我的很多同事所认同的关于建筑的价值观了。

张小琴： 相当于你们这句话是向那句话致敬。

张利： 对，只不过把"us"换成了"每个人"。

张小琴： 更贴近了。您还觉得这是一个很好的建筑理念吗？

张利： 我觉得是，而且可能很难被替代掉。

张小琴： 不管技术怎么发展，不管材料怎么变化，这个理念都是会一直存在的。

张利： 是的。

张小琴： 您主持设计的秦皇岛阿那亚启行营地于 2019 年获得"国际设计奖建筑类提名奖"和"亚洲建筑师协会建筑奖提名奖"。这个建筑看上去是一个挺有趣的地方。

张利： 启行营地的赵巍老师，她作为一个妈妈，发现孩子们在现在的基础教育的学校里被禁锢得太死了，所以她有了做营地教育的概念。挺有意思，我有一天收拾小时候的东西，发现小学老师给我的操行评语，三四年级，每个学期都有一句话，叫"追跑打闹现象有所改善"。小孩确实喜欢追跑打闹。从这儿出发，就给我们提出了一个问题，怎么在两个沙丘之间有限的距离内让孩子跑得最长，可以跑圈，但跑圈是重复的，如果不跑圈唯一的办法就是跑上去再跑下来，接着折腾，就有了一个连着坡的想法。

张小琴：除了这个坡之外，是不是还有一些学习空间呢？

张利：当然，坡底下有一个正常的内院、外院。外院是公共游戏活动空间，内院是教室，二层是学生宿舍。

张小琴：最重要的创意是这个坡道？

张利：对。

张小琴：给孩子做建筑和给成人做建筑会有很大的不同吗？

张利：肯定的。

张小琴：后来您去看过孩子们怎么使用这个房子吗？跟您原来想的有相似的地方吗？

张利：有相似的地方，也有不相似的地方，我发现孩子更喜欢跑下坡，很多时候是爬着楼梯上去，往下坡跑。

张小琴：这个对您有什么影响吗？

张利：现在曲线的这部分陡，直线的部分缓，如果更早地意识到这个事情，做坡时更多地把下坡的部分做得长一些，而且多做一点楼梯，让孩子能不停地在不同的高度上去，孩子跑起来可能更好。

张小琴：您的主动健康的理念是从这个地方开始产生的吗？

张利：是。主动健康的理念简单地说，健康不是靠吃药，或者是保养，而是通过锻炼，每一个时段的生活都融入一点主动锻炼的成分。

张小琴：它跟建筑的关系是什么？

张利：建筑要提供消耗卡路里的机会，对于一般公共建筑来说就是提供慢行、走路或者是微微跑步的机会。

张小琴：比如像启行营地，为孩子们做的这个地方，要促使他们更多地动起来？

建筑：来自我们，为了我们 / 张 利

阿那亚启行营地，秦皇岛，河北，2017
（图片来源：清华大学建筑设计研究院简盟工作室）

张利：对。在阿那亚办过几次建筑学会议或者其他公共活动，发现大人上坡没问题，大家都走，不跑。孩子不管这个，是从楼梯上去往下跑。

张小琴：主动健康的理念后来在其他建筑中还有体现吗？

张利：后面做的建筑里多半都强调人慢行的东西。再往后又多了一些考虑，包括后面跟冬奥会的关系。发现人在建筑的环境里面所获得的跟环境互动的体验是有科学性的，有客观的科学规律在后面。

参与申办北京冬奥会

张小琴： 2005年，您跟奥运场馆开始产生联系了，设计了北京2008年夏季奥运会顺义水上运动中心的媒体中心。

张利： 那时候不是真的在做奥运场馆，严格意义上与真正的奥运项目还是有距离的，只是做奥运场馆里面的一个附属设施，给记者使用的。这个经历帮助我熟悉即将进行奥运比赛的设施要涉及哪些内容。

张小琴： 第一次跟奥运之间产生关系？

张利： 对，虽然是"远距离"的关系。

张小琴： 这个设计当中有什么难点吗？

张利： 因为赛时给记者用，赛后给管理者用，但是给记者用和会后用，从办公、观景方式来说没有太大的区别，只要为赛后普通的办公人员做一个房子就行了。

张小琴： 那时候您对奥运建筑有所理解吗？

张利： 那时候理解非常少。做顺义水上运动中心媒体中心的项目时，当时收集基本的工作条件，就了解到有安保线的要求，有记者、体育部门、其他不同部门的流线，但是没有了解那么深入，只知道这个东西管理起来很复杂。

张小琴： 2015年您参与了北京2022年冬奥会的申办工作，后来成为冬奥申委工程规划技术部的负责人，是怎么被挑选过去担任负责人的？

张利： 应该说是被征招。北京市规委总规划师、北京市城市规划设计研究院院长，也是当时冬奥申委工程规划部的部长施卫良是我们清华的学长，比我们大五届,他一直对我们这些学弟们有所关注。2014年10月时给我打电话,说你来加入冬奥申委的工作,从陈述场馆的规划开始,我们需要一些跟国际上的沟通,你的英语好,能用得上。当时我还有点不理解,我说不是刚办完夏奥会吗?他说,你来了就知道了,跟夏奥会不一样,你们都很关注可持续、有机更新这些内容,这次咱们北京冬奥会做的就是这个事情。后来进去以后真是这样。

张小琴:一开始就在往可持续的方向考虑?

张利:对。

张小琴:进了冬奥申委除了做设计之外还要承担很多阐述的工作,那段时间工作状态是什么样的?

张利:当时在施院长的领导下,设计和规划的基础工作已经做得非常完善了。相反,比较多的工作是从技术的角度、从学术的角度,说服国际上的人,得让人投我们的票。所以我们要系统地学习跟奥运会设施建设相关的所有内容,从基本的术语开始。

张小琴:这个工作和设计工作哪个在先,哪个在后?

张利:基础的规划设计工作从2014年再往前若干年,国家体育总局和北京市就开始做了。

张小琴:没有申办成功时就已经开始规划了?

张利:因为申办时必须要提交一个简单的概念性的场馆规划。

张小琴:对于中国申办冬奥会,你们在去做陈述之前,有把握还是没把握?

张利:我们在内部议论时,经常说有50%的把握。因为把任何一件事情不辞辛劳做到最完美,中国人已经展示出这种能力了,大家不怀疑这个。但是冬奥会,一是我们不熟悉,另外一个是冬奥会本身面临国际环保人士的质疑。从2015年前后开始,西方国家对中国已经有一点特殊眼光,甚至想遏制我们,在这种影响下，我们不能保证一定能申办下来。虽然我们自己知道，如果公平地讲，冬奥会包括整个奥林匹克运动面临的一个挑战，都是怎么帮助全世界实现可持续发展的目标，我们相信中国拿出来的这一套计划是最有说服力的，但是最后的结果还是要靠投票者决定。

张小琴：在做申办陈述前已经有了方案，你们觉得中国方案打动人的地方是什么？

张利：那时候施院长就是工程规划技术部的部长，当时我跟他请教同样的问题，我们最大的会被人质疑的点在哪儿？我们最大的弱势在哪儿？我们最大的优势在哪儿？我们最大的弱势是别人对雪的怀疑，人家首先不知道北京有山，其次不知道北京有雪，我们给人解释说我们有雪。虽然我们山区的年积雪厚度跟阿尔卑斯山的年积雪厚度相比要小不少，我当时陈述用的数字里，崇礼的年积雪是 27~28 厘米。我们的策略很明显，要通过水资源的循环来造雪。大家会认为造雪是浪费水资源，其实造雪最不浪费水，因为它要回收，这些没有任何污染，这个项目给崇礼带来的是可以取代矿业用水量，这样白色产业就取代了黑色产业（矿业），就容易说服质疑者了。我们当时最大的竞争者是阿拉木图，最大的被质疑点是雪。2015 年 6 月 3 日在洛桑的技术陈述，是闭门会议，不像在吉隆坡[①]是公开陈述。在那个技术陈述会上，我的任务里的最大风险是基本上所有关于雪的问题都是我来回答。

张小琴：为什么建筑师要回答雪的问题？

张利：气候是归在工程规划和场馆规划领域里，而我是申办团队指定的这个领域的陈述人。在闭门会议上，从 150 多个奥委会委员到冬季单项组织的秘书长和主席，提的技术问题有一大半是和水、雪有关的。在记者招待会上也是这些问题。那时候西方如果有遏制中国的想法，也是从技术的角度发难。闭门会议完全用英文来提问，这十几个问题里有一大半是给我的，我们都做好预案

---

① 2015 年 7 月，2022 年冬奥会申办城市在马来西亚吉隆坡作最后陈述。

了，估计会在某个范围提出质疑，而且有准备，有专业的数字给他们解释。但是到记者招待会上就出现险情了，第一个记者是用法语提问的，中国代表团大部分人戴同传设备，同传是放在中文频道上，我习惯了同传一直放在英文上，正好那天法语转英文的翻译不在，第一个问题是给我的，我们中国代表团其他人都听明白了，就我一个人没听明白。如果在记者提问话音刚落的刹那，就能开口回答，表示我们对内容熟悉，给人的印象就很好。杨澜一看我没有立即回答，马上就把那个问题拿英文重复了一遍，而且对那个记者说："谢谢你这个问题，我觉得这个问题应该由张利先生来回答。"这真是神援助，如果我再迟疑两三秒，左顾右盼，就会是一个被放大的事件。

张小琴：会被认为你们没有解决方案。

张利：对。

张小琴：回答这个问题时，您说服他们的理由是什么？

张利：两个数字，一个是崇礼造雪的用水，占这个地方相应时段里供水的1%，虽然这1%是相当大的比例，但是当地矿业用水比例是2.5%~3%，所以它取代掉矿业用水后，其实是节水了。

张小琴：好处是大过它过去的代价。

张利：对。这样大家就能听明白了。

张小琴：国际奥委会为什么会特别关心这个问题？

张利：因为国际奥林匹克运动大概在2010年前后有一个巨大的转变，在此之前大家集中在说怎么办一个盛会，怎么办成一个巨大的"party"，只要大家全都嗨了，这件事就值得了。但是最近十年里国际社会普遍关注的，包括中国重点关注的都是可持续发展的问题。奥林匹克运动有时候会耗费很大的资源，办这么短的盛事，怎么实现可持续发展，一定要跟地方的可持续发展结合在一起。这不仅是国际奥委会对中国举行冬奥会的关注，也是对它自身关注的问题的一个自然延续，它自身要在国际社会的舆论下生存，必须得说明国际奥林匹克运动如何和地方的可持续发展结合在一起。

张小琴： 说白了你是来给人家添麻烦的，还是给人家送好处的。如果你给我们带来的麻烦太大了，少于好处，你存在的合法性就受到质疑了。

张利： 是的。

张小琴： 现场说服他们了吗？

张利： 记者招待会的环境，虽然不是一个严格意义的外交场合，但是它带有一点国际外交的性质，在现场的讨论环节，大家都保持着一种基本的外交礼仪，是相互尊重的，但是是不是说服了，要看后面的媒体报道和后面的报告。如果在后续的吉隆坡陈述中不再出现关于雪和水的问题，就说明这个事已经过去了，后面确实没有人说这个问题了。

张小琴： 是不是从您的角度就放下一半的心了？

张利： 对。从施院长到整个跟场馆相关的团队，我们关注的这部分相对来说疑虑少了一些了。

张小琴： 2015 年 7 月 31 日是公布 2022 年冬奥会举办城市的日子，当时您在现场吗？

张利： 在。

张小琴： 那天的情景是什么样的？

张利： 您知道人的视觉是先于听觉的。阿拉木图的第一个音是"a"，嘴是张开的，北京的第一个音是"b"，嘴是闭的。当时国际奥委会主席巴赫拿出来那个信封，已经要开始说话了，他的嘴还是闭的，就判断出来了。

张小琴： 真正宣布后，整个申奥团队应该是很开心的。

张利： 确实很开心。

张小琴： 这是一个很神奇的经历，作为一个建筑师能够参与到申奥的团队当中。

张利： 这个确实有点意思，原来没有想过工作范围里还会有这样的经历。

张小琴：如果说发展冰雪运动，为什么不选哈尔滨这样的北方城市办冬奥会呢？

张利：哈尔滨递交过申办冬奥会的申请，但是没有进入最后的申办城市角逐，因为每一次申办城市要缩减到5个以内，按照国际奥委会的章程，哈尔滨还没有进入过成为申办城市的短名单里。

张小琴：中国申办冬奥会，以前比较能想到的是在东北地区，有很多林海雪原的地方，后来在北京办冬奥会，有点出乎意料。

张利：奥运会毕竟是一个结合体育运动、商业和文化传播于一体的大型国际事件，一般倾向于国际都市，冬奥会有雪上赛区，一般是由国际大都市和国际大都市周边的山区共同组成。下一次举办城市是米兰，周边也是这样的情况。

张小琴：大都市周边是哪个山区，就给哪个山区带来特别大的发展机会？

张利：对。

北京冬奥会赛区选址基于可持续发展理念

张小琴：北京冬奥会选择了三个赛区，北京市区、延庆、崇礼，选择这三个赛区当时的考量是什么？

张利：这个考量是冬奥这种事情怎么结合到地方发展，延庆地区在北京整个区县里相对而言经济不发达。张家口地区贫困县的密度还是挺高的，就是因为是山区。利用冬奥干得最好的事情是修了这些基础设施以后，原来集中在城市平原地带的资源可以逆向辐射到这些山区里。现在看确实是这样的。辐射的区域越广，惠及的面越大，带动就越大，这就是为什么有两个雪上赛区，北京自己的和张家口的。

张小琴：逆向流动是相对于通常的流动而言吗？

张利：在经济和人文发展上一直有一个比喻，水往低处流，水就像人才、资源、机会、金钱，这些都是向平原地区流动的，怎么能够产生逆向的流动，迫使这些向山区流动，冬奥会确实是很重要的契机。

张小琴：加上京津冀协同发展，这几年已经看到效果了。

张利：对。这个挺有说服力的。

张小琴：这三个赛区的选择是有互相衔接的作用吗？

张利：这三个赛区的选择，其中肯定得有山，而且得有一个相对来说比较连贯的流程。不能一个在西南，一个在西北边，变成三角形，这样运营时受不了，所以就有了现在这个选择。

张小琴：您是张家口赛区规划的主要负责人，张家口赛区的设计理念是什么？

张利：张家口赛区的设计理念特别明确，我们要打造一个冰雪目的地，而且在冬奥之后带动整个张家口的经济、人文、社会的发展。

张小琴：您在张家口这个赛区做设计时，这里面最重要的技术难点是什么？

张利：水的问题。我们习惯的许多在城市规划和建设里熟悉的规则和工具，在山区不适用。比如城市用的防洪，它设想城市大概是平的地方，我们不能让城市积太深的水，否则城市就会被淹了，因为平原的水不易排出去。但是想一想，山区的汇水面多大，山谷就是泄洪的地方，在山区里能够盖房子的，15%以下坡地的可建设用地都是在山谷，也就是意味着建设用地本身就是大自然在极限情况下泄洪的渠道，所以我们要通过各种计算，以及各种文本制作的解释，把原来只能适用于城市的，跟洪水、水系统组织相关的内容转译到跟山相关的建设上来。比如，城市里极端重要的建筑要求按100年防洪计算，而城市的汇水面积小，城市里埋地下管线再辅以防洪渠就好。在张家口赛区里能建设的用地都是在山谷里的平地或缓坡地，如果按城市的100年防洪设防计算，全做防洪渠，这个地方就剩不出什么地方盖房子了。我们跟各个部门研讨完了以后，用 50 年的防洪来设防，100 年的防洪来验算。

张小琴：这样设计，如果被淹了怎么办？

张利：我们的观念必须要变化。像张家口赛区是在海拔 1600 米左右往上，崇礼县城海拔又低四五百米了，水停不了多长时间就往下游走了，不像城市一淹就停很长时间。如果硬按城市的规范来计算，现在太子城和古杨树的赛场就要挖得支离破碎，全是混凝土的泄洪沟，那整个生态系统全都被破坏了。

张小琴：除了这个问题之外，还有其他需要解决的问题吗？

张利：一系列从城里到山里的不适应，我们没有这方面的经验，从规划管理到使用的测量方法、设计工具都需要摸索学习。比如一个房子城市里限高是 10 米，从城市的地面量很容易量出高度，但是在山坡上怎么量，量哪个，类似这些问题有不少。

张小琴：最后从哪儿量？

张利：所以我们运用了一个最古老的法子。在建筑领域，当没有明确的准则适用时，我们就适用常理来判断。就用普通人的角度去判断，那个山如果是 10 米，肯定是从下坡量，为了避免把这个山破坏得太厉害。从上面量，这个房子可以盖到山那么高。肯定是哪边高从哪边量。从控制限高的角度，要控制这个房子不要破坏山体的感觉，因为自然的感觉还是要保留，从这个角度量出来相对高的，就比用那个量出来相对低的要有效。

张小琴：前面这个墙高，后面这个墙矮，量前面这堵墙？

张利：对。然后就可以修成退台状。

张小琴：您第一次到未来"雪如意"诞生的地方，看到的是什么状况？

张利：是一个看起来不那么理想的生态环境底下的山谷。那时候崇礼的山还比较秃，因为矿业和水资源的问题，在那儿看就是一个山坳，山坳旁边是岩石，有一些比较矮的草和灌木。

张小琴：就差不多是一座秃山？

张利： 但是这个山坳的朝向特别好，朝东，而且落差是 130 米，正好是"雪如意"的落差。当时陪同我去的国家体育总局和冬奥申委的人跟我讲，这是在北京西北边山里找了数十处，才找到这么好的一个选址。

张小琴： 就是因为它的高度？

张利： 它的高度和相对来说避风的位置。

张小琴： 在这之前已经做了很多筛选工作了？

张利： 对。国家体育总局组织了很多团队在北京西面、北面沿着山脉找可以做冬季比赛的地方，比较难选址的是跳台滑雪中心比赛的场地。

张小琴： 崇礼之所以被选中是什么原因？

张利： 因为已经有一些滑雪场，我们讲的白色产业取代黑色产业（矿业），已经在发生了。对国际奥林匹克运动来说，用冬季项目推进一个地方生态的演进，而不是退步，这是最好的例子。

张小琴： 选中崇礼，对崇礼当地人来说是一个特别大的福音。

张利： 确实是这样，过去七八年整个崇礼的面貌发生了变化。

设计"雪如意"，突出中国元素和赛后功能

张小琴： "雪如意"的最初创意是在什么时候产生的？

张利： 那是 2017 年了。中间有一段时间请不同国家，特别是那些冰雪运动发达的国家的团队来献计献策，除了"雪如意"有的跳台滑雪项目以外，还有冬季两项和越野，这三个要组成一个新的场馆组团，这个组团在崇礼是新的，而且这个组团有若干个从物流到竞赛管理的特殊性。在这些国家组织的团队里，就有建筑师，原来预期从这些国家团队对这个跳台已经有的设计中，选出一个方案来，但是没有成功，因为没有太明显的中国元素在里面。虽然这个跳台本身的竞赛曲线、赛道是什么样子已经由国际雪联的专家计算出来了，但是

建筑：来自我们，为了我们 ／ 张　利

国外团队把它做成建筑设计方案时没有太多打动人的地方。所以后来冬奥组委和河北省说你们作为张家口赛区总规划的团队，做一个方案吧，这样就有了这么一个任务。

在 2017 年年初时，我们给自己出的题并不简单，但是很明确，就是用一个什么样的中国文化元素，大家都能够接受，不要有太多异议或者不佳联想，能够把这个竞赛的赛道装进去，一开始就是这个题目。我们翻看过故宫等众多博物馆的展品目录、展册上的东西，找了不下一百个不同的带 S 曲线的图案。但是看到如意以后，我们所有人认为如果它行，其他就不用管了。

如意的几何特征，有柄身、柄首、柄尾，柄身本身就是 S 形，很容易和赛道结合在一起，而柄尾很容易和赛道结束这部分放大的体育场结合在一起。问题是柄首怎么办？这是巨大的问题，也是 2017 年我们决定可能用如意容纳冬奥跳台滑雪比赛时首先要确定的一点。我联系当时国际雪联负责这项运动的竞赛主任瓦尔特·霍费尔（Walter Hofer）问询，他沉吟了半晌，表示只要不往下掉东西，就可以。我接着又联系赛道设计师，德国人汉斯·马丁（Hans-Martin Renn），他设计了上百个世界滑雪锦标赛以上级别的竞赛曲线，本身也是建筑师，他表示这事以前的国际滑雪比赛场馆确实没有做过，但是如果北京冬奥会这个东西是为赛后服务，那他们是支持的。这样一来，就有了柄首的顶峰俱乐部。顶峰俱乐部是一个环状空间，内圆和外圆不同心。为什么要做成中间掏空的？因为做成这么巨大的悬挑，即使对我们国家的基建能力来说也是很大的挑战，掏空就能做得轻，解决承重问题。顶峰俱乐部赛后可以办会议、展览、婚礼等活动。

"雪如意"下面的体育场也值得关注。一般跳台滑雪体育场要做一个反坡，这样运动员减速减得快。但是这样做，底下不是平的体育场，观众席也不是环抱式的坐法，很多在室外体育场可以发生的活动就没有了。所以我们比较坚持要做调整，和国际雪联的管理人员商量了很久，最后得到他们的支持，做一个

90 米的体育场，观众席用马蹄型布置，这样就能够保证体育场在冬奥之后能够更多地用于赛后常人的聚会和大型活动，跳台下就是足球场，对足球比赛、演唱会等常规大型活动，观众席容量可达 1 万人。"雪如意"的顶峰和后面所有的竞赛设施就成为这些活动的背景。

在汇报时，国内国际上都很认可"雪如意"。国际奥林匹克运动所有的转播画面都由奥林匹克广播服务公司 OBS 提供服务。他们听完"雪如意"方案，就决定拿"雪如意"当演播室背景，让我给他们挑一个地方。

张小琴： 你给他们选在什么地方？

张利： 在"雪如意"斜对面，隔着"冰玉环"的一个山坡。在那里的其他房子是围着山坡等高线走，只有一个举起来的平台是微微斜着伸出来的，就是为他们的 20 个演播室准备的。

滑雪大跳台方案邀请首钢人建言献策

张小琴： 首钢滑雪大跳台是什么时候开始做的？

张利： 这个比较晚，定下这个方案已经接近 2018 年年初了。

张小琴： 为什么要在首钢放一个跳台？

张利： 我觉得要为咱们城市的决策者点赞。滑雪大跳台运动是雪上极限运动里的极限，从 2018 年开始进入冬奥会。雪上项目一般在山里，而这个运动最适合的是在城市中心区广场举行，粉丝都是 25~35 岁的年轻人，喝着啤酒唱着摇滚看比赛，因为受伤概率很高，比赛选手都是十几岁到 25 岁的年轻人，到 25 岁以后就很难参赛了。一开始国际雪联的竞赛管理者甚至问能否在天安门广场做这个项目，北京奥组委和北京市负责人马上把他们的注意力转移到永定河边的工业遗产首钢，这里有冷却塔、冷却池，背面有西山做背景，场景很酷。这样世界上第一个永久性的滑雪大跳台和世界上第一个奥运永久场馆和工业遗产结合就成为可能。在一个工业遗产上建场馆，利用这样一个东西带动工业遗产向城市更新的过程作出贡献。它成了一个城市有希望、有活力的名片。

张小琴：在冬奥项目进入首钢之前，首钢已经做了很多文化创意产业的探索。

张利：它的改造已经非常棒了，冬奥场馆的进入对它来说又是一次大推动。

张小琴：在首钢这个地方限定条件就更多了，要把这样一个跳台放进去，会更难吗？

张利：非常非常难，因为也是有一个固定的竞赛曲线，国际雪联为了让比赛更具吸引力，每一次曲线都不太一样，这次的落差是53~55米，比2018年平昌冬奥会的要大，平昌是45米。

张小琴：更惊险了？

张利：更具挑战性了。我们首先要考虑的事情是，先不管这个跳台是什么形状，不能破坏这个工业遗产的集体记忆。首钢有两个天际线，一个是前面的4个冷却塔，站在冷却池的对面，从东面往西面看，背面是西山，这是首钢多少代人的集体记忆，这个东西只能延续。但是因为加了一个台子，肯定要改变它，怎么样不破坏它让人认可是一个延续？从永定河那一侧，从西边往东边看，有4个冷却塔在前面，有石景山比较小的山丘，这边有工业遗产的厂房，到高炉，这些远处的天际线。一开始我们做这个东西的形象以前，首先想的是，第一它不能高过冷却塔，这么算下来，顺连下来以后底下得比湖面低。结束区那部分，观众席那部分最后是下沉到湖面下面的。

第二个事情，这个跳台最后的方向要让大部分人能够从刚才那两个天际线看的时候认可它，这是加入冷却塔群组的一个新形态。

张小琴：这两个东西形状不一样，材质也是异质的，怎么让它被接受？

张利：我们找了二十几位在首钢至少工作了二十年以上的人问："你认为这个东西应该是什么样的？"大部分人说得跟混凝土和钢的东西有对比，因为这是轻盈的现代运动，我们脑子里想象这个地方应该有轻的飘动的东西。另外，这个东西从水池东侧看过去不能比冷却塔高，还得和冷却塔存在某种类似性，正面看也是上面小，底下微微大起来。现在从永定河那一侧看过来，肯定可以注意到，上这个台子，电梯是斜的，不是直的，它跟冷却塔双曲线下接地的角度类似。

张小琴：老工人提的要求看上去蛮有道理的。

张利：挺有挑战。我们用各种形态模拟生成效果图，给首钢的工人和决策者看，大概是哪个合适，勾选以后重叠最大的就是现在这个方式。

张小琴：当您建一个东西，要让老住户提出他们的建议，是做建筑的常规行为吗？

张利：不是完全常规的行为。但是遇到像这种挑战性很大，有可能影响整整一群人或者数代生活在这个地方的人的集体记忆时，弄不好会被骂死的，那就是"犯罪"了，所以需要尊重他们的意见。设计上定了现在飞天飘带的形象以后，大概每5度转一下，包括虚拟现实的模拟，再请人来判断，直到我们认为风险没有那么大了，才确定设计方案和摆放的角度。

张小琴：首钢这个场馆的设计请老工人来作判断，跟你们在玉树的项目请当地人来判断有一致的地方吗？

张利：有一致的地方。虽然我们试图理解这个地方的人，但实际上这个地方的人所蕴含的文化基因远远超出我们能够预测的范围，这个时候必须得靠他们。

张小琴：从你们一开始建时，首钢的老工人就天天在那儿溜达？

张利：这个建得很快，首钢建设自己建的，非常厉害，到底是身经百战的团队，又是自己的场地，又是自己公司生产的钢材，非常快。从第一个基础吊

建筑：来自我们，为了我们 / 张 利

装完成到最后大概不到 8 个月的时间，2019 年 11 月建完。

张小琴：这个过程中周围的工人一直在看着它长高。这个建筑做好之后，工人们对它是怎么评价的？

张利：大家一直在关注这事。疫情以前国际雪联管理这个竞赛的一个叫莫来希的意大利人来看到这个，高兴地跳到大跳台前的湖里游了一会儿泳，说我们这项运动有了一个永久场馆了，跟其他运动一样有了一个家了。原来他们这项运动像大篷车一样，到处拖着设施走，没有固定场馆。后来我接到一个说话非常有分量的老首钢管理者刘桦的电话，他也是清华大学工程力学系的校友，他说："前一段我一直没有跟你说，我也捏一把汗，现在看，这个差不多被认可了，这个事能站住了。"那时候心里的石头算是落地了。

张小琴：这个项目，比"雪如意"悬的心更要厉害一点？

张利：对。

张小琴：首钢滑雪大跳台，你最希望从哪个角度欣赏它？

张利：2019 年已经做过一次测试比赛了，那天我去的比较晚，比赛是晚上 7 点开始，我 6 点多才到，太阳已经快落山了，几个冷却塔最顶上一点是红的，整个台子是白色的，我觉得挺有意思的。

张小琴：是您期待的样子，还是超出了您期待的样子？

张利：是期待的样子。但是在那天具体的那一瞬间，夕阳很好，正好照在 4 个冷却塔上，冷却塔顶有一丝的红颜色，剩下的地方是灯光照的蓝颜色，冷暖色的反差很明显，台子本身又很白，因为灯光刚打开，那个效果还挺有意思。

张小琴：这是建筑师最幸福的时刻吗？

张利：不是。最幸福的时刻还是听到观众、裁判员、教练员怎么说。当时比赛的都是玩单板大跳台的 25 岁以下的孩子们。那时候有赛前的采访，他们说，在那么多跳台比赛里，在一个工业遗产环境里有这么一个场馆的存在，对他们来讲是以前从来没有过的，可能是独一无二的体验。

"超人"场馆的常人化案例:首钢滑雪大跳台,北京,2020
(图片来源:清华大学建筑设计研究院简盟工作室)

奥运场馆设计开始重视可持续发展

张小琴:能够参与冬奥这样一个国家重大赛事的场馆设计应该也是很幸福的事情吧?

张利:建筑设计很幸福的一件事情是总能接触到不同的人,当然这个项目可能影响力更大,所以接触到的人都是很有智慧的人,和他们打交道,受益匪浅。

张小琴:从北京2008年夏季奥运会到北京2022年冬奥会,您觉得奥运会对场馆设计的要求有没有一些变化?

张利:肯定有几个特别明显的变化。第一个是比筹办2008年奥运时更重赛后,怎么让奥运场馆在赛后能够得到更长期、更稳定的使用,大家一致会摆在优选项上。筹办2008年奥运会时,只要讲出赛后利用的故事就行了,现在要求提供证据。第二个是更重环境,特别是在雪上赛区里,要求计算生态代价。筹办2008年奥运会时,还没有计算碳足迹的概念。

张小琴:现在有了吗?

张利:以后相应的奥运场馆建设都要求计算碳排放量,第一期建设中固化碳的量产生一次性碳排放和使用中不停产生的周期性的碳排放都要计算在内。

虽然奥运会是一个大"party",但是整个世界都从漫无边际的消费,转向相对有节制的、可持续的生活方式。

张小琴: 对于赛后的问题,在您设计的场馆当中您给的证据是什么?

张利: 第一方面给人,第二方面给人到达的路径,第三方面给可能在这儿活动的人在这儿停留的时间。

张小琴: 北京到张家口的高铁开通之后,也会拉动旅游。

张利: 高铁对一个地方旅游人口的增加是不争的事实了。

张小琴: 这么说起来,回过头看冬奥会三个赛区,加上京津冀协同一体,加上高铁的开通,好像是一盘很大的棋。

张利: 确实是。2017年1月我很有幸,跟崇礼区的领导一起,近距离地给习近平总书记汇报当时赛区的设计,总书记当时走到展馆外面的小平台上,看着这个山谷,说,你们看这就是崇礼最好的财富,你们千万别在这儿搞过度开发,把这个生态资源毁灭了,它的吸引力也没有了。他交给的任务,冬奥会比赛要办好,赛后的地方长期发展也要做好,一次规划、一次建设要服务这两个目的。所以咱们国家的决策者很有为整个世界提供可持续发展的答案的策略。

绿色建筑助力碳中和

张小琴:《建筑十书》①里把建筑的品质归纳为坚固、实用、美观,这是一个很古老的说法,在今天还适用吗?

---

① 《建筑十书》:古罗马建筑师和工程师维特鲁威撰于公元前32—前22年间,分十卷,是现存最古老且最有影响的建筑学专著。本书提出建筑学的基本内涵和基本理论,建立了建筑学的基本体系,主张一切建筑物都应考虑实用、坚固、美观,提出建筑物均衡的关键在于它的局部。此外,在建筑师的教育方法修养方面,特别强调建筑师不仅要重视才更要重视德。这些论点直到今天还有指导意义。

张利：这个翻译上稍微有一点争议，"坚固"和"实用"没有问题，维特鲁威书里的"美观"原来是拉丁语，后来在英文里用的是"delight"，我们更愿意翻译成愉悦，不仅指视觉愉悦，它还包括我们在空间里体验到的、感受到的愉悦，视觉愉悦只是所有愉悦中的一部分。坚固和实用满足了人生活在一个空间里的基本要求，愉悦满足我们对更多的价值提升的要求。

张小琴：如果在这三个要素之外增加一些必不可少的要素，您觉得应该是什么？

张利：我们国家在建筑学会研讨时增加了"绿色"，就是可持续和生态方面。相信现在的世界建筑界谈这个事，也得加上绿色。坚固、实用、愉悦了，但是从碳足迹的角度不能够有利于整个世界达到碳中和，不能保证在未来30年不让地表温度升高2℃或者1.5℃以上，那建筑也是有问题的。

张小琴：这个要求对于建筑师来说是一个新的挑战吗？

张利：很困难。这在以前的技术条件下根本不可想象，但现在有了新的技术条件，同时也有了我们要维持地表的温度上升不能超过一个极限，不能超过一个崩溃的边缘这样一个紧迫性的要求，大家才必须努力做到这个。

张小琴：做到绿色，最重要的途径是什么？

张利：还是从建筑的本体开始做起。现在谈绿色，更多讲到碳中和，其实是两条线索上的事情：一个是能源线索，能源又分建筑在建造时所产生的能源消耗，相关的碳排放，以及建筑在正常使用时的能源消耗和碳排放。比如室外温度在零下8℃，室内是21℃，建筑有采暖，这需要能源。另一条线索是在空间和生活方式上，也就是人的生活方式很大程度上会决定碳排放的量，建筑所使用的材料和建造的方式会很大地影响建筑在节约能源方面的性能，比如现在一些建筑的墙，有很多玻璃，白天很好看，很亮堂，但如果换成很厚的墙就更容易做到冬暖夏凉。在一些国家大家一定要穿短袖才显得放松，外面是寒冬，里面要穿短袖，室内的温度要25℃以上，这就会产生更大的能源消耗。很大程度上不仅仅是依赖技术,更依赖整个关于建筑学知识体系的可能性。

张小琴: 建筑本身要让人们的行为更加低碳,更加绿色。现在有很多节能技术都已经有了,比如太阳能、建筑保温技术,等等。为什么在实际应用中没有应用得很广泛,是因为成本吗?

张利: 各自有各自的瓶颈,我不是一个能源方面的专家。比如在太阳能和所有再生能源方面生产已经不是问题,但储存仍然是问题。比如在阿尔卑斯做的国家试验的房屋,在极冷的常年积雪的山地做了游客到访站,是一个小的滑雪屋,那个屋完全靠太阳能保暖,但是很昂贵,投入运营要无限资源支持。

张小琴: 还是要算账,您说的这个例子节省的那点能源跟投入相比差别太大了。

张利: 我们学院的江亿院士提出光储直柔技术,就是为了能在能源消耗上实现零碳,让成本尽量降下来。

抵制英雄主义建筑

张小琴: 在您的一些评论和理论阐述中,能看到您对于建筑中的"英雄主义"有一种警惕。

张利: 实际上是一种抵制。很多经由媒体之笔塑造的现代主义"建筑明星",很容易表现得凌驾于其他人之上,好像只有他们理解建筑应该是什么样子,如果他们的设计在普通人的生活中没有得到验证,那是普通人生活的错误,而不是他们的错误。在过去建筑学的发展历程中曾出现过极端的英雄主义和个人主义倾向,这对建筑学的发展并不利。

张小琴: 比如服装设计,有些是日常服装,另外一些是用于展示、走秀的先锋服装,尽管当时看上去是怪异的,但它后来产生了某种引领作用,形成一股潮流。这种在时装设计领域的现象,在建筑领域里会存在吗?

张利：我们很难以时装的价值取向来评判建筑设计。时装业的主要目的是刺激并扩大以追求不断更新变化的审美为主导的消费，因而它的价值恰恰是要不停地用新的审美来刺激消费者。然而一座建筑，特别是公共建筑，对公共资源的消耗是巨大的。建筑需要保存使用50年、100年，甚至更长的时间，它与公共生活紧密结合在一起。如果是短期的展览，与艺术设计并没有太大的区别，它对公共资源的占用是短时的，传播是其主要价值，因而设计师能够充分发挥想象来表达自己的想法。但在公共空间中满足人们使用的、长时间存在、跟每个人的日常生活发生关系的建筑不能这样。

技术进步促进建筑设计变革

张小琴：作为一个建筑师，您认为建筑到底是什么？

张利：所有经过人有目标设定的，通过理性控制的方式进行的建造，在我们城市、乡村里面形成这些干预痕迹的都叫作建筑。

张小琴：有哪些我们比较模糊的东西，或者认为它可能不是建筑，比如水渠是不是建筑？

张利：水渠是建筑，桥梁是建筑，人行道是建筑，您看到的公共家具，比如人行道边上公园里的座椅也属于建筑范围，因为它是有组织、有目的的人工干预。

张小琴：这个范围好大。

张利：这就跟设计的定义一样，我们认为设计就是在既定的问题选择阈，面向问题的解决，进行的一系列有计划的人工干预的组合。在计算机系统里一个用户界面的设计，一个机器系统里人机操作界面的设计，一个驾驶舱的设计，等等，这些东西都叫作设计，建筑学当然也是以设计为主要关注的，只不过它所建造的这个人工干预物是在城市或乡村里存在的。

张小琴：您觉得什么是最好的建筑？

张利：两个建筑对比，哪个对我来说是更好的建筑，就看这两个建筑让人发生的生活强度、体验质量。体验质量高，能够让人产生的生活记忆强度大的那个，相对于另一个来说就是更好的建筑。

张小琴：是不是回到《建筑十书》里面说的愉悦？但让人感到愉悦是很主观的指标。

张利：心理学在19世纪晚期以前跟我们了解的神学、哲学、艺术评论是类似的，借助主观的方法诠释人的心理为什么会感到喜悦，你怎么看到这个人对这个东西留下了深刻的印象，受到了触动，等等。后来在19世纪末出现了心理量表，能够用实证和测量的办法把我们原来认为只能用模糊主观定义的东西变成可以用客观来描述。

100多年以后，现在有很多生理指标和心理指标，综合到一起称为人因测量，就是从人的因素出发，以人为主体去测量人对周边的影响。比如20世纪50年代开始有的测谎仪，测量肌肉电流的情况，可以知道人是不是紧张了，如果紧张了在说话时多半是说谎了。现在我们能够测量的除了肌肉的电流、脑部中枢的扫描，还包括眼动，即眼球看到的东西，人对什么东西停留的时间长，说明对什么东西感兴趣。把这些东西和人所处的周边环境信息结合在一起，可以总结出很多规律，把原来不能够客观判断的，人对空间体验的愉悦，通过人的客观状态，从某种程度上得到这个信息。

张小琴：愉悦有具体的指标能衡量吗？比如我到一个民居环境里，可能心跳是平缓的，但是如果我到了一个教堂里，或者到一个特别高大的建筑物里，不一定心跳是平缓的。

张利：人普遍相似的可比性比我们想象的大很多。比如在一个空间里，在没有任何约束的情况下，人的停留时间能说明愉悦度。如果停留的时间更长，一定是更愉悦的，肯定是这个地方有些什么跟人产生更多的沟通让人在那儿停留的时间更长,这是我们衡量的基础。在这个之上停留的时间超过预期程度,再把心、眼、脑这些测量数据综合在一起,就可以得到一定的揭示,虽然不是完全的。

张小琴：目前你们把这个技术应用到什么地方了？

张利：冬奥的建筑里有一些明显的应用。

张小琴：谁的愉悦是重要的呢？使用这个建筑的也是各种各样的人,是要取最大公约数吗？

张利：是的。在选择被试者时,有意会在年龄段、专业选择上做区分,取决于选到时他是否正好能参加。

张小琴：由于虚拟现实的产生,这个办法将来可能会比较多地使用。

张利：我认为会越来越多地使用。

张小琴：比如我家里要装修,盖一个房子,戴一个VR眼镜,会让我看到未来是什么样子。

张利：对,可以有不同的选择,比如布沙发和皮沙发两个可能都是您中意的,但戴上VR眼镜您对两个沙发的感受可能完全不一样。

张小琴：是在没有产生的事情当中找到可能的反映。之前不可能,现在有可能了？

张利：之前对于传统的设计者来说这个东西是模糊的,我们只能凭经验判断,当经验判断也不能帮助我们选择时,凭直觉判断,这个设计的决策者本人在必须做决策时认为哪个好。

张小琴：权力关系会不会有很大的变化？原来设计师在设计中权威性特别强,现在由于这样一些客观指标,他的权威性会降低吗？

张利：也不一定,因为原来的设计师直接从设计开始,或者从这个问题的开始直接去找答案,有时是直觉指导,有时是依赖经验,还要提供理性的证据。现在变成设计师可以提供多种选择,经过精准的测试返回以后,看哪种选择能够更有说服力。

张小琴：这对用户当然是好事，对于设计师来说是好事吗？

张利：有时会让设计变得更困难。我们确实也已经发现了，在有一些建筑设计里，如果在虚拟现实里容纳的信息太接近真实，建筑方案的所有不完备之处就会被业主在房子盖起来以前明确看到了，这可能会让设计方案的通过变得更加困难。这和以前的图纸不一样，对图纸，我们还可以说业主没完全看懂，但对虚拟现实的仿真环境，我们没有办法这样找借口了。

张小琴：对设计师新的挑战是什么？

张利：在没有建成以前，房子质量要做得更高，更要保证它建成以后能够满足要求。

张小琴：这样说来，建筑师不是自找麻烦吗？

张利：每一个行业都是通过自找麻烦发展的。汽车行业，在二十世纪六七十年代，如果出了车祸，遇到很严重的受伤甚至死亡，认为是正常的，但是现在我们要求车在很高的速度下撞了以后，人不应该受到比较重的伤害，这件事情就是汽车行业自己的技术发展出来的，所以进步本身既来源于使用者，又来源于生产者对这个产品的不满。

张小琴：从长远来说，它带给生产者的益处是什么？

张利：您这个问题其实问到根上了。人最后有一些终极式的追求，对于我的团队和我，终极的追求是知识，建筑和城市，包括设计要做的事情最后是一个积攒在一起的知识。什么样的设计会更好地解决什么样的问题，如果有了这种推进关系，遇到更精准的、更具挑战的、让我们自己更难受的事情，绝对帮助我们积累了更精准的知识，这件事情对于我们学科的发展来说，能带来的愉悦太大了。

张小琴：学科发展最终也是要作用到实际的生活当中，作用到实际的行业发展里，它的好处又是什么？

张利：更真实的知识反映到行业里面，就是所有这些知识所支持的行业的服务水平、生活质量的提升，这是不言而喻的。我们对空间、对物质生活的干预，往往带来的就是生活质量的提升。

张小琴：从长远来说，它会使这个行业更有价值？

张利：我觉得是，不仅适用于被建造的物质空间，而且适用于现在大家都提的元宇宙这样的虚拟空间。

张小琴：将来如果元宇宙真的产生，像造梦空间一样，要有一个造空间的人，这个人是不是应该是建筑师呢？

张利：我觉得应该是的。

张小琴：从造现实的环境到造一个虚拟的环境。

张利：对。凡是这种能够带给人空间的环节，而且用空间干预的办法去营造这个环节，都应该是建筑师的任务。

建筑是抵达人的一种方式

张小琴：您曾经说建筑要抵达人。

张利：在上海世博会举行时，有记者问我建筑是一个什么样的东西？当时我说，建筑是抵达人的一种方式。其实您作新闻采访也是抵达他人的方式，很多科学家，比如化学家、物理学家在他们的实验室里，寻找共通的自然规律，最后要服务于一个生活当中的运用时，也是通过他们的学问抵达他人。建筑更直接，您和我之间，如果有了周边的房子，建筑师是在操作周边的房子，而这个房子反过来影响我们所生活的感觉和对周边生活的感知，影响我们的记忆，建筑就成了我们中间的媒介。

张小琴：一个好的建筑师和一个一般的建筑师，抵达人的区别在哪儿？

张利：一个是理解他人的愿望和好奇心，不同的建筑师真不一样。我认识到很多优秀的建筑师都对不同的人充满了好奇，你首先愿意理解他人，渴望知道他人对这个空间有什么样的需求。还有一种人是另一种方式，当生产解决需求供给时，用什么样的空间干预方法，当已知了这个目的时，你用什么样的方式接近他，这是建筑设计对建筑空间改造干预的控制能力。有时这两者都不可或缺，一个好的音乐家，特别是一个乐器的演奏家既要有控制产生这个音符的能力，又要有解读这个作品的能力。当然这是一个不太好的类比，但用到建筑上大概也是这两方面的内容，如何理解他人，再如何通过自己的作品、控制自己的作品去抵达他人。

张小琴：对您来说，找到比较好的抵达人的途径了吗？

张利：不能说找到了很好的途径，但是一直在找，而且不停地寻找更好的途径。比如我们这些年用到的技术，包括人因技术，我们就认为心里比以前有了更踏实的对空间干预上的预测，第一个是有了知道别人需求的能力，第二个是我们在进行空间干预时有了比较踏实的测试和精准的预期它的能力。

张小琴：会减少建筑当中人文的部分吗？比如你们做嘉那嘛呢游客中心时，要找人上课，跟当地民众交流，以后也许不用交流的方式吗？

张利：那不是。交流仍然会继续，因为最开始要理解大概有哪些地方可以被测量或者哪些地方需要精准的测量，传统的交流是必须的，但是它是粗线条的。技术支撑下是高分辨率、精细的，但是它建立在传统的相对粗线条的了解的基础之上。

张小琴：我隐约觉得把一个很有人情味的事情变成了机器控制的，或者是数码控制的过程，情感上好像不太能够接受。

张利：这是可以理解的。比如摄影师，他们原来玩胶片相机，并且在自己的暗房里洗照片，经过那种辛苦，在红灯下拿出来照片的刹那得到了满足感。今天一按快门，在存储卡里就存下了影像，那个冲洗照片的满足感就没有了。任何技术的发展，在它推进文明进步时总会把一些过去的技术淘汰掉，而与这些特定技术相关的美好体验也就不得不成为记忆了。这也是为什么人们会怀旧，或者为什么很多过去的技术产品反倒会成为后来博物馆里的艺术品。

张小琴： 建筑是永久性或者是半永久性的人造物，在地球上会存在很长时间，建筑师不可避免地要在地球上留下很多痕迹，这是让您觉得很欣慰的事情还是有点不安的事情？

张利： 每个人都在地球上留下痕迹，某种程度上说，每个建筑留下来的不仅仅是建筑师的贡献或者罪过，而是参与这个建筑的所有人的共同痕迹。

张小琴： 不管干的是好事还是坏事，它都会留下来，作为建筑师来说，怎么对待这个事情？

张利： 有时做出一个讨厌的建筑，躲都躲不开，除了搬离开这个城市。某种程度上讲，这个风险挺大的，这也要求建筑师一定要抵达更多的人，要试图了解更多的人。

张小琴： 你们在做建筑时会想这个东西做下来会存在很多年，甚至于人都没有了，它还会继续在这儿吗？

张利： 我们其实已经变成一个职业习惯了。就是在一个建筑开始之初，定大方向时，首先看这个建筑要影响多少人，多长时间。影响的人数越多，影响的时间越长，相对来说寻找这个公约数要求的阈值越小，就不能在某些地方太明显地突破某些人的阈值。换句话说，在审美和伦理上的安全系数要越高。这是建筑师职业基本训练的一部分。

最欣慰的事：同时做建筑师和教师

张小琴： 您从 20 多岁就开始做建筑师，到现在有 30 年左右了，觉得最欣慰的是什么？

张利： 最欣慰的其实是一直能够有机会同时做建筑师和教师。因为这两个东西有关系，但是很不一样。如果只做建筑师，只做建筑实践，像我这个性格，很容易就变成一个职业的服务者，能够很熟练地完成他人的需求，能够很积极地让更多业主满意，但是有可能就失去了建筑对更长历史或者对文化应该负的责任。我同时是一个教师，教师最大的特点不是教学生，而是跟学生一起学，尤其是进到清华的学生，是一个了不起的充满好奇心的群体，他们会永远推着教师群体前进，教师自己的好奇心不能够被泯灭，因为一泯灭了就会被学生立刻发现，那就成了一个不必要存在的人了。这个好奇心意味着，在满足一个群体寻找最大公约数的过程中，可以带给这个最大公约数一个什么不同的解释，这点东西虽然不多但是它非常必要，这点必要性的存在就能够导致自己不会沦为熟练的职业服务者。如果是一个单纯的学者，成为一个善于说不善于做，只能够提出理念，不能够把理念落实在人的实际生活周边的人，也不完整。而建筑师和教师的双重身份，就从两个方面保证了某一种均衡。

张小琴：作为建造者您觉得比较欣慰的是留下了一些自己的作品吗？

张利：作品是一方面。但是看到自己曾经参与过，或者主持设计的环境里发生着的生活，那才是真正高兴的事。我曾经主持设计了延庆谷家营小镇广场的艺术中心。 那是个地下小艺术中心，从地上掀起一个角，就是屋顶，一次在那儿，看见有位胆大的家长推着童车，把童车稍微拉下来点，车就在那屋顶上晃，孩子在车里嘎嘎笑，觉得很有意思，看到这个很满足。

张小琴：您看到童车在上面来回荡，是一个创造性的使用吧？

张利：原来没有想到会被这样使用。

张小琴：他的快乐给您带来了快乐。

张利：人其实最主要的价值是人和人之间相互的启发。

建筑学是设计科学

张小琴：您对于建筑理论有没有一些推动的地方？

张利：我们现在在清华建筑学院做的一件事情，对传统建筑理论是有一定挑战的，我们认为设计当中不仅有艺术，不仅是传统的主观判断和评论，应该还有设计科学。实际上设计一方面是获得知识的途径，另一方面以设计科学的思维来设计，也是为了更好地服务于人，甚至抵达更好的艺术价值。

张小琴：这跟您的博士论文有了某种关联，好像有某种线索一直发展到这个地方。

张利：对。当然也会有人质疑，就是我和很多同事的这种理工属性，会不会把应该是很艺术的设计给带偏。

张小琴：您不觉得是带偏？

张利：我不觉得是带偏。在整个大的技术发展背景下，一方面有AI，有这些新的能源技术，另一方面看到气候变化造成的危机，全球移民造成的不均等危机，等等，设计本身已经不可能再停留于少数精英分子的审美情怀，如同博物馆里的娇艳盆景般存在了。设计应该结合这些快变量，能够迅速作出转型，一百多年前的包豪斯学派就是这样应运而生的，现在的建筑学又到了一个重大的转型期。

张小琴：要往什么方向转呢？

张利：肯定结合科学和技术的成果，把这些成果纳入现在的学习和生活里。

张小琴：在未来的职业生涯当中，您特别想做的事情是什么？

张利：原来我们不可能知道一个全景化的生活实况，现在有人因测量的方法，可以把一个建筑内部人的位置信息通过自组网的系统定位出来，这样我们就可以在一个生活发生的同时，了解建筑被感知、被体验的实况，把这个和建筑设计的情况对应起来，肯定会有差别。这个差别会带给我们关于建筑学的巨大启发，发现传统建筑学所认知的工具、原则和规则哪些是对的，哪些是错的，哪些是需要校正的。建筑设计实践也是一个新的知识积累的方式，这一点增量带下来以后，这个就是积累的知识里面最值得期待的。

张小琴：您有什么预想吗？比如哪个东西会对什么产生多大的影响？

张利：很有可能如果有了这些数据，最大的一个变化是我们默认的功能空间的变化，比如教室的空间，传统是坐着一溜椅子，前面是黑板，有可能这种数据收集以后，会发现教室要获得高效率的教学传递，根本不用这种方式。

张小琴：也许教师站在中间，同学们站成一圈儿。

张利：也可能好像在一个简单的冷餐会上，大家面对面坐的方式，但是并不影响大家关注的集中度。或者同学可以自由地选择坐或者站，或者躺着，等等。

张小琴：这个必须要用观测数据来说明吗？

张利：这关系到怎么说服投资建教室的人，这样坐的教室不会影响学生的学习效果，甚至会更好，也会让教师更好地完成教学工作。

张小琴：要把多少年以来已经形成的一种惯性模式改变，惯性越大，改变它的力量也需要更大。

张利：对。所以经过设计科学这个路径，我们可以反哺建筑知识，通过建筑知识更新可以更改整个建筑在生活里存在的所有既定的范式。

张小琴：这里面有没有什么痛点？是由于什么样的事情百思不得其解，使得您特别想通过这样的方式去解决？

张利：还是人们的习惯。本来大家期待建筑是艺术、是情怀、是美、是浪漫，让自己可遇不可求的东西，现在都被你们这帮人整成了可以用数字说话的东西，建筑的那些艺术情感、妙不可言的东西怎么表达出来，还存不存在？是不是被剥夺走了？任何的技术，任何科学推进时都会触及阻力，难以推进的东西不是技术和科学本身，而是它会冲破一些传统伦理、道德或惯性范式的边界。

张小琴：现在在建筑学领域，有没有您想改变的东西？

张利：在以前强调增量化城镇发展的时代，重量不重质。有些很市场化的建筑师会对学生说，你们在学校里学的东西都是空的，出去就是给甲方服务，你做的事情就是做到跟原来大家认知的一样好，做到这个就足够了，否则你在市场上就会被淘汰掉。这个东西，我认为是有问题的。如果一个学科，十年前和十年后讲的东西是一样的，用的工具是一样的，解决的方法是一样的，那这个学科的生存就遇到问题了。好在这些年中国建设开始向高质量发展，不是简单粗犷、野蛮的增量式发展，建设量适当降低了，每个建筑师没有那么忙到惶惶不可终日了，大家开始有时间思考了，持这种态度的人就越来越少了。

张小琴：建筑师不可避免地要跟甲方打交道，为甲方服务跟您说的建筑要抵达人，这两个理念之间的差异是什么？

张利：我们不要俯视甲方的建筑师，英美为主的建筑教育在过去二三十年里，教建筑师怎么变得傲慢，越傲慢越瞧不起甲方，甲方越求着你，当然造就了一系列的明星式的建筑师，但是也造就了在英美国家体系里 80% 的建筑师不能够继续从事自己的职业，因为他不具备服务的能力。我们也不需要仰视甲方的建筑师，认为甲方就是衣食父母，建筑师能做到的是像奴隶或保姆一样做好服务。我们需要的是平视，平等交流，相互激发。甲方也是有独立判断能力的人，只不过从事的专业不一样，从某种程度上说，他比建筑师更希望他投资盖出来的建筑更好地被社会接受，更好地被生活验证，这个目的是共同的，我们在互相启发的基础上，尽量好地抵达这个目的就可以了。

张小琴：您有遇到甲方确实在某些方面出的招儿特别"low"的情况吗？

张利：不能说没有，但很少很少。我过去这二三十年职业实践里只拒绝过五六个甲方，对不起，您想干的事和我能干的事之间没有交集。

张小琴： 因为您是老师，可以拒绝，如果是一个靠做建筑师为生的人也可以吗？

张利： 喜欢奴役建筑师的甲方很难找到好的建筑师。他肯定会找到极少数愿意做奴隶的建筑师，但是很可能这些建筑师是把建筑当成迫不得已的营生，对建筑和对人的生活不会有太多的兴趣。

张小琴： 做了这么多年的建筑师，现在回想起来是很欣慰自己进入了这个行业，还是觉得怎样？

张利： 从事建筑这个行业，特别是最开始那四五年学习建筑以后，有一个逐渐被开启的过程，在理性的前提下，能够接受不确定性，能够把原来读过若干遍，但是从来没有真正读懂的哲学史相对来说读懂了一些，主要是因为做了建筑。现在年过半百，从实践到教学，还能保持一个对事情有兴趣的好奇心，要感谢这个行业。我们这个行业因为全球的发展和国家城市化发展的转型，现在是处在危机中的。现在大部分学生都更愿意去学计算机，学 AI，这是一个全国式，甚至是全球式的现象，但是任何的危机都是帮助面临这个危机的群体往前进步的机会。

张小琴： 您对想学建筑的学生有什么话说吗？

张利： 设计是一个很有意思的学科。如果对设计感兴趣，但是因为认为建筑是一个传统的，跟快变量发展的知识和技术都没有关系的学科，所以才转向 AI，转向计算机的话，先慢一点下决心，建筑业是跟技术密切相关的，跟人的环境对话，跟人对话。

张小琴： 在清华建筑学院院长的位置上，您希望把学院带到一个什么样的方向？

张利： 院长这个工作很多时候其实不是完全的决策者，更多的时候是一个执行者，在学院里有老的院士，也有庄惟敏院士为代表的年轻一代的院士组成的头脑群体，这个群体一起来决定我们学科未来的走向。我们清华这个学科在世界上确实排名比较靠前，也是学校重点期待的，希望能够早日往世界更顶端的学科冲击。如果未来在国际上竞争，我们需要有基础理论的识别性，需要有我们的身份性格画像，在这个性格画像下还要有适合中国发展和学科演进的环境。我们现在定义下来是清华的设计科学，这个事情非常适时，而且也非常符合我们的地利。

编后记

回望这一辑《守望与思索：人文清华讲坛实录》，非常感慨。首篇郭黛姮教授演讲之时，第一波新冠疫情已经缓解，我们正在等待它像"非典""禽流感"一样卷土而来、卷土而去，生活从此恢复常态。然而疫情没有迅速结束，战争和冲突却不期而至，世界变得越来越不确定。

其间，"人文清华"讲坛也难免遇到种种困难，其中甘苦不足道，重要的是我们一直弦歌不辍，在变动不居的世界中，寻找和释放人文的力量。

"人文清华"讲坛于2016年1月10日在新清华讲堂开启，已经六年有余。各类社交媒体平台从零用户到400多万用户，每次直播的观看人数从几十万到几百万再到上千万，视频观看人次也达到了数以亿计。就在不久前，"人文清华典读中国"大型直播刚刚创造了同步观看人数超过1500万的新纪录。要知道这不是在做综艺，而是在讲《说文解字》和《大学》；直播的既不是流量明星，也不是学术明星，而是做学问的清华教授们。1500万观众的参与，也给了我们巨大的力量。

在首部《守望与思索：人文清华讲坛实录》的出版后记中，编者曾对"人文清华"讲坛的缘起和该书缘起做了说明，为便于新读者了解，稍加补充，仍录于后。

清华人文有辉煌的昨天，很多人文、社会学科在清华的发端就是它们在中国的发端，这一点广为人知。而今天的清华，也早已不再是院系调整之后以理工科为主的大学，二三十年间，清华的人文、社会学科、艺术学科迅速恢复，延续清华学统并卓有建树，清华学派已成气象。基于以人文思想陶冶学生、影响社会的初衷，2016年初，在校领导直接推动下，"人文清华"讲坛开启，在标志性建筑新清华学堂定期举行，邀请清华新人文的扛鼎者，与公众分享他们的经典学说和独特发现。

"人文清华"讲坛首先是清华大学人文素质教育的一部分，以大师们的人文思想和情怀熏陶清华学生，是清华大学走向"更创新、更国际、更人文"的众多举措之一；同时它也是一个开放的文化平台，将优质教育资源开放共享，向公众传播；秉承清华大学百年来与国家、民族共命运的传统，讲坛也力图成为一个人文思想持续发声的公共空间，汇聚清华人思索中国、思索世界的声音，推动国家发展、社会进步。

讲坛主要由清华大学新闻与传播学院的师生进行制作和运营，为此专门在新闻与传播学院开设了工作坊课程，由指导教师团队带领助教、选课同学进行工作。该课程同时成为新媒体环境下以项目导引的全媒体实践教学的一种尝试。经过探索，不仅实现了讲坛内容的广泛传播，也获得了新闻教育界的认可。

"人文清华"讲坛定期邀请人文大家进行公共演讲，并在演讲前后进行深度访谈。演讲和访谈各有侧重，前者深度解读一个问题，后者对演讲人的人生经历、学术经历、思想与精神进行全面呈现。演讲当天，视频内容通过新华网、光明网、人民日报客户端、腾讯、网易、凤凰、澎湃、抖音等媒体和平台进行现场直播，之后，演讲和访谈内容制作成图文和视频，通过纸质媒体、门户网站、视频网站、自媒体平台、慕课教学平台等渠道进行广泛传播，包括无剪辑的直播回放、剪辑制作加字幕的完整版、短视频、播客等，均实时更新。2022年制作上线了《清华·访谈录》，完整呈现对学者的长篇访谈；《人文清华典读中国》邀请人文大家解读中国古代典籍，全部二十课均已上线。有兴趣的读者可以搜索登录"人文清华"讲坛在各个媒体平台的专区、官方微信、官方微博、播客，所有内容均向所有用户开放，可自由观看阅读。

本书也是讲坛内容的一种呈现方式，它的不可替代性在于，每篇文章均经过学者本人和编者的整理、审校、注释，在所有呈现形式中，是内容最全、最严谨、最适合深度阅读的一种。

借本书出版之机，再次致以诚挚感谢。

感谢在 2020—2021 年登上讲坛的六位学者，建筑学家郭黛姮，经济学家江小涓，统计学家许宪春，环境学家贺克斌，雕塑家曾成钢，建筑师张利。他们在繁忙的工作间隙精心准备演讲和访谈的内容，并在形成文章后逐字整理、审校。他们的学术研究博大精深，本书所收录的内容只是进入他们更广阔思想疆域的契机。

感谢清华大学校领导对"人文清华"讲坛和本书出版工作的重视和支持。

感谢清华大学文科建设处、宣传部、校长办公室、艺术教育中心、清华大学出版社的支持。讲坛得以顺利进行、本书能够顺利付梓是全校合力的结果。

感谢清华大学新闻与传播学院，以及参与"人文清华"讲坛相关工作的老师、学生和校友，特别感谢社会化媒体应用课程的联合导师张铮副教授、助教团队和选课同学，无私地参与到讲坛的各项工作中。

感谢每位到新清华学堂聆听演讲的清华校内或校外的听众，"人文清华"讲坛愿意成为你们的"清华课"的一部分。特别感谢那些在演讲现场提问的朋友，你们用心聆听之后提出的精彩问题，激发了学者们更精彩的回答。

感谢以各种形式对"人文清华"讲坛内容进行传播的传统媒体和新媒体，在商业逻辑之外，对价值传播青睐有加，使学者们的声音能够杀出娱乐化、碎片化内容的重围，广泛传播。

感谢所有阅读和点击"人文清华"相关内容的读者和观者，在一个娱乐喧嚣的时代，愿意安静地倾听和阅读这些严肃的观察、深沉的思虑，一起求索国家和民族的命运。感谢"人文清华"讲坛各个自媒体平台的留言者，动辄几千、上万条的评论，有些深思熟虑，有些情绪激昂，但是都有着为国分忧的拳拳之心。

感谢共同主编江舒远女士和本书编者梁斐女士为本书编辑出版付出的心血。

在可见的将来，还会有很多人文大家登上"人文清华"讲坛，与公众分享他们的思想，以清华之人文，启国家和民众之精神，讲坛实录也将持续出版。

我本人，幸运地加入到"人文清华"讲坛项目，成为最直接的受益者。在清华执教多年，虽自豪为清华教师，却遗憾不曾是清华学生。做"人文清华"讲坛，对我来说，就是在做清华的学生，而且一年又一年，不断听优秀的老师讲精彩的课。

弗敢专也，愿借本书与大家分享。

亲爱的读者，咱们一起，继续读清华。

张小琴

2022 年 8 月于清华园宏盟楼

主编简介

张小琴，文学博士，清华大学新闻与传播学院教授，中国新闻史学会新闻传播教育史研究委员会副会长、视听传播研究委员会副会长。长期从事新闻与传播实务、教学、研究工作。

江舒远，文学硕士，毕业于中国人民大学，资深媒体人。先后在《京华时报》、中央电视台等单位任职，曾参与大型纪录片《甲午》撰稿、大型文化电视节目《中国诗词大会》策划工作。